# 死亡與喪慟

## 青少年輔導手冊

吳紅鑾　譯

# HANDBOOK
## OF Adolescent
# Death AND
# Bereavement

Charles A. Corr, PhD

David E. Balk, PhD

### Editors

# 編者簡介

　　Charles A. Corr 博士是南依利諾大學哲學研究學系教授，也是依利諾州麥迪遜郡安寧照顧的志工，及國際死亡、瀕死與喪慟工作組織的前主席（1989-1993）。除了無數的文章和書籍章節，Corr 博士在 Springer 出版社的其他出版品包括：*Hospice Care: Principles and Practice*（1983）、*Hospice Approaches to Pediatric Care*（1985）、*Adolescence and Death*（1986）和 *Sudden Infant Death Syndrome: Who Can Help and How*（1991）。其他的著作尚包括：*Helping Children Cope with Death: Guidelines and Resources*、*Childhood and Death* 和 *Death, Dying, Life and Living*。許多組織肯定了 Corr 教授的專業工作：一九八八年死亡教育與諮商協會肯定其在死亡、瀕死與喪慟領域傑出的個人成就；一九八九年國際兒童安寧照護肯定其對世界兒童安寧照護支持的顯著貢獻，以及一九九五年肯定其對生命表現的貢獻，還五度獲「美國護理雜誌」的年度最佳書籍獎。此外，南依利諾大學給予 Corr 教授研究學術獎（1990）、傑出學術獎（1991）和 Kimmel 社區服務獎（1994）。

　　David E. Balk 博士是堪薩斯州立大學人類生態學院家庭研究與人類服務學系教授。他教授死亡與喪慟、計畫評估、生活危機因應、助人關係，和兒童中期與青少年期等課程。堪薩斯州立大學的人類生態學院在一九九二年頒給他年度傑出教師，在一九九

五年頒給他傑出學術研究獎。他在一九八一年有關青少年期手足死亡的論文被視為同期對青少年喪慟研究的濫觴。國際心理衛生組織在一九九○年資助他研究社會支持對喪慟大學生的效果。Balk 教授是 *Adolescent Development: Early Through Late Adolescence* 一書的作者，也是「死亡研究」雜誌的書評編輯。他目前的興趣包括評估兒童的喪慟照顧計畫，和進一步評估社會支持對喪慟大學生的效果。Balk博士是國際死亡、瀕死與喪慟工作組織的會員。

# 作者簡介

Leslie Balmer, Ph.D.

　　加拿大 Ontario 開業的臨床心理師。

Ronald K. Barrett, Ph.D.

　　加州羅耀拉瑪麗山大學（Loyola Marymount University）心理系副教授。

Olivia P. Collins, Ph.D.

　　堪薩斯州立大學家庭研究與人類服務學系副教授。

Lydia DeSantis, Ph.D., R.N.

　　佛羅里達州邁阿密大學護理學院教授。

Ralph J. DiClemente, Ph.D.

　　阿拉巴馬州立大學公共衛生學院健康行為學系副教授，也兼任醫學院青少年醫學分部小兒科和愛滋病研究中心預防科學計畫的工作。

Julie C. Dunsmore, B. Sc. （Psych） Hons., M.P.H.,R.N.

　　澳洲 The Royal North Shore Hospital 健康促進與教育部門主管。

Stephen Fleming, Ph.D.

　　加拿大約克大學 Atkinson 學院心理系教授。

**Yvonne M. Foster, M.S.**

賓州 Lancaster Freedom Center 顧問，私人開業心理治療師。

**David C. Hill, Ph.D.**

賓州米勒史凡爾大學心理系副教授，賓州合法心理師（Licensed Psychologist）。

**Nancy S. Hogan, Ph.D., R.N.**

佛羅里達州邁阿密大學護理學院副教授。

**Mallory O. Johnson,B.S.**

阿拉巴馬州立大學社會與行為科學院心理系博士候選人。

**Anthony P. Jurich, Ph.D.**

堪薩斯州立大學家庭研究與人類服務學系教授。

**Marcia Lattanzi-Licht, R.N., M.A.**

加拿大 Boulder 開業心理治療師。

**Illene C. Noppe, Ph.D.**

威斯康辛州立大學綠灣分校人類發展學系副教授。

**Lloyd D. Noppe, Ph.D.**

威斯康辛州立大學綠灣分校人類發展學系副教授及前系主任。

**Kevin Ann Oltjenbruns, Ph.D.**

科羅拉多州立大學人類發展與家庭研究學系副教授。

**Robert P. Pack, M.P.H.**

阿拉巴馬州立大學公共衛生學院健康行為學系博士候選人。

Ralph L. V. Rickgarn, Ed.S.
明尼蘇達州立大學教育學院教育心理學系學生事務協調員。

Michael M. Stevens, M.B., B.S., F.R.A.C.P.
澳洲新兒童醫院腫瘤部門單位資深專業人員與主管。

Eileen P. Stevenson, R.N., M.A.
紐澤西州喬絲奇摩學校合格學校護士／衛教師。

Robert G. Stevenson, Ed.D.
紐澤西州河谷地區高中教師。

Katharine E. Stewart, M.A., M.P.H.
阿拉巴馬州立大學愛滋病研究中心和社會與行為科學院心理系博士候選人。

Richard G. Tedeschi, Ph.D.
北卡羅萊納州立大學心理系副教授。

Kirsten J. Tyson-Rawson, Ph.D.
北卡羅萊納州東卡羅萊納大學兒童發展與家庭關係學系婚姻與家族治療學程副教授。

LaNae Valentine, Ph.D.
猶他州猶他峽谷區醫學中心心理部門個別、婚姻與家族治療師。

## 譯者簡介

### 吳紅鑾

現職：行政院衛生署草屯療養院心理科心理學技師
　　　主要從事心理衡鑑及心理治療工作
學歷：高雄醫學院行為科學研究所心理學碩士
　　　國立政治大學心理學系學士
經歷：財團法人彰化基督教醫院精神科心理師
資格：八十八年公務人員高等考試及格
　　　國際催眠師學會（NGH）合格催眠師

# 原著序

　　本書有三大理論性主題：⑴面對死亡與瀕死的青少年；⑵面對喪慟的青少年；⑶設計來協助這些青少年的介入方式。本書的目的在於增進處理面臨死亡、瀕死、喪慟的青少年時的挑戰與任務的了解，以及教導如何協助這些青少年。在主題、結構和目的上，這本書可以單獨使用，也可以配合 Charles A. Corr 和 Donna M. Corr 所編著「死亡與喪慟：兒童輔導手冊」（Springer 出版社，1996；中文版由本社發行）作為參考手冊。

　　第一本全面探討青少年與死亡相關議題的書是由 Charles Corr 和 Joan McNeil 所編著的「青少年與死亡」（*Adolescent and Death*）（Springer 出版社，1986），在這本書出版之前，有許多的書籍和文獻已陳述青少年生活的某些層面及與死亡相關的某些議題（如青少年的自殺問題或青少年喪親問題），此外，還有許多人廣泛地探討童年期與死亡。這些探討青少年與死亡、瀕死和喪慟之間關係的報告都是很好的，但其本身在這些主題上或對二十世紀末青少年生活的了解還不夠。

　　自一九八六年以來，我們對青少年的了解以及在死亡、瀕死和喪慟方面所知已有改變。例如，我們對於正常的青少年發展任務與因應死亡、瀕死及喪慟的特定任務之間交錯的複雜關係，已有較清楚的了解，同時也證實了在兒童期結束時，許多個體已有了了解死亡概念的認知能力。如此一來，我們應該進一步去了解

兒童與青少年對死亡理解上的真正差異，同時比較青少年和成人在理解死亡上的核心特性。

青少年的自殺與重創生活（life-threatening）行為，以及面對重症（life-threatening illness）衝擊的青少年已得到一些實質的關注，但大部分是這幾年才有較多的了解。對青少年參與的暴力死亡、愛滋病和愛滋病毒感染（HIV/AIDS）等的關注，也漸漸增加。所有這些主題都在本書第一部分探討之。

在喪慟的部分，一九八〇年代早期與中期常慨嘆研究的不足和提出青少年哀悼與悲傷的獨特性。但在不久前這些抱怨便不復存在，在一九八〇年代末期和一九九〇年代早期，對青少年的喪慟有了更多的了解，本書第二部分的各章節便是探討這部分的一些新知，並建議一些值得進一步探討或重新檢視的方法。

進一步地，自一九八〇年代中期以來，有關運用在處理面對死亡、瀕死和喪慟的青少年之特殊需要的介入方式，也有更多的了解，本書第三部分的章節陳述了許多幫助青少年和他們家庭的方法，如教育計畫、事後預防或危機干預、支持團體及治療性會談等。

在本書的每一章節裡，作者們都被要求就死亡、瀕死或喪慟的相關領域，擇一特定主題加以發揮，這些主題對時下青少年的生活都是很重要的。作者們以自身經驗、現有研究和相關文獻來陳述之，許多作者本身就是這些傑出研究或文獻的執行者或作者。雖然以我們目前所知的部分還不足以充分了解每一主題間的連結以及更詳盡的細節，但我們盡可能地，要求作者將他們的發現與青少年的發展議題作一連結（如區分青少年早、中、晚期的

差異），在大部分情況下這些要求都可以切實做到，這也成了本書的重要特色。

　　在本書的編寫過程中，編者們受惠於許多對此領域關心與學有專精的人士幫忙。Joan McNeil 使我們感受到這個工作的必要性和一起努力的好處。Springer 出版社的前任編輯 Mary Grace Luke 是第一個提出這個計畫的人。許多同僚和朋友給我們寶貴的建議，而許多的作者在他們繁忙的行程中撥出時間來編寫，以及一再修改本書的各章節。Edwardsville 的南依利諾大學和堪薩斯州立大學一直支持著這個計畫，使我們可以全心投入。我們的太太——Donna 和 Mary Ann，在整個原稿的準備和必要的工作上，不斷給我們加油打氣。

　　在整個計畫過程中，我們合作得非常愉快，也在過程中學習到很多。我們希望讀者能從中獲得很大的收穫，豐富他們對於面臨死亡、瀕死和喪慟青少年的了解，以及有益於他們在這方面的工作。

Charles A. Corr

David E. Balk

# 譯者序

　　死亡與失落常是被冷落的議題，或者說它們是人們所禁忌的話題，但在近幾年的台灣社會卻成了熱門話題，或許是因為接踵而來的災難事件加上媒體的積極報導，人們感受到生活處於死亡與失落的威脅中。前些年的賀伯風災、華航空難都是台灣近幾年來少見的大災難，死傷人數不少，而更重要的是這些事件就發生在我們所生活的環境中，人們被迫直接面對創傷性死亡的喪慟。這其中尤以一九九九年九月二十一日的全台大地震為甚，兩千多人的死亡加上無數的財物損失及家園荒廢，全台二千三百萬人口被迫直接間接承受創傷性失落的痛苦。細數人一生中直接間接面對類似災難的機會有多高，再加上人人必然面對的正常生離死別，真如書中作者們所闡釋的：「人們時刻處在喪慟的陰影下。」但我們卻常察而不覺，刻意避而不談，以致忽略了喪慟所帶來的重大影響。

　　就年齡層而言，成人的喪慟較早被注意到，如國內近幾年盛行於安寧病房舉辦喪慟者團體以及坊間許多的悲傷處理團體，而一般的喪禮儀式也較著重安慰成人遺族，一方面因為處理喪慟事件的多是成人，且習俗上也避免讓兒童、青少年參與（基於保護的想法）；另一方面成人有較好的語言表達能力，可以清楚而直接地表達內在情緒，所以感覺上好像悲傷、哀悼是成人的情緒，與兒童、青少年較無關係，但從書中所呈現的案例及研究結果，

我們清楚看到青少年的哀傷不亞於成人，性質上也迥然不同，因此有必要將兒童、青少年視為獨立的群體，給予個別關注，了解其獨特的哀悼過程。

當心理出版社吳總編輯將本書原著交給我時，我很快便決定接下這份耗時而不討好的工作，一來因為其內容見解精闢，對個人的實務工作有相當大的幫助，二來書中主題正好是個人治療工作上的盲點，正苦於無相關資料可查詢，書中對於青少年的失落反應陳述甚為詳盡，對於介入方式也力求具體而周全，雖然不免有文化差異存在，但仍深具參考價值。這一年來翻譯的工作佔去了不少時間，有時為了思索更流暢的語句耗費不少心思，過程彷彿孕育了另外一個兒子（在這一年裡我的第一個兒子——哲言也出世了），但也因此對書中內容更為熟悉，期間適逢九二一地震，個人工作的醫院全力投入救災之中，此書又成了我的隨身工具書，在心理重建工作中發揮不少助力。

多年來對於青少年問題一直覺得惋惜，總覺得這群孩子可塑性極高，有好的照顧未來即可成棟梁之才，而稍一不慎忽略了他們，一念之間他們可能成了罪人。許多青少年工作者都有同感，很容易因青少年的桀驁不馴而動了肝火，結果以嚴厲而無情的手段對待他們，卻忘了在冷傲的外表下卻是顆需要關懷與溫情的心，對青少年心理的不了解是最大的問題。除了周遭人不了解他們，青少年常常也不了解自己，其實這一點也不奇怪，青少年期是人類由懵懂無知經過探索試驗而學習成為一個成熟個體的過渡期，所以有時一些不顧後果的舉動以及不理智、損人不利己的作法並不奇怪，而二大發展任務——與父母心理上的分離和尋求自

我認同是青少年的兩大挑戰，此時任何生活上的危機都可能讓這些挑戰變得更為艱難。外子在青少年期失怙，繼之面臨家庭變故與個人聯考失利，種種生活危機曾讓他自我放逐了一段歲月，每每聽他提起過去種種，心中總有一些念頭浮現，如果有人了解這些痛苦，學校、家庭的支持網絡能發揮作用，那麼那段歲月不會那麼難熬，幸運如他能找回自我，而未能如此幸運的青少年呢？當我們看著電視的社會新聞，大嘆今不如昔時，是否可想想這些作惡者成長過程中少了些什麼？你我都是能使這社會變得更好的人。

吳紅鑾　謹識

# 目　錄

編者簡介

作者簡介

譯者簡介

原著序

譯者序


**第一篇　死亡**　　　　　　　　　　　　　　　　　　　　　1

第一章　青少年、發展任務和面臨死亡與喪慟

David E. Balk & Charles A. Corr　　　　　　　　　　　　5

第二章　青少年在了解死亡上的曖昧性

Lloyd D. Noppe & Illene C. Noppe　　　　　　　　　　31

第三章　青少年、暴力謀殺和死亡

Ronald K. Barrett　　　　　　　　　　　　　　　　　51

第四章　青少年、自殺和死亡

Anthony P. Jurich & Olivia P. Collins　　　　　　　　77

第五章　青少年與愛滋病：流行病學、預防和心理反應

Ralph J. DiClemente, Katharine E. Stewart,

Mallory O. Johnson & Robert P. Pack　　　　　　　　99

第六章　重症青少年

Michael M. Stevens & Julie C. Dunsmore 123

**第二篇　喪慟** 155

第七章　青少年的喪慟

Stephen Fleming & Leslie Balmer 159

第八章　青少年的喪親反應

Kirsten J. Tyson-Rawson 177

第九章　青少年的手足喪慟：新理論的建立

Nancy S. Hogan & Lydia DeSantis 197

第十章　青少年期朋友的死亡：議題與衝擊

Kevin Ann Oltjenbruns 223

**第三篇　介入** 247

第十一章　協助家庭面對失落的青少年

Marcia Lattanzi-Licht 251

第十二章　青少年和死亡、瀕死、喪慟的教育

Robert G. Stevenson & Eileen P. Stevenson 273

第十三章　青少年早期與中期的事後預防

David C. Hill & Yvonne M. Foster 291

第十四章　大學校園的事後預防需求：理論和個案研究的發現

Ralph L. V. Rickgarn　319

第十五章　喪慟青少年的支持性團體

Richard G. Tedeschi　341

第十六章　協助青少年因應死亡與喪慟的專業性介入

LaNae Valentine　365

第十七章
與青少年的手足、父母、同儕一起協助他們因應重症

Michael M. Stevens & Julie C. Dunsmore　385

參考書目　415

　　本書謹獻給 Carol Ann Keene 博士，感謝多年來的情誼，教學相長，鼓勵和支持，以及聖皮爾斯修道院（St. Pius X Abbey）前任院長、牧師、我的友人 Marcian T. O'Meara，他給了一位飄蕩不定的年輕人承諾，讓他有機會投注其中。

# 第一篇

# 死亡

　　第一章和第二章是本書的基本架構。在第一章 David Balk 和 Charles Corr 介紹了青少年獨有的特質，如同其在人類生活周期裡是一段特殊的時期，同時也介紹死亡對青少年的特殊衝擊性。討論的第一部分明白闡釋青少年期是介於兒童期與成人期的一個凸顯時期，並揭示青少年期常有的生活轉變、青少年之間的不同，以及青少年早、中、晚期的發展任務。第二部分討論青少年突然面臨死亡與喪慟所衍生的問題，青少年突然面對死亡常常是來自一些不可預期的或創傷性的生活事件（車禍、謀殺和自殺），此外，青少年也可能面臨生命中重要他人的死亡。

　　在第二章，Lloyd Noppe 和 Illene Noppe 試著去了解青少年如何面對死亡。當青少年面臨死亡或與死亡相關的事件時（如第一章所提），他們如何去看待這類的事情？也就是說，和兒童不同的是，青少年已有能力去理解死亡的概念以及其內涵。對作者而言，在第二章中他們想呈現這理解過程的核心特質，以及有助於讓青少年了解死亡的相關因素。此章集中探討四個因素——生物的、認知的、社會的和情緒的，這些是了解青少年如何面對死亡的重要因素。

　　循此架構，第三至六章探討四種不同類型的死亡相關經驗。在第三章，Ronald Barrett 探討亞裔美國人和西班牙裔美國人在青少年期面臨謀殺事件的盛行率和心理變化。Barrett 同時也呈現許多有關青少年暴力的理論解釋和一些建議。

　　接下來在第四章，Anthony Jurich 和 Olivia Collins 闡述青少年期自殺的現象和重創生活的行為。從回顧自殺或嘗試自殺青少年的人口學資料開始，談到發生率。為了解此現象，文中提出一

個理論模式，說明青少年在哪些時候傾向採自殺方式因應生活中的一些經驗。在這個模式裡，用五因素（生理的、個人的、家庭的、同儕的和社區的）來看青少年是否採用自殺做為對壓力的反應。五因素模式有助於青少年和其他人了解青少年的自殺行為以及改善此問題之道。

在第五章，Ralph DiClemente、Katherine Stewart、Mallory Johnson 和 Robert Pack 將注意力轉向現時代青少年才會面對的死亡相關威脅：愛滋病毒感染和愛滋病。這一章的結構和第四章類似：先簡單陳述愛滋病在青少年群的盛行率，再分析青少年如何預防愛滋病毒感染，繼而討論一個用來闡述青少年面對感染愛滋病毒的反應。

最後，在第六章，Michael Stevens 和 Julie Dunsmore 談到面對重創生活的疾病時青少年們的經驗，這些青少年在生病的過程中會遇到許多的失落和哀傷。在第六章，以個案史和具洞識的評論來闡釋青少年早、中、晚期面臨重創生活疾病的經驗。作者同時也對青少年在重創生活疾病的心路歷程作一番描述，這歷程主要以青少年面臨癌症的經驗和反應來描寫，但評論同時針對許多重創生活的情況，如囊纖維病變（cystic fibrosis）、嚴重腦傷和存活不久的重大疾病。

# 1

# 青少年、發展任務和面臨死亡與喪慟

## David E. Balk and Charles A. Corr

　　青少年是使成年人又愛又恨的一群。他們充滿活力、理想化且浪漫，容易因不可一世的自我中心而與人對立，常與父母起衝突。青少年為成人帶來未來希望的同時，也好似陌生人般難以理解，如同一位當父母的所說：「人類發展過程中的狼人期。」這一章企圖從不同方式去了解青少年、青少年面對的發展任務、面對非預期的和創傷性生活事件時的因應過程、如何面對死亡和喪慟等，目的在探索青少年和他們的發展任務之間的互動，同時了解和死亡與喪慟的關聯。以下將詳細介紹這些關係。

# 定義「青少年」

青少年（adolescence）這個字來自拉丁字根（adolescen-tia），指的是成長的過程或狀態，並同時有「年輕」或「在成長階段的人」的意思（Simpson & Weiner, 1989）。現代的用法，「青少年」指的是人類生活周期中的一個時期，介於兒童期和成熟期（或成年期）之間。這個人類發展的「過渡期」（in-between）是生命周期裡相對較新的概念；綜觀人類歷史，除了少數的文化之外，並沒有提到這樣一個過渡期，兒童只是被視為成長的過程，經過了一些相當簡單的儀式，他們就被視為完全成熟的成人（Ariès, 1962）。在北美和許多其他的西方先進國家，青少年被視為介於小學年齡和成人期的一個延伸的、複雜的、改變的和明顯的發展時期。

在大部分現代社會，青少年被認為可以承擔一些兒童期還不適宜的責任。比如在美國，青少年通常在教育課程上可以有一些選擇，每一個學科都有專業的教師授課，而不再如小學時代由一位教師包辦所有科目。相同的，美國的青少年漸漸被尊重（在某些限制下），他們可以工作，也承擔責任、可以駕車、選擇是否進入學院或大學就讀、選舉、喝酒精飲料和結婚。簡而言之，青少年不再被視為只是孩子，他們是漸進地朝向某些特別權利、責任和成熟成人的個體。

在許多現代社會，個體脫離兒童期成為青少年的界限並不清

楚,而離開青少年期成為成人也是。將青年期等分似乎是最簡單的方法,即十三至十九歲,但是按年齡來區分並不是很正確的發展指標,用青春期(puberty)的發生來定義青少年期的開始可能較好,然而不同的個體會在不同的時間達到青春期(女性一般比男性早開始),而青春期本身是一連串相關聯事件的發生,而不是某一獨特的時間點。

從青少年轉變為成人的界限更不清楚,因為缺乏像青春期這樣一個生理指標。許多發展心理學家將青少年期的結束定義為個體離開他(她)的原生家庭的時期,我們可以了解到這樣的定義因個體、文化和經濟的因素會有多大的變異——尚不論近年來許多個體在離開家之後,又再和原生家庭家人同住(如Goldscheider & Goldscheider, 1994)。

用年齡來區分的方式或可做為基本分法,如許多的報告提到人口學資料時用十歲間隔的方式分組(如十五至二十四歲),也就是說,即使我們希望清楚定義青少年期,但在統計資料上未必能和我們的定義一致,只是較趨近而已。

# 正常的生活轉變和不預期事件

全人生發展心理學以喚起因應機制(coping mechanisms)和呈現生活危機來區分正常生活轉變和非預期事件(Danish & D'Augelli, 1980; Danish, Smyer, & Nowak, 1980)。正常生活轉變是個體發展的轉折點(turning point),在一定的時間會發生,可

預期地發生某些生活事件，而大多數人都將經歷，如在美國六歲入學就是一個正常生活轉變的關鍵例子。

顧名思義，非預期性事件是未預料會發生的事，它們讓人措手不及，和正常生活轉變相反的是它們在不預期中發生，以幾乎隨機的方式合併其他生活事件而來，對人們產生影響。在美國，越來越多的白天強暴事件便是一個醜陋的例子（FBI, 1992; Koss, 1988; Koss, Gidycz, & Wisniewski, 1987）。

在本書中將提到的個案多不是面臨正常生活轉變。對後工業時代的青少年們而言，父母、手足、朋友或任何他人的死亡不是正常的事件，而是非預期性的生活危機。有些人或許會反駁，祖父母的死亡對青少年來說可能是正常的生活轉變。

正常生活轉變和非預期的、創傷性的生活事件有一個共同的特色，它們都代表了「危機（dangerous opportunities）」，就像生活危機或轉機一樣，如果處理得好，它們帶來成長和成熟，若處理得不好，便可能帶來傷害和阻礙發展。因此，在青少年時期發生了創傷性或非預期性生活事件（比如父親或母親的死亡），將造成發展任務無法健康地完成。

# 青少年間的差異

青少年之間的差異就如同青少年與兒童或成人間的差異，顯然地，青少年彼此都是獨立的個體，如同男人和女人，如同不同社會文化、宗教信仰或社經地位的人，這是來自生活經驗不同的

結果。

即便一樣是青少年，發展的速度也明顯不同，有文獻（Blos, 1941; Fleming & Adolph, 1986）將青少年期分成三個次階段來幫助理解，它們是青少年早、中、晚期，這樣的三分法將青少年的定義比少年（teenage years）往前往後各多了兩年，也使得從兒童期轉換到成人期的過渡期加長了，更重要的是，用早、中、晚三個時期來了解青少年的發展任務，可以更詳盡。

## 青少年在三個次階段的發展任務

青少年期的正常生活轉變即所謂的發展任務（developmental tasks），這些任務代表著青少年在發展上所須面對和解決的工作。舉例來說，以深入的心理動力觀點解釋青少年現象的 Blos（1941, 1979）表示，在青少年早期個體減少對父母的認同、增加對同儕的認同、充滿英雄崇拜的夢想、對異性感興趣，「青少年早期的現象是為了形成新的自我概念，遠離對父母的依賴，獲得更多有意義的異性關係和更成熟的自我認同」（Balk, 1995, p. 18）。依Blos所言，青少年早期無法因應並超越某些障礙，便將造成在成熟上持續的困難。

Blos（1979）視青少年中期為「正式的青少年（adolescence proper）」。青少年中期須解決的挑戰包括發展自主性和找到一個清楚的、成熟的自我認同。Blos對發展有一樂觀的看法，他認為青少年中期讓每一個人能有「第二次機會（second chance）」

（1979, p.475），換言之，青少年中期可以發展出更好的應變性，重組內化自父母的價值觀，Blos（1979）稱這種重組是第二次個體化的過程，這個觀念給傳統心理分析者頗大衝擊。

青少年晚期對Blos來說是指青少年在特質的塑形較趨穩定之後所進入的時期，從四方面的挑戰來看特質的塑形：⑴二次個體化過程；⑵創傷性生活事件；⑶繼往開來；⑷性取向認同。Blos認為完成二次個體化過程是青少年晚期的關鍵，同時他認為能因應創傷性生活事件使青少年藉此增進個人韌性，死亡和喪慟正是這類事件之一，繼往開來包含了接受自己的過去和自由地成長與成熟。最後，Blos 將性取向認同（sexual identity）和性別認同（gender identity）區分開來，他強調性別認同發生較早，而性取向認同只在生理成熟之後才可能發生。Blos（1979）連結了性取向認同與異性戀之間的關係，但這不表示性取向認同的問題會造成同性戀。

對青少年心理障礙有興趣的學者，也認為三個次階段的區分相當好用（如Weiner, 1977）。而次階段之間的分野是不同的發展任務，事實上，有些「國際青少年手冊（*International Handbook of Adolescence*）」（Hurrelmann, 1994）的作者認為，青少年在發展任務上處理不佳會導致心理問題，因此，我們將依照早、中、晚期的分法，來了解發展任務與死亡相關議題的關係。

## 青少年早期

一般而言，青少年早期從十、十一歲到十四歲，此次階段的

開始（也是整個青少年期的開始），最明顯的標記是青春期（pu-berty）的開始，近一百五十年來，在各族群青春期都有提早來臨的情形（Birren, Kinney, Schaie, & Woodruff, 1981; Chumlea, 1982），這個現象被稱為「現代趨勢（the secular trend）」。

　　一九五〇年代後期，美國的教育系統開始對青少年早期產生興趣，他們成立所謂的「中間學校（middle school）」。中間學校的目的是為了協助青少年更平順地由小學過渡到中學（Noblit, 1987），提供符合發展任務的良好環境（Staton & Oseroff-Varnell, 1990），此時期的發展任務是指對生理變化的覺察、整合訊息以增進問題解決能力、學習性別角色和社會角色、發展友誼、學習更不依賴父母、覺察自我刻板印象的形成。一九八〇和一九九〇年代的研究顯示，中間學校並無法幫助青少年早期作平順的轉變（Crockett, Petersen, Graber, Schulberg, & Ebata, 1989; Eccles et al., 1993; Hamburg, 1992; Staton & Oseroff-Varnell, 1990）。

　　青少年早期發展最重要的因素是生理發展和青春期的來臨。青春期的發生是一種正常生活轉變，但並不是所有青少年都預備好迎接它，有些青少年成熟得比其他人早，這些早熟和晚熟的青少年之間在心理反應上有所不同，大部分的反應也顯示性別差異的存在（Petersen, 1983; Tobin-Richards, Boxer, & Petersen, 1983）。

　　以一位比同伴早熟的女孩為例，她很典型地變成自我意識強、低自尊，而且感覺突然間受到大一點男孩的注意。通常，這類早熟的女孩在情緒預備上還不及她的外觀給人的成熟感，證據顯示，在青少年晚期開始，這些早熟的少女就能發展圓熟的因應技巧，不再如早期的覷腆（Tobin-Richards, Boxer, & Petersen,

1983）。然而，不幸地也有些資料顯示女性的早熟與問題行為之間有正相關，可能是早熟的女孩容易和年紀較大、好打架鬧事的青少年在一起（Calhoun, Jurgens, & Chen, 1993; Rhodes & Fischer, 1993）。

相反的，看看早熟的男孩，他們通常較受同儕的看重，比同儕更受到成人的重視，他們有自信而且常被視為領導者，如果他相當聰明，那麼他往往成為青少年群中閃耀的明星。早熟卻也必須付出一些代價，他們似乎比同齡男性較不自動自發、較陰鬱、較缺乏彈性，也較順從於權威（Brooks-Gunn, 1987; Peskin, 1967）。可能的解釋是「早熟的男孩採用固著的嘗試方法，企圖掌控他們所遭遇的一切，並且默默接受成人為他們定下的目標和選擇。另一個解釋是由於太早被成人世界所接受，所以早熟男孩較沒有動機去嘗試不同的處事方式」（Balk, 1995, p.54）。

晚熟的男孩顯得對探索各種可能性較感興趣、較不陰鬱、較自動自發、較有彈性。不像早熟男孩過早接受成年人的價值觀，晚熟男孩能發展出自己的選擇能力。

綜合而言，這些資料提到早熟男孩與女孩在青春期發生的時機上初始和後來反應的不同。適當的成熟時機對男性和女性而言都是較正向的經驗，對女孩而言，晚熟似乎也不好（一些自稱晚熟的女大學生抗議此說法）。如上所述，早熟女孩和晚熟男孩都相同地將早期的不愉快經驗逆轉為後來的社會和個人能力。

Chris是一位早熟的青少年，她十三歲時，哥哥死於一場詭異的遊艇意外，當她被問到在哥哥死亡之後的幾個禮拜裡她的感受如何時，她回憶道：「我當時感覺我的生活好像突然間粉碎了，

它就像我生活中一個大顛簸，感覺在這世界上我很藐小，有一種很空虛的感覺，我覺得很糟，只能用麻木來面對。」

學校和同儕是青少年早期生活的中心，然而對 Chris 而言，「學校不是最重要的地方，我必須找回我自己」，克莉絲提到：「我又開始拚命唸書。」即使沒有像哥哥死亡之前那麼認真唸書，但到了十四歲她有了新的目標，如她所說：「我想上大學，我比較清楚我的方向了，我能走出陰霾。」

## 青少年中期

青少年中期的討論很自然地集中在生理成熟度上，相對地，青少年中期（介於十五至十七歲，大部分的美國少年此時正唸高中）的中心議題是獨立和自我管理的技巧等成長需求。其他的重要議題有 Erikson（1963）所提出的──認同與親密（identity and intimacy），青少年的認同過程在青少年中期幾乎已經完成，但有些學者認為這樣的完成仍是不成熟的，性質上只是對其他人的價值觀和信念的模仿接受（Erikson, 1963; Josselson, 1987; Marcia, 1964, 1980）。

新近對青少年中、晚期發展的看法集中在認知的改變上，這是同時驅策和象徵正常轉變的一些特徵，在青少年中期對社會理解（social understanding）的改變，就是明顯例子。Elkind（1967, 1979）衍生 Piaget（1929）的自我中心（egocentrism）觀點，來闡釋青少年期社會理解的發展；所謂「自我中心」是指個體只從自己的觀點來看待周遭環境，而忽略了其他可能的觀點。

形式運思期的發展或者抽象能力、概念思考的發展，使得青少年能理解自己和別人的經驗有所不同，解決自我中心的困難，但是 Elkind 認為，直到青少年中期個體才擺脫了自我中心思考的桎梏，即使青少年早期即已開始思考其他觀點的可能性，但過於專注生理外表的改變，使得他們不太關心他們的想法和感受是否與其他人有所不同。

Selman（1980）以青少年期的認知發展來解釋青少年在人際理解上質的變化。在青少年中期，個體有了形成複雜、抽象、象徵化現實的能力，他們能接受人們有比用言語所能描述更複雜的一面；換言之，他們能了解人際關係更複雜的一面。實際來講，青少年可以理解許多的系統都能影響他們的社會經驗，同時也接受和朋友的互動中可以同時真誠地自我揭露，也能不傷大雅地「膨風」一下。不可否認的，如同大部分接觸過青少年的人所了解的，青少年中期在運用他們正發展中的社會概念上存在許多相異之處，很普遍的是，在青少年中期人們從人云亦云轉移到高度的自我關注。

Fowler（1981, 1991b）將這個概念衍生到人類的普遍問題——存在之終極意義的賦予者，他稱之為信念的發展（the development of faith）。信念可以包含宗教信仰，但不光只是這樣，Albert Camus 就是一個不以宗教方式表達其信念發展的著名例子。

對 Fowler 而言，信念發展以一系列的階段貫穿全人生，而且和 Piaget 的認知發展階段有著密切的關係。就青少年而言，信念的改變就是自我中心的結束，信念發展的改變和自我中心思考的連結在青少年拓展其世界觀時最為明顯。

在青少年中期，接近青少年晚期時，個體有能力達到 Fowler（1981）所謂「個體化呈現（individuative-reflective）」的信念。此階段的信念意識來自檢測（examining）、評估（evaluating）和重構個人的信念與價值，這其中也包括了選擇個體在生活中所扮演的角色和承擔的責任，「在信念的個體化呈現階段，人們尋求潛藏在生活中的角色和關係底下的架構」（Balk, 1995, p.226）。

在社會理解改變的例子裡，以一位青少年中期的個案為例，她的哥哥死於骨髓移植的併發症。哥哥死後，Rhonda 一開始經歷到的就是，大多數的人——特別是她的同伴和老師——很焦慮地圍繞在她周圍，當她出現時，他們似乎不知道該說什麼，顯得相當尷尬。Rhonda 也深深感受到「誰才是我真正的朋友」，他們是當她需要支持時會陪在她身邊，當她想談她哥哥時會讓她談的人；她可以在他們面前哭，但無須時時表現得很沮喪，她也發現自己越來越能同理其他人的痛苦和困難，再也不會去逃避那些和受傷有關的訊息。

喪慟的青少年似乎在社會意識上經歷一個主要的轉變，使得他們為求和其他人經驗一致而努力。由哀傷中復原的經驗讓他們變得更世俗，也比同儕成長得快些。

## 青少年晚期

許多青少年晚期（介於十八至二十二歲之間）的個體正在大學就讀或已有了全職的工作。在此時期，由對社會理解的重視轉而重視職業的選擇、親密關係的發展，以及從原生家庭或父母那

兒爭取自主權。有些證據顯示男性和女性在這些決策和承諾上有些微的不同，Raphael（1979）提到青少年晚期的女性覺得家庭和職業的選擇互相干擾，而男性則覺得在職業的選擇上不受約束。還有證據顯示男女對成功和成就的看法不同：高成就慾的女性對於成功所須付出的代價有最高的恐懼感，而高成就慾的男性對此代價恐懼感最低（Orlofsky, 1978）。

與父母分離是青少年晚期發展的一個指標，也是擁有自主權的標示，這樣的分離是一種正常生活轉變，對一些研究青少年的學者而言，這樣的分離意味著個體化的形成（Blos, 1979; Collins, 1990; Grotevant & Cooper, 1986; Hauser & Greene, 1991; Quintana & Kerr, 1993; Steinberg & Silverberg, 1986），如此個體化過程擴大了個體能掌握自己生活的感受（Bols, 1979），同時也能以一種成熟的尊重和依附來維持和父母的關係（Youniss & Smollar, 1985）。

研究顯示大部分青少年雖然與父母分離，但仍和父母維持溫暖和親密的關係（Bell, Avery, Jenkins, Feld, & Schoenrock, 1985; Campbell, Adams, & Dobson, 1984; Moore, 1984, 1987; Sullivan & Sullivan, 1980）。當然，也有在情緒上裂離（emotional detach-ment）以求自主權的例子，在這種情況下，青少年或許與家庭疏遠，不再與家庭有所溝通，甚至不常回家。

採用情緒裂離方式爭取自主權的青少年之間存在有性別差異。男性採取此方式者，表現出比女性較多的寂寞感、較低的自尊、較差的生活滿意度、離家後較多問題，並且較難達到分離認同（separate identity）（Moore, 1984, 1987）。

有關女性較男性容易因應情緒裂離之後的適應，有假說提到

女性的社會化過程讓女性較容易發展情緒上的親密感和建立關係。女性比男性內化了較多的情緒性關係，因此女性有較多的內在人際資源可運用，這使得「青少年晚期女性在分離過程較容易隔絕，並且對父母較少情緒上的依賴（相較於男性）」（Balk, 1995, p.258）。

一個典型的案例——Justine，一位大學生，父親在她大一時死於白血症，她的喪慟過程因母親在六個月內改嫁而變得更難熬，她和繼父及繼父的孩子處得不好，和母親的關係也不穩定。對Justine來說，與父親的分離發展任務因哀傷而變得複雜，而她仍持續依附著他。尚待進一步的探討來了解當青少年面臨父母親一方的死亡時，個體如何完成這青少年晚期的發展任務——與父母分離。以Tyson-Rawson（1993）對大學女生所做的研究為例，她們在父親死亡之後，表現出對世界觀感的改變以及持有某一心靈上的信念。

# 青少年、創傷性生活事件和因應之道

一般而言，青少年時期常被視為混亂的、有病的、痛苦的，如同 Anna Freud（1958, p.275）所寫道：「在青少年期要變得正常，本身就不正常。」這個觀點最早是 Hall（1904）所提出，為佛洛依德學派分析師所支持（A. Freud, 1958），由新佛洛依德學派發揚之（Blos, 1979; Erikson, 1963）。類似的陳述，Keniston（1965）在談到有關青少年的叛離時，用「暴風雨似的、有壓力

的」來形容；Lewin（1939）形容青少年是站在成人社會的邊緣；
Mead（1930）視同時代的西方文明是敵視青少年的；Goodman
（1960）描述成長是一場可笑的訓練。

其他學者發表的研究結果則不但駁斥青少年是暴風雨與壓力
的看法，也提出有力的例子來證明青少年是相當冷靜而穩定的
（Bandura, 1980; Offer, 1969; Offer & Offer, 1975; Oldham,
1978）。因此，Offer 和 Sabshin（1984）整合了實徵研究的結
果，觀察到幾乎大部分有代表性樣本的研究「得到的結論是，採
用很多好的因應方式和順利過渡到成人期的青少年較相反情形來
得多」（p.101）。Weiner（1985）總結有關青少年的「暴風雨與
壓力」理論，認為完全是精神分析所塑造出來的迷思，來自對臨
床個案的觀察而錯誤類推到廣大的青少年群，並不被後續的研究
所支持。

Offer 的縱貫式研究（Offer, 1969; Offer & Offer, 1975）和橫斷
式研究（Offer, Ostrov, & Howard, 1981; Offer, Ostrov, Howard & At-
kinson, 1988）特別對青少年面臨重大生活創傷（如父母親死亡）
時，青少年的恢復力感到樂觀，這個研究認為青少年視災難為成
長的契機，也就是因應喪慟讓青少年比同儕更快過渡到成人期。

Coleman （1978）同意青少年的發展對大部分個體而言是相
當平靜而穩定的，但他們如何辦到的？他認為青少年期有許多顯
著的改變，舉凡生理上、情緒上、社會上、認知上和人際上，大
部分的青少年以一次專注於解決一個危機來因應壓力，他稱之為
「聚焦理論（focal theory）」，當青少年無法將注意力投注在單
一壓力上，而須面對多重壓力時（如早熟、父母離異和轉學），

問題便從而產生。

在此我們檢驗 Coleman 的觀點是否能配合我們對面臨死亡與喪慟青少年的了解，大部分研究指出青少年期因應喪慟使個體更成熟，而不是退化或有心理困難（Balk, 1981, 1991, 1995; Guerriero & Fleming, 1985; Hogan, 1987; Hogan & Balk, 1990; Hogan & DeSantis, 1992; Hogan & Greenfield, 1991; Offer, 1969; Oltjenbruns, 1991）。喪慟的創傷常能帶來成長，甚於造成難以克服的障礙。

Blos（1979）主張面對類似挑戰是青少年晚期的發展任務，但在青少年早期和中期也有類似效果。我們注意到，以發展任務來看，並不是每一位青少年都能以具適應性的方式解決這些任務，然而，證據顯示青少年常將創傷視為成長的動力，而比同齡未遭遇創傷的青少年更快進入成人期。在每一次的事件中，很顯然的，能正確了解青少年的人比較能以關懷和敏銳的心照顧他們。青少年是共存的單獨個體，所以當我們對青少年做一般的陳述時，要避免以為所有的人都是一樣的。

# 青少年期所面對的死亡與喪慟

## 青少年的死亡與死亡率

在現代社會，青少年因許多原因而面對死亡，就青少年本身的死亡來說，表 1-1 列出了美國在一九九二年青少年期三個年齡

層的死亡人數與死亡率：分為十至十四歲、十五至十九歲和二十至二十四歲三個年齡層（來自 Kochanek & Hudson, 1994）。如同數據所顯示的，在所有組別裡，十五歲這個年齡層死亡數和死亡率均呈快速上升。一般而言，白人的死亡數較多，而在總人口裡，他們也佔較高的比率。黑人的死亡率比白人高，而男性在任一年齡層裡死亡率也比女性高。

　　從一九九二年全美國人口來看，共有 2,175,613 人死亡，死亡率每十萬人 852.9 人，相較之下青少年（約 39,000 人死亡，每十萬人有近 72 人）的比率屬中等，也就是說相對而言青少年是比嬰兒和成人較健康的族群，遭遇死亡的機率較低。儘管如此，在一年裡十至二十四歲的個體有 39,000 人死亡，每一個體的死亡都為他／她的遺族帶來一次的哀悼。

表 1-1　不同年齡、種族和性別的死亡數與死亡率：美國，1992

| 年齡（歲） | 所有種族 | | | 白人 | | | 黑人 | | |
|---|---|---|---|---|---|---|---|---|---|
| | 合併 | 男性 | 女性 | 合併 | 男性 | 女性 | 合併 | 男性 | 女性 |
| 死亡數 | | | | | | | | | |
| 10-14 | 4,454 | 2,849 | 1,605 | 3,299 | 2,093 | 1,206 | 982 | 633 | 349 |
| 15-19 | 14,411 | 10,747 | 3,664 | 10,308 | 7,440 | 2,868 | 3,583 | 2,923 | 660 |
| 20-24 | 20,137 | 15,460 | 4,677 | 14,033 | 10,696 | 3,337 | 5,399 | 4,246 | 1,153 |
| 死亡率（每十萬人） | | | | | | | | | |
| 10-14 | 24.6 | 30.7 | 18.2 | 22.8 | 28.2 | 17.2 | 35.3 | 44.9 | 25.4 |
| 15-19 | 84.3 | 122.4 | 44.0 | 75.6 | 106.0 | 43.3 | 135.5 | 218.4 | 50.5 |
| 20-24 | 105.7 | 159.4 | 50.1 | 91.0 | 135.4 | 44.3 | 200.7 | 321.0 | 84.3 |

來源：Kochanek & Hudson(1994)

## 青少年死因

　　就死因來看，表 1-2 提供了一九九二年全美十五至二十四歲因十大死因而死亡的人數和死亡率。從這個表裡可以看到幾個重要的發現，首先，這些年輕人的前三大死因都是人為的，沒有一項是因疾病或所謂自然致死原因造成，這是青少年所特有的，一般人口在前三大死因大都會包括至少一種（有時兩種或更多）的疾病相關死因。以美國青少年而言，超過 77% 的死亡是因為意外謀殺和自殺。

　　青少年的前三大死因可以從另一個角度來看其重要性。如果將表中第四大至第十大死因的死亡人數加總起來（4,550 人死亡，每十萬人有 12.3 人）仍比第三大死因——自殺的人數還少（如果將十五歲以下和十九歲以上剔除，只考慮所謂的「teenagers」的話，則意外、謀殺和自殺仍是前三大死因，只是在順序上有所改變，依次為意外、自殺和謀殺）。

　　第二，因人而起的死亡常常是偶發、無法預期的，它們常與創傷和暴力有關。超過四分之三的死因都有這樣的特點，對遺族而言，這樣的死亡可能讓他們感到措手不及且受到有如災難來臨的驚嚇。

　　第三，為數 13,662 個意外死亡人口中，車禍意外死亡是最多的（10,305 人對 3,357 人），換言之，在一九九二年因車禍意外而死亡的佔所有意外的 75% 以上。如同大部分因謀殺和自殺所造成的死亡，許多意外死亡在理論上是可以預防的，也因為這個原

表 1-2 15-24 歲所有種族前十大死因的死亡人數和死亡率（每十萬人）：美國，1992

| 排序 | 兩性 死因 | 人數 | 比率 | 男性 死因 | 人數 | 比率 | 女性 死因 | 人數 | 比率 |
|---|---|---|---|---|---|---|---|---|---|
| 一 | 所有死因 | 34,548 | 95.6 | 所有死因 | 26,207 | 141.8 | 所有死因 | 8,341 | 47.2 |
| 1 | 意外死亡 | 13,662 | 37.8 | 意外死亡 | 10,253 | 55.5 | 意外死亡 | 3,409 | 19.3 |
| 2 | 謀殺 | 8,019 | 22.2 | 謀殺 | 6,891 | 37.3 | 謀殺 | 1,128 | 6.4 |
| 3 | 自殺 | 4,693 | 13.0 | 自殺 | 4,044 | 21.9 | 惡性腫瘤 | 725 | 4.1 |
| 4 | 惡性腫瘤 | 1,809 | 5.0 | 惡性腫瘤 | 1,084 | 5.9 | 自殺 | 649 | 3.7 |
| 5 | 心臟病 | 968 | 2.7 | 心臟病 | 626 | 3.4 | 心臟病 | 342 | 1.9 |
| 6 | 愛滋病毒感染 | 578 | 1.6 | 愛滋病毒感染 | 419 | 2.3 | 先天缺陷 | 170 | 1.0 |
| 7 | 先天缺陷 | 450 | 1.2 | 先天缺陷 | 280 | 1.5 | 愛滋病毒感染 | 159 | 0.9 |
| 8 | 肺炎和流行性感冒 | 229 | 0.6 | 肺炎和流行性感冒 | 126 | 0.7 | 因懷孕、生產和產後因素所導致的死亡 | 110 | 0.6 |
| 9 | 腦血管疾病 | 197 | 0.5 | 腦血管疾病 | 118 | 0.6 | 肺炎和流行性感冒 | 103 | 0.6 |
| 10 | 慢性化肺部機能障礙 | 189 | 0.5 | 慢性化肺部機能障礙 | 106 | 0.6 | 慢性化肺部機能障礙 | 83 | 0.5 |
| 一 | 其他死因 | 3,754 | 10.4 | 其他死因 | 2,260 | 12.2 | 其他死因 | 1,463 | 8.3 |

來源：Kochanek & Hudson（1994）

因，遺族往往痛恨造成這些死亡的行為，並且懊悔未採取某些行動來避免這樣的結果。

第四，值得注意的是從一九八八年以來愛滋病毒感染已躍昇為青少年死因的第六大，這是相當麻煩的問題。對青少年而言，愛滋病毒感染大都和性行為、酒精、藥物有關，這使得青少年懷孕和性病在美國社會相當嚴重，促使當局不斷宣導性行為、汽車、藥物、槍和所有致命因素的危險性。當大部分的青少年死亡都是能預防時，我們必須去問為什麼它們還會發生。

大體而言，今日在美國和許多其他已開發國家的青少年都是健康的年輕個體，相對其他的年齡層他們有較低的死亡率，這是因為他們已度過出生、嬰兒期和兒童早期的危險，而也還未老到能經歷成人晚期才有的致命疾病。約有二分之一到三分之一的青少年死亡原因能在事先有效的預防下避免掉。

## 與青少年死亡有關的兩個因子：性別和種族

將青少年視為一個群體的人口學資料中，我們可以從中比較性別和種族的差異。表 1-2 列出了美國社會中所有的青少年期男性和女性的死亡人數和死亡率，差異很明顯。男性的死亡率是女性的三倍多，在意外死亡的性別差異也差不多是這個比例，因謀殺或自殺而死亡的比例是 6:1，愛滋病毒感染的比例是 3:1。

仔細分析白人和黑人的死亡狀況（表 1-3 和表 1-4），可以發現在這個年齡層白人的死亡人數較多（24,341 人對 8,982 人），但黑人的死亡率較高（每十萬人中 168.4 人對 83.7 人），白人較

表1-3 15-24歲白人前十大死因的死亡人數和死亡率（每十萬人）：美國，1992

| 排序 | 兩性 死因 | 人數 | 比率 | 男性 死因 | 人數 | 比率 | 女性 死因 | 人數 | 比率 |
|---|---|---|---|---|---|---|---|---|---|
| 一 | 所有死因 | 24,341 | 83.7 | 所有死因 | 18,136 | 121.5 | 所有死因 | 6,205 | 43.9 |
| 1 | 意外死亡 | 11,450 | 39.4 | 意外死亡 | 8,546 | 57.3 | 意外死亡 | 2,904 | 20.5 |
| 2 | 謀殺 | 3,935 | 13.5 | 謀殺 | 3,392 | 22.7 | 謀殺 | 578 | 4.1 |
| 3 | 自殺 | 3,179 | 10.9 | 自殺 | 2,604 | 17.5 | 惡性腫瘤 | 575 | 4.1 |
| 4 | 惡性腫瘤 | 1,467 | 5.0 | 惡性腫瘤 | 889 | 6.0 | 自殺 | 543 | 3.8 |
| 5 | 心臟病 | 629 | 2.2 | 心臟病 | 401 | 2.7 | 心臟病 | 228 | 1.6 |
| 6 | 愛滋病毒感染 | 369 | 1.3 | 愛滋病毒感染 | 228 | 1.5 | 先天缺陷 | 141 | 1.0 |
| 7 | 先天缺陷 | 290 | 1.0 | 先天缺陷 | 225 | 1.5 | 愛滋病毒感染 | 71 | 0.5 |
| 8 | 肺炎和流行性感冒 | 164 | 0.6 | 肺炎和流行性感冒 | 93 | 0.6 | 因懷孕、生產和產後因素所導致的死亡 | 65 | 0.5 |
| 9 | 腦血管疾病 | 147 | 0.5 | 腦血管疾病 | 90 | 0.6 | 肺炎和流行性感冒 | 57 | 0.4 |
| 10 | 慢性化肺部機能障礙 | 107 | 0.4 | 慢性化肺部機能障礙 | 54 | 0.4 | 慢性化肺部機能障礙 | 53 | 0.4 |
| 一 | 其他死因 | 2,604 | 9.0 | 其他死因 | 1,614 | 10.8 | 其他死因 | 990 | 7.0 |

來源：Kochanek & Hudson(1994)

表1-4　15-24歲黑人前十大死因的死亡人數和死亡率（每十萬人）：美國，1992

| 排序 | 兩性 死因 | 人數 | 比率 | 男性 死因 | 人數 | 比率 | 女性 死因 | 人數 | 比率 |
|---|---|---|---|---|---|---|---|---|---|
| 一 | 所有死因 | 8,982 | 168.4 | 所有死因 | 7,169 | 269.4 | 所有死因 | 1,813 | 67.8 |
| 1 | 意外死亡 | 4,625 | 86.7 | 意外死亡 | 4,107 | 154.4 | 意外死亡 | 518 | 19.4 |
| 2 | 謀殺 | 1,684 | 31.6 | 謀殺 | 1,328 | 49.9 | 謀殺 | 356 | 13.3 |
| 3 | 自殺 | 556 | 10.0 | 自殺 | 478 | 18.0 | 惡性腫瘤 | 124 | 4.6 |
| 4 | 惡性腫瘤 | 305 | 5.7 | 惡性腫瘤 | 198 | 7.4 | 自殺 | 107 | 4.0 |
| 5 | 心臟病 | 286 | 5.4 | 心臟病 | 192 | 7.2 | 心臟病 | 94 | 3.5 |
| 6 | 愛滋病毒感染 | 276 | 5.2 | 愛滋病毒感染 | 152 | 5.7 | 先天缺陷 | 58 | 2.2 |
| 7 | 先天缺陷 | 86 | 1.6 | 先天缺陷 | 50 | 1.9 | 愛滋病毒感染 | 53 | 2.0 |
| 8 | 肺炎和流行性感冒 | 80 | 1.5 | 肺炎和流行性感冒 | 50 | 1.9 | 因懷孕、生產和產後因素所導致的死亡 | 36 | 1.3 |
| 9 | 腦血管疾病 | 70 | 1.3 | 腦血管疾病 | 44 | 1.7 | 肺炎和流行性感冒 | 30 | 1.1 |
| 10 | 慢性化肺部機能障礙 | 57 | 1.1 | 慢性化肺部機能障礙 | 296 | 1.1 | 慢性化肺部機能障礙 | 28 | 1.0 |
| 一 | 其他死因 | 977 | 18.3 | 其他死因 | 541 | 20.3 | 其他死因 | 409 | 15.3 |

來源：Kochanek & Hudson(1994)

容易因意外或自殺而死亡，而黑人較容易因謀殺、心臟病和愛滋病毒感染而死亡。

在這個年齡層白人男性的死亡率是白人女性的三倍（表1-3），在意外死亡的死亡率上，白人男性和白人女性的比率是3:1，在愛滋病毒感染上是 3:1，謀殺是 4:1，自殺是 6:1。相較之下，黑人男性的死亡率將近是黑人女性的四倍（表 1-4），在心臟病的比例上黑人男性對黑人女性是 2:1，愛滋病毒感染是 2:1，意外死亡是 4:1，謀殺是 8:1，自殺是 8:1。

## 青少年經歷到的他人之死亡

有關青少年經歷到的他人之死亡的可信資料很少，有一項針對一千位以上的高中高低年級學生所做的研究發現，90%的學生曾經驗過所愛的人死亡（Ewalt & Perkins, 1979）。這個樣本中有將近 40%的人經歷到的是同齡朋友或同儕的死亡，而近 20%的人曾親身目睹死亡的發生。一個類似的研究，要求紐約州 1,139 位大學生（平均年齡＝一九・五歲）報告他們「最近一次重大的失落事件」，得到的結果是所愛的人死亡或突發的死亡事件（共 328 位）是四十六種失落事件中最常見的一種（LaGrand, 1981, 1986, 1988）。很清楚的，認為青少年沒有死亡和喪慟經驗的想法是錯誤的。

事實上，青少年可能遭遇的死亡包括：祖父母和父母；鄰居、老師和其他成人；手足和朋友；寵物和其他動物；名人和所認同的英雄人物；有些人甚至還包括他們自己的孩子。的確，青

少年期可能是人類生活史上第一個可以經驗到包括年長者、同齡者和年幼者甚至是自己的孩子死亡的時候（Ewalt & Perkins, 1979）。另外，青少年們也提到他們還遭遇一種較廣泛的失落相關經驗但非關死亡，比如愛情關係或友誼的結束（LaGrand, 1981, 1986, 1988）。

　　遭遇死亡和失落的經驗對青少年和他們的發展任務有顯著的影響。舉例而言，在青少年早期，他們努力在情緒上脫離對父母的依賴，如果此時突然經驗了父母的死亡（有時是祖父母，如果他們是父母的代理者），會使他們產生一種複雜和衝突的狀態，在這狀況下，個體如何得到安全感？

　　相似地，青少年中期正是尋求能力、自主和控制的時期，他們沈醉於自主性中，此時若發生親人死亡，他們可能對於這新得到的獨立感有一種明顯的危機感。其他青少年的死亡越是突發的、不可預測的、創傷性的和暴力的，越可能引發青少年對自身期待和安全的恐慌。當青少年們認知到死亡可能降臨在同齡的人身上時，這些仍帶著「個人童話（personal fable）」（Elkind, 1967）或者兒時的「不死者的破斗篷（tattered cloak of immortality）」神話（Gordon, 1986）的人，可能會被挑起其脆弱的一面。

　　最後，努力於建立親密感和給重要他人承諾的青少年晚期，在遭遇較年幼親人死亡時，可能會感受到挫敗感和挫折感（如弟弟、妹妹、朋友或他們自己的嬰兒）。試圖投入一段關係並與之建立親密感時，若此人死亡將導致關係受阻，死亡使得青少年在與其他人建立關係的過程中充滿痛苦和無力感。

青少年的哀悼反應和哀傷過程與青少年的發展階段合併來看，我們可以發現青少年的反應並不完全與成人相同，比如說，有報告指出青少年的哀傷過程雖然來得快去得也快，但可延續相當長一段時間（Hogan & DeSantis, 1992），換言之，青少年的哀傷很矛盾地同時又持續又間斷（Raphael, 1983）。

　　可能更重要的是評估青少年在同時面對環境的挑戰和哀傷之下，是否干擾了正常生活轉變和發展任務。建立情緒上的隔離、獲得能力或自主力，以及發展親密關係等典型的青少年發展任務（Fleming & Adolph, 1986），在正常的哀傷過程中以一種特別的方式表現出來，Sugar（1986）形容這是保護／搜尋、解組和重組。這意味著協助青少年度過哀悼的人必須能夠分辨哪些和青少年的發展任務有關，哪些直接和他／她的失落經驗有關（Garber, 1983）。

# 結　論

　　曾有人說過：「死亡對大多數年輕人而言是很遙遠的事」（Jonah, 1986, p.268）。在某種程度上，它是對的，可能因為許多青少年還沒有足夠的經驗去了解生活中存在的危險或讓自己生活在危險中。此外，青少年可能覺得反抗成人和社會的權威、獲得同儕的讚賞或表達出挫折等強烈情緒是很重要的，而越來越豐富的經驗能幫助青少年去評估行為本身潛在的危險性；更加地成熟有助於讓青少年以更安全的方式去處理生活中的挑戰。

　　Alexander 與 Adlerstein（1958）提到死亡「對自我圖像（self-pictures）較不穩定的人有較大的情緒影響力」（p.175）。如此而言，死亡所帶來的衝擊對於處在明顯生活轉變期的個體有最大的個人影響，在青少年期主要的變化包括自我穩定度和自信的下降。提高個體的自信和平衡以及他／她的成熟度，可能導致一個看起來矛盾的組合──「更加地世故和明白死亡這一回事……能享受生活和為別人著想」（Raphael, 1983, p.147）。

　　因此，想幫助青少年的成人們可以幫助他們去看看此刻所發生的狀況，並且教導他們學習他們可能還沒有過的經驗。主要的重點不只是在理智上以抽象的、非關個人的方式去了解死亡，也必須將死亡對生命和生活的複雜影響導向具體的、個人攸關的一面。這個功課要求年輕人不去捨棄，反而要去豐富他們生命經驗的強度，尋找方法對這些非關個人且抽象的死亡概念以一種與個人相關的、對個人有意義的方式面對。

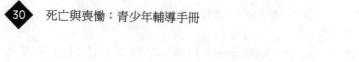

# 2

# 青少年在了解
# 死亡上的曖昧性

## Lloyd D. Noppe and Illene C. Noppe

　　所有年齡層的人對於死亡一事都有矛盾情緒，但青少年對於
這樣的衝突特別脆弱，這是他們與成人對於死亡的理解有所不同
所致。傳統上對於成熟的死亡觀之定義──普遍的、失去機能的
且不可逆的，被認為在青少年期是一個發展的關卡（Koocher,
1973; Speece & Brent, 1984; Toews, Martin, & Prosen, 1985）。仍有
爭論的是，成熟與否的品質雖然決定在青少年對死亡的了解，但
當他們採用真正成熟的理解、因應的能力和一個對此複雜現象更
完全、更成熟的觀點時，他們仍會經驗相當程度的緊張（Noppe
& Noppe, 1991）。

　　當然，青少年了解死亡可以、也將會發生在每個人身上（普

遍性）；然而，他們不顧危險的舉動似乎訴說著他們覺得「這不
可能發生在我身上」。很明顯的，青少年們仍存在一種矛盾，即
在理智上明白這是一個愚蠢的行為，但仍不顧顯而易見的危險就
去做了。Jonah（1986）將這個問題解釋為危險知覺（risk percep-
tion）和實際效果（utility）上的不平衡，也許青少年在分析個人
死亡的可能性時被強烈的獨立需求所矇混，或有太多挫折感參與
其中，或者為了尋求同儕的接納（Corr, 1995）。

　　相同的，青少年能明白生命在生理上的中止（失去機能的）
以及取消死亡過程的不可能（不可逆性），但仍迷惑於各種有別
於生命永久且完全終止的說法──另一無物質的宇宙、來生、借
屍還魂等等。這些提供死後的另一個世界的說法可能讓青少年迷
惑，以至於無法正視死亡對喪慟者的重要影響（Noppe & Noppe,
1991）。這樣的觀點只是開始去了解青少年如何理解死亡，以及
與較成熟的觀點做一區分。

　　這一章提出一些例子來闡明青少年之間未必有成熟的死亡
觀。青少年研究的文獻主題大都分類為生物的、認知的、社會的
和情緒的發展等幾類，有許多的曖昧不明之處凸顯青少年在理解
死亡上的特色。本章也提出了協助父母、老師和其他成人來幫助
青少年降低對死亡的曖昧不明之道。

# 身體不重要的迷思

　　青少年期是生理發展旺盛的時期，身體成長和健康的主題顯

得與死亡格格不入，在整個生命史中再沒有像青少年期有如此低的死亡率（Kochanek & Hudson, 1994），而且青少年的死因也大都是非自然的、悲劇性的、人為引起的問題造成。

是否正視死亡之終極意義真的會與青少年驚人的成長速度、體能精力的高峰發展、生殖能力的出現，和依賴協調與平衡的身體技巧等相抗衡？這些生理轉變帶給青少年的是高興、樂觀與樂趣，他們沈浸在身體的感受和成就，這的確與面對死亡完全相反。事實上，青少年因自然原因如癌症和心臟病而死亡已逐漸減少中，在近五十年，這減少的部分已由漸增的意外死亡、謀殺和自殺所取代（National Research Council, 1993）。

青少年的生活多采多姿，使我們好奇的是青少年非自然因素死亡率的增加，因此我們需要認識潛藏在這些明顯的肢體危機之下的緊張和衝突為何容易爆發，不管有意或無意。Koocher 和他的同事（1976）認為，青少年越來越注意他們在生理上不可避免的衰退，生命每過去一天，人便接近死亡一步，警覺到生活和身體的發展都同時導向死亡，這可能提高了他們的焦慮。老年父母和祖父母也給了青少年一個未來身體的圖像——人終究難免一死（Noppe & Noppe, 1991）。

生與死之間的矛盾常常出現在自我矇騙以因應這個衝突之時，青少年許多高危險的宣洩方式包括魯莽的駕駛行為（可能受酒精或藥物影響）、對身體的化學傷害、耍特技（如飆車）和其他超過身體限制的體能運動等，這些身體上的危機讓青少年將精力從擔心身體成熟到接近死亡的憂慮中移開，同儕的讚賞和勝利的滋味使他們無視於死亡終究是最後的贏家（Hankoff, 1975）。

在嘗試一些近似求死的行為同時，這些青少年也在挑戰生命的極限（Gordon, 1986）。

Gans（1990）指出「大部分的青少年投入一些危險行為中但未實際經歷悲慘的後果」（p.17），也有許多的青少年以風格不同的健康促進行為來補償他們的危險行動，然而，需要更多的運氣和緊密的呼籲才能讓這個時期的死亡率降低。相對的，喜歡追求冒險的態度在青少年之中似乎很普遍，一個有名的國際研究發現35%的青少年喜歡從事危險活動，45%的青少年表示他們喜歡製造一些危險來測試自己（Bachman, Johnston, & O'Malley, 1986）。

多數青少年並不會冒太大的身體上的危險或只在很少的情況下才這麼做，但並不表示他們不想或不渴望去做這些危險舉動和不顧一切的行為，這只是安全、現實、致命性和興奮感、衝動、危險之間的角力，這可能是死亡焦慮的基礎。相對於只是想參與危險活動的青少年，採取這些行為的青少年可能感覺到漸次增加的壓力，是否青少年須真正經歷到身體上的危險或只是需要想像那樣的感受，他／她便能自娛於處在生理上生與死邊緣的感受。

在青少年之間，特別是女孩，飲食疾患相當盛行，這可能也反映了對生活類似的矛盾（Bensinger & Natenshon, 1991）。在一方面，飲食疾患會導致既定的結果；反過來，厭食或暴食的行為又呈現了一種對身體的控制，如同要保持苗條身材的社會增強效果抵銷了死亡的威脅。有飲食疾患的青少年可能都沒有覺察到他們所玩的是致命的遊戲（一種慢性自殺），但是這樣的症狀可以轉移他們所感受到的其他衝突。因此，親子關係的困難、學校的

競爭或來自同儕和社會的性壓力都可能被大肆吃喝、強制性的節食或強迫運動所掩蓋下來。

其他有關身體的改變和青少年死亡概念之間的可能連結，是在性發展過程中純真的失去。青春期的發展可能引發在性期望上的焦慮，他們在性幻想上期待比他們現在所能做的更多（Morrison, Starks, Hyundman, & Ronzio, 1980），雖然很少青少年會表達出他們在性方面的擔心，但當他們被要求承諾不做一些充滿社會、情緒和身體危險的行為時，他們可能反而懷念孩童時的單純生活（Feinstein, 1981）。的確，隨著性活動的增加，青少年被迫去思考他們面對懷孕、墮胎、當父母或得到性病的機會。

愛滋病／愛滋病毒的流行所產生的危險，再次考驗青少年的死亡概念，預期因害怕感染愛滋病將降低青少年間的性活動層次，然而，並沒有明顯的證據顯示現今青少年比十至十五年前的青少年較不採取性活動，唯一的好消息是近年來青少年使用保險套的比率明顯增加（National Research Council, 1993）。即便如此，除了在避孕方面的部分進步之外，仍有許多青少年持續採行不安全的性行為，而且年齡層較以往更年輕。不管是避孕法的有效性、教育訊息的大量釋出，或是性病的嚇阻作用，的確都多少抑制了青少年的性活動。

在性的世界裡，生理上的抵制和曖昧不明在許多藥物、酒精濫用者身上顯而易見，他們為了追求化學刺激出賣了健康和生命。越來越多的青少年意識到來自許多合法與非法物質的潛在傷害，他們較少酒後駕車、較不使用違禁藥品、較少抽煙（特別是男性）。相對於這些正向的改變，「應酬式飲酒」（是指五位或

以上的男性，四位或以上的女性聚集飲酒，見 Wechsler, Davenport, Dowdall, Moeykens, & Castillo, 1994 的大型代表性研究定義）、吸入劑使用年齡提早等問題增加了，這些不一致性似乎顯示許多青少年對於他們面臨死亡的可能性仍有所矛盾。

# 理性與浪漫

有一個關於失落和哀悼的迷人且久遠的分析（Stroebe, Gergen, Gergen, & Stroebe, 1992）提到，「對於健康和適應的假設是文化和歷史過程的副產品」（p.1211），作者區分了西方社會浪漫主義者、現代主義者和後現代主義者對死亡觀點的不同。在十九世紀，主張靈性的、不滅的愛和堅定友誼的浪漫主義者強調要「持續」哀悼、公開表明「破碎的心」、保持與逝者的「關係」和盼望最後的重聚。

到了二十世紀這個觀點被強調理性、效率和功能的現代主義所取代，他們認為「人們需要從強烈的情緒中平復過來，盡快地恢復正常的功能和效率」（Stroebe et al., 1992, p.1206），因此「切斷與過去的連結」，尋求新的認同，可能的話尋求諮商或治療的協助，這帶給喪慟過程一個嶄新的定義限制。

雖然 Stroebe 和她的同事（1992）並沒有討論青少年對死亡的概念，但他們指出了摻雜在個體和文化背景之下，對死亡的多元觀念使得過渡到後現代主義文化產生困難。特別是，他們指出了企圖附和嚴格現代主義者對失落和哀悼觀點的傾向，尋求自我

內在的認同，第一次可以自由去享受所選擇的愛戀關係，和正適應他們靈性成長強度的青少年們，必然對於浪漫主義者的死亡觀點較為附和。

　　然而，青少年也正經歷 Piaget（1972）所謂形式運思期開始的智能上的挑戰。由於形式運思能力的發展使得青少年能更了解生活上許多的可能性，青少年理解力的增加也意味著他們能像思考生命一般地思考死亡。大部分青少年開始質疑他們童年時對宗教、價值觀、未來、關係和類似議題的看法，當他們深思他們所被教導的、所讀到的和所看到的成人行為，以及諸此種種，他們就被強迫去面對生與死的衝擊。

　　除了形式思考所帶來的認知上的進步之外，青少年一般還無法以成熟的相對思考方式去整合相反的觀點（Perry, 1970）。是否他們應該試著去否定浪漫主義者對死亡的看法而變得斯多噶式的禁慾且實際呢？他們能接受現代主義者的觀點，即便一般文化較推崇英雄式的死亡與哀悼？在缺乏完整建構的認同感和尚未有能力去調和社會中存在的不一致價值觀之下，青少年能不對死亡感到迷惑嗎？

　　雖然強調事先規畫、設定目標、長期為個人成長而努力的理性取向似乎對青少年而言是較正向的方式，然而隱藏在背後的是唯一確定的未來局面（Noppe & Noppe, 1991）。死亡並不容易讓青少年接受是生命邏輯的結果，但是終究得面對。牢記在心，當青少年能更完全地思考未來，他們就更退縮到沈浸在五光十色的現在（Kastenbaum, 1959），或試著用藥物、酒精麻痺時間感（Hankoff, 1975），這一點並沒有矛盾衝突之處。參與危險性高

的活動或許是錯亂的青少年在面對生與死的現實時一種有效的因應方式。

　　以一位青少年的立場去思考自己的死亡，幾乎是相當難以理解的抽象概念，雖然青少年可能試著將這樣的想法推諉給不大的可能性，但終究無法避免去面對生命都有終止的一天。很少青少年須為自己的後事做預備，但他們可能目睹或知道其他人在做這樣的事情，例如立遺囑、買墓地、選棺木或安排其他特殊的喪禮細節，這讓在抽象中把玩死亡的青少年多了一份驚嚇。

　　在探求具體未來的過程中，青少年面臨一個主要的挑戰，一方面，在快樂與成功的期許下，他們可能會有性和婚姻的伴侶、得到一份工作、擁有刺激而滿足的友誼關係、生育和扶養小孩、開發新的嗜好和技巧、參與社區活動、到遠方旅行和許許多多生活上的活動。相反地，青少年也必須同時考慮未來負向的一面，也就是他們可能會遭逢所愛的人死亡、環境的破壞、友誼的結束、工作失敗或失業、經濟困難、健康問題和其他許多不可預期的失落（Raundalen & Finney, 1986）。

　　有些研究者呼籲注意核子戰爭所帶來的威脅可能破壞青少年的幸福感（如 Anstin & Mack, 1986; Zuckerman & Beardslee, 1986），然而 Diamond 和 Bachman（1986）發現這樣的呼籲是連帶意味著相信人們會存活下來，這似乎是一個全然無法控制的局面，如同地球被彗星或小行星撞擊的可能性一樣。因此，對未來的樂觀與悲觀兩面並列的結果便產生了緊張（Cottle, 1972）。

　　根據 Elkind（1978）有關「個人神話」的看法，青少年因為沈溺於自己的想法和命運之中，以致無法正視一般人真正的面

貌，這樣的想法充斥著他們的生活，使他們相信死亡離他們很遠
（如「我的車子不會撞上」、「我不會得愛滋病」、「吸煙不會
對我有害」，或「懷孕是別的女孩的事」）。忽略現實殘酷的一
面使得青少年採取一些非理性的行為，如開車不繫安全帶、嗑藥
或酒後開車、不採行避孕措施以避免懷孕和被傳染性病、不注重
警告危險標誌（Noppe & Noppe, 1991）。

　　如同Corr（1995）所提醒的，雖然青少年能以較成熟的方式
思考死亡，但他們並不真的或常常這麼做。甚至，有能力建構形
式運思概念並不保證個體能夠將死亡是不可逆的狀態銘記在心，
有一個有趣的研究打算分析青少年在經歷失落和哀悼之後對死亡
的態度，並進一步與未經歷喪慟的同儕比較，看看兩組在採行危
險行為的參與度。總而言之，建立有關青少年對死亡的認知模式
需要考慮邏輯發展和退化、文化和歷史背景，以及社會的、情緒
的經驗。

# 社會生活與死亡

　　青少年對死亡的概念完全受他們的社會背景所影響，也就是
說，他們對自主與自我意識漸增的需求已牴觸了對社區的需求。
在Maslow的動機理論（Maslow, 1970）裡，歸屬或聯盟的需求是
居於需求階層的中間，與他人的關係在全生涯裡與心理及身體幸
福感息息相關，與父母、同儕以及更大的社區互動在青少年的生
活裡佔有很大的空間，Maslow認為基本需求是很原始的，當它們

被滿足時，對人們的重要性就會減低，因此，在我們的社會中，社會需求對青少年而言有時比食物、水等更重要。

青少年在創造「社會生命（social life）」、避免「社會死亡（social death）」時存在緊張。在死亡學文獻中，社會死亡（有別於生物上或臨床上的死亡）包含一個個體如何被視為死亡，即便他／她仍然活著（Sweeting & Gilhooly, 1992），這樣的社會死亡是自我知覺的（「我好似死了一般」）或由其他人來覺知（「我的朋友或家人視我如死了一般」），成為一個「人」廣義而言是指在別人眼中是一個人，當個體無法被其他人視為活生生的、會呼吸的一個人時，他便是社會性的疏離與死亡。在 Sweeting 和 Gilhooly 的分析裡，現代的西方社會常在人們真正臨床上的死亡發生之前，即視之為社會性的死亡，這可能發生在住精神醫院和護理之家的個體，其最終的結果是個體被非人性化（dehumanized）和去個人化（depersonalized）。相對之下，許多傳統社會在經過許多的正式儀式之後，才真正地視此人已死亡（在生理上的死亡發生之後的一個過程）。

相對於生理觀點的死亡，社會死亡可以是短暫的現象，然而，社會死亡也可以導致極度的痛苦和絕望。當同儕團體的重要性增加時，無可置疑地青少年將努力於避免同儕間的社會死亡，和其他人之間失敗的關係會導致青少年很深的孤獨和疏離感（Brennan & Auslander, 1979; Ostrov & Offer, 1978）。細究同儕團體，要求一致的附帶條件常是焦慮的來源之一，但與其他人隔離（不管是自找的或被拒絕）則更為嚴重。所有的青少年幾乎都經歷過這類型的人際困難，他們常是令人痛苦的「小小死亡（little deaths）」，但對青少年而言，發展社會生活是非常重要的，而社會死亡，不管是自覺或他覺，則永遠是一個威脅；它讓青少年常常面對衝突和驚嚇的處境（「當他看到我和我媽在購物中心時，我就好像是死了一般」）。

　　青少年對死亡的知覺常是來自於以校園為背景的社會環境，在此，曖昧與成長之間的緊張再次浮現。首先，從小學到中學的正常轉變，再到高中，這一路上同時有許多豐富的生活經驗（也同時潛藏死亡），整個環境從一位老師一間教室一直擴展到整個學校，經歷無數不同的班級和課堂外的活動，青少年有許多機會與形形色色的人交往，探索新的議題，並發展對世界和未來進一步的看法。

　　儘管社會對青少年的期待已大幅提高，然而坦然面對自主和成熟的要求卻讓青少年的自我效能感大大提升，此時也可讓青少年藉由了解個人控制程度與力量的有限來調整過於理想化的想法。我們能將世界改善到什麼程度？我們如何能停止一波波的飢荒、疾病和暴力所造成的內陸城市和第三世界國家的死亡率？兒童的確意識到了死亡，但他們的生活卻讓他們無法去面對與死亡有關的諸多議題，而在青少年的班級或組織裡，他們卻常熱烈地討論有關墮胎、死刑、安樂死等問題。此外，同儕死亡的餘波可以被深刻而充分地感受到，全校可以一起悲傷，如同紐約市布魯克林區的高中，在一次遊樂場大火中有五位同學喪生，之後全校一起陷於震驚和哀悼中（Podell, 1989）。因此，生與死成了一個辯證的主題，待成人期時才能達到統合。

　　任何對死亡的覺察都深深受文化背景的影響，死亡學家開始

注意到信念系統與習性對死亡概念架構的不同影響（Irish, 1993; Kastenbaum, 1992）。文化塑造有關死亡原因的信念和來生的可能性，並傳遞給青少年，文化同時也決定遺體安置的方式和葬禮的形式，以及哀悼的方式和喪慟者的角色（Ross, 1981）。舉例來說，傳統的佤人（Hmongs，來自東南亞的新移民）相信靈魂的世界與身體的世界是共存的（Bliatout, 1993）；而許多回教信徒則深深相信今生影響來生（Gilanshah, 1993）。對許多人而言，對死亡的了解和處理重要他人死後的種種，受文化的期待和族群的支持影響（Counts & Counts, 1991）。社會支持對因應哀悼有顯著的影響（Vachon & Stylianos, 1988），因此不令人驚訝的是，哀悼正是使大多數人順應團體期待和規範的時候，也就是這些行為事實上是不那麼受文化變遷的影響的（Kalish, 1980）。

無獨有偶的，在青少年發展的議題上文化環境也一再被強調（Allison & Takei, 1993; Schlegel & Barry, 1991），青少年以及他們的家庭所處的環境能提供認同發展上很豐富的資源，以抵抗可能導致挫敗感的同儕壓力，以及提供所需的歸屬感。同時在主流文化之外的多樣性文化也抵擋了對青少年很重要的自主需求和「符合（fitting in）」的需求（Allison & Takei, 1993）。社會生活與死亡的衝突再次浮現。

很少人提到倫理的分歧如何影響青少年對死亡的認知，以及如何參與儀式。舉例而言，華裔美人常以私下的方式哀悼（Halporn, 1992），當華裔青少年因循此習俗而私下處理哀悼，他們如何因應之（Raphael, 1983）？與死亡有關的文化習俗是最抗變的，有高度同化需求的青少年如何參與這些儀式呢？而這些儀式

（如燒金紙、哀嚎，或整個傍晚鳴哀樂）是否使得這些急欲認同
的青少年努力地附和，變得矯揉造作？相反地，有些青少年可以
幸運地在他們的文化團體中找到慰藉，那可能是他們的同儕所得
不到的。美國原住民、西班牙裔美人和非裔美人的青少年會遵從
傳統的習俗，來幫助他們從社區中獲得支持。在死亡之中，如同
生活一般，青少年尋求在個體和社區之間的平衡。

　　和其他人的互動，特別是關係較正向的，是活著最清楚的指
標，青少年社會關係的開展以及社會死亡的可能性，都需要放在
同儕、學校和更廣的文化背景下來考量。

# 打破束縛

　　青少年在詮釋死亡時主要造成緊張的原因，是來自對死亡的
預期和失落感，這是與生俱來在認同形成上不可避免的任務。在
兒童期，個體的認同主要來自家庭，青少年期的主要發展任務則
是達到個體化和自主性，包括認知的、社會的和情感等三方面
（Harter, 1990）。青少年的認同發展過程包括重新建構在嬰兒期
開始發展的親子依附關係，與父母的分離是這個過程的必要因
素，但這是一個失落的過程，可能被青少年視為某種形式的死亡
（Noppe & Noppe, 1991），或許青春期和喪慟都被視為心理社會
上的轉變而非只是偶然（Parkes, 1988）。

　　根據 Bowlby（1980a）的理論，哀悼的心理過程開始於依附
對象的分離與失落，而在青少年期，來自於接近依附對象而有的

安全感再一次捨棄（Weiss, 1988）；在某種意義上，青少年也為了親子依附關係的失去而哀傷（Bowlby, 1980a）（有趣的是，父母親通常也「不想」捨棄和孩子之間的依附連結，他們也同樣為了失去這關係而哀傷）。對青少年而言，因應這類哀悼包括將親子依附關係重繪入同儕關係中（Holmes, 1993），這個過程由一個安全的、內在的、可運作的信念所觸發，是一個視自我和重要他人為可靠的、有愛的且值得信賴的信念（Bretherton, 1987）。所以在哀悼過程中也同時產生修正個人對世界信念的需求（Parkes, 1988），另外，如同哀悼有許多形式，青少年藉由脫離原來的依附以測試所建立關係的內在運作模式時，其中可能伴隨有憤怒的感受，當父母過於慎重而不讓青少年作主時亦是。

我和好友在一起時才是真正的我，和父母在一起時我沒辦法當真實的我，他們不了解我，他們如何能了解一個青少年應該是什麼樣子，他們對待我的方式就好像我還是一個小孩子（引自一位十五歲少年的自白，Harter, 1990, pp.352-353）。

依附關係提供探索世界時一個安全的基礎，所以判斷青少年期親子依附關係是否尚未轉型是很重要的，從青少年與父母之間正向而支持的關係，可以預期轉型期所引起的情緒起伏已被成功地處理（Papini & Roggman, 1992）。無論如何，青少年對這些關係的看法有了質的改變，將依附關係轉移至同儕團體製造一種安全感，特別是當一致性的規則沒有被打破時。但是，兒童和青少年的同儕常常是多變的，在童年期，父母的完全保護能提供慰

藉，而新得到的友誼則次之；對青少年而言，朋友間親密關係的失去將引發極度的悲傷和失落感，類似於喪慟和哀悼。

打破或重建這些連結可能很困難，這反映一個天真的觀點，就是如果「度過它」或重新建立新的關係，似乎原先關係的重要性就失去了（Stroebe et al., 1992）。人們對自我感的確認似乎也包含了對這些連結的掌握，因此解除了這些連結不僅意味這些關係是表淺的，也影響到個人的自我價值感（Stroebe et al., 1992）。有什麼比一位青少年失去初戀或被最好的朋友拒絕更痛苦的事？由死亡而來的失落，其造成的絕望和被遺棄的感受遠大於成人所能理解（Meshot & Leitner, 1993; Podell, 1989; Raphael, 1983）。

大多數成人抱有一個想法，即使對他們而言重要的人死亡了，他們的核心自我還是能保持完整，這是二十世紀現代工作者所抱有的死亡觀（Stroebe et al., 1992）。對青少年而言，思及死亡時尚包括失去與他人緊密連結以及正蓬勃發展之自我的衝擊，當青少年感到哀傷時，他們對逝者的認同遠超過成人所觀察到的（Meshot & Leitner, 1993）。未必是全部，但對自我的生與死和真愛常是青少年寫詩寫書的普遍主題，在音樂上羅密歐與茱麗葉的故事仍常被引用；對自一九五○年代以來的前四十名樂曲的內容分析裡顯示，與死亡有關的歌曲是最受歡迎的（Plopper & Ness, 1993）。

認同發展包括在生命周期裡為自我設一個定位點，根據Erikson（1968）的觀點，青少年在個人的過去、現在和預期的未來中探索自己是誰，促使投入此任務的是強烈的存在感（Waterman, 1992）。在青少年期，自我概念擴展為許多可能的「我」，有些

是理想的我，那是我們希望變成的，有些是令人害怕的我，如「孤單的我」、「無能的我」（Markus & Nurius, 1986），這些可能發生的令人害怕的我反映出令人無法理解的潛在想法——生命可能是令人失望的（Cross & Markus, 1991），因此，「死亡之我」也變成這可能的藍圖中的一部分，為了在認同上一致，青少年必須與新的認同（無存在的可能）妥協（Noppe & Noppe, 1991）。這「獨特的我（unique self）」可能來自付出孤單的代價和失去與其他人的直接連結（Harter, 1990）。

介於依附、分離、失落、認同和自我之死的緊張，在青少年的實徵研究和理論著作中仍未被揭露。一般而言，自尊（self-esteem）和自我認同（ego identity）被認為是青少年因應和調適失落的力量來源（Harter, 1990; Hauser & Bowlds, 1990）。舉例而言，Sterling 和 Van Horn（1989）發現認知發展和死亡焦慮有關，有較高自尊的高中生和大學生在焦慮分數和死亡恐懼上的得分較低（Davis, Bremer, Anderson, & Tramill, 1983; Neimeyer & Chapman, 1980）。

我們已經找到一些解釋青少年對死亡的曖昧和無法像成人一般有成熟概念的原因，另外一個方向也需要考慮，那便是性別。男性和女性以不同的方式經歷死亡，在研究中也看到這類差異表現在喪慟反應（Glick, Weiss, & Parkes, 1974; Parkes & Weiss, 1983）、死亡焦慮（Dattel & Neimeyer, 1990），和談論與思考死亡的意願（Da Silva & Schork, 1984）。同時，很少有人提供性別如何在兒童期和青少年期影響死亡概念的發展，Kastenbaum（1992）認為性別差異的根源來自早期家庭生活中社會化的過

程，青春期的不同也會影響少年或少女如何以及何時開始積極思索死亡，我們認為男女對死亡的分歧反應是從青少年期開始，而這些差異與認同發展有關。

在美國文化之下，認同發展的期待結果是一個自主的（autonomous）、獨立的（indenpendent）性格，然而證據顯示認同的過程在少男和少女有所不同（Cosse, 1992）。Erikson（1968）對認同的概念以及稍後對認同的研究（Marcia, 1987）似乎較符合少男的發展，Carol Gilligan 和她的同僚提出另一個少女發展的描述（Brown & Gilligan, 1990; Gilligan, Lyons, & Hanmer, 1990）。研究六至十八歲女孩和女人的生活故事，Gilligan 發現女孩們頗能適應關係的複雜與節奏而融入在關係中，以照顧人的能力和維持與他人的連結等來評判自己。這些在認同與依附上的性別差異如何衝擊青少年對死亡的了解？在關係的需求之下，少女對死亡的焦慮比少男大嗎？或者死亡所帶來的孤單和文化中對男性的自主與分離的期待都只對少男有衝擊？

或許探索死亡可能導致的孤獨對少男而言是認同過程的一部分；對少女而言，死亡則被視為測試一個人照顧其他人的能力和自我如何進入社會支持的網絡中。Meshot 和 Leitner（1993）研究一群十五歲左右失去父母親的青少年，發現女孩比男孩更認同逝去的父母親，而她們也有較大的哀傷反應。這些研究者認為少女可能比少男有較多未解決的哀悼（unresolved grief），雖然這些發現也可能是來自於親子關係對哀悼方式的影響所產生的性別差異。

在情感面上，依附關係、自我概念發展、浪漫主義、認同和

性別角色發展和青少年的死亡概念之間關係密切，了解這些因素之間複雜的動力關係是急迫的，不單因為這是青少年發展的重要議題，也是造成如憂鬱、自殺和暴力死亡等衝擊生活事件的相關問題。

# 結　論

處理青少年問題的父母親、教育者和心理衛生專業人員必須了解青少年表現出似成人的尊重死亡態度是有別於成人的，期待一個十五歲青少年對死亡在理智和情感上有如五十歲成人一般的反應，是不適切的。

先前，我們（Noppe & Noppe, 1991）討論了如何在生理的、認知的、社會的和情感的層面引導青少年了解死亡，產生「辯證上的兩難（dialectical dilemmas）」，這只是要提醒青少年光是意識到死亡的終極性（finality）、普遍性（universality）和不可逆性（irreversibility）是不夠的。

在這一章裡，我們試著進一步去了解這些辯證的主題。為了轉變為成人而採用冒險的、危害健康的行為來測試自己，罔顧死亡；而邏輯的、抽象分析的能力卻因浪漫的、非理性的需要而蒙蔽。在某一個社會層次，自主的需求因尋求同儕認可而變成危險的來源。在情感的層面，青少年常常不斷地創造和再創造自我，這個過程同時有消除（如先前的依附關係）和再造。

我們前面所談到的辯證性主題不同於衝突，因我們樂觀地認

為這些範圍的整合是可以達到的，而整合的時機是一個獨特的發展議題。對青少年而言，生與死的辯證是曖昧的來源；他們是界定此階段的生命和讓青少年了解死亡的許多難題之一，與大多數成人有所不同；這並不是說每一位成人都必須完全了解死亡（Feifel, 1990）。成人對死亡的理解可以很類似青少年的、甚至兒童的！但是，在普遍性、終極性和不可逆性的知識之外，處理死亡議題的能力是來自經驗的智慧、接受反駁和整合到更完全的整體，以及了解現實如何與生活的理想結構共存（Rybash, Hoyer, & Roodin, 1986）。

　　生與死的教育常在災難之後的「教育時刻（teachable moments）」、重要他人的死亡，或者青少年為了準備期中考的深夜談話中被提起。處理青少年問題的成人需要了解青少年要什麼、不要什麼，特別是當他們思考與死亡相關的議題時。差異必須被了解與尊重，在青少年對隱私的需求和與成人的分離之間須適當地平衡，他們需要能公開地談和立足於一個成人所能提供的安全基礎上。同儕團體的討論與支持可以提供一個良好橋梁，讓成人與青少年討論死亡的相關議題。

　　有關青少年對死亡的了解有許多導致個別差異的因素，如性別、種族和過去的哀悼經驗，雖然青少年的文化有很大的層次差別，死亡可能提高了男性和女性、傳統的和相似的青少年、過去已有深刻哀悼經驗的青少年之間在反應上的差異，成人不可太快以負面的方式評斷其對死亡議題的反應。青少年無法開放地哀悼可能因隱私之故，並非冷血，而女孩表現出對已逝的重要他人強烈的認同可能只是在表達她們自己對關係的認同，而不是未解決

的哀悼。

　　Feifel（1990）很有智慧地揭示：「接受人終究一死是達到自我啟發的捷徑之一」（p.541）。青少年的發展任務常被認為是認同的形成、獨立、職業發展和同儕關係，很少有人提到在生命的背景之下創造死亡的意義也是青少年發展的重要成就。處理青少年問題的成人不要只是把達到死亡的「成熟」概念當成目標，還要提供一個舒服的氣氛去探索死亡如何發生，以使個體明確知道個人在人類生命周期中的地位。

# 3

# 青少年、暴力謀殺和死亡

Ronald　K.　Barrett

　　青少年死亡的前三大原因——意外死亡、謀殺和自殺，都是典型的突發性、非預期的創傷性死亡，這一章所提到的青少年死亡都是與暴力謀殺有關的，描述暴力謀殺的本質與範圍以及在年齡、性別和種族上的差異（Fingerhut & Kleinman, 1989; Ropp, Visintainer, Uman, & Treloar, 1992; Sullivan, 1991）。之後，本章將分析慢性暴力對青少年心理的影響，介紹青少年暴力現象的理論解釋，以及介入和社會政策上的建議。

# 青少年暴力謀殺的本質與範圍

在一九九二年，謀殺是全美第十大死因，總計有 25,488 人死亡（Kochanek & Hudson, 1994）。同年，謀殺是十五至二十四歲年齡層的第二大死因，總計有 8,019 人死亡，男性的死亡人數（6,891 人）明顯超過女性（1,128 人）。更甚者，死亡的方式顯示大部分的受害者和犯罪人是「自己人（intramural）」，來自相同的種族背景。

在美國每一年約有一百萬十二至十九歲青少年是暴力犯罪的受害者，居住於都市的有色人種（非裔和西班牙裔）青少年更是暴力犯罪的高危險群，死於暴力的黑人是白人的四至五倍，而更年輕的黑人男性受害人比男性白人多十倍。

有一個研究（Ropp et al., 1992）探討一九八〇年到一九八八年年輕人的死亡率，比較不同的組別（都會區／郊區、年齡、性別和種族），發現都會區人口在所有的致死因素大幅提升 50%，而同期郊區及全國人口則沒有或僅些微變化，這個提升現象在非裔都會區人口群最高。在大部分的暴力死亡中，槍械暴力的增加率（252%）最高（Fingerhut, Kleinman, Godfrey, & Rosenberg, 1991）。

在美國超過一半的嚴重犯罪（謀殺、強暴、械鬥、搶劫、竊盜、強盜和偷竊汽車）是十至十七歲青少年所為（Winbush, 1988）。從一九六〇年到一九八〇年，在美國少年犯罪的增加率是成人犯

罪的兩倍，根據美國聯邦調查局的統計，在北加州所逮捕的重刑
犯中謀殺、攻擊及強暴等侵害他人的有 57%，謀財的有 66%是十
七歲或以下的青少年。南加州一項一九八八年謀殺事件的研究顯
示，青少年常常同是這些案件的受害人和犯罪者，此外，非裔和
西班牙裔的男性犯罪者佔南加州所有謀殺案件近 70%。在芝加
哥，美國聯邦調查局的一九九○年整體犯罪報告（Uniform Crime
Report）提到三分之一的謀殺案是由二十歲或以下的年輕人所犯，
比一九七五年的報告增加了 29%。

　　就全美而言，謀殺是非裔和西班牙裔青少年的第一死因（Ko-
chanek & Hudson, 1994），這些年輕人如此高的謀殺率使得非裔
和西班牙裔的平均壽命降低，因此，有些學者（Barrett, 1993; Fin-
gerhut & Kleinman, 1990; Sullivan, 1991）認為謀殺不應只被視為
犯罪問題，也是公共衛生的危機。

　　謀殺──特別是攜械，在美國比起其他國家是更為嚴重的問
題。美國的研究發現（Barrett, 1993; Ropp et al., 1992）在兒童和
青少年群裡攜械的謀殺案件有明顯增加的現象，例如，一個一九
九一年的研究（Fingerhut et al., 1991）發現了令人驚訝的結果，
從一九七九年到一九八八年間青少年致命性暴力有漸增的趨勢。
在一九八八年，十五到十九歲青少年謀殺事件有 77%與槍械有
關，非裔男性則有 88%，在二十至二十四歲的年齡層有 70%的謀
殺案與槍械有關，非裔男性有 81%。

　　雖然大部分殺人的青少年是十五至二十五歲居住於都市、社
會生存條件差的男性，但在中產階級、郊區家庭、擁有良好社會
環境的青少年暴力問題也是平行增加（Lacayo, 1994）。加州比佛

利山莊十九歲的 Erik Menendez 和長島 Merrick 十七歲的 Amy Fisher 就是兩個一九九〇年代青少年的例子，兩人都是來自完全白人、高社經的環境，與刻板印象中的殺人犯並不相符。

在全美有一個新的現象逐漸受到公眾的注意，就是女孩們的暴力現象增加了，通常是與男性一起犯罪（Barrett, 1993; Hamburg, 1992）。在麻薩諸塞州，被判刑的女性暴力犯罪者從一九八七年的15%提升到一九九一年的38%（Press, McCormick, & Wingert, 1994）。研究幫派的專家認為越來越多的女孩們加入原先純男孩的幫派，而純女孩的幫派則是模仿純男孩幫派的暴力行為。這個增加的趨勢告訴我們，沒有任何一個社會角落可以免疫於這股青少年殺人的增加趨勢（Press, McCormick, Wingert, 1994）。

此外，全美的統計資料顯示青少年殺人的型態也在快速改變中，處於青少年早期的暴力犯罪者逐漸增加（Lacayo, 1994）。在一九八八年到一九九二年幾項重大犯案上，少年犯顯著增加，如謀殺、強暴、搶劫和械鬥。在一九八八年到一九九二年十到十四歲的青少年謀殺案從 194 件增加到 301 件。在一九八六年，紐約家事法庭的大部分個案是品行不良；到了今日超過 90%是重罪案。雖然十五歲以下的殺人者仍是少見，但在過去三年來以洛杉磯為例，460 件十八歲以下的青少年謀殺案中有近 17%是十四歲或以下的青少年所為（Lacayo, 1994）。十二歲的 Mannel Sanchez 和 John Duncan 因謀殺華盛頓州 Wenatchee 的一位移民工人而被捕，芝加哥十一歲的 Robert "Yummy" Sandifer 據稱是毒品使用者，他短暫而暴力的一生最後結束在青少年幫派分子的手中。估計十四至十七歲或更小的青少年參與致命性暴力的人數增加了

161%，而此數字仍有增無減（Press, McCormick & Wingert, 1994）。

探討這些貧窮、社會條件不佳、都會區、非白人社區（如非裔和西班牙裔）的殺人事件及暴力本質與發生率，不難發現來自這些社區的青少年生活中存在的創傷、痛苦和暴力。殺人暴力是這些社區生活中一個凸顯的事實，它是這些都會區非白人十五至二十四歲青少年的第一大死因。

如同這些居住於都會區的青少年容易成為致命性暴力的加害者，他們同時也更容易成為暴力的「初始受害者（primary victims）」。在一項一九八八年針對洛杉磯市所進行為期十二個月的流行病學研究，Barrett（1991）發現最容易成為殺人暴力受害者的是十五至二十四歲年輕的非白人少年（如非裔和西班牙裔），在幾個主要城市的都會區謀殺案統計裡也有類似的情況（Barrett, 1993）。

近幾年來，長期從事第一線青少年工作的人發現越來越多的都會區青少年成了創傷和暴力的「二級受害者（secondary victims）」（Garbarino, Dubrow, Kostelny, & Padro, 1992）。通常這些青少年是因目睹了一連串暴力而受到衝擊。越來越多的文獻（American Psychological Association, 1993; Garbarino et al., 1992; Pynoos, 1985）開始探討這些社區暴力對青少年的心理功能和幸福感（well-being）的影響。

# 長期暴力對青少年心理的影響

許多由創傷專家和青少年工作者提出的資料顯示，長期暴力的目睹者（又稱二級受害者）多是（非絕對）貧窮、都市內、社會條件差、非白人（非裔或西班牙裔）、來自破碎家庭的青少年，學者們認為，這個凸顯的事實實際上是警告我們青少年普遍處在暴力危機中（Garbarino et al., 1992; Pynoos, 1985）。

一位都市青少年典型的一天可能是開始於一個功能失調的家庭環境，在這裡他們經歷與目睹無數次的家庭暴力和虐待（Sullivan, 1993）。有太多的青少年居住在充滿幫派和毒品的社區中，其中犯罪活動嚴重影響他們的健康和幸福感。此外，許多都市青年在上下學途中必須為了安全而傷腦筋，這確實造成了生活上的困擾。

隨著青少年人數的增加，學校環境已不再是街頭暴力的避難所（Kantrowitz, 1993），許多美國青年發現他們的學習環境已經被虐待、攻擊和無時不在的暴力所入侵（Evans, 1993; Glassman, 1993; Portner, 1994）。例如，全美學校聯盟（the National School Boards Association）在一九九三年針對七百二十所學校所做的調查發現，有82%的學校報告在近五年內校園暴力有增加的現象。根據美國教育部長Richard W. Riley所言，每一年在學校或鄰近學校地區有三百萬件竊案和暴力犯罪發生，平均每個上課日有將近一萬六千件暴力事件發生（Portner, 1994）。教育人員和少年犯罪

統計均顯示越來越多的都市青少年攜帶槍械到學校，且年齡有下降之趨勢，有研究顯示每二十五名高中生就有一名攜帶槍枝（Fingerhut et al., 1991）。不斷地目睹暴力和犯罪的發生提高了青少年的恐懼感和不信任感。

Pynoos（1985）提出警告，當暴力對青少年的個人衝擊越大時，創傷發生的可能性越高，被父母虐待對青少年而言就是一個嚴重的壓力，易引發創傷感受，同時在心理上嚴重扭曲個體的世界觀。美國醫界聯盟（the American Medical Association）的報告（Ropp et al., 1992）指出，每年有將近兩百萬名兒童受到身體虐待或忽略，有說法認為遭受這樣的虐待或忽略使他們容易成為施虐者或施暴者。遭受身體虐待的兒童、青少年中估計有 10%是被家庭成員和照顧者虐待。

## 青少年暴力理論

青少年暴力理論多如牛毛（Winbush, 1988），主要的原因在青少年犯罪似乎是結合經濟的、政治的、種族的、性別角色和種種其他因素的結果，所以很難形成單一的、通論性的理論，況且暴力行為的發生常是無所不在、無一特定場所的（Barrett, 1993）。這一節介紹幾個較重要的理論解釋，藉以了解青少年暴力現象。

## 小男人／大男人論說

小男人／大男人論說以社會環境在青少年暴力的提高上所扮演角色為主要關注點，這個論說注意到青少年以槍擊、幫派暴力、突襲或搶劫等方式產生致命性暴力，特別容易受同儕與社會影響。就單獨而言，青少年很少涉足這些行為，但在團體裡，許多青少年以攻擊和暴力的表現獲得同儕的接納。基於此，大部分犯罪專家和研究者均同意青少年與成人在謀殺的企圖上是不同的。

然而，很少人注意到同儕及社會影響對青少年暴力行為的影響。獸性的肢體攻擊、暴力、恐嚇和支配被某些青少年視為進入某些團體必要的「入門儀式」，在這種情況下，法律制裁只是提高而非減少青少年這些為大社會所不容的行為。

非白人男性（非裔和西班牙裔）謀殺暴力的增加便支持了小男人／大男人論說，暴力與攻擊在某些次文化下是成為男人、具備男性化特質的必要過程（Majors & Billson, 1992; Staples, 1982; Wilson, 1992）。基於這個觀點，青少年期的個體特別危險，因為發展上的需要，使他們容易為了想成為該社會所推崇的角色以及達到自我接納與男性形象認同而採取暴力。即使有些青少年並沒有接受這套都會青少年次文化的價值系統，但仍會有一些具生存意義的模仿行為，如衣著和行為表現等，或許這可以解釋一些白人青少年特別喜好時尚流行、流行樂和非白人都會青年的個性化表現。在這些方面，「小男人（little men）」就是那些為了要成

為「大男人（big men）」而不斷尋求同儕和年長者的社會性肯定的男性。

　　並非所有的非白人青少年都很暴力，就如同並非所有的白人青少年都會模仿暴力行為，這是這個論說的限制。有更多的實徵研究探討這方面的個別差異，例如性格、社會階層和社經地位等對致命性暴力的影響。

## 暴力次文化論說

　　Wolfgang 和 Ferracuti（1967）提出一個社會學的觀點，他認為非裔美國人之所以容易採用暴力，是因貧民區的生活和視暴力為一種生存之道的次文化之間生態性互動的結果。這個論說所涵蓋的信念是某些社會團體較容易採用暴力，因為暴力是這個團體裁定的一個價值觀。Bohannon（1960）和 Silberman（1978）認為，如果從次文化的觀點來看這個問題，非裔美國人的暴力傾向並非來自非洲文化遺產的一部分，但並非每個人均同意這個觀點，例如 Mazrui（1977）記載了普遍存在於非洲部落的戰士傳統，此傳統產生了以非洲式暴力對待非洲人的文化遺產。

　　許多非裔美國學者（如 Hawkins, 1986; Rose & McClain, 1990; Staples, 1976）對這個「暴力次文化論說」有所批評，這些批評強調應在適當的社經和文化背景下來看待都會暴力問題。其他人（Curtis, 1975）認為暴力次文化論說太過簡化，例如 Curtis（1975）以非裔美國人貧乏的生活為論說基礎，提出「多元向度價值空間（multidimensional value space）」模式，強調在都會環

境中種族文化、貧窮和暴力之間的交互關係。無獨有偶地，Hawkins（1986）也批評暴力次文化理論沒有考慮到奴隸制度和種族歧視對今日非裔美國人犯罪行為的影響。

　　這個論說認為現今非裔美國人之間有一種暴力次文化的確有其理念上的魅力，但這個模式（Wolfgang & Ferracuti, 1967）似乎太過簡化，且在解釋非裔美國人致命性暴力的獨特性動力內涵上，有其適用性的問題，因此，Huff-Corzine、Corzine 和 More（1986）頗質疑這些解釋謀殺的生態模式基本的假設，以及對非裔美國人致命性暴力的適用性。獲得證據支持的南方暴力次文化模式解釋了白人的暴力現象，卻不適用在非裔美國人的暴力現象（Rose & Mc Clain, 1990）。相同的，非裔學者（Barrett, 1993; Hawkins, 1986; Staples, 1976）質疑這個論說太過強調早先社經和文化背景對非裔美國人暴力問題的影響。

　　Gouldner（1973）強調犯罪學的研究應包含對行為發生的大社會和文化背景的徹底了解。Staples（1976）視非裔美國人的暴力現象是「正常的（normative）」，並非因為其獨特的暴力次文化，而是視之為美國文化結構的一部分，特別是長期以來少數種族的問題。因此，視此行為是美國文化經驗中的社會病態成分是一種責備受害者的作法，應考慮文化的、社會經濟的、政治的影響以及過去奴隸制度與種族歧視的影響，對於非裔美國人的暴力現象在美國的歷史、文化背景的大生態下是何等樣貌。

　　生態論觀點的另一個主流是視非裔美國人的暴力次文化現象為對貧窮的反應，這個看法證明致命性暴力是一種男性優勢現象（predominantly male phenomenon）。根據這個論點，可以預期所

有處於社會劣勢次文化的個體會以暴力來因應他們的處境，實際發現並未支持此看法，少數種族的婦女並不常出現致命性暴力。事實上，與其他種族比較，非裔婦女常容易成為謀殺案的受害者、較容易在家中遇害、較不可能成為「初始加害人（primary of-fenders）」和共犯（Block, 1986; O'Carroll & Mercy, 1986）。

需要更多的證據探討是否非裔美國人之間養成暴力的次文化存在，Barrett（1993）強調應特別重視社會的和生態的因素對此行為的影響，尤其在此「暴力的男性次文化（male subculture of violence）」之下。實徵研究發現致命性暴力常是一種男性主導的犯罪行為，此點值得進一步研究。另一點值得注意的是，少年的致命性暴力常是激烈的，所以性別和發展與成熟的因素一樣是重要相關因素（Block, 1986; Conrad, 1985; Goodman, 1960）。所以，有必要發展一個更複雜的模式，考慮種族、性別和貧窮等因素，以解釋存在於都會區非裔青少年的暴力現象。

## 黑色憤怒論說

根據這個觀點（也被視為心理分析論說），非裔和西班牙裔美國人過高的暴力現象是「發展不良（poorly developed）」的結果，來自因應對經濟剝削、貧窮和差別待遇的憤怒（Fanon, 1967, 1968; Grier & Cobb, 1968; Poussaint, 1983）。暴力和憤怒的爆發特別與處於發展階段的非白人青年脫離原有家庭的社會背景有關，當青少年開始進入大社會冒險時，他馬上就面對了來自個體、機構和大社會種族歧視和差別待遇的衝擊。

與此論說一致的看法是男性較被塑造為比女性獨斷與富攻擊性，也比較無法因應挫折。Weaver 和 Gary（1993）的研究也支持此論說，他們發現較年少的非裔青年在每日生活瑣事和壓力源上經歷較多的發展困難，而年長的非裔男性則適應得較好。黑色憤怒論說似乎較能解釋那些在因應長期人際的、社會的和常有的挫折時，較缺乏資源的非白人青少年的爆發性憤怒以及暴力。

　　黑色憤怒論說也注意到社會化過程中所製造的「社會化犯罪者（socialized criminals）」，他們可能挑選周遭環境中方便的代罪羔羊（Gibbs, 1988）。這合併有未昇華的憤怒和不良的衝動控制，同時也有容易得到的槍械和受害人（如其他的非裔或西班牙裔美國人），造成這些非裔和西班牙裔青少年一觸即發的潛在暴力情境。黑人間高發生率的謀殺事件反映了非裔美國人在有限的社會和經濟資源下的低自尊和高度的敵意與挫折感（Poussaint, 1983）。根據這個看法，在美國社會非裔美國人所經歷到的長期和嚴重的挫折感，可能引起一定程度的憤怒與攻擊，而這些可能會轉嫁到在他們周圍環境中容易得手的受害人身上（Gibbs, 1988; Grier & Cobb, 1968）。

　　這個理論主張人們較容易受反社會行為的影響而不是法律規範的影響，可能反映出他們人格及人際行為中的反社會反應（Flowers, 1988）。Barrett（1991）也提出了一個類似的理論來解釋，在一九八八年研究洛杉磯非裔男性的謀殺和自殺類型，他提到非裔（和西班牙裔的）男性經歷到較多「個人效率的失去（loss of personal effectance）」和自我實現的可能性，這些是幸福感和作為男人的認同感的關鍵因素，較可能在社會和人際行為中採取無

選擇性的憤怒和暴力。黑色憤怒理論最主要的問題是它不容易進行實徵驗證，人格的假設性概念是無法觀察和難以測量的，所以，這個主張本質上是一位分析師對於病人潛意識內容的解析（Sheley, 1985），這凸顯了黑色憤怒論說在實徵研究和應用上的方法學困難。

## 經濟剝奪論說

Merton（1952）是一位保守的社會學家，他長期倡導以資本主義的觀點來看待美國青少年的犯罪行為，認為這是個體尋求地位、認可和尊嚴的必然結果，透過與成功、發達有關的物質追求而達到。然而，Title、Villemez和Smith（1978）綜合了三十五個青少年犯罪的研究來質疑這個觀點，研究發現過去四十年來犯罪和社會階層之間關係有顯著的減低，儘管如此，社會階層與暴力犯罪的發生仍有顯著的相關。一般而言，貧窮者較容易對他人採取暴力，而富裕者較容易採取白領階級式犯罪，很少有實徵證據支持財物犯罪與階級有關的觀點。

可以理解的是社經地位對許多因素造成衝擊，而這些因素間接對致命性暴力產生影響，因此許多研究者探討貧窮、失業和種族歧視在美國社會對暴力犯罪的影響（Block, 1985; Gibbs, 1988; Hawkins, 1986; Miller, 1958; Rose & McClain, 1990; Winbush, 1988）。儘管如此，中產階級的少數民族青少年的暴力現象仍無法解釋（Lacayo, 1994），簡言之，經濟狀況與致命性暴力之間的關係是複雜的，值得進一步研究。

## 犯罪的經濟政策論說

　　根據這個觀點，在美國社會逐漸增加的暴力犯罪是與因暴力而來的經濟利益緊密連結的。美國法務部指出，從一九八七年到一九九一年青少年持槍犯罪比率提高了 62%（Press, McCormick, & Wingert, 1994），十八歲以下的黑人青少年是最容易參與暴力的一群。在一九九一年，黑人青少年的持槍暴力犯罪是白人青少年的三倍，他們被殺的比率是白人的六倍。根據Millstein、Petersen 和 Nightingale（1993），在美國，第一次擁有槍械的年齡中位數是一二‧五歲，多是來自父親或其他男性親戚的饋贈，研究槍枝犯罪的專家認為槍械的容易取得，造成 75%青少年謀殺案中槍枝的介入。

　　從資料的比較中（Brazil & Platte, 1994）可以看到，在一九九一年二月至一九九四年五月由一些美國主要的軍火工廠製造的便宜手槍和將近 20%的重大犯罪有關。美國只有五家工廠製造手槍，售價低到二十五美元，這使得手槍成為犯罪者、擔心犯罪問題的市民和美國青年常用的武器。

　　武器的容易取得是青少年暴力犯罪不斷提高的關鍵因素（Barrett, 1993），在一九九三年對九十六所公私立小學、中學、高中的2,508位學生所做的問卷調查中，Portner（1994）提到60%的青少年表示他們可以拿到手槍；五分之一的人提到他們可以在一個小時內取得，而超過三分之一的人表示他們可以在一天內取得。儘管如此，在美國倡導槍械管制以控制青少年暴力犯罪的努

力，仍陷於爭論和滯止不前的狀況中。

## 社會心理論說

　　都會青少年的暴力犯罪行為很容易被模仿、學習和受到制裁，在某一個發展階段裡青少年為了要達到個體化和認同，他們常尋求一些反文化的表現方式，這是傳統對叛逆性高青少年成為少年犯的看法。Barrett（1991）認為，尋求一致性以及同儕壓力和「同一派（posses）」的壓力較能解釋都會青少年的暴力行為。這種社會壓力明顯地見諸違背文化傳統的重金屬和打擊樂以及其他自我表現的方式，如服裝等。

　　此外，酒精和藥物在犯罪行為上也扮演重要的角色（Bartol, 1991; Fitzpatrick, 1974）。Gary（1981）提到有較多十五至三十歲的非裔男性成為與酒精有關的謀殺案受害人，多過任何其他的種族／性別／年齡層。同時，一九七九年在低收入的非裔社區50%的謀殺案與酒精和藥物有關。過去二十五年來非裔青少年的藥物濫用問題明顯增加，從都市蔓延到郊區，並且很快與「毒（hard drugs）」（如海洛因、古柯鹼等）連上關係，這和街頭暴力之間有著複雜關係（Kerr, 1987）。酒精和藥物都和非裔男性的三大死因有關（謀殺、自殺和意外死亡），因為它們降低了抑制力、提高挫折感，因而引發攻擊行為。當取得、使用與販售變得更容易時，暴力犯罪也跟著增加。

　　就所觀察，致命暴力和犯罪行為的增加與某些社會環境有關，這提供社會心理論說一些支持，然而，許多對於都會暴力和

幫派問題的理論都太簡化了，需要更仔細的研究來了解社會心理因素對參與幫派的影響。對於幫派分子的性別研究似乎較偏好他們所屬團體的價值觀與德行。Barrett（1991）以及矯正機構人員觀察洛杉磯幫派和其暴力行為，發現了一種社會化的模式支持社會心理論說，在都市社區和矯正機構中非白人年輕男性為生存奮鬥的場面，多到讓他們更可能去模仿暴力行為，並視之為一種男性生存的象徵（Staples, 1976）。

## 失功能系統論說

越來越多的證據顯示處於謀殺危機的青少年是來自無法管教他們的家庭和教育系統，這些失功能的系統使青少年容易遭受忽略、身體和性虐待以及學業困難（Busch, Zagar, Hughes, Arbit, & Bussell, 1990; Kessler, Burgess, & Douglass, 1988）。Short 和 Stodtbeck（1955）認為學業中輟和幫派參與之間存在重要關係；當被學校拒絕有其社會化的意義時，尋求另一系統以求生存與得到社會尊嚴便可預期；相反地，當個體的社會化技巧讓他們可以在學校中藉競爭以得到成就感，他們的作法可能就有所不同。與此看法不同的是 Miller（1958），他提到幫派分子的成因是受到主流文化的排斥，並且認為個體的行為只是為求符合團體內規範與價值的一種方式。

許多近期有關幫派參與及反文化行為的理論，以較寬廣的角度來審視社會和環境對個體的影響，認為來自個體以外的力量影響他／她是否採取犯罪行為（Gabor, 1986; Gibbs, 1988; Jacks &

Cox 1984; Jenkins & Crowley, 1981）。從 1, 956 位虞犯青少年的樣本中（Busch et al., 1990）發現，這些犯下謀殺罪的青少年有四個特徵：家中成員有暴力犯罪記錄、幫派分子、嚴重學業困難和酒精／藥物濫用。Kessler、Burgess 和 Douglass（1988）也提到類似的形成因素。

失功能系統論說和許多觀察研究的結果一致，他們都發現青少年犯罪和學業或相關成就表現不佳有關係。然而，令人吃驚的是，有相當高比例的犯罪少年是來自擁有不凡成就的傳統家庭，這點是此理論無法解釋的。在失功能機構中追求成就的失敗產生的影響，提供都會青少年犯罪人數提升一些了解，在同時這也衍生一些問題，即傳統上我們如何定義和衡量「成就」。例如，在一個社會中，我們如何衡量一個「成功的家庭」，是以物質或能培育健康、適應良好、有生產力的個體？

## 非白人生命價值低落論說

縱然要求司法體系的公正公平是很合理的事，然而有許多證據顯示非白人並沒有在這個體系得到公平的待遇（Waters, 1990; Wright, 1990）。根據這個觀點，在處理年輕的非白人重刑犯時沒有公正公平的結果，使得非白人的生命價值被貶低（Waters, 1990; Wright, 1990）。即便是年輕人也注意到白人在生命價值與福利的優勢，致使非白人在犯罪人數上可能在同年齡層人口中居多。

根據 Hawkins（1986）的看法，處理殺人犯的種族階級化想法被完整地記錄在社會科學的研究文獻中，Johnson（1941）從一

九三〇年到一九四〇年在三個南方城市對種族宣判差異的典型研究中提到，殺害白人的非裔美國人比殺害白人的白人有較高比例容易被宣判有罪；此外，殺害其他非裔美國人的非裔人士最不會被宣判或處刑。

Garfinkel（1949）也有類似的發現，然而 Radelet（1981）在他分析 637 件謀殺案中並沒有發現在宣判或起訴上有明顯的種族差異。而 Kleck（1979）在分析南方的謀殺案和類推到其他城市的分析中，卻發現有種族差異和種族偏見存在。Hawkins（1986）總結道：雖然有許多因素影響謀殺案嚴重度的判定（如犯人的種族、受害者與犯人的關係、預謀的程度），但種族是一個重要的因素。根據這個論說，司法體系對待非裔犯罪者和被害者的反應造成了種族階級，使得有白人受害者的案子被視為比非白人的案子更為嚴重。這個階級的存在導致黑人對黑人的犯罪上一個不被注意但顯著的衝擊，此可解釋前述存在於非裔和其他少數種族在美國都會區致命性暴力節節上升的原因。

種族內謀殺事件（黑人對黑人）多於種族間謀殺事件（黑人對白人）的現象，提供了對此論說的支持，即由司法體系的不公引起的種族階級，這仍為社會所忽視（Barrett, 1991）。幾個新近研究都會區致命性暴力的報告也有類似的發現，非裔和西班牙裔美國人殺害自己社區同胞的比率在增加中（Gibbs, 1988; Hawkins, 1986; Rose & McClain, 1988）。

這個理論一部分是根基於非裔美國人在美國歷史中的奴隸經驗、被欺壓和貶低生命的價值（Flowers, 1988）。Hindus（1980）提到在美國的奴隸機構中，普遍存在白人主人殺害或傷

害他們的黑人奴隸而沒有受到制裁，在這樣的社會和歷史背景下，非裔美國人如果殺了白人便被視為極嚴重的案件。

　　由於害怕非裔人士暴動，在處理非裔犯人時常以快速而殘酷的方式（Hawkins, 1986），這和現今司法體系對有白人受害人的非裔犯人處以較嚴厲制裁類似。假如 Black（1976）視法律為政府對社會的控制之想法應用於此，可以理解的，大社會對黑人與黑人的致命性暴力相對低估是問題的一部分。

　　在非裔美人的謀殺案件中，有「維安人員（peace officers）」參與的狀況急需更詳細的研究。在一項芝加哥的研究中，Harding 和 Fahey（1973）提到在警方不當開槍的種族差異（如較多非白人受害者），一項全國五十州的研究（Kania & Mackey, 1977）也顯示類似的發現，Fyfe（1981）分析一九七一年至一九七五年因警察開槍而死亡的個案，發現雖然多數個案是年輕人，但是在所有年齡層非裔男性都比白人或西班牙裔人容易成為警察槍下的亡魂。在一項一九八八年洛杉磯地區有關謀殺案的研究中，Barrett（1991）提到類似發現，年輕（十五至三十四歲）非裔男性有較高可能性被警方射殺。

　　雖然被警方所射殺的非裔男性人數並不足以影響整個非裔男性謀殺死亡率，但在司法系統存在的差別待遇和有維安人員參與的死亡案件（雖然少見）在在顯示社會控制的存在（如壓低白人、警察和其他權威人士的犯罪率）。最近一些有維安人員參與的致死暴力事件似乎針對非白人男性（如洛杉磯的 Rodney King 和底特律的 Malic Green），呈現非白人生命價值的被漠視和對存在司法體系的公平與正義之合宜懷疑，這種社會控制可能貶低了

非裔美人的生命價值而引起一些憤怒反應（如 1992 洛杉磯大暴動）和種族內的謀殺暴力（黑人對黑人）。

此外，司法系統無法適當地矯正年輕犯罪者之行為，使得這些年輕人回到社會後變得更有技巧採取暴力手段。在一項一九四五年費城的年代研究（cohort study）中，Wolfgang、Figlio 和 Sellin（1972）皆提到種族和社會差異存在於青少年司法系統，不管初犯或虞犯只要是非白人，被捕的可能性就較大。四十年後，Gibbs（1988）提到一個類似的情況，非裔年輕男性較容易被逮捕、留置看守所和送往矯治機構等。一項全美國青少年收容機構的調查中發現十八歲以下的非裔青少年佔全美入獄人口的近13%，在一九八八年二月一日，超過 30% 的公私立青少年保護管束機構的學員是非裔美國人（Flowers, 1988）。

非白人生命價值低落論說由這些同時有非白人受害者和加害人的案件未得到公平審判的實徵資料中獲得支持，然而這些差異仍須進一步謹慎的研究和分析，以降低暴力犯罪。

綜合言之，都會青少年暴力犯罪底下的心理因素已漸為各理論所重視，各家解釋都有部分的價值，也提供對都會青少年暴力犯罪的複雜現象一些洞察，但沒有一個論說完整解析這個現象的全貌，期待更好的資料收集和處理技巧，以建立描述性的因果模式，以益於影響社會政策、提供介入策略。

在美國，青少年早夭現象的持續惡化引發建立一個完善的全國青少年計畫的需要，這有待不同區域的不同專業人士共同努力，包括研究者與行為專家、社會政策提倡者、政治家、法律制定與法律推動人員、青少年領袖與牧師、教育者和父母等。我們

的青少年是我們的未來，也是我們最寶貴的資源之一，現今存在於社區的慢性暴力已打擊所有人的生活品質，這是美國公共衛生上的燃眉之急。

# 改善介入方式和社會政策的建議

## 激活社區

第一點也是首先要說的是非裔和西班牙裔社區中持續的暴力犯罪的嚴重性，這些暴力犯罪和破壞行為都是令人難以接受的，此外，青少年幫派暴力不僅造成非白人青少年的生活重創，也是整個大社會的問題，為此必須結合社會的力量和多層次的介入計畫來改善它。

教堂在傳統上是非裔和西班牙裔美國人的主要機構資源。教堂可以提供介入計畫中不可缺乏的領導，也是提供教育和社會化的成長舞台，以抑制殘酷行為和暴力的滋長。在許多方面而言，家庭和居住環境是另一個重要的降低社會暴力的介入場合（Zimring, 1984）。

## 非裔男性責任

在非裔和西班牙裔社區裡，這些男性須為潛伏地增加的暴力

犯罪擔負一些責任，為了如此做，他們必須像個領導者般奪回對社區的控制權，而指責的姿態和尋求社區以外的人給予答案的方式，只會在心理上削弱這些非裔和西班牙裔美國人想奮起改變的機會。有些人對這些社區沒有興趣，他們不能也不應該被倚賴去解決這個社會的和公共衛生的危機（Barrett, 1991; Gibbs, 1988）。

有一股漸起的、全國性的運動在非裔美國人之間興起，企圖為年輕非裔男性創造革新的社會和社區，這個計畫對社區的每一單位（家庭、學校、教堂、社團、娛樂競賽、體育活動等）有一個實際的要求，即建立一個「非裔男性責任——養育和培養未來領導者（African-American male agenda——nurturing and cultivating future leadership）」。雖然女性的協助和支持也是很重要的，但這些工作更需要非裔男性的輔佐、分工和激勵，使這些因社會和環境因素置身於暴力犯罪危機中的年輕非裔男性得以獲得改變。

## 社會化責任

讓教育機構更能負起照顧和發展非裔與西班牙裔青少年（特別是男性）的責任是很重要的，但也有一個更重要的需求是對這些非白人男性青年的「生存教育和社會化責任（survival education and socialization agenda）」。在接受教育的每一個階段，很清楚地當父母對何處或何時感興趣，孩子就比較容易在這些地方成功，所以非裔和西班牙裔父母的漠不關心和被動參與等行為需要改變，不管父親或母親都應主動參與，不要想將孩子的教育和社會化責任委託他人。

傳統上，教育機構缺乏對青少年的興趣和賞識，這使得青少年感到挫敗和不快，而這樣的挫敗最終又被責備，通常受害者是非裔和西班牙裔男性（Gibbs, 1988; Kunjufu, 1985, Madhubuti, 1990）。或許對於非裔和其他非白人男性來說，另一種教育和社會化系統是必需的，這一套教育和社會化模式必須包括一個重要的部分，就是陳述非洲和西班牙文化的價值、提升自尊、藥物和性教育、社區意識和共同責任，以及生存於一個多元文化和種族歧視環境必要的政治和社會知識。

## 致死性對峙技巧

為了讓年輕的非裔和西班牙裔男性了解致死性對峙的真實性和可能性，有必要系統性地教育他們和其他非白人男性致死性對峙的危險性，以及處理這些狀況的技巧。例如，當搶劫可能帶來生命的危險時，教導掌控致死性對峙的技巧是有必要的。此外，自衛技巧和衝突管理也可以降低年輕非裔和西班牙裔男性之間的致命性暴力。

執法者與年輕非白人男性之間致命性對峙應被視為所有參與其中者的危險，青少年需要知覺到這種對峙的潛在危險，並且知道如何面對執法和維安人員，具備其所擁有法律權利的知識。

## 改革矯正系統

激活社區、合力抗議司法系統中的不公平和差別待遇，被認

為能減除黑人對黑人的犯罪行為。法律和司法系統的力求公平不應只是理論而應實際執行，更廣泛來看，有必要將矯正計畫變得更有效來輔導參與犯罪活動的年輕非白人男性。同時，除了矯正之外，讓非裔和西班牙裔犯罪者更有責任感也是相當重要的，特別是當受害者同是非裔和西班牙裔時。

## 維護社會正義

以目前的社會狀態，我們必須強調社會經濟上的不平等造成了貧窮和社會壓力，使得貧窮者和非特權階級者處於高度暴力犯罪的危險中，未理會這些不平等問題的社會政策是無法降低犯罪的。當文化背景灌輸個體失業和經濟上的不平等等同於「失敗」和「被拒絕」時，犯罪便可能由此而生，反過來也造就「相對剝削」和「超越的企圖」等感覺（Box, 1987）。在許多方面，沒有技能、沒有工作的都會區少數民族是被排除在正當經濟體系之外的，年輕人在不正當的經濟系統下尋找機會（Athens, 1989; Rose & McClain, 1990）。用更多的努力預防高危險群青少年犯罪及暴力行為是非常重要的。

## 家庭暴力研究和介入

更多更好的有關於非裔或西班牙裔男性暴力犯罪本質的研究資料是很重要的，這些資料有助於了解少數民族社區的謀殺案類型、引發暴力犯罪的情境、家庭和親屬的影響、受害者和加害者

的人口學背景、酒精和藥物的影響，以及其他重要的社經變項。
與家庭暴力有關的情境和相關因素也值得進一步研究，目前資料
尚不足以驗證一些理論的解釋。

## 管制槍械

聯邦政府有必要改變政策，限制容易取得與使用的自動化武
器，如此有助於控制美國都會區的暴力犯罪，特別是造成每年不
斷增加的死亡與傷害事件的幫派暴力和武器濫用。法律應該對這
些致命工具的持有與販售採取公平的處罰，同時，社會與社區也
應努力於鼓勵個體繳出槍械以免除刑罰。另外，也應面對槍械的
製造與分配所牽涉的政治與經濟層面。

## 改善臨床處置

面對暴力犯罪的受害者和加害人時，有必然的需求去發展、
改善和執行有效的輔導與臨床處置模式。依種族、年齡、性別和
社會階層的不同，發展符合不同需求的治療處置方式。心理諮商
的最終目的應是協助個體體認他們的行為、提升因應技巧和尋求
更為社會所接納的因應機轉。

## 一個有價值的美式作法

如果存在於美國文化中的暴力未能被重視，尋求降低非裔和

西班牙裔社群中的暴力是徒勞無功的（Graham & Gurr, 1969），最終必須將暴力與獸性提升到全國的、社會的層面探討，嚴密地檢測暴力養成的情境和社會影響對美國社會而言是很有價值的作法，在了解了之後，促進修復和調整的努力就很明確了。然而，我們對未來最大的期待是預防，隨著社會生活水準的提升，我們應該能夠檢測到養成暴力並破壞生活品質的不良生活型態之破壞性後果。

# 結　論

暴力謀殺是全美十五至二十五歲青年主要的死因，這使得青少年暴力犯罪的發生成為一個公共衛生的關注焦點。除了直接死於暴力犯罪的初始受害者，還有受到長期社區暴力的影響與創傷的次級受害者。年輕次級受害者受創的程度明顯損害了其年齡應有的安全感和希望，失去了希望使得他們反映出宿命的、悲觀的、自毀的行為。在許多方面，這些影響可能使次級受害者表現出一些行為而成為初始受害者或者成為暴力犯罪者。注意這些採取暴力的年輕人常從這些行為中經驗失落，因為暴力必然使得採行者經歷到墮落與人格受貶的結果。

# 4

# 青少年、自殺和死亡

Anthony P. Jurich and Olivia P. Collins

　　Kurt Cobain，一位著名搖滾樂明星，擁有財富、聲望和上百萬青少年的崇拜。一九九四年四月八日早晨九點之前，人們才發現這個假象背後的痛苦，Kurt Cobain冰冷的屍體在他西雅圖家中車庫上的日光屋被發現，他用手槍自裁，死時年方二十七歲（Strauss, 1994）。幾天後，Cobain 的相片刊登在幾家主要的新聞雜誌封面，所附的文章再次提醒我們這個隱藏在暗處的事實——年輕人的自殺。

　　這一章分析年輕人的自殺現象，首先提到自殺青少年的人口學特徵和自殺發生率；接著提到一個壓力源、資源和知覺的理論模式；再者分辨青少年自殺的五大因素——生理的、個人的、家

庭的、同儕的和社區的，繼而應用此模式來了解這些因素在適應不良與適應良好的過程中如何作用，以及與青少年自殺危機的關係。

# 青少年自殺現象

## 自殺成功的青少年

　　姑且不論頭條新聞和統計，年輕人的自殺，特別是青少年，常常引起令人難以置信、悲傷和困惑的感覺。全美每年有將近五千件青少年的自殺案件（Henry, Stephenson, Hanson, & Hargott, 1993），在一九六○年至一九八八年間，十五至十九歲青少年的自殺率從每十萬人有 3.6 人增加至每十萬人有 11.3 人，增加率超過 200%，同期一般人的增加率只有 17%（Garland & Zigler, 1993）。

　　自殺是現今青少年的第三大死因（Kochanek & Hudson, 1994），佔所有青少年死亡人口的 13%；但只佔所有人口死亡數的 1.5%。這個數字是令人震驚的，特別是當我們想到有些自殺並沒有被據實以報，因為「一些法律問題或考慮保險給付的限制」（Garland & Zigler, 1993, p.169）。此外，一些經過仔細調查的意外事件被發現其實是自殺（Hafen & Frandsen, 1986）。

　　進入青少年中期自殺率便開始升高（Pfeffer, 1986），而到了

青少年晚期時再度升高（Berman & Jobes, 1991），自主性越高，結束自己生命的可能性越高。在任何年紀，白人青少年都比黑人青少年（Berman & Jobes, 1991）和西班牙裔青少年（Kochanek & Hudson, 1994）更容易採用自殺手段，每十萬人口中有 100 位白人青少年、53 位黑人青少年和 62 位西班牙裔青少年自殺，美國原住民是所有種族中自殺率最高的，每十萬名 Navajos 人中有 12 位，而每十萬名 Apache 人中有 43 位（Berlin, 1987）。

　　在青少年中，男性比女性容易自殺死亡，約 3:1 的比例（Kochanek & Hudson, 1994），有許多推測欲解釋男性較高的自殺率，其中有兩個解釋最常被提及，男性較多真的想死而自殺和較害怕失敗（Kirk, 1993）。

## 企圖自殺的青少年

　　雖然呈級數增加的青少年自殺死亡率令人驚訝，然而企圖自殺的比率更令人觸目驚心（Kirk, 1993, p.9）。在一九九○年，全美有三千六百萬位年輕人想自殺（Centers for Disease Control, 1991），而有 6%至 13%之間的青少年表示曾經有過至少一次的自殺企圖（Garland & Zigler, 1993），有一群研究者（Rubenstein, Heeren, Housman, Rubin, & Stechler, 1989）更發現有高達 20%的青少年曾嘗試「傷害他們自己」。在一份問卷調查中，Gallup（1991）提到在隨機取樣的十三至十九歲青少年中有 45%曾知道有人企圖自殺失敗，15%的人知道有人自殺成功。在一項以中西部高中生為對象的問卷調查中，62.6%的人表示曾有自殺念頭或

行為（Smith & Crawford, 1986）。

　　男性雖比較容易自殺死亡，但女性企圖自殺的人數是男性的三倍（Kochanek & Hudson, 1994），這些性別差異的結果一部分可能來自於資料收集的方式，因收集資料的處所──心理衛生或醫療機構，女性一般較常利用這些場所（Berman & Jobes, 1991）。然而，主要的原因仍在於男性所用的自殺方式大部分是如手槍和上吊等容易致命的方法，女性則多利用吃藥，那未必致命，即使達致命劑量也有較充裕的時間急救。

# 理論模式

　　青少年自殺現象有許多角度的看法，有些學者嘗試探討青少年自殺傾向的生物學基礎，他們假設自殺是來自有生理基礎的精神疾病（Holinger & Offer, 1981）、自殺誘發因子的生理遺傳（Hawton, 1986），或者生化物質的變動引發青少年自殺危險性（Shaughnessy & Nystul, 1985）。也有人認為是所謂「自殺性格（suicidal personality）」造成的（Holinger & Offer, 1981）。另有些人如 Durkheim（1951）主張社會學論調，強調青少年與社會風俗整合的程度，以及青少年與社會結構之間的調節。

　　社會心理學家著重於青少年在所處社會環境之下衍生的情境因素，包括家庭、學校和同儕（Henry et al., 1993）。在一九四九年，Hill 提出古典 ABC-X 理論，在此理論中危機的發生（X）如青少年自殺，是由壓力事件（A）之間的交互作用，再與家庭資

源（B）和家庭面對事件時的知覺和感受到的意義（C）之間交互作用。McCubbin 和 Patterson（1982）將 Hill 的模式加入了因應策略（coping strategies）、適應（adaptation）和回饋環（feedback loops），他們假設當壓力源「碰撞」時（雙重A），危機便產生，家庭的因應策略開始運作，同時改變知覺和意義（雙重C），減少了或增加新的資源（雙重B），結果導致良好適應（使家庭更有能力應付下一波壓力的衝擊）或適應不良（將家庭捲入更多危機之中）。

　　進一步雙重 ABC-X 模式（Burr et al., 1994）介紹了不同層次的家庭壓力，並成功地運用到青少年自殺問題（Collins, 1990）。以生態學的觀點來整合過去的理論，我們以下列的方式來描述青少年自殺危機：對大部分青少年而言，生活包括來自生存的要求和所能得到的資源之間的平衡，如圖 4.1 將這樣的平衡視為一個蹺蹺板。

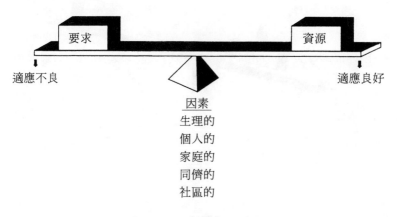

圖 4.1　資源與要求平衡

　　研究文獻提出五個因素是青少年自殺現象的重要因素：(1)生理的；(2)個人的；(3)家庭的；(4)同儕的和(5)社區的，每一個因素都可能是給青少年要求或者提供資源，假如五大因素造成的要求多過他們所提供的資源，則蹺蹺板傾向要求的一方並且讓個體適應不良（自殺意念、自殺企圖和自殺死亡）。如果五大因素提供豐富的資源而只給極少的要求，則蹺蹺板傾向資源的一方，個體經歷到良好的適應（自我滿足，對生活滿意）。

　　任何一位坐過蹺蹺板的人都知道，在下傾一方的人因腳可以著地，所以比較有力量可以改變此狀態，而在上揚一方的人因腳懸空而無能為力，因此在圖 4-1 中處於蹺蹺板下傾位置的一方可以控制使青少年適應不良或適應良好。

　　在 McCubbin 和 Patterson 的雙重 ABC-X 模式中，有兩股力量可以將蹺蹺板壓下，無論在左邊或右邊，如圖 4-2 所示一股來

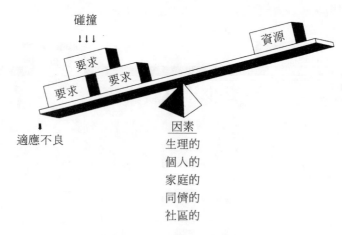

圖 4.2　平衡傾向適應不良

自常態或非常態的壓力源互撞（Mckenry & Price, 1994），使得平衡朝向適應不良一方。圖 4.3 則顯示如果可以使用好的因應技巧來增加資源或改善青少年對危機的知覺，則平衡會偏向適應良好的一方，而青少年抵抗自殺誘惑的彈性（resilience）也會增加。

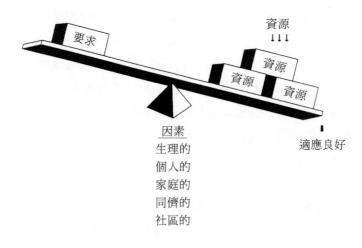

圖 4.3　平衡傾向適應良好

# 青少年自殺因素

## 生理因素

專長於醫學和精神醫學領域的研究者（如 Mann, DeMeo, Keilp, & McBride, 1989）探討了許多青少年自殺的生物因素，包

括大腦研究、腦脊液研究、藥物對神經傳導物質的影響和末梢血管的研究，有些資料雖然不完整且互相矛盾，但確實找到一些生理因素和青少年自殺有關。

有一系列的研究探討自殺的生化因素（如 Lester, 1988），大部分研究發現了神經傳導物質如 serotonin 的化學變化，它被視為與青少年容易有精神問題和自殺有關（Shaughnessy & Nystul, 1985）。較低量的成長激素和自殺行為似乎也有關聯（Ryan et al., 1988），這使得研究者思考是否自殺有藉代間遺傳而來的基因優勢之可能（Roy, 1986），這和精神疾病的生化研究吻合的可能性帶來了新的假設，是否精神疾病的出現導致了青少年的自殺企圖（Holinger & Offer, 1981）。

另一系列的研究針對青少年對生理疾病的反應。自殺與生理疾病的關聯在青少年晚期較顯著，青少年早期則否（Hawton, 1986）。當面臨嚴重的生理疾病如癲癇時，這種長期生理問題所帶來的壓力和青少年（任何年齡）的自殺行為、想法均有高相關（Brent, Crumrine, Varma, Allan, & Allman, 1987）。相同的，愛滋病青少年有非常高的自殺危險性（Marzuk et al., 1988），就疾病的折磨而言，愛滋病是一種帶來極大恐懼和社會烙印（stigma）的絕症，通常青少年感覺到對自身處境無能為力，唯一令他們覺得可以控制的就是結束自己的性命。

第三種生理壓力是青少年對自己身體發展的反應（Ladame, 1992）。當身體的發展沒有達到預期的理想時，自殺似乎是唯一改變事實的方法，雖然聽起來很極端，但對青少年而言，由於還沒對自身發展有獨立看法，對於身體發展的結果，特別是性發

展，可能嚴重到使其萌生自殺念頭。

我們在本章一開始提到的Kurt Cobain，他有許多生理上的問題（Mundy, 1994），家族中有自殺史，他被診斷有支氣管炎及輕微的脊柱側凸（scoliosis），從小因過動問題服用Ritalin，直到青少年時他受苦於嚴重的腸胃疼痛問題（Handy, 1994），很明顯地許多的生理問題讓他產生適應不良現象。

## 個人因素

在影響青少年的自殺因素中，許多研究關注這些自殺或企圖自殺者的精神症狀（de Wilde, Kienhorst, Diekstra, & Wolters, 1993），有些研究者強調只有很少數的自殺青少年完全沒有精神症狀（Shaffer, 1988）。

最常與自殺連結的精神症狀是臨床上的重鬱症（major clinical depression）（Ladame, 1992; Wodarski & Harris, 1987）。事實上，憂鬱也是判斷青少年是否自殺成功的最佳區辨因子（Triolo, McKenry, Tishler, & Blyth, 1984），四位自殺青少年中，有三位是憂鬱的（Allberg & Chu, 1990）。這與 Ryland 和 Kruesi（1992）提到在他們整理的研究中只有 17%到 38%的個案符合重度憂鬱症（major depression）的正式診斷不符。

Kurt Cobain 在高中時就被診斷為重鬱症（Strauss, 1994）。青少年憂鬱症患者最常見的症狀是睡眠和食慾障礙、不適切情感、退縮、抱怨無聊與疲倦、病態罪惡感、情緒改變、缺乏主動性以及對事物失去興趣（Allberg & Chu, 1990），如果合併有邊緣

性人格的特徵，青少年會出現衝動行為、無法控制且不恰當的憤怒、長期空虛感、過度將別人的行為解釋為拒絕的和不友善的，以及滿腦子死亡念頭（Berman, 1985）。都會青少年由於孤獨和長時間獨處，可能特別容易寂寞和有自殺幻想（Forrest, 1988），當青少年陷於重鬱症的痛苦時，死亡變得不再可怕，甚至將死亡視為取代痛苦的方式。

有些專家認為憂鬱本身並不是青少年自殺的主要促發因子，無望感（hopelessness）才是（Hawton, 1986; Rubenstein et al., 1989）。當青少年尋求自主的過程中面臨了來自憂鬱的無望感時，他們感到無法掌控生活，可能轉而渴望以其他方式掌控，如一位憂鬱的青少年可能轉而成為飲食疾患病人（Allberg & Chu, 1990），或者自行用藥來控制痛苦（Kirk, 1993），這些只會導致進一步的適應不良，如更憂鬱、藥物成癮或用藥過量致死（Allberg & Chu, 1990; Garland & Zigler, 1993; Ryland & Kruesi, 1992）。Kurt Cobain是出了名的藥物使用者，他向外宣稱他的用藥是為了治療身體上的疾病，實則是用來逃避一些社會心理問題的方法（Mundy, 1994），他用了和時下青年常採用的一樣無效的因應技巧。

有些研究者也發現憂鬱會導致其他的問題行為，如恐慌症（panic disorders）、攻擊行為、人格及精神疾病（Ladame, 1992）。自殺青少年常有的診斷是情感疾患（affective disorders）（Berman, 1985; Ryland & Kruesi, 1992），其他常見的診斷包括物質濫用（substance abuse）、品行疾患（conduct disorder）、反社會人格（antisocial personality）、人格疾患（personality disorder）、適應障礙（adjustment disorder）和精神分裂症（schizo-phrenic disorder）（Ryland & Kruesi, 1992），這些診斷不僅呈現了青少年生活中存在的問題，也削弱了青少年的因應能力，使得其選擇用自殺來因應（Shafii, Carrigan, Whittinghill, & Derrick, 1985）。

　　有些個人因素並沒有像嚴重心理疾病這麼戲劇化。青少年的主要任務是達到一個獨立的自我認同（ego identity），以有別於其父母（Jurich, 1987），假如無法達到，則他／她將陷於「認同混淆（identity diffused）」的狀態（Sands & Dixon, 1986），這可能導致內向性格（Shafii et al., 1985），以及較高的情境焦慮和特質焦慮（de Wilde et al., 1993）。在許多情況下，青少年會較自卑，而自卑通常與較高的自殺危險性有高相關（Collins, 1990; de Wilde et al., 1993）。

　　以 Freud 的想法為架構，自我心理學家（self-psychologist）強調「羞恥感（shame）」在認同形成過程所扮演的角色（Shreve & Kunkel, 1991），他們將「羞恥感」定義為一種對於不能達到內在理想狀態的個人不適切感。對青少年而言，這種羞恥感將使得新成形的自我失去凝聚性，此時自殺似乎是克服羞恥感的一種因應方式，然而卻是相當不健康的，痛苦加上不良的因應方式使得青少年在適應上產生偏差而想自殺。

　　雖然在理智上了解死亡的終極性和普遍性，但青少年常忘了一旦失去生命就永遠無法復得（Hawton, 1986），若我們還記得自我中心（egocentrism）在新形成的青少年認同裡是多麼普遍（Jurich, 1987），我們將質疑當青少年採用自殺來因應困難時，

他們是否真的知道死亡是什麼。

## 家庭因素

有些研究者認為家庭因素是唯一對青少年的自殺念頭、企圖和行為最具影響力的因素，特別是年紀更輕者（Triolo et al., 1984）。注重家庭互動的理論模式強調出現自殺青少年的家庭如何由正常走入病態（Orbach, 1988）。例如，有些研究顯示中等程度的凝聚性是健康家庭（Olson, Sprenkle, & Russell, 1979），而極端的凝聚性則出現問題，過於疏離的家庭令成員感到孤立或被拒絕，而過於緊密的家庭則令成員感到窒息。

有些青少年自殺研究發現他們來自不是過於疏離便是過於緊密的家庭（Collins, 1990; Corder, Page, & Corder, 1974），或者是搖擺於兩極端的家庭（Pfeffer, 1986）。過於疏離的家庭特徵是缺乏溫暖（Corder, Page, & Corder, 1974）、缺乏同理（Miller, King, Shain, & Naylor, 1992; Wodarski & Harris, 1987），以及缺乏來自成人的支持（Morano, Cisler, & Lemerond, 1993）；過於緊密的家庭則是過度控制（Corder, Page, & Corder, 1974）和阻礙青少年個體化的（Pfeffer, 1986; Wenz, 1979）。因此，在凝聚力方面，健康家庭典型是中等的，而有自殺青少年的家庭則是過於緊密或過於疏離。

同樣的，僵化或混亂的（極端）家庭是不健康的（病態）家庭，而適中的則是健康家庭（Olson, Sprenkle, & Russell, 1979），兩極端的家庭類型都與青少年自殺有關（Collins, 1990）。有青少

年自殺的混亂家庭中，往往是不完整的、問題很多而因應技巧差的（Miller et al., 1992），而有青少年自殺的僵化家庭中，通常無法適應家庭的變化，特別是由正趨向成熟的青少年所帶來的變化（Pfeffer, 1986），以致家庭成員特別是那些青少年的需要，往往無法得到滿足。

　　如果一個僵化的家庭同時又疏離，青少年將同時承受孤立和缺乏彈性的家庭系統所帶來的痛苦（Miller et al., 1992），此時自殺似乎成了唯一的出路。當一個僵化的家庭同時又過度緊密，所有的事由父母決定，青少年完全無法表示意見或參與決定（Corder, Page, & Corder, 1974），青少年感到幾乎沒有參與的權力，感覺像個小孩。由於任何個體都被父母親視為背叛的與不信實的，所以青少年感到無力改善他們受阻的成長（Pfeffer, 1986），自殺可能是青少年為了解決個人無力感的一種激烈舉動（Wenz, 1979）。

　　處於極端的基本家庭向度如凝聚（cohesion）與適應（adaptability），讓在家中公開而誠實地談話變得危險（Olson, Sprenkle, & Russell, 1979），存在於有自殺青少年的家庭中的不是溝通不足（Corder, Page, & Corder, 1974; Wodarski & Harris, 1987）便是溝通型態不良（Pfeffer, 1986）。隱秘的不一致訊息、不支持的言論和雙重束縛（double-binding）的訊息是這種家庭典型的溝通方式，這都提高了自殺青少年家庭中的敵意（Pfeffer, 1986; Rubenstein, et al., 1989; Wodarski & Harris, 1987），他們可能因而遭受到情緒虐待、身體虐待或性虐待（Allberg & Chu, 1990; Hawton, 1986; Shafii et al., 1985; Slaby & McGuire, 1989），不管這敵意是否直接針對

否直接針對青少年，43%的企圖自殺青少年都經歷過家庭紛爭
（Litt, Cuskey, & Rudd, 1983）。

　　由於過高的敵意，許多家庭必須封閉他們的界限以保護家庭
免於受到外人批判的眼光（Leigh, 1986），這麼做雖然可以降低
外來的批判，但也隔絕了一些外來資源（Sands & Dixon, 1986）。
結果，自殺青少年視這個家庭為完全孤立的，沒有希望可以脫離
這些痛苦。這種情況下，自殺可能被視為唯一可以強迫家庭打破
界限的可用方法。

　　許多敵意的產生和家庭界限的封閉似乎是來自父母沒有能力
去接受和表現父母角色（Pfeffer, 1986），自殺青少年的父母常顯
示出無法處理自己的童年創傷（Sands & Dixon, 1986），他們對
自己的需求較為自我中心（Wenz, 1979），因此，他們無法以清
楚的指引來提供價值觀和因應技巧（Peck, 1982）。由於對規範的
迷惘，青少年可能透過試誤學習（trial and error）來建立一些因應
壓力的技巧，而這些可能是不良的方式，自殺就是其中一種。

　　許多自殺青少年的父母不只在扮演父母角色上有困難，甚至
在扮演配偶角色亦是（Pfeffer, 1986），自殺青少年的家庭常有嚴
重婚姻失和問題（Berman, 1985; Sands & Dixon, 1986），有些家
庭則是已分居或離婚（Allberg & Chu, 1990）、處於單親狀態
（Garland & Zigler, 1993）。在 Kurt Cobain 的例子中，七歲時父
母離異（Mundy, 1994），他必須輪流和父親、祖父母、母親住，
再也無法有一個穩定的家庭環境，他時常感覺到嚴重的失落感。

　　許多自殺青少年在談到他們的家庭時提到了失落感（Henry et
al., 1993; Morano, Cisler, & Lemerond, 1993），這個失落可能來自

於父母的死亡（Allberg & Chu, 1990）、父母一方的自殺（Ruben-stein et al., 1989）、父母因工作而不在（Shafii et al., 1985）或使用藥物酒精（Henry et al., 1993），父母也可能因為有慢性病（Hawton, 1986）或情緒問題（Berman, 1985）而無法照顧到青少年在情緒和人際上的需要。

　　有時父母親並沒有上述問題，但也可能對自殺青少年而言在心理上是缺席的（Hawton, 1986）。青少年可能覺得被家庭冷落（Henry et al., 1993）、不受喜愛或不被愛（Triolo et al., 1984），在這樣的家庭裡，自殺或自殺企圖可能只是家庭功能不良的症狀之一，轉移了對家庭問題的注意（Henry et al., 1993），也讓家庭走向更不適應的一方。

## 同儕因素

　　雖然同儕對所有人都是很重要的，但對青少年特別重要，他們提供青少年在界定自我時家庭影響之外的一個對照（Jurich, 1987），因此，青少年對於不被朋友、同儕團體接納顯得特別敏感（Kirk, 1993），一旦青少年無法得到同儕的接納、歸屬和肯定，他的自尊會受挫而有了自殺的念頭（Sands & Dixon, 1986）。

　　當青少年無法與父母有所區隔，他們常無法認同同儕（Sands & Dixon, 1986; Wodarski & Harris, 1987），當這些社會適應不佳的青少年感受到周圍同儕良好的社會競爭力，他們的自尊可能會下降（Holinger & Offer, 1981; Sands & Dixon, 1986）。自殺青少年常表示對同儕關係不滿意，希望加入一些同儕團體以提升自尊

（Forrest, 1988; Rubenstein et al., 1989），更小的自殺青少年甚至表示希望他們的父母能接納他們的同儕團體（Triolo et al., 1984）。

當這些青少年開始與他們的同儕有了社會性接觸後，他們多缺乏溝通技巧（Allberg & Chu, 1990），以致與同儕接觸常使他們感到屈辱（Blumenthal, 1990），結果青少年可能孤立自己（Allberg & Chu, 1990），而成了「孤獨者（loner）」（Wodarski & Harris, 1987），這使得青少年的人際資源少，社會支持差（Blumenthal, 1990; Slaby & McGuire, 1984），開始感覺「生活空虛」（Hawton, 1986），這將導致寂寞、憂鬱和與同儕更疏遠（Allberg & Chu, 1990; Forrest, 1988），自殺企圖此時可能成了唯一可以激烈表達他們在同儕關係上的痛苦（Allberg & Chu, 1990）。因此，自殺青少年可能成為他／她疏離的、衝突的社會壓力和他／她的社會空白的受害者（Sands & Dixon, 1986; Young, 1985）。

有許多情況令青少年更受困於同儕壓力，如不穩定、破裂的愛情關係（Berman, 1985; Henry et al., 1993），可能以自殺收場（Blumenthal, 1990; Hawton, 1986; Sands & Dixon, 1986）。然而，即使青少年並未中斷關係並嘗試在青少年期即建立自己的家庭，如此做的壓力也可能使他們更容易自殺（Henryet al., 1993）。

性別認同的問題由於受到同儕的排擠也可能是自殺的危險因子（Ryland & Kruesi,1992）。同儕提供的毒品可能降低自制而導致衝動性提高，而這可能使自尊較低的青少年尋求以自殺來快速

解決痛苦（Garland & Zigler, 1993; Shaffer, 1988）。犯過青少年一向自外於社會規範，在現實裡可能感覺受限於同儕團體或幫派的規範，而尋求自殺以脫離（Sands & Dixon, 1986）。另外，性別認同問題（sexual identity problems）、藥物使用（drug use）、犯罪問題等也使青少年遭受更多的同儕壓力。

當智能與社會能力的發展上存在差異時，青少年會覺得自己的社會技巧「很幼稚」，與他們同儕的需要和價值觀不符（Delise, 1986），這是許多資優少女尋求自殺的原因之一（Delise, 1986; Shaughnessy & Nystul, 1985），而學業表現差也可能是人際和同儕關係不良的原因之一，因而產生自殺企圖（Henry et al., 1993; Rubenstein et al., 1989; Wodarski & Harris, 1987）。

有關青少年同儕影響最戲劇化的例子是「集體自殺（cluster suicides）」的現象（Davidson, 1989）。一九八三年二月十九日一位十七歲少年在德州達拉斯郊區的Plano因拖曳傘意外而喪生，接下來八個星期，有三位 Plano 青少年包括這位十七歲少年最好的朋友自殺了（Gelman & Gangelhoff, 1983）。Collins（1990）及Davidson（1989）也提到各三個類似例子。

研究顯示光只是知道某人自殺（Blumenthal, 1990）或被殺（Berlin, 1987）就足以提高自殺危險性，然而在集體自殺中，最初自殺的青少年似乎引起其他認識逝者的青少年如同傳染病般的感染效應（Gould, 1990）。這顯示強烈的示範效應，特別是對年輕人而言（Davidson, 1989）。如此重要的同儕影響能使蹺蹺板傾向適應不良的一方，如果這股力量可以引導到正向的一方，它反而可以使趨勢走向適應良好。

## 社區因素

廣義而言，「社區」指的是自殺青少年居住的文化圈，在探討青少年自殺上我們並不孤單，在青少年國際手冊（International Handbook of Adolescence; Hurrelmann, 1994）上，除了美國，三十個國家中有一半認為有必要加上一節探討青少年自殺，而每一個國家對他們的青少年自殺現象都有不同反應（Hawton, 1986）。每一個國家對青少年的自殺現象反應不同（Hawton, 1986），一個關鍵因素是文化改變的速度，快速的文化改變令青少年更為混亂（Ryland & Kruesi, 1992）。

在更大的社會環境中，社區對不同階段的青少年給予不同的評價和支持。假如社區勤於制止青少年，將被視為有敵意的生活環境（Kirk, 1993），而假如社區流動性高，許多家庭搬進搬出，亦會造成青少年的壓力（Kirk, 1993），如果沒有一些社會支持來協助青少年處理這些壓力，他們可能會適應不良（Hawton, 1986）。若社區中青少年群體過大，那麼一些日常生活的競爭越激烈，如打工、成績和地位（Holinger & Offer, 1981; Ryland & Kruesi, 1992）。青少年可能會發現他們一方面受社區商家吸引不斷花錢，但是一方面卻又因「逗留過久」而被逐出牆外。

有些社區價值是來自更大的社會環境，大社會不管在生理上或心理上包容用藥物來解決疾病問題被認為可能提高藥物濫用者自殺的可能性（Hawton, 1986）。當社會接納暴力時形成一種氣氛，令青少年認為以自殺作為解決問題的方式是成熟的（Berlin,

1987）。當社會允許槍械的氾濫時（Boyd & Moscicki, 1986），槍械的容易獲得與自殺率之間呈現正相關（Garland & Zigler, 1993; Lester, 1988）。自一九五〇年代，美國人平均擁有的槍枝數目呈戲劇性成長，而用槍枝自殺的人數則比用其他方法多了三倍（Boyd & Moscicki, 1986）。此外，自殺青少年的家中較容易發現槍械（Brent, Perper, Moritz, Baugher, & Allman, 1993）。

　　社區的報紙和電視台如何報導青少年自殺事件也對是否有更多青少年尋求自殺有重大影響（Henry et al., 1993），似乎越多的媒體披露自殺事件，自殺就呈高峰增加（Blumenthal, 1990; Garland & Zigler, 1993），而且在媒體報導自殺事件之後的一、二個月內自殺率會上升，特別是與死者類似的人們（Phillips, Carstensen, & Paight, 1989）。社區如何回應這些社會價值將影響（起碼部分）社區青少年的自殺率。

# 將模式應用到各因素

　　五大因素的任何一個都可能影響要求（demands）或資源（resources），但前述討論多針對要求的部分，這是因為方法學上的問題，這些因素中的壓力源是以它們與自殺行為之間的關聯來界定，視為自殺的相關因子或原因，因此它們在方法學上被附加在模式的要求一方，而模式的資源一方是指這些壓力源不存在時，因此上述五因素所指涉的壓力可以同時提供模式中要求或資源的訊息。

## 傾向適應不良的平衡

　　前述五因素所帶來的壓力都會作用在要求的一方導致適應不良，壓力的累積稱為「碰撞（pile-up）」，壓力的碰撞可能來自一個因素，如許多的身體傷害，也可能來自兩個或更多的因素，如精神疾病加上家庭問題。Kurt Cobain便是多重因素壓力源碰撞的結果。壓力源可能是一般的，如典型青少年發展上的壓力，也可能是不尋常的，如一位親密親人的自殺。不論壓力的來源或類型，壓力的碰撞使自殺的可能性提高（Hawton, 1986）。壓力事件的累積效應，可能使一位青少年因正常適應能力的過度要求而產生病態的反應（Rubenstein et al., 1989），因此使平衡傾向適應不良，增加了自殺的可能性。

## 傾向適應良好的平衡

　　假如在模式中要求的一方有壓力，對一位採用良好適應方式的青少年而言，其意義是他能擁有足以抗衡這些要求的資源。根據雙重ABC-X模式（McCubbin & Patterson, 1982），決定青少年如何對壓力源反應的關鍵因素是青少年的因應技巧（coping skills），所以當因應技巧的能力好時，平衡便傾向適應良好的一方。

　　有些因應技巧是幫助青少年以不同的方式知覺壓力或處境，第一步驟便是面對問題（Wodarski & Harris, 1987）。在這一點上，協助青少年以希望和新的角度來看待目前處境，使得青少年

能找出並運用他／她的有效資源（Triolo et al., 1984），藉由角度的轉換，青少年不再害羞與自責，而變得更能採用解決問題的行為（Shreve & Kunkel, 1991）。這個轉換角度看事情的能力可以說是一個重要的因應技巧。

其他的因應技巧包括尋求資源以因應壓力。雖然在我們的社會中，兒童和成人的資源豐富，但對青少年而言卻仍是缺乏的，我們似乎認為青少年不像兒童一般需求多，也不似成人重要，結果，青少年必須學會尋求資源以因應壓力。身體健康是這類的因應技巧之一，雖然它並不能減少青少年的生理壓力，但有助於改善，個人的資源如良好的自尊、內控等，都可以減少自殺的危險性（Collins, 1990）。

努力於提高家庭彈性和同儕支持也可以如保護機制一般減少自殺行為的發生（Rubenstein et al., 1989; Wodarski & Harris, 1987）。此外，從社區中尋找資源包括專業助人者，可以減輕青少年的痛苦（Sands & Dixon, 1986），這些資源可以用在強調自殺意念的預防（Hawton, 1986; Kirk, 1993），或者針對已有自殺傾向青少年的治療（Blumenthal, 1990; Pfeffer, 1986）。

使用資源的能力是很重要的，因為自殺青少年可能將環境視為充滿敵意和不支持的，假如家庭、同儕和社區能夠提供青少年資源，而青少年也能善用這些資源，那麼重量會從模式中要求的一方轉向資源的一方，讓青少年走向適應良好，而不會採用自殺作為解決壓力的方式。

# 結　論

　　處理我們社會中年輕人的自殺危機，我們必須了解使青少年採用自殺這種不良適應技巧的原因和過程。這一章以五大因素來思考青少年選擇自殺的可能原因，為了增進了解，採用了一個「蹺蹺板」的模式，以壓力、資源及對這兩者的知覺決定適應良好與否，壓力高而資源少且對壓力和資源的知覺是極端且負向時，青少年會採用導致適應不良的因應技巧，如自殺；而當壓力少、資源多且視壓力是可處理的、資源是適當的，他們較可能採取良好的因應方式，而不會採用自殺。在運用五因素模式（生理的、個人的、家庭的、同儕的和社區的）時，讀者必須了解導致青少年自殺的主要動力（dynamics）因素。

　　遭受生理疾病之苦、有精神疾病困擾（特別是憂鬱）、來自適應功能不良的家庭、容易感受來自同儕的壓力（如集體自殺），和得到較少的社區支持的青少年，較容易以自殺作為他們認為無望時的因應方式。這一章建議以下述方法提升青少年良好的因應技巧：擴展身體資源、增進自我概念和改變自我知覺、運用家族治療技巧協助青少年的家庭、與青少年同儕團體合作，以及徵求社區支持。如此一來，讀者不僅可從本章所提供的模式和訊息了解青少年的自殺，也可以知道如何運用預防與協助來減少青少年自殺、增加良好的因應機制。

# 5

# 青少年與愛滋病：流行病學、預防和心理反應

Ralph J. DiClemente, Katherine E. Stewart, Mallory O. Johnson, and Robert P. Pack

　　青少年在最近才被視為愛滋病毒感染的危險群。雖然青少年感染愛滋病毒的盛行率被低估了，但監測資料顯示青少年愛滋病的個案數正上升中（Bowler, Sheon, D'Angelo, & Vermund, 1993; Hein, 1992）。更甚者，流行病學資料顯示這個年齡層採行高風險行為的比率高，也就是未來青少年感染愛滋病毒的比率會持續增加（DiClemente, 1990, 1993a）。

　　目前愛滋病沒有治癒的方法，新近在抗病毒逆轉治療（anti-retroviral therapy）的發展有所突破，提供了一股新的治療動力（Worth & Volberding, 1994）。其他的方式如 azidothymidine

（AZT）（又稱 ZDV 或 zidovudine）也有抑制病毒的作用，其他新的、有力的藥物治療目前正進行廣大的臨床測試。相同地，目前並沒有預防愛滋病毒感染的疫苗，在疫苗發現之前對於防治規畫顯得相當困難，因為病毒的本性太過複雜而多變，因此系統化的公共衛生教育成了唯一預防愛滋病毒感染的實際作法（DiClemente, 1993b; DiClemente & Peterson, 1994; Institute of Medicine, 1986）。

這一章陳述三個重要議題以了解愛滋病毒盛行對青少年所造成的衝擊。首先，這一章陳述了青少年感染愛滋病毒和愛滋病的流行病學資料；其次，我們介紹了行為科學目前用來預防或減少與愛滋病毒相關的危險行為之預防措施；最後，我們提出一個假設模式來了解青少年在獲知愛滋病的診斷時、疾病蔓延時及臨終時的心理反應。

# 對青少年愛滋病的監控：
## 疾病控制與預防中心發現的愛滋病個案

愛滋病在青少年群並不普遍，全美已確定的愛滋病個案中，十三至十九歲的青少年佔不到 1%（Centers for Disease Control, 1994），然而新近的資料顯示青少年罹患愛滋病的比率上升得比整體比率快（Hein, 1992）。少數民族，特別是非裔和拉丁裔十三至十九歲青少年罹患愛滋病的比率是白種青少年的 5.1 及 4.3 倍（DiClemente, 1992）。針對性別的區分，非裔和拉丁裔女性罹病

率是白人女性的十一及五倍。

　　愛滋病監控資料雖然有用，但卻不是一個具時效性且準確的測量。從感染到發病長時間的潛伏期（Bacchetti & Moss, 1989; Lui, Darrow, & Rutherford, 1988），一個被診斷有愛滋病的二十幾歲成人，可能早在青少年期就已感染，因此愛滋病監控資料可能嚴重低估此病對青少年的威脅性。另一更有用的測量是愛滋病毒血清盛行率。

# 青少年愛滋病毒血清盛行率

　　目前沒有採用代表性樣本的研究估計青少年的愛滋病毒血清盛行率。一個新近的綜論（Diclemente, 1992）提到血清盛行率的比率從 0.17‰（白人入伍新兵）到高達 68‰（紐約市遊民收容所的拉丁裔青年），如美國疾病管制中心（Centers for Disease Control，簡稱 CDC）所稱愛滋病毒感染在各種族並不一致，非裔青少年明顯比白人和拉丁裔青少年有較高的盛行率，非裔青少年血清盛行率高過白人青少年三至五倍（見表 5.1）。

　　如表 5.1 所顯示流行病學的資料，雖然青少年並非患愛滋病的主要族群，但由於潛伏期過長，所呈現的比率必然低於實際比率，所以若不積極推行預防計畫，將有更多青少年感染愛滋病。

表 5.1 依種族劃分的愛滋病盛行率[1]

| 研究（年代） | 樣本或地區 | 黑人 | 拉丁裔 | 白人 |
|---|---|---|---|---|
| Burke et al.（1990） | 入伍新兵 | 1.0 | 0.29 | 0.17 |
| Kelley et al.（1990）[2] | 役男 | 5.1 | 4.0 | 1.25 |
| St. Louis et al.（1991） | 新進人員 | 5.3 | 2.6 | 1.2 |
| St. Louis et al.（1990） | 綜合醫院 | 8.3 | 4.9 | 2.7 |
| Stricof et al.（1991） | 遊民收容所 | 46.0 | 68.0 | 60.0 |
| D'Angelo et al.（1991） | 巡迴診療 | 3.7 | — | — |

①所有數據以每千人感染人數比率呈現以方便比較。
②役男的樣本並沒有排除青少年。

# 目前科學界對預防青少年感染愛滋病毒的努力

　　許多青少年沈迷於性與藥物使用的活動中，提高了愛滋病毒感染的危險性（DiClemente, 1990; Hein, 1992, 1987）。雖然性節制是最有效的預防愛滋病以及其他性病的方法，然而一旦青少年開始了性活動之後很少人能做到。另一個可用的方法是請青少年使用保險套（Hein, 1993; Roper, Peterman, & Curran, 1993），雖然保險套可以避免如愛滋病毒等病毒感染（Cates & Stone, 1992; De-Vincenzi, 1994），但必須正確且持續使用才能保證效果，不幸的是，如同其他的愛滋病毒預防作法，持續使用保險套並沒有降低青少年的高風險行為。

　　一些調查報告發現許多青少年經常從事愛滋病高風險的行為（Anderson et al., 1990; Kann et al., 1991）。一九九一年美國疾病

管制中心青少年高風險行為調查顯示，54%的高中生經常有性活動，其中超過一半（52%）的人在最近一次性交中沒有使用保險套。更甚者，19%的人表示起碼有四位或以上的性伴侶（CDC, 1992），因此提升青少年預防愛滋病毒感染的行為是當前較有效的作法（DiClemente, 1993a, 1993b）。

　　愛滋病毒的盛行凸顯預防工作的不易，改變已有的行為特別是性行為是一件艱難的工作，困難之一是我們不了解影響性行為的原因，這不是一個單純的行為，它受許多因素影響——生物的、社會的、發展的和心理的，使得青少年甘冒感染的危險。不幸的是，很少有實徵資料探討促使青少年採行危險性行為的原因，更重要的是，更少資料探討影響青少年採行健康行為的因素。雖然資料有限，但有一些證據顯示提升青少年預防愛滋病毒的行為是可行的。

## 理論性預防愛滋病毒計畫

　　社會心理學理論提供愛滋病毒預防計畫一些相當好的基礎，然而沒有一個單一理論可以解釋或預測與愛滋病毒感染相關的大部分行為（Leviton, 1989）。因此，許多不同的理論被運用在愛滋病毒預防介入計畫中，也有許多新的理論運用來針對青少年的高風險行為（Fisher, Misovich, & Fisher, 1992; Rotheram-Borus, Koopman, & Rosario, 1992）。

　　過去，許多針對青少年的降低風險介入多只有教育和資訊而已（DiCemente, 1994），然而光資訊本身是難以提升青少年採行

預防愛滋病毒技巧的動機。新近的社會心理學理論，如社會學習論（Bandura, 1992）、理性行動理論（the theory of reasoned action; Fishbein, Middlestadt, & Hitchcock, 1994）、擴散理論（diffusion theory; Dearing, Meyer, & Rogers, 1994）等，已被運用在介入計畫上，開展了愛滋病毒預防計畫的新紀元。這些理論不僅強調訊息的重要，也強調改變青少年對規範的知覺和社交技巧的重要性（Jemmott, Jemmott, & Fong, 1992; Main et al., 1994; Rotheram-Borus, Koopman, Haignere, Davies, 1991; St. Lawrence, Brasfield, Jefferson, Alleyne, O'Bannon, & Shirley, 1995; Walter & Vaughan, 1993），以下我們簡單介紹以學校為主和以社區為主的青少年預防計畫。

**以學校為主的介入**　最容易選擇的介入場所和對象便是學校，因大部分的兒童和青少年都會上學，且學校是最好推行介入計畫的場所。有一些關鍵因素與介入計畫的成功有關，如愛滋病毒預防課程是來自行為改變的心理學模式，而有些研究者依據需求評估和實徵資料找出直接影響青少年決策和採行危險性行為的重要心理社會建構。愛滋病毒預防課程強調風險訊息、自我效能和性慾處理技巧以及對愛滋病毒預防行為知覺上的受影響性、障礙和信念，以及接受度。

三個月的追蹤研究發現，這一類的介入方式能有效地提升愛滋病毒知識、改變青少年的信念、增進自我效能，更重要的是降低危險性行為。參與介入計畫組的青少年表示較少與危險性伴侶發生關係、性伴侶人數也降低、增加保險套的使用。這個研究也提供發展新的學校介入計畫之推動力：一些有理論依據、實徵考

驗和系統評估的計畫。

　　隨著對新近學校介入計畫的研究發現受到鼓勵，對於過小的效果量（effect size）彰顯了需要更創新與有效的方法中以提高採行預防行為的青少年比率。

　　新近一些以學校為主的愛滋病毒介入計畫回顧（Kirby & DiClemente, 1994）中顯示一些重要因素能提升計畫的有效性，這些因素包括：⑴使用社會學習理論作為計畫發展的架構（如社會學習論、認知行為理論和社會影響理論）；⑵專注於減少危險性行為；⑶採用積極的教導方法；⑷傳達社會和媒體對發生性行為的影響和壓力；⑸針對和強調對抗不安全性行為（如避免不安全性交、拒絕高危險性伴侶）；⑹提供溝通和交涉技巧的示範與演練。更進一步地，為了擴大愛滋病毒預防計畫的有效性必須顧及發展上的適切性和文化上的關聯性（Wingood & DiClemente, 1992；付印中）。雖然學校介入計畫無疑是降低風險的關鍵媒介，社區介入計畫也是相當重要。

　　**以社區為主的愛滋病毒預防計畫**　學校提供了發展和推行青少年愛滋病毒預防介入的最佳處所，然而光靠學校並不能達到最大的功效，一些沒有就學的青少年更容易遭受愛滋病毒感染（CDC, 1993）。因此，以社區為主的愛滋病毒預防介入對這群不易接觸到的青少年更為重要。

　　一些社區性組織如 YMCA、男孩俱樂部（the Boys Club）、收容所、遊樂場所和醫療院所都是推行愛滋病毒預防介入的可行處所。下面三個研究在一些上述場所發現這些組織能有效減少青少年的危險性行為（Jemmott, Jemmott, & Fong, 1992; Rotheram-

Borus et al., 1991; St. Lawrence et al., 1994）。有個研究（Jemmott, Jemmott, & Fong, 1992）探討愛滋病毒降低風險介入對非裔少年的效果，一百五十七位來自地區醫學中心、社區組織和地區高中的非裔少年，隨機依職業別分配到愛滋病毒介入組和控制組，並分成六人小組由一位黑人男性或女性帶領。

　　愛滋病毒介入組接受五小時的介入課程，包括錄影帶、遊戲和練習，針對促進愛滋病常識、減弱有問題的信念和採行危險性行為的態度，以及增加採用安全性行為的技巧。分配到控制組的青少年則接受五個小時的類似處置（與愛滋病毒無關），包括與文化和發展有關的錄影帶、活動和探討工作機會的遊戲。

　　三個月之後追蹤，愛滋病毒介入組的青少年比控制組較少危險性行為，例如性交次數減少、性交對象減少、更常使用保險套、較少口交。

　　Rotheram-Borus 和同事（1991）曾針對逃家和無家可歸青少年發展一套愛滋病毒預防計畫。在兩年期間（1988－1990）對紐約市兩所收容所陸續住進的青少年，一所設計為非介入環境，另一所設計為介入環境，共七十九（介入組）和一百八十八（非介入組）位離家青少年，扣除漏失個案，最後介入組有七十八位青少年，非介入組有六十七位青少年。

　　介入組接受有經驗的訓練者多次的介入處理，這些處理包括：有關愛滋病／愛滋病毒的一般常識、因應技巧、健康照顧和其他資源的利用，以及個人在採行安全性行為的阻礙。一般的愛滋病常識是讓參加者參與錄影帶與藝術工作坊以及看商業性的愛滋病／愛滋病毒錄影帶，因應技巧訓練讓參加者了解對高風險情

境下情緒和行為反應的不實際期待，依個別健康需求給予額外的醫療、心理健康照顧和其他資源，在私下諮商的單元中了解個別在採行安全性行為的阻礙，保險套免費供應，且有工作人員不刻意地介紹保險套的使用。

介入組的逃家青少年顯示明顯增加保險套的使用，而且在六個月內較少採行與愛滋病毒有關的危險行為。高危險性行為的定義是 50%以上的性交次數或十次或以上的性交次數沒有使用保險套、三位或以上的性伴侶。在這些危險性行為上，控制組的青少年（22%）比接受十至十四次介入處理的介入組青少年（9%）和接受十五次或以上的（0%）多。經過十五次以上介入處理之後，規則性地使用保險套從原先的 32%提升到 62%（六個月），兩年的追蹤研究顯示降低危險性行為的效果仍顯著。

為了了解如何在社區中設計介入計畫，Bowser 和 Wingood（1992）提出一個階段模式應用在以社區為主的青少年介入計畫。這個模式提到在社區環境中不同的溝通和分析是可能的，此外這個模式呼籲提高社區的視野和參與度。

其他讓青少年接觸愛滋病毒預防訊息和技巧訓練的方式也是必需的，醫師與青少年父母的互動常被忽略與低估（DiClemente & Brown, 1994），在一份新近的報告中（Mansfield, Conroy, Emans, & Woods, 1993），以一家內陸城市的青少年醫院進行評估，醫師評估青少年危險行為和提供愛滋病毒危險性與預防的諮詢，九十位就診青少年（平均年齡 17.6 歲）被隨機安排到兩組：一是標準照護組，醫師與每位青少年會談愛滋病毒有關的高風險行為；另一是諮商團體組，醫師帶領討論愛滋病毒的危險和預

防。

　　在基本評估和隨機化之後大約兩個月，25%的青少年減少性活動；32%的標準照護組和18%的諮商團體組表示性活動減少，兩組在規則性地使用保險套上也有顯著增加（標準照護組，p ＝.03；諮商團體組，p ＝.02），諮商團體組最近一次性交有使用保險套的比率由37%提高到42%（p ＝.03）。

　　這些發現顯示由醫師提供危險行為的會談，可以在一段時間內提升青少年減少危險性行為的動機，雖然還有待進一步研究釐清，但由這些發現中可以了解醫師在愛滋病毒預防工作中扮演重要角色。

　　雖然有預防上的努力，但仍有青少年感染愛滋病毒且可能持續增加，越來越多的醫師、教師、治療師和社工人員將面對他們的年輕病人、個案或學生感染愛滋病毒，這一群特殊群體的需求又是如何？

## 青少年面對愛滋病毒診斷和疾病進展之反應的假設模式

　　這一節提到一個假設模式，旨在了解青少年於下列過程的反應：決定接受愛滋病毒抗體檢驗和諮詢、疾病進展、愛滋病的診斷以及最後的死亡。有些作者已探討過愛滋病毒的不同過程（Nichols, 1985; Sande & Volberding, 1992; Tross & Hirsch, 1985），然而卻沒有一個以社會心理功能探討愛滋病毒過程的心理反應模

式。我們必須重複強調，在實徵資料缺乏的情況下，我們輔導愛滋病毒感染的人大部分是依臨床的印象、看法和經驗，同時雖然此模式是針對青少年，但它的一般概念也可應用到面對愛滋病的成人和兒童，甚至他們所關心的人。

愛滋病毒的進展常伴有不可預知的後果，愛滋病毒檢驗是陽性的青少年可能十年或之後才開始有症狀，也可能發展成愛滋病然後很快死去（Osmond, 1994b），如此不確定的病程進一步加深個體的心理痛苦，也給了此模式一個複雜的功課，基於此，我們聲明此模式並不是反應感染者的真實進展，而是當做一個啟發的工具，有助於思考青少年對愛滋病毒感染的反應程度，對於可能影響病程或個體適應的潛在身心健康和可得到的家庭社會支持，此模式則無法兼顧。

並非所有青少年都會進入模式的最初階段——決定接受愛滋病毒檢驗。例如，新兵被要求作愛滋病毒檢驗，而現役者也每兩年需檢驗一次，這使得青少年視此檢驗為非自願的檢查，而沒有動機主動尋求檢驗。再者，青少年可能因愛滋病的併發症接受治療時，才發現自己愛滋病毒檢驗呈陽性，在這種情況下，心理和身體的痛苦可能又有所不同。姑且不管預測上的困難，我們的目的是提供青少年面對這些複雜情況時的一些了解和因應方式。

圖 5.1 是此模式假設的身心痛苦形態。如圖中所示，青少年在決定接受愛滋病毒檢驗時，很可能正經歷持續增加的情緒和心理痛苦，這可能引起一些生理症狀如睡眠困難、腸胃疾病等。在這個階段之後，通常有很長一段時間愛滋病毒症狀沒有出現，而青少年覺得自己很健康，在此階段心理痛苦似乎「痊癒」了。然

而，偶然的感染或症狀的出現又會再一次引發心理痛苦，隨著疾病的進展，身體的失能和心理的痛苦可能交替打擊著青少年，區分這兩者變得越來越困難，如同從得到愛滋病的診斷至死亡，身體、心理功能的不斷變化。接下來介紹模式的每一階段和可能發生的事件。

## 接受愛滋病毒檢驗

決定和接受愛滋病毒檢驗的過程，一般而言都是令人焦慮的。我們的模式認為這個階段通常會拖得很久，到檢驗處所和等待檢驗結果可能引起中高程度的心理痛苦，而此痛苦受一些因素

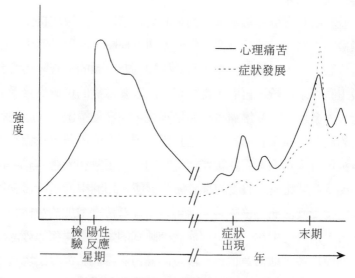

圖 5.1　對感染愛滋病毒之反應假設模式

影響，如必須向其他人告知接受檢驗之事和個人的因應方式。

　　**告知其他人**　如果父母要求青少年接受檢驗，青少年會因感到來自家庭壓力而產生很大的痛苦。相反地，如果青少年是靠自己的意志力接受檢驗將經歷更大的焦慮，因為這個決定是來自於個人危機感。假如關心自己的人不管愛滋病毒檢驗結果如何，都能給自己支持和關懷，那麼肯定可以降低被拒絕的擔心。無論如何，社會網絡中的成員，如果是拒絕的或評斷的，青少年的恐懼感會提高，即使他們沒有回去看檢驗結果。在公共衛生中心，做完檢驗而沒有回去看結果是很普遍的，這可能與上述恐懼有關。

　　接受檢驗的過程有時也必須對不相干的人表白，如向學校、公衛中心、醫療人員詢問如何接受檢驗時。在這個過程中，青少年可能會害怕這些成人，他們可能看起來很權威，可能會告訴青少年的父母或朋友這件事，可能會把他們的疑問視為他們默認已做了不安全或社會禁止的行為。信任的問題也會產生，因為不同的地區對於少數民族的檢驗有不同的法律。

　　**個人因應方式**　青少年的心理功能和因應方式對於是否接受愛滋病毒檢驗，也是重要的因素。青少年可能在實際接受檢驗之前，即對接受檢驗一事感到相當害怕，有些青少年則擔心檢驗結果使他們的最後一絲希望破滅，這些恐懼可能來自對過去性和藥物經驗的實際考慮，或者對愛滋病毒傳染途徑的不了解。

　　對於愛滋病毒檢驗的恐懼和焦慮，不管是剛發生的或長期的，都可能造成人際、學校問題和身體症狀。同樣地，對於先前的高危險行為所感到的羞恥和罪惡，以及自己和家人的名譽受損都可能發生，這些問題使得個體更恐懼得到陽性的檢驗結果。

青少年如何因應接受檢驗的壓力視他對自己是否可能感染的信念而定，不認為自己可能感染的青少年不在乎檢驗的嚴重性，甚至可能拿此事開玩笑，有些人則可能視檢驗為大災難的來臨而感到相當焦慮與憂鬱，有些青少年也可能表達出對自己的高度憤怒，或對害他們感染的人、甚至對世界的氣憤。在因應這些問題時，青少年不一定會跟別人談到他們的恐懼。

　　一份對大學生的問卷調查顯示，半數以上的人擔心愛滋病毒會經由深吻而傳染，因此，正確而普遍的愛滋病毒傳染途徑教育可用來降低不必要的擔心。對於有父母參與是否接受檢驗之決定的青少年，可以用較直接而便利的方式介入，評估青少年感染的危險性、提供針對恐懼與期望的諮商是可行的。對於不告訴任何人他們接受檢驗的緊張的人，在檢驗處所給予檢驗前的諮商是相當重要的介入方式。

## 陽性檢驗結果

　　對接受愛滋病毒檢驗結果是陽性的青少年來說，處所的不同、檢驗的隱秘性、重要他人的存在、對結果的期待和檢驗的可選擇性，都可能影響他們對此結果的反應，這是一個對青少年而言充滿壓力和困難的時刻。如同圖 5.1 所假設的，陽性的愛滋病毒檢驗結果之後，馬上就進入最痛苦的階段，因為個人資源和因應方法，都還未順利運作，此時主要的重點是：從震驚中回復、獲得有關愛滋病毒的其他訊息，和開始告訴其他人這個消息。

　　**從震驚中回復**　對於陽性結果的初始反應涵蓋複雜的情緒，

可能有否認、憂鬱和氣憤。然而，也可能青少年會出現情緒上的麻木或震驚，接著出現對未來的無望感、罪惡感或羞恥感。通常，在這種高度情緒化和麻木的時刻，對可能傳染給他們的性伴侶或藥物共用者狂怒或想報復是常見的（Winiarski, 1991）。

**揭露的考慮**　擔心家人、同學和朋友知道了愛滋病毒檢驗的結果會有什麼反應，常是他們第一個想法和感受，此階段的介入包括檢驗後的諮商以澄清檢驗結果的意義。如前所述，青少年一開始可能無法聽進或了解這些解釋，所以建議諮商者、朋友或家人先陪著他／她直到心情再次平靜，起初的反應可能包括自毀或自殺念頭，這需要特別注意。最後，經過一段時間待初始反應平穩下來之後，全面評估青少年對愛滋病毒傳染途徑的了解，以防再次傳染或傳染給別人。當社區、個人和家庭資源充足時，建議給予進一步諮商、治療和支持性團體可能是此時最需要的。

## 潛伏期

愛滋病毒的潛伏期是指從感染到免疫系統破壞至身體容易遭受各式感染的狀態（Osmond, 1994a）。就青少年得知感染的時間而言，潛伏期可能不存在（已出現愛滋病併發症時才被診斷出感染愛滋病毒或 CD4 數目少於 200/mm³）或長達數年。這個時期不會有明顯身體症狀，日常生活功能也和平時一樣正常。然而，陽性的結果可能使青少年對於症狀的出現處於高度警覺狀態。

先前我們提出的愛滋病毒適應模式顯示，此階段心理痛苦將慢慢減少，愛滋病毒診斷所帶來的震驚將減退一段時期。相同

地，為了重回學校或工作的正常作息，為了有良好的運作功能，青少年使用各種因應機轉，從否認（「我是那些永遠不會發病的患者之一」）到昇華（努力從事於愛滋病毒預防工作或支持相關組織）。不過，潛伏期通常也因容易隱瞞愛滋病毒狀態而有其問題。

**揭露** 就青少年年齡的不同，衛生工作人員未必告知其父母有關感染愛滋病毒之事。大部分情況下，青少年的家人和朋友並不知情，青少年面臨是否告知的抉擇，年紀較輕的青少年父母可能只是告訴他們「不要告訴任何人」，或者和父母一起陷入擔心社會眼光和反感的衝突中。

由於沒有症狀表現，愛滋病毒陽性青少年不會面臨外觀改變或住院的質疑，然而，他們因得知感染所表現出來的痛苦程度常被家人或朋友所察覺，而進一步關心他們的心理狀態，不管他們是否據實以告，對青少年而言這是令人恐懼的決定，特別當對方是特殊的朋友或愛人時。

更令人沮喪的情況是想到要告知現在或過去的性伴侶或共用藥物的朋友感染的事實。由於公衛部門通常要求青少年將上述對象的名字告知，他們可能在青少年知會這些人之前就找上他們了，也可能要求感染的青少年去找出他們，這使得青少年在面臨可能的拒絕和關係的失去中感受到明顯焦慮。

**歧視與社會的拒絕** 在美國，愛滋病通常與兩類人有關：同性戀／雙性戀男性和靜脈注射的藥癮者。這兩群人通常不被社會所歡迎，而愛滋病毒的盛行更增加了社會對他們的敵意（Turner, Miller, & Moses, 1989）。不管青少年是如何被感染，他們都面臨

被歧視、貼標籤和拒絕的命運，主要來自被認為可能有同性戀或用藥行為。因此，表白個人的感染了愛滋病毒狀況，便須冒著馬上被社會拒絕或處罰的危險。

和同儕團體緊密的關係（Lewis & Volkmar, 1990）可能使被拒絕成為極大的痛苦。針對無家可歸青少年所作的問卷調查發現，許多離家出走的人是在揭露了性取向、藥物使用或愛滋病毒檢驗結果，而遭到父母的拒絕或指責（Rotheram-Borus, 1991）。如同愛滋病毒檢驗陽性的成人，我們假設擁有家人和朋友支持的青少年在病程中較不會經歷心理上的困難，然而，來自社會網絡成員的拒絕，對愛滋病毒病患或愛滋病的敵意性笑話和論述，都將阻礙青少年感覺被完全接納、信賴他人或輕鬆自在的能力。

**感染他人**　此時性成了重要議題，特別是對較年長的青少年（Lewis & Volkmar, 1990），對愛滋病毒檢驗陽性的青少年而言，這更成了引發焦慮的主題。相反地，有些新發現的個案因憤怒而刻意傳染給別人（Winiarski, 1991），大部分愛滋病毒檢驗結果陽性的人表示，非常在意可能將病毒傳染給所愛的人。

對愛滋病毒傳染途徑的錯誤訊息可能導致一些過度小心的行為，即使在零風險的狀況下，如共用茶杯或在家中共用餐具都有如同發生性接觸般的焦慮。同時，即使愛滋病毒檢驗結果陽性青少年已採取降低風險的行為，如使用保險套，在與他們可能的性伴侶討論時仍會引起焦慮，擔心被感染或被取笑。

愛滋病毒檢驗陽性青少年活躍於運動場容易受傷，在性關係中容易焦慮，或者因擔心失去生活中這些部分而變得依賴，再一次地看到支持性的與概念正確的社會環境能緩和這些擔心，使他

們以安全的方式安心地從事活動。

　　同樣地，愛滋病毒檢驗陽性青少年的性或用藥行為，不只使其他人陷於感染的危險中，也使已受感染的人面臨再受感染的威脅，並增加感染其他傳染病的機會，有報告指出因重複感染而暴露於不同品種的愛滋病毒，使得免疫系統的損害更為快速（Osmond, 1994b），所以學習採用安全行為不僅保護其他人，也是保護自己。

　　**維持健康**　避免遭受其他品種的愛滋病毒感染或接觸其他的感染源，只是對新個案萬千個建議中的一個。在潛伏期，免疫系統的功能可能維持相當穩定或者緩慢下降，也可能如雲霄飛車一般起伏（Osmond, 1994b）。愛滋病毒陽性者常被建議採用幾種促進免疫系統功能的預防性措施，如健康食品、規律運動和壓力調適（Worth & Burack, 1994），此外，數以百計的處置和治療都期望能延長疾病的潛伏期，然而服用許多維他命、控制飲食或學習減壓技巧也可能成為額外的負擔，更讓他們顯得與眾不同，特別是這些未得病前就不太注重健康的青少年。沒有住在家中的青少年或社經地位較低的，可能較缺乏這些健康維護的訊息，而有限的財力也使得他們無法採取這些措施，這都可能造成額外的挫折和加快病程的進展。最後，值得注意的是，許多健康的青少年會因為對身體自然但劇烈的改變感到不舒服，而刻意不理會身體狀況（Lewis & Volkmar, 1990）。這可能使得愛滋病毒檢驗陽性青少年在「等待與觀察」疾病進展的過程中，被鼓勵密切注意身體症狀與變化顯得有困難。

　　**計畫未來**　許多愛滋病毒陽性者提到此症令他們最困擾的事

情之一（Winiarski, 1991）便是對未來的不確定感，由於潛伏期的長短不一定，以致為未來作計畫成了令人困惑且帶來挫折的事，對於還在學校或計畫進入職場的青少年而言，這樣的不確定感更令人挫折，諸如完成高中學業、上大學或技術學院、結婚或就業等，變成無法回答的問題。不同於時下對青少年「沒有未來感」的刻板印象，大部分青少年多希望對青少年期和成人早期希望完成的事做計畫（Kastenbaum, 1986），而愛滋病毒的診斷結果摧毀了這些期待。

　　愛滋病毒的潛伏期讓感染的青少年有了一個再體認和運用防衛機轉的機會，這使得愛滋病毒所造成的心理困難減輕，然而，以上所討論的議題都可能增加了適應的困難，適當教導青少年有關愛滋病的病程和降低風險技巧及社會支持網絡，都是協助青少年面對這些議題的基本介入方式。

　　健康照護專業或其他專業人員了解青少年在得知檢驗結果後，對進一步告白與維持健康的衝擊更需要諮商，因此提供青少年機會對此處境有些控制感，如提供愛滋病毒可能帶來的失控感的訊息、給予選擇的機會以幫助青少年適應得好些，同時鼓勵事先採取因應疾病的行動。

## 症狀發展

　　隨著愛滋病毒持續干擾免疫系統，增加了併發症的危險性，一般常見的併發症有糜爛性肺炎（Pneumocystis carinii pneumonia）、網膜細胞感染（cytomegalovirus infections of the rietina）或胃腸系統的細胞感染、結核病和口部及食道的念珠菌（Candida）感染（Sande & Volberding, 1992），這些疾病的出現和其他一些身體症狀（如不斷腹瀉）都代表疾病正在蔓延。

對大部分愛滋病毒陽性者（成人、青少年皆同）而言，第一個併發症的出現都是嚴重壓力源，在潛伏期已調適好的對疾病及死亡的恐懼，此時再被挑起且惡化（Winiarski, 1991）。對一位青少年而言，此時可能是第一次被冠以「病人」的稱呼，眼前面臨了許多困難，包括進一步表白、安排複雜的藥物治療，和面對愛滋病帶來的失能和功能障礙。

**表白**　在潛伏期時，青少年的功能都大致完好，很少引起他人對他們健康上的質疑，但症狀的出現或住院便引起周遭尚不知他們診斷的人們疑問，許多愛滋病患者仍避免生病的事被發覺，而告知家人或朋友他們得了癌症或其他重症（Stewart & Haley，出版中）。雖然和父母同住的青少年無法逃避由健康照護人員將此事告知其父母，但他們仍可以選擇是否告知其他人。

大部分對表白的擔心和潛伏期時差不多，但青少年此時因症狀的出現經歷更大的壓迫感，他們還是期待來自朋友和所愛的人更多的親密感和支持，但害怕表白引起社會的反感，且覺得告訴更多的人似乎意味他們的病永遠不會好了。青少年如何面對這些困難的抉擇，取決於他們家人的支持和同儕對愛滋病毒和愛滋病的態度。

**醫療安排**　當愛滋病毒持續進展時，典型的醫療處理是服用複雜的抗逆性藥物（antiretroviral）（如 AZT, ddI[didanosine]或 ddC[zalcitabine]），和對併發症的預防性治療（Sande & Volberding, 1992），此外，還有其他針對症狀的治療。為了處理已有的症狀和預防新症狀的發生，加上藥物之間的交互作用和副作用均可能增加（Lee & Safrin, 1992）。青少年可能被迫面對一些長期的問題，如噁心、腹瀉或限制飲食，還有常被要求必須在準確的時間服藥，對青少年而言，在得病之前行動上幾乎沒有太多限制，而現在必須接受藥物上嚴格的規定，必然對他們的生活型態是一大干擾。

**面對「病人面（Patient Persona）」**　當免疫系統被破壞之後，併發症的發生令愛滋病毒檢驗陽性青少年經歷症狀時好時壞的時期，經過適當處理之後症狀也很少一起消失，即使在較好時，仍會容易疲倦、有輕微症狀或有藥物副作用，不像在潛伏期時的安適，青少年越來越難逃避自己是一位「愛滋病患者」的事實。

此時期的青少年可能覺得難以調適和其他同儕不同或被區別的感覺，重複的入院也干擾了學業和社會生活，明顯的症狀或失能令站在同儕堆中的青少年感到尷尬，年紀小的青少年可能對此時期的起起落落感到困惑，或者變得更加依賴父母。

嚴重症狀的出現或感染的發生可能使許多愛滋病毒感染的青少年陷入一個心理上的危機，但也因為症狀的增加使青少年較願意接觸醫療機構，因此，發覺嚴重的憂鬱、焦慮或其他適應問題的個案成了工作人員的重要課題。此外，對表白和藥物治療安排的諮商如同獨立、正向自我意象等的諮商，此時不僅提供給青少年，也可提供給家人。

## 愛滋病末期

在病程的某些時候，愛滋病患者的免疫系統完全無法對任何入侵起反應，更嚴重或重複的併發症可能發生，而對治療的反應已微乎其微。然而，愛滋病常是變幻莫測的，被認為只能存活數周的病人可能又明顯地進步且多活了數月；而被認為狀況良好的病人可能又突發嚴重的感染而在數天內死亡（Stewart，未發表手稿）。因此，談所謂愛滋病的「末期」可能只是人為的概念，最好的方式是病人覺得所剩時日不多時，或者他／她已無法克服下一次的感染時，這類似嚴重或癌症末期患者的描述。這時期青少年的基本訴求是維持希望、對所愛的人和生活角色失落的哀悼，以及維持完整性和尊嚴。

**維持希望** 由於愛滋病毒是如此無法預測，因此醫療人員或其他健康照護者所能做的只是讓病人活得比預期更長久些。Adams 和 Deveau（1986）在了解癌症末期青少年之後，提到青少年特別具有彈性和未來感，因此，愛滋病末期青少年可能可以維持一個信念是至少部分復原是可能的，讓青少年有力量接受較高層次的醫療。

**哀悼和失落** 當一位青少年很明顯地在疾病末期時，他／她可能會放棄對逼近的死亡的否認，並且開始放棄許多的關係和生活角色，青少年可能要面對一些現實是再也無法回到學校或朋友之中，而生命也即將要結束。在這些過程中有些個別差異，有些青少年直接面對事實或對重要的人作儀式化的告別；有些人則變

得更畏縮更孤立；而有些人則訴諸宗教或靈性信念來處理他們的
哀悼、恐懼或擔心。

　　如同愛滋病的其他時期，此時期最重要的因素之一是家人或
朋友的支持和協助，允許額外的時間說話或更多個人時間、讓青
少年自己控制訪客或一些醫療決定、公開坦誠等都是非常有價值
的社會支持。如同 Adams 和 Deveau（1986）所說，護理人員和
其他醫療人員對青少年和他們的家人而言，扮演越來越重要的支
持角色。

# 結　論

　　青少年沈溺於與愛滋病毒有關的危險行為中，促使了控制愛
滋病毒感染的行為改變計畫快速發展。愛滋病毒感染的預防不僅
依賴新的行為改變技巧的發展與評估，還有將研究的結果轉為可
行的社區計畫。

　　了解青少年對愛滋病毒診斷結果的反應和病程發展，有助於
發展和採行有效且適當的輔導和支持。雖然有效的治療和疫苗還
在不可見的未來，但心理上的痛苦、身體的疼痛與折磨、社會的
排斥與歧視卻是常見的結果。雖然心理與身體的困難每個人不
同，但確定的是愛滋病毒感染的青少年都會面對一連串的情緒反
應，了解影響這些情緒反應的因素，將有助於尋求有效策略提升
生活的品質。

# 6

# 重症青少年

## Michael M. Stevens and Julie C. Dunsmore

生活不在於擁有一手好牌，而在於把牌玩得好。

~Josh Billings

　　這一章分析患有重症青少年的處境，這些分析包括青少年如何因應危機；重症青少年所經歷的失落；以個案報告呈現青少年早、中、晚期經歷重症的差異；以及以日記的方式呈現癌症青年共同的反應和經驗。

　　雖然治療技術不斷進步，但癌症仍是兒童和青少年最常見的致命疾病（Bleyer, 1990），因此本章特別強調罹患癌症的青少年，但是許多所討論的原則仍可應用至癌症以外的重症，章節之

中尚有對癌症以外的三種重症特質的評論。

# 青少年如何因應危機

青少年的認知發展包括形式思考能力和以抽象方式思考（Piaget & Inhelder, 1969），但此發展並不是呈線性發展，當面臨危機或打擊時退化回具體思考方式是常見的。通常，青少年能以超乎年齡的成熟度談論對錯和複雜的議題，但行為上卻不是那麼一回事，當發展過程因疾病而受到干擾時，可能影響青少年發展知覺未來的能力以及對行為後果的了解，由於認知發展如此受心理社會成熟度影響，因此青少年所做的決定常不是成人所能輕易了解的。

在危機時刻，青少年常尋求來自父母的支援，但也期望有足夠的自由去學習自己面對挑戰，他們的反應很典型的是希望被愛、被支持，但不要被「包裹在棉花裡（wrapped in cotton wool）」。

重症青少年可能一方面歡迎父母的支持，一方面在有機會脫離父母時又感到迷惑，不知道如何才是成為「正常青少年」最好的方式。比起信賴父母，青少年在尋求試驗和討論個人議題時較信賴同儕團體，特別是與自己有相似處境的同儕（Deem, 1986）。

健康青少年常有的壓力是與發展任務、社會變遷、家人和同儕關係等的抗爭，重症青少年不只要面對這些問題，還有來自疾病、治療和副作用的壓力。周遭人們對他們的反應明顯影響他們因應疾病的成功與否以及自行作決定的自由。

　　除了生病以外，重症青少年對危機的反應和健康同儕是相似的。有幾位作者提到他們的彈性和心靈的健全（Carr-Gregg, 1987; Chesler & Lawther, 1990; Koocher, 1986; Smith, Ostroff, Tan, & Lesko, 1991），例如大部分重症青少年希望知道病情、參與治療計畫、參與決策（Cassileth, Zupkis, Sutton-Smith, & March, 1980; Dunsmore & Quine，出版中），更甚者，疾病末期青少年通常相當在乎家人和朋友因他們的死亡而受到影響，他們並不是那麼害怕死亡和瀕死，這些年輕人希望對死亡和他們的預後有正確的了解。

# 為失落而哀悼的重症青少年

　　重症青少年在疾病初發、病程進展期間和末期都有明顯的哀悼反應，並非所有的失落都和死亡或瀕死有關，大部分是和疾病的長期過程有關，如下列所提到癌症青少年的例子。

## 癌症青少年的失落悲傷

　　**診斷前的自己**　患重症的青少年常發現自己為過去健康的自己哀悼，疾病使得他們無法再擁有過去所喜愛的生活方式，疾病角色也使他們有所不同，因來自疾病的虛弱感、缺乏精力以及外觀的改變，一位年輕人如此敘述：「人們不再像對待過去的我一樣看待我。」患病之後，許多年輕人自主性降低，質疑自己在世界上的分量，「我希望一切回到從前。」

**身體意象**　肢體切除、落髮、體重增加或減少以及其他治療的副作用，使得正值注重外表吸引力的青少年改變身體意象。和其他年齡層相比較，青少年對化療和放射線治療所造成的副作用最為不悅和沮喪。青少年多提到當頭髮掉光時有多沮喪，掉髮和其他副作用可能使青少年因而孤立，有時是因自我設限，有時則是被同儕所拒絕。輔助器具的使用，如義肢和假髮，只是在表面上改變青少年的自信，但對身體意象的羞辱卻是內在的，無法由外在的彌補來改善。

**健康**　青少年覺得不再被視為獨立、可掌控事物、不會容易有身體傷害或情緒困擾的健康人，如同一位年輕人說的：「這就是『被包裹在棉花裡』的結果，我爸媽一直擔心我再受感染或復發，他們常說：『不要晚睡』、『你會生病的』。」有些人在治療結束後很久仍被別人排斥，包括朋友及朋友的父母，因為他們害怕接觸傳染。

**學校生活**　年輕人會因為失去每日學校生活所能給的成長象徵而沮喪，如參加考試、約會、挑戰權威和跟大夥一起嘗試危險行為（如吸煙、逃學等）。他們提到最困擾的失落是和失去技能、失去精力、不能參加體育活動等有關，女孩們的失落較與不能和死黨在一起、懷念打屁的時光和不能與好朋友一起參加活動等有關。

**獨立**　大部分的青少年在十二至十八歲之間建立獨立性，以此來證明自己的能力，此時若得了重症便使得他們無法脫離父母或其他權威而獨立。罹病青少年對於連基本自我照顧（如換床單、大小便、洗澡、穿衣、餵食等）都要依賴父母而感到尷尬，

失去獨立性而來的無力感可能引發明顯的憤怒，如果被小兒科的工作人員用對待小孩的方式處理感覺更糟糕。瀕死青少年的挫折可能發洩在父母身上，通常是持續在床邊照顧他的那一位，他們通常是要求他／她離開，一旦真的離開，他們又會馬上要求父／母回來。

一位二十歲的瀕死青年如此說：「我討厭看到母親眼裡的悲傷，她自己都不太好過了，還要為我做任何事，對大小事大驚小怪好像我又回到五歲一樣，我想吼她，但當我生氣時她會離開我，那時就沒有人照顧我了。」

**診斷前的家庭**　隨著家中年輕成員得了重症，家人關係可能變糟也可能更好，家人的生活不會再像過去一樣。常有一個錯誤的印象以為癌症會導致家庭的破碎，一個近期的問卷調查顯示，五十一位罹患癌症青少年中有二十五位（49%）變得與家人更親近，而有二十一位（41%）表示沒有變化（Dunsmore, 1992）。

**與父母的關係**（Relationships with Parents）　罹病青少年常有對父母的氣憤和矛盾感受，質疑是否能獨立於父母，擔心在關係中連帶的要求。

**與手足的關係**　罹病青少年的手足可能有敵意和罪惡的感受，他們可能因所有的注意力都在生病的兄弟或姐妹身上，以及他們享有的特別待遇（secondary gains）而生氣，他們也可能害怕得到相同的病，也可能因某些原因而認為是自己造成手足的病而罪惡感。

**與男／女朋友的關係**　外觀的改變令罹病青少年感到尷尬，他們常想斷絕關係，以免令朋友尷尬或被他們拋棄。他們對性的

興趣與一般同齡青少年無異（Dunsmore, 1992），但由於外表和精力有限，他們的性經驗相當有限，女孩們比男孩較覺得不易擁有或維持關係，重症少年顯得較容易被女孩接受，有些甚至被視為英雄得到較多照顧，而處於類似處境的女孩則被視為「危險物品」（Koocher & O'Malley, 1981）。

年輕女性可能常花許多時間尋找與男性建立關係的機會，一旦失能，青少女由於無法參與費力的活動而失去認識男性的機會（Deem, 1986）。在因應重症的過程中，這些年輕女孩擁有超過其年齡的成熟，健康年輕男性或許會被她們的肯定與自信嚇到（Dunsmore, 1992）。

對未來的不確定感可能對新關係的發展有不利的影響，生命末期的年輕人會選擇打破和同伴的關係，以避免同伴因死亡的分離而痛苦，他們也不希望被同情，最怕有人是因為同情而陪在他們身邊。

**未來的確定感**　青少年比兒童有更成熟的死亡和瀕死概念，能夠了解死亡的恆常性和永遠的分離，因此，疾病末期青少年對失去未來的哀悼如同對失去過去。對青少年而言，此時已有堅定的生活目標，當他面對死亡時他可以意識將失去這些，癌症青少年對治療的結果處於不確定之中，「過一天算一天」常是重症青少年的共同心聲。

**未來的指標**　青少年的價值感是來自成熟為成人的過程中所經歷的里程碑，假如像考試這樣的里程碑，若因疾病而錯過，年輕人的價值感可能受到傷害，預後差的青少年可能在完成治療後也無法恢復學業，其他的里程碑如畢業後計畫做什麼、成立家

庭、旅遊的打算和經濟的獨立等。

　　**希望**　重症青少年和健康青少年一樣有發展上的需求，面對死亡的年輕人也希望發展同儕關係、經驗自己不同的性格面、擁有好朋友。通常被告知即將死亡的青少年覺得人們用好像他們已死的方式對待他們，如一位十八歲年輕人所說：「他們不把我當人看，好像我已經躺在棺材裡，他們等著釘下最後一根釘子」。希望成了這些年輕人活下去的重要成分，他們的希望未必是病情好轉或奇蹟式的復原，反而是從生活的挑戰中獲得樂趣和成功，他們可以一方面很清楚病情的嚴重性，一方面又抱持著希望，如一位少女在床邊牆壁所寫：「看重現實、為奇蹟做計畫」。

# 重症與青少年早、中、晚期的關聯

　　青少年被區分為早、中、晚三期，雖然實際上三個時期的界限並不明確，但在一些關鍵性議題、行為、同儕關係和重症的影響等有明顯的不同。表6-1歸納了青少年的特質以及重症的影響，下列以癌症個案為例呈現三個不同階段的青少年對重症的反應。

## 青少年早期

　　女孩在十二至十四歲，男孩在十三至十五歲進入青少年早期，這是一個身體快速發展、開始出現青春期特徵的時期，青少年們特別注重身體的發展以及在同儕團體中的地位。

表 6-1　青少年的特質與重症對青少年的影響

| 期別<br>年齡 | 青少年早期<br>12～14 歲（女性）<br>13～15 歲（男性） | 青少年中期<br>14～16 歲 | 青少年晚期<br>17～24 歲 |
|---|---|---|---|
| 關鍵<br>議題<br>、特<br>質、<br>焦點 | 關注身體的發展<br>大部分青春期特徵出現<br>身體快速成長<br>被同儕接受<br>理想主義<br>情緒搖擺、反叛、難應付<br>　的、易發脾氣的<br>白日夢 | 性覺醒<br>脫離父母和權威者<br>測試極限與界限以找尋<br>　認同<br>同儕團體的角色增加 | 界定與了解來自<br>　職業、關係、<br>　生活形態等生<br>　活角色的功能<br>　性 |
| 社會<br>性、<br>關係<br>、行<br>為 | 抽象思考能力增加<br>預估結果、計畫未來<br>身體變化明顯<br>精力增加<br>食慾增加<br>社會互動多以團體方式<br>重視在同儕團體中的地位 | 自戀關係<br>冒險行為增加<br>同儕互動激烈<br>容易有心理問題 | 經濟獨立性增加<br>計畫未來<br>建立永久關係<br>增加離家時間 |
| 與成<br>人的<br>關係 | 父母和其他權威仍是最尊<br>　重的<br>適應自己「成人」的身體<br>　而聲明自己是成人，<br>　但仍依賴父母和照顧<br>　者<br>嘗試一些考驗（如離家一<br>　段時間） | 與父母關係緊張<br>開始脫離家庭<br>有些偶像崇拜 | 與家庭的分離達<br>　到顛峰<br>經濟獨立性增加<br>感覺與成人平等 |
| 與同<br>儕的<br>關係 | 以同儕作為發展和「正<br>　常」的標準<br>比較力氣和勇氣 | 與同儕互動增加<br>有關誰是誰的朋友、偶<br>　像及價值等問題增加 | 更多嘗試與家人<br>　以外的人建立<br>　親密關係 |
| 重症<br>衝擊 | 關心外表和身體變化<br>重視隱私<br>對正常認知發展和學習的 | 疾病打擊大，輕微容忍<br>與自主感妥協<br>脫離父母和權威者的阻 | 無法工作、學習<br>干擾生涯規畫和<br>　關係 |

（承上表）

| | | |
|---|---|---|
| 可能干擾（無法上學、藥物、疼痛、憂鬱、疲倦）<br>無法與同儕比較，使自我評估正常性變得困難<br>可能不被同儕接納<br>做決定時信賴父母和其他權威者<br>視住院為干擾 | 礙<br>受同伴吸引力所干擾<br>害怕被同儕拒絕<br>與同儕互動有限可能導致畏縮<br>依賴家庭給予親密感和社會支持<br>住院、無法上學干擾了社會關係和社會技巧的獲得<br>不配合治療 | 難以安穩地就業與升遷<br>失業阻礙了與家庭的分離和經濟獨立<br>在就業和健康／生活保險上受到差別待遇<br>失去經濟獨立與自尊<br>在意生育與孩子的健康 |

　　Wendy是一位十四歲的腦瘤患者。在發病之前，她是一位引人注意、大方且受歡迎的少女，在見到諮商員（作者JCD）之前，她剛接受過手術以降低因腫瘤引起的顱內壓過高，同時進行放射線和類固醇的治療。Wendy假裝自己不是在醫院，不太說話，吃得少，並一直吵著要回家。

　　Wendy在知道諮商員是來自病房以外、專長於癌症青少年工作的人之後，才願意和他說話。剛開始，她要求媽媽要在場，隨後很快地她可以自己一個人談。她表示不喜歡醫院且非常懊惱頭髮被剃掉，不喜歡類固醇讓她臉變圓、體重增加，她特別不喜歡被關在一間房間裡，她覺得走路有困難，對於需要依賴別人才能到處走走感到懊惱，因可以自己使用輪椅而感到高興。

　　當信任感建立起來時，她知道了幾乎所有工作人員的小

名，和母親也建立了一個暗號，當她不喜歡的人來或累了時，媽媽會請他們離開。她的幽默感有些怪異，和信賴的工作人員一起工作時她變得很伶俐，拒絕用「癌症」這個字眼，而說是「那一塊」，並說奶奶死於癌症，但她不會死。

雖然經過九個月的門診治療，她的腫瘤仍然惡化，專科醫師告知她的父母已無法再為她做什麼了。她從最初的手術之後就沒有再見過她的專科醫師，許多居家治療人員在診所門診幫她檢查，對她而言似乎沒有人好好為她治療，她提到醫師放棄治療令她感到傷心，並且要向他證明他是錯的。不管多少的「假如」被討論，她堅持相信她會活下來。她喜歡和諮商員畫畫及引導式想像，這些技巧是用來幫助溝通的。

當減輕病情的照顧開始時，她拒絕再次住院並且喜歡有護士在家中照顧她，她指揮佈置她的房間，掛上她最喜歡的馬和狗的海報，家人為她準備一張她喜愛的床。當媽媽和她討論死亡時，她便轉移話題，她非常擔心媽媽，擔心「我在這裡的時間不長了……」之後誰來照顧媽媽。討論中，她仍然避免用「死亡」這個字眼。

在想像的課程裡，她描述了一個將死的自我（character）的想法和感受。在她的自我覺得非常傷心的那一堂課之後，她被問到此刻覺得自己病得如何？她答道：「嗯！你知道我就要死了，再不能比這更嚴重的了。」問到什麼對她有意義時，她回答過去有許多想達到的目標，包括騎馬、參與專門為癌症青少年辦的營會，此外還有許多想和家人一起完成的私人心願。

即便越來越虛弱，Wendy 在死前完成了所有心願。在營會裡，雖然不能離床太久，她仍然快樂地分享治療的趣事、說笑話以及享受和其他人在一起的時光，她很得意她的騎術，並向營會每個人展示她的照片。雖然她的外表已明顯受治療的副作用影響，但她覺得被接納而且不會尷尬，如她所說的：「他們了解」，她認為這個營會是自她發病以來最快樂的時光。

雖然情況持續惡化，她仍然待在家中，她視她的家庭醫師和照顧護士為「我的天使們」。陷入昏迷之後，她幾次醒來便要求見特定人跟他們說再見，在最後一次失去意識時，她的家人繼續和她說話、握著她的手、說笑話和故事。有些家人注意到 Wendy 的呼吸不尋常（Cheyne-Stokes 呼吸），這是腦瘤病人瀕死前可以觀察到的階段性呼吸，那是一種規律的呼吸上的擴大和衰退，家人們從 Wendy 的呼吸來判斷她是否已過世，因為如此全家人守候在她床邊直到她死去。Wendy 死後，幾個月以來一直照顧她的社區護士協助媽媽處理她的遺體。

**重症與青少年早期**　此期得重症的青少年最在意疾病對外貌和機動性的影響，如果治療帶來體重增加、掉髮、傷疤或類似外觀上的改變，將令癌症青少年感到明顯的痛苦（Carr-Gregg & White, 1987; Kagen-Goodheart, 1977）。隱私對此期青少年是相當重要的，因此多人居住的大病房令他們極尷尬痛苦（Dunsmore & Quine，出版中；Carr-Gregg & White, 1987），由於比年長些的青

少年缺乏自我肯定，他們所在乎的這些議題可能沒被察覺。

　　就如同 Wendy 一開始希望母親在場，大部分青少年早期的個體仍依賴權威者，並且希望父母代他們出面（Levenson, Pfefferbaum, Copeland, & Silverberg, 1982），然而他們的確希望參與決策，並且能自己和醫師討論（Carr-Gregg & White, 1987）。

　　大部分此期青少年不喜歡醫院，因此熟悉、友善的工作人員在場是非常重要的，他們通常較信賴護理人員、社工人員和父母。

　　使用象徵性語言是這個年齡層普遍的現象，光是表明他們的想法就能降低他們的焦慮，因此鼓勵他們多說可以有助於重新找回對處境的掌握感，和不覺得那麼有壓力。不需要強迫青少年面對他們的處境，如果照顧者能聆聽他們說話，他們自會慢慢地接受事實。Wendy 在生病時有段時間否認且逃避某些訊息，但有段時間又不斷地想了解她所吃的藥物和其副作用，那時她逃避照顧者也逃避同儕。

　　Wendy 的媽媽擔心她不願討論即將來臨的死亡，她覺得以她們的親密應足以等待而不必強迫她，Wendy 可能不想和媽媽公開討論這件事以免引起她更多的傷心，所以改以說故事的方式象徵性地討論自己的死亡。

　　有個健康照護者的支持，Wendy 的家人能夠與她同在，且陪她走過生命的末期。

## 青少年中期

　　男女性同樣在大約十四至十六歲時進入此期。中期的青少年

最常將焦點放在吸引男朋友或女朋友、脫離父母和權威以及增加
與同儕的互動。

Michelle 在十六歲時大腳骨長了一個惡性腫瘤。她是家
中的老大，還有一個妹妹和父親再婚所生的四個弟妹，她將
大半的休閒時間花在照顧她所寵愛的弟妹身上。Michelle 是
由病房護理長轉介（給作者 JCD），因為她顯得畏縮、憂鬱
且拒絕進一步的治療。

在持續一周的每日會晤中，Michelle 只是點頭、看下面
或轉頭不看，她的拒絕談話似乎不只是害羞，還有想維持控
制感的企圖。她的父親表示在手術之後，她被告知還要接受
十二個月的治療，在順服地接受十二個月的治療後，她認為
不會再有進一步的治療，但看過她的病歷後，她的專科醫師
建議再接受九個月的治療，儘管家人和照顧者為了擔心復
發，一再請求她接受，但 Michelle 堅持不再接受進一步治
療，這是她的法律權利，她相信她已經沒有癌症了，當被迫
接受治療，Michelle 將自己完全封閉起來，她事後表示這是
她覺得可以掌控狀況的一次。

在隔周與 Michelle 的會晤中，諮商員（JCD）用了完全
不同的方式：她坐在 Michelle 旁邊，開始自問自答。幾次的
單邊溝通之後，Michelle 被激怒了並用不確定的口吻要求離
開，諮商員用幽默的口吻大叫：「Michelle原來可以說話啊！」
自此兩人的關係迅速建立起來。

Michelle 在住院期間並沒有機會和其他年輕癌症病人見

面，因此被鼓勵參加 CanTeen（澳洲青少年癌症病患組織）。第一次參加 CanTeen 的營會，Michelle 便有很棒的轉變，這位先前在醫院內向而害羞的青少年，在營會中成了熱愛交際且外向的年輕人。她和一位不同腳被切除的年輕人同一組，用 Michelle 的形容辭來說，他們是一對完美的組合，她提到在營會中從其他一樣年紀的人身上學到治療計畫常常會變更，而癌症的治療很少有明確的，聽到其他年輕人也有同樣的困難，她說這是第一次她不覺得自己是孤單的。在接下來六個月，Michelle 的頭髮又長出來了，她也用了義肢，不必再靠枴杖走路。

糟糕的是，此時 Michelle 的癌症復發了，她也同意接受進一步治療。在她的狀況變差時，更大的挑戰產生了，家人出現時，她第一次問她是否快死了，她希望知道將會發生的狀況，並一再要求直接而誠實的回答。

當被告知的確如此且死亡很快便會來臨時，她馬上尖叫並開始嚎啕大哭，在床上用力打著完好的那隻腳，她的家人此時只能無助地看著她，那好像她要將所有壓抑下來對生病的負面感受一次傾巢而出，她的家人和工作人員並沒有阻止她。在她平靜下來之後，Michelle 說她感到很平靜，好像卸下了一個重擔，她已經預備好即將面臨的，她第一次可以在家人面前哭，可以告訴他們她的感受和需要。在她的要求下，她回到鄉下的家中繼續接受照顧，令她的治療小組驚訝的是，她活了三個月。在這段特別時期裡，她每個星期用電話和諮商員保持聯絡，電話一開頭她總是說：「嗨！是我，

我還在！」此刻病人和諮商員都融化在笑聲中。在她死前幾
天，住在一家小型鄉下醫院，她的馬也被帶到醫院見她最後
一面，Michelle 在她的家人、弟妹和一些她信賴且支持她的
工作人員陪伴下辭世。

**重症與青少年中期**　此期重症對青少年的影響較關注於疾病
影響吸引男／女朋友的能力、脫離父母和權威者的能力以及被同
儕所排斥等問題。將時間花在醫院就醫上、無法上學等將嚴重影
響社會關係和社交技巧的獲得（Katz, Rubinstein, Hubert, & Bleu,
1988）。

　　在同儕團體中的地位受到衝擊，如果疾病的治療影響到外
觀，也降低了吸引男女朋友的能力，在同儕團體中顯得與眾不同
對青少年而言是個大問題，害怕被同儕排斥可能導致許多適應困
難，包括自尊降低、退縮、憂鬱和衝動行為（Bartholome, 1982;
Bennett, 1985）。

　　不服從醫療處置和生活型態轉變在這個年齡層最頻繁。對這
個年齡的青少年來說，治療的副作用比死亡更可怕，他們了解死
亡的可怕，但有一種萬能無敵的非現實想法，如同 Michelle 想將
治療停止。

　　因為重症的緣故，此期青少年常發現自己又再度完全依賴家
人，這樣的依賴和連帶的退化，導致自尊的降低，個人自主性常
因住院和不斷地需要就診而妥協，許多青少年提到失去對生活的
控制感，並因而感到挫折，感覺被機構和醫療人員掌控（CanTeen
Focus Groups, 1991-1993）。失去獨立性可能帶來反叛、不順從和

進一步的退化，由於控制對青少年如此重要，因此徵求同意以及和權威者開放地溝通在處置上是不可缺少的。

Michelle 覺得掉了頭髮比缺了一隻腳更令她沮喪，因此在她參加 CanTeen 之前，她不許別人問有關她光頭的問題。友誼的建立，特別是成員中的異性對她有興趣，大大地提高了 Michelle 的自尊。

在營會時，她變得有自信，可以不戴假髮，願意到城裡看看，可以回答任何問她的腳或是光頭的問題（在談到有關截肢手術的問題時，青少年最喜歡的回答方式是腿被鯊魚吃了，起碼在澳洲沿岸是如此）。

Michelle 被照顧的方式以及被鼓勵討論她的感受，這些可能並不是傳統的方式，但卻是來自照顧生病青少年的直覺與創意。醫療人員用來處理年輕人的新方式可能不是每次都成功，但卻可讓他們感受到溝通的誠意。

## 青少年晚期

大約十七至二十四歲進入此期，男女皆同。此時期的重要議題包括生涯規畫、永久的關係和生活型態、增加經濟獨立性和與原生家庭分離。

David 在十六歲時得了急性淋巴母細胞癌，在發病初期他見了作者 JCD。動過骨髓移植手術之後五年，他的病再度復發，因此他預備接受第二次的移植手術，他是一位相當害

羞的年輕人，覺得自己在學校不善交際，參加 CanTeen 之後他有了顯著的轉變，他有了一個使命——幫助別人。在生病期間，他成了 CanTeen 的全國主席，是一位成功的公開演講者，並代表澳洲參加在瑞士舉行的青少年健康國際研討會。

　　David 覺得自己需要獨立，他提到家人和他很親密而且非常支持他，一方面他想搬離家，但另一方面他又需要家人的協助，這令他很挫折，而在他變得更虛弱更需要協助時，他更覺得挫折。如何協助他再找回獨立感是常討論的話題，由於 David 總是把別人擺在第一位，因此讓他告訴別人他想要什麼變得很困難，當被問及真正困擾他的是什麼，他變得生氣且專注在一些細瑣的事情上，特別困擾他的是連工作人員都無能為力的事情，令他更沮喪。他會嚴格地觀察新來的工作人員，並詢問每一個動作，無論如何，整體而言他還是喜歡和工作人員有正向的關係，希望和包括指導他治療的醫師等照顧者建立特別的關係。

　　David 常想討論他的生命和死亡的可能性，也能夠有選擇性地挑選談話的時間和對象，他常提到病人的權利，並常告訴別人他如何自己選擇諮商員，在遭受重複出現的夢魘所驚嚇之後，他會打電話給諮商員討論這些夢的意義，他常害怕這些是死亡的徵兆。

　　當病情再復發時，David 馬上辭去工作，並且不要他的老闆為他保留職位。為了預備第二次移植可能的失敗，他特別和母親度過一個別具意義的假日，還買了一輛「炫」車，在入院做第二次移植手術之前盡情兜風。

在過世前九個月，David 參與一部有關癌症青少年的寫實影片拍攝工作（The Topic Of Cancer, ABC Andrew Denton Series Money or The Gun, 1993）。David 在影片尚未殺青即過世了，在討論他可能無法活到影片結束之時，他堅持寫實地談論他的死亡而不是附註或完全略過，他堅決相信年輕人需要有機會討論死亡，特別是將死之人。對 David 而言，被懷念和表達感受一樣重要，他非常清楚許多人避免去談這些事，有多少阻力讓青少年無法參加像 CanTeen 這類組織，「因為人不免一死，而這點令他們沮喪」。

　　在長期住院處理第二次移植引發的併發症之後，David 在二十二歲生日過後不久去世。一直到死前，David 仍期盼奇蹟出現或者能暫時減輕病情，他對控制的需求仍以主導誰能來看他獲得維持，鼓勵他的照片貼滿了病房，包括他和家人、愛車以及特殊朋友的合照，他的親人很寬容地允許朋友陪著他，特別是在過世前幾周，他們被允許在 David 恢復意識時單獨和他說話。David 很在意失去身體功能的可能性，他盡可能一切自己來，不要護理人員的協助。隱私對他而言很重要，因此有一間個人浴室是一大樂事，他厭惡不時地檢閱他的醫療記錄並無視於他的存在的討論。

　　一直到最後，David 對於是否還要繼續為生存而奮鬥感到猶豫，有時他堅持要醫師、護士馬上告訴他治療的事，彷彿他要繼續治療下去，有時他對自己一再回復意識感到沮喪，最令他母親難過的一句話是：「我才要二十二歲而已，可是看看我好像是八十六歲的老頭了。」David 對生命的熱

愛、幽默和豁達支持著其他癌症青少年，他永遠不會被這些他所關心過的人遺忘。

**重症與青少年晚期**　重症對青少年晚期的影響最受關注的是對生涯規畫、人際關係和生活型態的影響。結束工作或無法學習將干擾職業升遷和學業成就（Chang, Nesbit, Youngren, & Robinson, 1987），這同時也影響了經濟獨立和自尊。工作上的差別待遇常發生，而人壽保險和醫療保險的拒保也很常見（Koocher & O'Malley, 1981）。生病和接受治療也嚴重影響社會功能，提高對父母的依賴度（Chang et al., 1987），進一步干擾親密關係的形成，有些罹患重症的青少年是在獨立生活了幾年之後才因病搬回家中。

在某些情況下生育力會降低，以致親密關係和生育子女成為這個年齡層所關心的問題，精力不足或身體虛弱干擾了個體的獨立、經濟安全性和社交彈性，生病青少年有關生育能力的問題相當常見，即便在生命末期，可能失去生育力的難過和失去與自己的孩子生活在一起的機會，有時比死亡的來臨更令他們悲傷。

# 重症之旅：癌症青少年的經驗與反應

如同健康青少年彼此間都有差異，重症青少年亦是。然而，癌症青少年仍有些共通的反應，了解這些反應將有助於協助生病青少年者更了解他們的需求，青少年本身就是我們最好的老師，

如果留心聆聽，就能知道他們需要什麼、在意什麼。

任何有關死亡或失能的事實，對今日青少年而言都和媒體所描繪的青少年生活方式不一致，順眼、年輕、健康、漂亮的個體似乎到處可見，有一種神話式的想像存在，似乎年輕就可以征服一切，包括死亡。青少年期是一個嘗試的時期，挑戰個人的極限、尋求新的經驗，唯有從嘗試中青少年才能了解自己潛能的界限，也只有透過試誤學習才能學會如何處理衝突和成功地在成人世界存活，由個體在青少年前期和青少年期所經歷的經驗多寡，可以預測他解決問題的能力（Inhelder & Piaget, 1958），當個體的經歷越有限時，他越缺乏解決問題的資源。

## 面對診斷

面對癌症的診斷時，年輕人最常有的反應是不相信：「這是老年人才會有的事，我還這麼年輕。」他和家人常會想到最糟糕的就是他很快就要死了，他們會因而非常震驚，很快地，憤怒、罪惡感、悲傷和憂鬱相繼而來，類似的反應也見於有癌症孩童的父母（Stevens, 1995）。然而，Dunsmore（1992）提到在五十一位癌症青少年的研究中，大部分（96%）人認為他們適應得不錯；而62%的人表示他們在接受診斷和後續治療上適應得很好。

初步介入的目標之一是調整青少年和家人的期待，到一個較有盼望的層次，與實際的預後能相符合。與青少年和家人對於診斷的有效溝通是將隨後減輕病情的有效照顧方式變成談話的架構，青少年較喜歡溝通是直接針對他們而不是父母，如果治療小

組在診斷明確之時即給予患者和家屬正確訊息、友善的鼓勵、實際的支持和希望，後續的治療和照護會使他們較能適應。更多有效的溝通方式將在第十七章介紹。

## 重症青少年如何感受與健康同儕的不同

重症青少年常不被允許嘗試，他們被「過度保護」，由別人來為他們做決定，這使得他們有些無力感和覺得不如那些健康的同儕。

重症青少年所表現出來的彈性常令他們周遭的人感到不可思議，大部分青少年並不會自認為特殊或特別勇敢，然而，他們的確覺得自己和健康的同儕有所不同，這是對於發生在他們身上的狀況成功因應的結果，他們覺得自己變得更成熟、更敏銳、對生活有較正向的態度、對瑣碎的事較不在意，也看淡世間的名利和權勢（Chesler & Lawther, 1990; Dunsmore, 1992）。

## 完成治療時的反應

當規畫的治療完成而沒有任何跡象顯示還有癌細胞的存在時，青少年一開始會感到狂喜不已，但不久就會籠罩在對未來的不確定感中。一方面，有了來自治療反應和治療小組的鼓勵而產生的對治癒的希望；另一方面，又有對在治療期間認識的好朋友病情的擔心。

# 否認

因為健康青少年常不把死亡當成可能發生的事，因此面對重症時常有否認和逃避的現象（Carr-Gregg, 1987; Cohen & Lazarus, 1979; Goss & Lebovitz, 1977），其目的是為了避免過度的焦慮，以保持正常功能和維護自我意象（Van Dongen-Melman, Pruyn, Van Zanen, & Sanders-Wondstra, 1989），癌症青少年時而出現的否認和逃避多有所見（Carr-Gregg & White, 1987; Bluebond-Langner, 1978）。

青少年好用否認機轉是可以理解的，因為在青少年發展與成熟為成人的過程中，他們需要體認死亡的確實性，如同 Spiegel（1993）說：「因此，防衛的需要是幫助我們處理這可怕之事」（p.134）。

## 與不確定感共存

在未能排除危險的可能性之下存活就像「戴馬克斯症候群（Damocles Syndrome）」所隱喻的一樣（Koocher & O'Malley, 1981）：重症青少年不輕鬆地坐在生命的宴席上，永遠擔心那用絲線繫在他們頭上的劍。的確，對有些青少年來說他們的確正一步步走向死亡，但他們更希望自己是越活越好。

## 面對死亡的可能性

如果給予機會談論可能面臨的狀況和評估生活中的輕重緩急之事，大部分的癌症青少年會覺得較有控制感。有些重症青少年不大能有機會思考他們死亡的可能性，有些人在疾病較後期變得更希望能談談這個議題，特別當他們的健康明顯回復且想要重新規畫未來時。

## 過度保護及其問題

大部分重症青少年期望直接面對他們的疾病，他們提到一個信念是誠實就是最好的方法。在對 CanTeen 成員所做的二份問卷中，所有的受試者被問到對壞消息的看法，96%的人希望能知道處理過程中不好的事，如治療失敗或遇到阻礙，更重要的是，如果他們快死了（Dunsmore & Quine，出版中）。由這些問卷結果，以及在討論團體和 CanTeen 經常性的工作坊中所得的回應來了解，重症青少年非常重視這個問題，典型的反應如下（Dunsmore, 1992）：

「這是我的身體，我有權利知道。」
「我是一個真真確確的人，這是我的生活。」
「這是我的身體，不是醫生的，也不是父母的。」
「有些事我想去做，我必須知道我還有多少時間。」
「我不想浪費我所有的時間去擔心他們沒有告訴我實話。」

## 給壞消息

　　當被問及他們最希望由誰來告訴他們壞消息時，48%的 Can-Teen 成員回答醫師，35%回答父母和醫師一起，12%回答只由父母（Dunsmore & Quine，出版中）。青少年常很在意這個消息對告知者的意義，如同其中一位所說：「她真的關心我，她說她會繼續當我的醫師，她必須確定我被好好照顧到。」對這些面臨死亡的人而言，誠實、持續的關懷和感到被支持而不是被遺棄是相當重要的，持續的關懷可能因轉病房或科別而產生負面的影響。

## 復發

　　相較於面對診斷的反應，癌症復發的患者比初獲知診斷時更為沮喪，因為復發後預後更差，加上連帶復發而來的失望以及擔心和害怕即將面對的處境。經歷過癌症復發的青少年常提及對即將面對的事之恐懼，如一位十六歲青少年所說：「第一次度過治療期，我總是相信我可以辦到，但這一次似乎更困難，我看到了家人臉上的痛苦和恐懼，也看到護士和醫師們眼裡的同情，我覺得困惑。一位醫師告訴我：『鼓起勇氣來，繼續奮鬥下去，我們還是有辦法的，更多化療、更多放射線治療，或者作骨髓移植。』還有人告訴我的父母要有最壞的打算，我不是傻瓜，我也不是小孩了，直接告訴我！」

## 醫療人員的逃避

　　逃避並不只是重症青少年的「專利」，他們的醫療人員和父母親也會有（Foley & Whittam, 1990），事實上在重症青少年周圍的人都可能有此想法。許多醫療人員提到他們不知道什麼是這些狀況下最好的作法，這些問題令他們覺得失落，一位青少年的死亡是悲劇，可能引起照顧者的悲傷和重新檢視重要性、關係、個人道德等問題，如同 Spiegel（1993）所說：「只有讓說不出口的事公開化才有辦法去談」（p.186）。

## 控制訪客權

　　疾病末期青少年的家屬可能避免朋友和同儕的探望，他們可能基於將孩子的時間留給家人的想法，也可能不希望這些朋友因而沮喪。然而，青少年可能希望他／她的一些特殊朋友可以持續來探望，這是需要被尊重的想法。Tom，一位住院臥病在床的十八歲青少年，認為他的媽媽限制朋友來看他令他很挫折，他的媽媽嚴格要求護士只能讓她和 Tom 的祖母來看他，Tom 因而變得憂鬱、拒絕和媽媽說話、不願吃飯，直到媽媽允許一位朋友來看他，他的情緒馬上好轉，他和媽媽商量哪些時間他要留給朋友、哪些時間留給家人。

## 掩飾事實的企圖

有些刻意的掩飾讓青少年覺得很難騙過他們，例如隔壁床病人的過世，工作人員可能會用布幕隔開以作為掩飾，或者推開逝者的床，避免提到死者，立刻讓新病人住進來，這些手法在年輕人的眼裡是不切實際的。在團體討論裡，青少年常以情緒的字眼描述他們感覺如何被處理，他們期待被記得、被想念而不是消失了或當作不存在，那才能讓他們感覺到有價值、被愛。

雖然工作人員保持緘默，但一位病人死亡的消息通常很快地傳遍整個病房，其他的病人因為不能說的限制，而失去討論感受或公開哀悼死去病友的機會，事實上，大部分的病人已知道發生了什麼事，也需要一個機會表達他們的感受和了解這位死去的病友，封閉消息只會增加而不會減少青少年的困擾。

## 對醫療處置的誤解

來自不同醫院的青少年被轉入所謂「安寧病房（the dying room）」，一間間單人房常讓青少年以為是馬上要死去的病人住的，這使得青少年住進病房時非常焦慮，即使被告知這類房間是要讓他們睡得更好，但恐懼於真正的原因可能被隱瞞，青少年可能一整晚坐在床邊，睜大眼睛四處張望，擔心一旦睡著就無法醒過來。

## 隱私

隱私對生病青少年而言，比起其他較年輕或較年老的病人而言更重要，因為此時的他們專注於身體的改變、性能力和正常的羞怯，甚至青少年幻想和他們每日接觸的許多人有更親密的關係，雖然這些可能性不高。當照顧者與病人的年齡相仿，這些想法、感受和連帶的尷尬感可能更高，被健康青少年照顧可能使得生病青少年感到丟臉，特別當他感覺到自己與照顧者有所不同時，年輕人希望被當人看待，而不是物品。

生病青少年也和其他同齡者一樣，希望有自己安靜思考的時間，若不重視其隱私和給予獨處的機會便無法做到。

年輕人通常有一些想法、感受和秘密並沒有讓他們的家人知道，在得了重症之後，由於感受到有權威的照顧者期待他／她將所有的事告知而感到為難。了解他們希望和男／女朋友有私下相處的時間也是重要的，而身體的親密感、親吻和擁抱也常在生病期間被拒絕。

照顧者必須注意青少年是否在醫療檢驗和護理過程被不當或不必要地暴露，適當地運用布幕和衣服保護其隱私，先和病人溝通需要做的事和將會發生的狀況，允許他們可以在檢查前私下脫或換衣服，而檢查時在場的人盡可能少。照顧方式的討論須讓他們參與，他們較喜歡私下的事在私下討論，避免偷聽，而他們也應該被詢問哪些訊息可以讓其他人知道，哪些要保密。

疾病末期青少年也期望能掌握誰能進入他們的個人空間，不

管是在家中或醫院，這讓他們能保持隱私權和尊嚴。

## 疾病末期

　　每一位青少年的死亡都是獨特的，因為他們病情進展的差異、家人和病人的性格差異、病人所偏好的照顧方式以及醫療照顧上許多不同的要求。有些青少年可能選擇否認死亡，有些可能要求熱鬧，有些可能希望平和安靜，有些希望家人在身邊，有些則不希望，有些即使痛苦也希望保持清醒直到過世，有些則希望沈睡死去。

　　這是瀕死的過程，通常失去控制比死亡更令青少年害怕。他們害怕變成無法動彈必須完全依賴別人，他們害怕個人衛生要依賴他人，他們害怕變得癡呆、無助，像個孩子似的尷尬。在醫院時，許多人表達對他們再也無法看到自己的房間或自己的家，或者沒有機會和寵物說再見的擔心，最大的痛苦是對他們所愛的人的在乎，年輕人常提到擔心他們的死亡對手足或父母造成影響（Foley & Whittam, 1990）。他們也害怕和家人或一些特殊朋友的分離，這些擔心較常告訴照顧者或朋友而不是父母，或甚至只告訴他們覺得願意聽、誠懇且值得信賴的人。

## 否認

　　臨終病人常用否認方式作為暫時逃避殘酷現實的方法。先否認再面對幫助他們一點一點適應即將來臨的死亡，甚至他們不希

望花所有的時間談論死亡,而希望談一些無關痛癢的事以緩和焦慮,這常被他們的照顧者誤以為是否認,一位十七歲的骨癌患者說:「我的生命已經短到不需要花所有我醒著的時間來談死亡。」

## 青少年對死亡的預備

有嚴重或末期疾病的青少年常一步步將所關心的事安排就緒。作者之一(MS)的患者在進行骨髓移植手術前,為了擔心手術失敗,她要求家人一起度個假,要求保有她臥室的家具和鋼琴,並能許一個願,所有參加她葬禮的人要穿明亮色彩的衣服,儀式在她學校的禮拜堂舉行,而她曾參加的合唱團能為她唱一首最愛的聖詩。她選了白色棺材,稱它是她葬禮的服飾,要了一張全家福照片、一本聖經和她的玫瑰花環放在她的靈柩上,她買了一件紀念性禮物給父母並寫給他們一封信,錄下自己所彈奏的一段音樂,要求父母不要傷心,要對彼此慈愛、永遠在一起。諸如此類的例子很多,顯示青少年能以超過其年齡所能的更好的態度面對死亡。

## 被允許死亡

青少年可能拖了一段不短的時間才死去,他們可能只是需要所愛的人一些承諾才能安心死去,作者(MS)的一位患者、十一歲得骨癌的小男孩在病了五年之後在家中過世,生病期間,他展

現了強韌的求生意志，忍受持續不斷且痛苦的治療。在他過世之後，父親說在他將死之際，他在昏迷狀態拖了七天之久，而一位照顧他的原住民社區護士告訴他父親，這男孩需要他父母的許可才會安心去世，他的父親和母親請男孩的祖母和其他親戚離開他房間，獨自坐在男孩的床邊，訴說他們對他的愛並允許他可以死去，這個男孩幾個小時之後平靜地死去。

即使在死亡那一刻，青少年可能仍會責備令他們沮喪的行為，作者（JCD）的一位青少年患者躺在床上即將死去之時，他的家人和朋友圍繞在床邊和他說話，他突然停住呼吸然後嘆了一大口氣，家人以為他已經過世了，然而他倏地又睜開眼睛大聲說：「這是要告訴你們，我還沒要死，跟我說話。」他在八個小時之後死去。

# 其他非癌症之重症

許多對癌症青少年的了解也可以應用到其他重症青少年身上，在這一節，我們提出一些應用在膽囊纖維化、嚴重腦傷和存活期短的毀滅性疾病青少年身上的修正原則。

## 膽囊纖維化

膽囊纖維化（cystic fibrosis）的診斷常出現在兒童期，因此患有膽囊纖維化的青少年早在很小的時候即了解自己的存活時間

有限。和癌症青少年一樣，他們也面臨依賴和目標達成的問題，否認是他們共同的反應，例如，不服從生理治療、飲食和其他長期治療的規定。

## 嚴重腦傷

對嚴重腦傷青少年的家庭而言，疾病對家庭的影響可能比對此青少年大。呈植物狀態、沒有反應、完全依賴家人的患者，家屬們在照顧他們時可能會耗竭所有精力，從家人的觀點，照顧這樣的小孩並不容易，既沈重又寂寞，如果病人能得到階段性看護，對家人而言是相當有幫助的，這可以讓他們喘口氣充充電。這類家庭必須記得病人雖沒有反應但仍聽得見，最好保持在床邊和他說話，即使是簡單的對話，好比某人在此時做了什麼等。這些家庭常處於一種兩難的處境，一方面希望這個年輕人死去以減輕負擔，一方面又為這個想法感到罪惡感，必須給這些家庭有機會平撫預期中的哀悼，有些家庭可以從談談感受來度過哀悼過程，有些人則堅信奇蹟會發生。

## 存活期短的毀滅性狀態

當毀滅性或嚴重衝擊生活的疾病或狀態發生時（如車禍、急性心肌炎、病毒性腦炎或嚴重敗血症），是否對此青少年坦誠變成重要的議題，處於上述狀態的青少年可能懷疑自己快死了，他們期望照顧者誠實告知，如此有些他們想說的話或想做的事才能

及時完成。家人此時也常被要求作一些緊急而痛苦的決定，如治療方式或器官捐贈，此時有必要給予額外的支持，特別是對於此青少年死後的哀悼和運送遺體到太平間等，對這些家屬的後續照顧和對此青少年的照顧一樣重要。

# 結　論

大多數人對照顧有癌症或其他重症青少年的想像都是鬱悶、壓力沈重的和無回報的。無疑地，這類工作有時是壓力沈重的，但是從事這項工作的人卻宣稱他們喜歡照顧這些病人和家屬，也從其中得到許多回饋和肯定，對於能有機會照顧本章所提到的青少年們和他們的家人，這項工作常被描述是一件特別的恩惠，因為這件工作使他們獲得更豐富的友誼和與人接觸的經驗，也從激勵青少年面對重症的過程中見證了這些變化。在面對死亡的過程中，他們用真情和愛教導了我們生活和生命的寶貴，他們告訴我們：「誠實……用真性情……和我們說話……我們是正常的，請這樣看待我們……讓我們擁抱希望。」

本章作者感謝在本章中提到的青少年和他們的家人，David Bennett, Margaret Burgess, Katrina Douglas, Pan Jones, Mary Mirabito, Rhondda Rytmeister，和 Anthony Schembri 的指數，以及皇家亞力山卓醫院（Royal Alexandra Hospital）腫瘤部門的同事為了兒童及青少年提供的協助和關懷。

第二篇

喪慟

　　這一部分的各章在討論青少年期所面臨的喪慟，包括在我們的社會中青少年時期最可能面對的死亡失落、影響青少年喪慟的因素、青少年典型的哀悼反應，和他們對失落與哀悼的因應方式。在第七章，Stephen Fleming 和 Leslie Balmer 以一個理論架構回顧了一些主題，包括青少年早、中、晚期面臨喪慟與發展任務的因應之道，因此，第七章集中在死亡失落對青少年衝擊的實徵研究作批判性回顧，強調三個獨立變項（死亡發生至今的時間、生者的年齡和性別、家庭環境）和兩個依變項（學校表現和自尊）。

　　在介紹之後，第八至第十章闡述三種青少年常面臨的喪慟經驗，在第八章，Kirsten Tyson-Rawson 探討青少年對父親／母親死亡的反應；在第九章 Nancy Hogan 和 Lydia DeSantis 探討青少年對手足死亡的喪慟，並對此類喪慟提出一個新的理論；在第十章，Kevin Ann Oltjenbruns 探討青少年期面臨朋友的死亡。每一章的討論都注意到青少年與逝者的重要關係、喪慟的重要特色和如何幫助青少年有效地因應他們的失落。此外，每一章還提供進一步研究的建議，幫助我們對青少年期所面臨的喪慟經驗有更多的了解。

# 7

# 青少年的喪慟

## Stephen Fleming and Leslie Balmer

自從 Freud 提出哀傷理論（theory of mourning）之後（1957），無數的理論和論述提出對喪慟各個層面的探討，在本文中提到的許多趨勢是值得注意的。研究者過去將注意力大部分放在父母對孩子死亡的反應（Klass, 1988; Martinson, Davies, & McClowry, 1987; Rando, 1986），或者失去配偶的成人（Parkes, 1985; Robinson & Fleming, 1992），直到最近，青少年期的喪慟才被視為嚴重生活危機（Balk, 1991）。本章回顧有關探討死亡對青少年適應之衝擊的實徵性研究，在簡單描述一個了解青少年哀悼的理論架構之後，作者再探討下列獨立變項的影響：死亡發生至今的時間、生者的年齡和性別、家庭環境。這一章也討論死亡對

兩個依變項（學校表現和自尊）的衝擊，並提供進一步研究的建議。

# 理論架構

　　如果青少年發展理論不是概念完備且具預測力，現今的青少年喪慟理論便無法存在。其中一個例外是 Fleming 和 Adolph（1986）所建構的模式，他們整合了失落適應理論（Bowlby, 1973; Sugar, 1968）和青少年自我發展理論（theories of adolescent ego development）（Laufer, 1980），在這個概念架構中，青少年的定義是指十一到二十一歲，依成熟度分為三個時期，各有其特定任務與衝突（見表 7-1）。

　　簡單地說，在第一階段（青少年早期），青少年為尋求自我認同而努力於與父母的分離。在第二階段（青少年中期）包括個人能力感的發展。第三階段（青少年晚期）著重在來自人際親密感的挑戰。這個理論架構的特色是企圖將青少年發展與哀悼理論整合為全面性的青少年喪慟理論（theory of adolescent bereavement），如 Fleming 和 Adolph（1986）所聲明：

　　在青少年期面臨深厚關係的失落，不管是內在客體或外在世界的人，都可能造成理情心理學所謂「成長（growing up）」上的干擾，預期中的正常轉變可能被避開或甚至不會發生，這類在發展上的阻礙可能造成青少年「滯留」在某一階段，而抑制了發

展與其年齡相稱的能力與技巧。發展上的阻礙尚有一個反效果，
就是增強了原來在前一階段特有的行為（pp.101-102）。

表 7-1　不同階段青少年的任務與衝突

| 階段 I | 年齡 | 11-14 |
| | 任務 | 與父母作情緒上的分離 |
| | 衝突 | 分離 vs.重合（遺棄 vs.安全） |
| 階段 II | 年齡 | 14-17 |
| | 任務 | 能力／自主／控制 |
| | 衝突 | 獨立 vs.依賴 |
| 階段 III | 年齡 | 17-21 |
| | 任務 | 親密與承諾 |
| | 衝突 | 親密 vs.疏離 |

來源：Fleming & Adolph（1986）

　　模式中提出了青少年不同年齡典型的想法、感受和行為，鼓
勵將這些不同年齡層的任務和衝突與浮現出的哀悼反應配合，以
了解青少年發展中的性格是否受到失落的影響。據此，這個青少
年哀悼的發展模式強調青少年在努力於因應生活危機時的不同反
應；換言之，這個模式認為在適應一個重要客體或他人的死亡
上，部分受到青少年發展階段和死亡發生時他／她所面對的主要
人際任務的影響。

# 青少年與失落：中介適應的獨變項

　　探討失落對青少年適應衝擊的實徵研究，陷入幾個困境，其中一個最大的問題是對「青少年期」定義的混淆（Fleming & Adolph, 1986）。Haslam（1978）認為是從十到十九歲，而 Laufer（1980）則認為此階段包括「青春期到二十一歲」（p.265）。除了少數例外（如 Balk, 1981, 1983; Guerriero, 1983），大部分觀點不是視之為兒童期的延伸，便是視之為成人期的一部分。更特別的是，Caplan 和 Douglas （1969）稱其研究對象為二到十六歲的「兒童」，而 Van Eerdewegh、Bieri、Parrilla 和 Clayton（1982）則含括二到十七歲為兒童期，Hardt（1979）則視十三至二十六歲為同一年齡層。

　　下列對影響適應的獨變項之實徵研究回顧將排除合併兒童與青少年期的研究。重點放在父母和手足死亡所造成的衝擊，因為如 Balk （1991）所言文獻中較缺少朋友死亡所造成影響的探討。

## 適應與死亡發生至今的時間

　　Guerriero（1983）在一篇少數包括有控制組的研究中，探討家人的死亡對身體健康、自我概念和死亡焦慮的影響。死亡發生至今的時間可以預測三分之一樣本的自我概念水準，出乎意料的是，喪慟的時間越短，自我概念分數越高。此外喪慟與非喪慟青

少年在健康上並無明顯差異，Guerriero 也發現並沒有先前研究所宣稱的喪慟青少年普遍的憂鬱現象，Guerriero 的結果顯示這些青少年有輕微但並不明顯的憂鬱現象。

Balk（1981）在他針對三十三位失去手足的青少年研究中，並沒有發現死亡發生至今時間對個體失落的影響，然而 Balk 發現大部分的喪慟青少年有許多的反應，如震驚、麻木、迷惑、憂鬱、恐懼、寂寞和氣憤，雖然大部分個案的這些反應已經有些消失了，但約有二分之一的人提到在會談時仍有對死亡的一些情緒在（平均約已過了二十四個月），這些情緒包括罪惡感、迷惑、寂寞和憤怒，同時有睡眠困難、缺乏食慾和自殺念頭（雖然沒有任何一位受試者有過任何嚴重的自傷行為）。

在 Guerriero（1983）和 Balk（1981）的研究中，哀悼與死亡發生至今的時間彼此關係並不清楚，有些方法學上的問題或許可以解釋這一些衝突和不一致的結果。例如 Guerriero 自己提到，在哀悼早期過程的自尊提高與預期有所出入，可能是因樣本數（N = 22）有限的特殊現象。

同樣的，雖然 Balk（1981）的研究提供青少年對手足的哀悼一些獨特的觀點，但仍有嚴重方法學上的問題，例如回溯個體在死亡發生之時的情緒反應可能是幾個月或幾年前的事，資料正確性的可信度如何，而死亡發生至今的時間範圍（在此研究為四個月到七年）太大也是問題，相同的，缺乏代表性樣本和控制組也限制了這個研究的類推性。

與這些早期研究相較之下，許多新近的研究（Balmer, 1992; Hogan & Greenfield, 1991）顯示死亡發生至今的時間是喪慟青少

年適應狀況的顯著預測因子，在 Hogan 和 Greenfield（1991）對手足死亡的適應所得的研究發現，哀悼相關經驗的出現頻率和強度隨著時間緩慢地消失。

Balmer（1992）採用了配對控制組、大樣本（喪慟組＝ 40 人）和較短的死亡時間（36 個月內）等設計，使得他能較清楚探討死亡發生至今時間對失去手足青少年的影響。受試者在第一年的喪慟期裡明顯適應得不好，比控制組出現較多憂鬱症狀、自尊降低和較多身體症狀，然而在喪慟期的第二或第三年，喪慟和非喪慟組的適應分數就較接近了。

綜合而言，以測量憂鬱症狀和自尊作為適應狀況的指標，並沒有提供太多支持死亡發生時間是適應的良好預測因子（Balmer, 1992; Hogan & Greenfield, 1991）。然而，過去的研究採回溯性、橫斷法（cross-sectional）、沒有基準點、時間向度範圍太大、半結構式會談（semistructured interview）、沒有控制組、也沒有採用標準化測量，這些因素使得比較新近與過去的研究結果顯得有些冒險。最後，在解釋來自半結構式會談的結果上必須小心，因為這樣的會談可能無法反映整體適應狀態，反而凸顯傷痛回憶帶來的痛苦。

## 年齡與性別差異

有關青少年喪慟的臨床和理論文獻顯示，在適應狀況上有年齡和性別差異的存在。例如，Raphael（1983）提到少年和少女對死亡的反應是不同的，少年容易出現攻擊行為、挑戰權威，也可

能用藥或喝酒；相較之下，少女傾向尋求安慰和支持。Fleming和Adolph（1986）支持 Raphael 的看法，認為性別差異在決定個體如何表達感受上扮演重要角色，他們提到：「當面臨痛苦和挫折時，男性在表達情緒上比女性遭受到較多的阻止」（p.116）。結果，男性在表達哀悼上比女性少了許多出口。相同地，從發展的觀點來看，年齡的差異造成反應上的差異似乎是合理的，如同Fleming 和 Adolph（1986）在模式中所清楚陳述的。

然而，如同前面所說的，目前實徵研究所存在的方法學上的主要問題之一，是研究者常忽略團體內差異，而將這些喪慟個體視為同質性團體，以至於文獻中很少提到年齡和性別差異。

**年齡**　Balk（1981）對於影響手足死亡的反應之年齡差異感到興趣，年齡較大的受試者（十七至十九歲）明顯比年齡較小的受試（十四至十六歲）在手足死亡時有較多的憤怒。與此發現不同的，Guerriero（1983）並沒有在她的研究裡發現明顯的年齡差異。Gray（1987a）提出在十五歲或更小時喪失父／母的青少年，比在較大年紀喪失父／母的，在最近的成績單上得到較低的平均分數。

Balmer（1992）發現年齡是較大喪慟青少年心理適應狀況的明顯預測指標，而年紀越輕者在手足死亡後出現較多身體的不適。一個假設是年紀輕者對於與同儕有所不同較敏感，若果真如此，年紀小的青少年可能較不會公開地與朋友討論死亡，如果當個體嘗試在情緒上與家庭分離時發生了死亡事件，可能因而讓他們感到孤立，且不太有機會表達他們的哀悼（Fleming & Adolph, 1986），如 Deveau（1990）所說的，如果一位青少年的情緒無法

表達或得到解決，那麼隨之而來的焦慮可能被內化並轉成身體症狀，如頭痛、胃痛和失眠。

　　相較之下，年紀較大的青少年，有較獨立的思考能力和強烈的個人認同感，可能有較多與同儕討論失落的機會。然而，成熟的代價可能是較少的否認、較多來自手足死亡的長、短期衝擊（Deveau, 1990）、較多的憂鬱症狀和較低的自尊。更甚者，當手足的死亡是發生在一位青少年預備離家時，將產生許多發展上的困難，像「我離開之後誰來照顧我的父母？」雖然資料尚不至於含糊，但進一步針對哀悼的本質與動力和青少年存活者的年齡之關聯的研究有其必要。

　　雖然對於與年齡有關的失落，許多作者的說法與這些資料有差異存在（Fleming &Adolph, 1986; Raphael, 1983）。必須注意的是，在探討喪慟青少年的年齡差異研究中有許多方法學上的問題，包括缺乏控制組（Balk, 1981; Gray, 1987a）、缺乏代表性樣本（Balk, 1981; Balmer, 1992; Gray, 1987a; Guerriero, 1983）、死亡發生至今時間範圍過大（Balk, 1981; Gray, 1987a）等，可能上述因素的存在使得這個領域的研究發現有不一致存在。

　　**性別**　Balmer（1992）發現性別也是失去手足青少年適應狀態的重要預測因子，女性表現出比男性更低的自尊和較高的焦慮／失眠狀態。這結果顯示少女在手足死亡後比少年更容易出現適應困難，另一個解釋是男性經歷到同樣的自尊低落和焦慮／失眠的提高，但由於性別角色刻板印象，他們較不願意承認這些脆弱之處，這也限制了男性表達哀悼。若果真如此，在非喪慟組也應有同樣趨勢，但事實上並沒有觀察到此現象。

如早先所提到，由於對青少年喪慟的實徵研究使用了多樣的評估工具，以致不易比較其結果。例如，Balk（1981）發現女性在會談時較容易表達出對手足死亡的混淆感受，但 Balmer（1992）的研究並沒有發現，相同地，Guerriero（1983）發現在哀悼和非哀悼組的女性都報告出較差的健康，也與 Balmer 的結論相左，然而，再一次地因使用的健康量表不同而使得比較上有困難，Balmer 的結果雖然與許多臨床和理論文獻的發現一致，認為性別在決定個體如何表達哀悼感受上扮演重要角色（Fleming & Adolph, 1986; Raphael, 1983），然而，還沒有證據支持 Raphael 的說法，認為男性較容易採用自行用藥和飲酒的方式。

## 家庭環境與適應

在個體發展過程中家庭所造成的廣泛影響是無可爭論的，家庭同時是創造壓力也是緩衝壓力的地方（Bell, 1978）。事實上，在家庭成員過世的情況下，家庭對促進或阻礙適應所扮演的角色，已在一些探討喪慟的文獻中被注意（Walsh & McGoldrick, 1991b）。喪慟青少年被視為高危險群並不只是因為他們個人的哀悼，也來自他們父母和家人的適應不良，所有探討喪慟適應的研究不可避免地須探討家庭環境的中介效應，可惜，並沒有太多實徵研究闡述這個議題。

Gray（1987a）發現喪親的青少年中，原先與存活的父／母關係良好的比關係不良的有較低的憂鬱分數。Balk（1981）發現失去手足的青少年中，在「家庭凝聚力量表」得分低的人較容易在

手足死亡之後感到迷惑與氣憤，也較容易在會談時感到有罪惡感。相較之下，在「家庭凝聚力量表」得高分的較容易感到憂鬱。在解釋這些結果上，Balk（1981）認為凝聚力在某些家庭裡是青少年用來解決問題的資源之一，當死亡切斷了這些緊密的連結時，憂鬱便是所付出的代價，然而沒有緊密家庭關係的青少年或許沒有這麼憂鬱，但他們可能覺得有罪惡感以及對死亡有些迷惑。

在探討憂鬱的徵兆之時，Balmer（1992）發現家庭氣氛和某種程度的凝聚力、衝突及表達，對喪失手足的青少年有保護作用。這與Balmer的看法有些出入，仔細分析之下，對家庭凝聚力的測量方式不同可能是造成差異的原因，因為Balk的家庭凝聚力量表與Balmer所用的（The Family Environment Scale[FES]; Moos, 1974）有質方面的差異。最後，Balmer也提到較低的親子依附程度是較高的自尊分數和較低的焦慮／失眠分數的預測指標。

Balmer的資料不僅支持了家庭在青少年喪慟過程中扮演重要的中介角色，也與另一研究相呼應，這個研究以二百五十位潛在高危險群青少年為對象，發現FES中的「家庭向度」分量表是適應狀況的明顯預測因子（Felner, Aber, Primavera, & Cauce, 1985）。同時，Farber、Felner 和 Primavera（1985）也發現凝聚力和衝突程度（以FES測量）是六十五位經歷父母離異青少年適應結果的最有力預測因子。

最後，Balmer（1992）設計了少有的測量家人或重要他人在手足死亡之後的相對幫助性的量表之一。對青少年生者而言，媽媽被視為是最能給予幫助的，因為可以傾訴心裡的苦悶，她們也

較能肯定和正視孩子的哀悼；爸爸是較不能給予幫助的，因為在家庭內他們的刻意壓抑哀悼以及提供的協助有限。Balmer很快指出，詢問是否能給予幫助的問題過於針對哀悼相關議題，Cook（1984）指出，父親較少分享他們的哀悼是因他們覺得有責任照顧其他的家人，因此，他們可能在維持經濟穩定性和保持正常生活作息與情緒安全感上扮演重要角色。

也有證據顯示父親在知覺孩子們對手足死亡的適應上比母親更客觀，Hogan 和 Balk（1990）提到比起父親和青少年自己本身，母親將他們的哀悼反應看得較有問題，視他們的自我概念較為成熟，所以，當青少年面臨對手足死亡的適應困難時，父親可能是可以較客觀評估且適當反應的人。這個發現引起對那些以哀傷母親的陳述為主的兒童、青少年研究的可信度問題。

綜觀探討青少年面對死亡衝擊的眾多文獻中，令人驚訝的是很少論及喪慟青少年的關係品質。有些假設認為青少年可能可以得到來自手足的支持和安慰，但Balmer（1992）發現並沒有這類的支持，事實上，手足被認為是最不能提供幫忙的家人，大部分失去手足的喪慟受試者表示，他們無法也不想和其他手足分享他們的哀悼，有許多人感覺到手足們很疏離，許多受試者將此解釋為漠不關心，例如「我妹妹只哭過一次，就再也不談這件事了」、「我弟弟從來不提起……好像他一點也不在乎」。由於在死亡發生之前手足關係可能就有問題，所以冷漠感和缺乏支持是否來自先前的關係或因死亡而起就不清楚了。

衍生的家人（extended family members）和母親一樣被視為能提供幫助的，而且明顯比父親和手足更能協助，通常青少年認為

這些家人較容易談話，因為有共同的關係、認識逝者、也較未承受太大痛苦。有些Balmer研究中的受試者表示和失去手足的朋友相處有較好的感覺，他們常花較多時間和這些人在一起而不是和自己的同伴，有時這些朋友來家裡晚餐、參加非正式的聚會或只是簡單的拜訪，都可能因而再談起傷心事或共有的一些回憶。通常當喪慟者希望可以自在地說、談談哀悼或短暫的逃避喪慟和家人，朋友被視為是最有幫助的人。

最後，Balmer（1992）發現青少年常因老師的反應而失望，在大部分狀況下是因不承認死亡的發生，老師的沒有反應常被解釋為漠不關心，特別是和青少年關係親近的老師或認識死去手足的老師。必然地，當老師或學校人員有所反應，不管是寄張卡片、參加葬禮或只是關心一下，都令喪慟者相當感激。

總而言之，家庭氣氛和某種程度的凝聚力、衝突及表達，對經歷家人死亡的青少年有相當顯著的影響（Balk, 1981; Balmer, 1992）。對父母的依附程度越低也是喪慟者越高的自尊分數和越低的焦慮／失眠程度的預測指標，這個發現顯示在死亡發生之後的一段時間，讓喪慟青少年與他們同樣在喪慟中的父母保持距離是較有益的（Balmer, 1992）。

在評估家人所給的幫助中，喪慟青少年認為母親是最能幫助他們面對喪慟的，更進一步，媽媽較能與他們分享哀悼、分享對逝者的回憶，因而對他們幫助最大。雖然，母親典型被描述為以表達哀悼來因應，父親則不談失落或埋首於工作中，對一些已不願因談論個人想法和恐懼使父母難過的青少年，他們和父親的談話中絕少會提到逝去的家人。

不管何時何事，只要喪慟青少年有需要，朋友們都能給予協助或陪伴，那將對青少年有很大的幫助。最後，Balmer提到很多老師被認為是無法提供支持的，很多時候他們避而不談死亡，反而被覺得對此事漠不關心。

# 青少年與失落：兩個重要的依變項

除了先前討論過的獨變項之外，還有兩個依變項也常被用來探討死亡對青少年功能的衝擊，它們是學校表現和自尊。

## 學校表現

Krupnick（1984）注意到在有關兒童期哀悼的文獻中，重要他人的死亡明顯干擾兒童的學校功能（通常以學業成績來測量），青少年的部分較少有文獻探討這個現象。

Balk（1981）發現有二十三位受試者（70%）表示在死亡發生之後學習習慣改變，有十九位表示因為學習習慣改變而導致成績變差，然而，對大部分人而言，成績和學習習慣在一段時間之後都會回復原來的水準（時間不一定）。Gray（1987a）在他探討喪親青少年的研究中發現一項與年齡有關的差異，死亡發生之時年齡在十五歲或以下的受試者比當時年紀較大的明顯表現出較差的成績。但是，Gray並沒有採用控制組，因此這樣的結果也可能是來自偶然。

　　雖然在Balmer（1992）的受試者中有許多人提到在學校有注意力的困難，但並不表示他們的學業成績退步。在她的研究中，她將每一位青少年之前的學期平均成績和手足死亡之後的成績與同一時間的配對組比較，結果和其他研究發現一致，在手足死亡之後學業成績變得較差（Balk, 1981），父母死亡亦是（Gray, 1987a），然而，後者的研究資料是以自我陳述而來，不是客觀地根據成績單，可能造成結果上有些差異。

　　一般而言，除非經過一段時間，否則成績本身並不是一個良好的適應指標，雖然有必要進一步的研究和更複雜的系統化分析，但是父母、教師和心理衛生專業人員切不可只以維持住學校表現作為對失落適應良好的指標。

## 自尊

　　在所愛的人死亡之後，常被討論的心理功能之一便是自我概念（self-concept）與自尊（self-esteem）（Krupnick, 1984）。例如，有許多作者注意到兒童在父／母死亡之後傾向以較負面的方式看待自己（Kliman, 1980; Rochlin, 1959）。LaGrand（1981）以一群大學生為樣本的研究也發現，自信降低是面對重大失落的普遍反應，然而，一些針對青少年的實徵研究反駁了這些發現。

　　Balk（1981）指出在「歐佛自我概念問卷」（Offer Self-Image Questionnaire，簡稱 OSIQ; Offer, Ostrov, & Howard, 1981）中，這些青少年的自我概念得分和一般人相似。更甚者，在OSIQ的道德分量表（Morals subscale）中，這些青少年顯出比常模還高

的成熟度。Guerriero（1983）採用「田納西自我概念量表」
（Tennessee Self-Concept Scale，簡稱 TSCS）的結果支持 Balk 的
發現。此外，在一些 TSCS 的向度上，如自我滿意度，失去手足
組明顯比參照組得分高。

　　Hogan 和 Greenfield（1991）使用 OSIQ 研究失去手足青少年
的哀悼相關症狀。在他們的受試中，手足死亡超過十八個月的，
自尊程度與哀悼症狀強度有關，症狀強度輕微的在 OSIQ 各分量
表，除了性態度分量表以外，其餘得分均超過平均值，症狀強度
在中度或嚴重的在大部分分量表得分多在平均值以下，顯示較低
的自尊。Martinson、Davies 和 McClowry（1987）採用另一個測
量自尊的工具來了解手足死亡對自我概念的長期影響，比較哀悼
組與常模資料在「皮爾斯－哈利斯自我概念量表」（Piers-Harris
Self-Concept Scale）的平均分數，顯示前者有較好的自我概念。

　　Balmer（1992）發現死亡發生至今的時間和性別都能有效預
測在「羅森伯格自尊量表」（Rosenberg Self-Esteem Scale; Rose-
nberg, 1965）上的得分。更進一步了解，青少年在第一年的哀悼
期自尊普遍降低，在第二及第三年他們的自尊分數就與配對組無
太大差別。女性反應出較低的自尊，在這個群體中顯得比男性更
容易有喪慟上的適應問題。

　　上述研究都採用了標準化量表測量喪慟青少年的自尊，而有
一些回溯性研究採用半結構式會談也得到類似結果，例如，Dav-
ies（1991）發現手足死亡的長期效應是正向的，受試者們表示他
們從這個經驗中學到了個人的成長，他們也覺得比同年紀同伴更
為成熟，然而，也有些受試者表示覺得自己與眾不同，使得他們

與朋友疏離。最後，在 Martinson 和 Campos（1991）的研究中，大部分受試者均相信手足的死亡促進了個人的成長。

　　綜合言之，許多新近探討自尊與青少年喪慟的研究已反駁早先的發現，他們認為在所愛的人死亡之後，青少年可能感覺到沒有差別，或者在自我價值感（Balk, 1981; Guerriero, 1983; Martinson, Davies, & McClowry, 1987）和個人成熟度上（Balk, 1981; Davies, 1991; Martinson & Campos, 1991）有所提升。Hogan 和 Greenfield（1991）提到自尊可能與哀悼相關症狀的強度有密切關聯。


# 結論：未來方向


　　有關青少年對死亡的適應，特別是父母和手足的死亡，我們已有很多的了解了，但很清楚地，我們仍有許多不知道的，比如我們很少探討的朋友死亡、自殺、愛滋病、暴力死亡和群體死亡的適應。我們也缺乏理論導向的研究來了解青少年如何面對死亡，以及手足死亡之後其他手足間的關係。

　　我們直覺地期待死亡發生至今的時間和哀悼症狀之間有清楚的關聯，然而所得的資料多是模稜兩可的。Balmer（1992）的結果及 Hogan 和 Greenfield（1991）的結果一致地發現，剛處於哀悼的青少年比已有一段時間的青少年有較多的哀悼症狀，這是較一致的結果。在解釋來自半結構式會談的資料時必須小心，因為晤談過程本身常被質疑，當個體被要求討論圍繞著死亡的痛苦回

憶時，所引起的情緒強度絕不能代表他每日的情緒狀況。

　　Balmer（1992）觀察到在她半結構式會談的研究中，情緒障礙是因討論手足死亡而起，這個反應不管手足死亡三個月或更久都會有，雖然這個情緒騷動是來自於青少年的哀悼感受，但並不能代表他整個適應狀況。

　　研究上還須進一步探討一些未釐清的關係，也就是性格與失落適應的關係。高危險群的哀悼青少年常：⑴視自己在社交場合是旁觀者、不受歡迎的；⑵持外控（externalized locus of control）的世界觀（如受害者角色）；⑶失去方向感；⑷受扭曲、有問題的想法所困擾（Balmer, 1992）。與低危險群相較，這些青少年較容易對自我有認知上的扭曲（如：「沒有人喜歡我，我是沒價值的」）、全面性的脆弱感（如：「我沒辦法控制生活中所發生的任何事情」），和與哀悼有關的認知扭曲（如：「我有時候可以看到死去的人，聽到他們說話，我一定是快瘋了」）。對這些人最適當的處置應該包括認知—行為和教育的部分（Fleming & Robinson, 1991）。

　　或許青少年面臨死亡衝擊的適應上，最明顯的特徵是在創傷性失落之後的恢復力，在第一年喪慟期青少年的適應雖比非喪慟配對組差，但在第二和第三年裡就沒有差別了（如 Balmer, 1992）。此外，大部分青少年表現出超齡的智慧，他們歸因為在家人死後重新找到的情緒韌性和成熟所致。這個發現支持了Moos和 Schaefer（1986）的概念模式，他們強調生活轉變或危機所帶來的成長潛能，因此父母、朋友、老師和心理衛生工作人員，不只應視青少年的喪慟為一種嚴重生活危機，也應視之為一種成長

與成熟的潛能。

必須注意的是，如 Balmer（1992）及 Hogan 和 Greenfield（1991）所找出的長期不良適應的高危險群，他們顯得低自尊且常在憂鬱、焦慮和身心症狀量表上得高分。Hogan 和 Greenfield（1991）表示，他們的受試者中有 25%至 50%可能有長期喪慟方面的困難；在 Balmer（1992）的研究中，有 30%的人屬高危險群，以同樣方式評估非喪慟組，有 20%的人屬高危險群，此發現與 Offer、Ostrov 和 Howard（1981）所提出 20%的一般青少年處於行為和情緒問題的高危險群，看法一致。

因此，當提到高危險或較脆弱的喪慟青少年群體時，必須先了解沒有面臨死亡的青少年本身就有一定比例的人會遭遇適應上的困難。從 Balmer 的研究中，我們了解數目大約是 20%的人，Offer、Ostrov 和 Howard（1981）的研究也支持這個數據，Balmer（1992）還提到喪慟者約高出 10%的數目，他們比非喪慟者有明顯較多的憂鬱和焦慮／失眠等症狀。這個發現強調了未來在青少年喪慟研究上採用控制組的重要性，特別是那些企圖找出高危險群的相關因子研究。

---

本章作者感謝多倫多病童基金會醫院（Hospital for Sick Children Foundation）在準備手稿中的協助。

# 8

# 青少年的喪親反應

## Kirsten J. Tyson-Rawson

　　青少年的世界是一個講究關係的世界，基本的主題都是與他人的分離和連結，而核心任務是建立一個穩定的自我認同和發展與人成熟而親密的關係，一旦雙親之一死亡，原本穩定而有助於界定自我的複雜關係網絡便因而打破。

　　過早或在青少年期失去任一雙親，在我們的社會中都是不符合生活預期的情形，文化所接受的「終老而死」在此不受用，以致青少年尋求分離與連結的核心問題，遭遇到情感上的緊張和認知上的挑戰。

　　在認知、生理和情感等能力質方面的變化是青少年尋求Bowlby（1980a）所謂關係的「內在運作模式（internal working model）」的結果。在早期生活，內在運作模式包括「自我、他人和關係的內在表徵」，而這些「影響著對人際行為與注意以及對社會經驗的解釋」（Belsky & Pensky 1988, p.198）。

然而，概念上來說，喪親之痛意味著在青少年的內在運作模式上面臨重組原有元素、創造新成分的需求，Janoff-Bulman（1992）在她從事重大生活事件造成的創傷工作中，寫道：「生活遭遇將受害者的內在世界撕裂開來，粉碎了他們最基本的建構……內在和外在世界突然間變得陌生且令人害怕」（p.63）。

呼應上述經驗，一位十六歲喪父的少女寫道：

……拍打著牆壁。每一件事似乎都粉碎了，我沒辦法思考，看著媽，難以置信她還能好好地在屋裡走動並說話，這個打擊太大了。第一年（父親死亡之後）怎麼過的我已經不太記得了……到最近我才了解，過去我一直認為不管我們做了什麼、不管發生什麼事，──即使他生病了，他永遠都在，但我錯了。我必須一塊一塊地找回我自己，才能讓我繼續走下去（Tyson-Rawson, 1993a）。

近十年來，越來越多的研究和臨床上的關注提到經歷父母、手足、其他家人或同儕死亡的青少年喪慟經驗，這一章從個體發展的觀點和家庭的背景來探討喪親之痛對青少年的影響，目標在於藉由實際、理論和臨床文獻的發現，讓讀者一覽目前我們對於青少年喪親反應的了解。

本章第一部分討論喪親對個體發展的影響，特別是在病理學

上及早熟等不同的結果，以及發展新的自我與世界觀的可能性。第二部分針對影響青少年喪慟的家庭因素和同儕網絡，以及與逝者保持一定關係的可能性。最後一個部分提供有關進一步了解與協助喪慟青少年及其家庭的臨床及實徵研究建議。

# 喪親對青少年發展的影響

青少年期或更早面臨喪親似乎帶來矛盾的結果，一方面損害了建立長期關係的能力，另一方面又促使早熟、嚴重憂鬱和對重要關係的看重。任何一項改變都不能說是完全因喪親而起，但是在這個生活階段這個失落經驗是相當獨特的，對青少年本身而言有著同樣的複雜性。儘管青少年的喪慟經驗，同時具備成人和兒童的特性，但不同的是，它對情緒強度的影響，這是來自失落經驗與發展間的交互作用引起的（Meshot & Leitner, 1993）。

## 複雜的結果

喪慟研究的基本主題之一是喪親之後的複雜或負面結果，如憂鬱和品行疾患（conduct disorder）。重要他人死亡之後所產生的憂鬱是可預期的，包括睡眠、飲食、活動量的改變和所有悲傷與失落的感受，然而，經過一段時間之後，上述狀況如未改善則又是另一個問題了。有些青少年表示他們記不住事情、感到悲傷、焦慮、常常害怕，即使在雙親之一死亡之後數年亦是。一位

十九歲女性，在父親死亡兩年之後描述她的反應如下：

> 在他死後，我變得如此憂鬱，以致我無法上學、睡覺、做任何事，所以他們給我一陣子抗鬱劑，沒多久，我又有一樣的感覺，我常作夢、作噩夢，無法停止去想他快死時的樣子……這一陣子我讓媽媽請家庭醫師為我開百憂解（Prozac，抗鬱劑）。（Tyson-Rawson, 1993b, p.52）。

在社區和臨床的研究均發現，青少年早期經歷喪親之痛的比非喪慟的同儕患重鬱症的危險性超過七倍（Gersten, Beals, & Kallgren, 1991; Gray, 1987b; Reinherz et al., 1989）。事實上，十二至十五歲喪慟青少年有憂鬱症狀的比例是八至十一歲兒童的兩倍，女孩是男孩的兩倍（Gersten, Beals, & Kallgren, 1991）。

雖然並沒有研究發現衝動行為（acting out behavior）在統計上和喪親有顯著關聯，但學校問題、物質濫用、亂發脾氣和憂鬱一樣常見於臨床文獻中。當與逝去的雙親有未解決的關係存在，喪慟青少年可能對這樣的失落感到矛盾，例如：個體仍對逝去雙親有衝突或依賴時。憂鬱和衝動的另外一個原因可能是死亡發生之時，青少年對關係或對他／她的行為的曖昧感受。

如果父母已離異，這些青少年可能出現自我毀滅的行為，也可能將影響擴延至青少年晚期或成人早期（Buschbaum, 1990; McGoldrick & Walsh, 1991; Walsh & McGoldrick, 1991a; Worden, 1991）。例如，一位二十二歲女性在父親死亡四年之後報告她的行為和心理狀態：

　　我曾在學校和各方面都非常出色，我常很開心而且大多數時候我身邊圍滿了人。現在我沒有辦法再這樣了，在爸死後我真的瘋狂了，喝酒、在外遊蕩……現在我安靜多了，但我常夢見他仍然活著，正做些什麼事，我感到有罪惡感但我不知道為什麼，我那麼地深愛他（Tyson-Rawson, 1993b, p.186）。

　　同樣地，喪親可能使原有的問題惡化而遷怒於其他人，如下例一位二十二歲女性，父親剛過世十一個月。

　　我把所有的感覺發洩在他（男友）身上，我對著他吼，行為像個瘋婆子，我不知道我會變得這麼卑劣，而我的暴食症……已經有四年之久……在他（父親）死後……我自己一個人住……我一天催吐六到七次……變得越來越糟……爸死後，我感覺到完全失控和寂寞（Tyson-Rawson, 1993a）。

　　然而，並不是所有喪親青少年都會遭遇複雜的結果，對許多人而言，雙親的死亡也是一個促進成長、成熟和新的自我覺醒的機會，即使是面臨前述感受與行為的青少年，在危機中也有機會強化自我和提升對他人的價值感受。

## 成熟

　　合併喪親所帶來的激烈情緒、認知失調和生活環境改變等影

響，可能成為青少年解決發展任務的有力動機，內在尋求理解的壓力和外在尋求穩定的力量提高了完成這些任務的需求，也就是說，青少年必須有更成熟的自主性、有更獨立的行為和成人的思想，才能應付來自自我的需求和因死亡而改變了的環境的要求。

　　喪慟文獻中多提到在青少年期或之前所經歷到的喪慟能促使青少年變得成熟或對生活選擇有了新的方向，這樣的現象也在人生的不同時期出現（Balk, 1990; Carse, 1987; Parkes & Weiss, 1983; Silverman, 1987; Tyson-Rawson, 1993b）。

　　Silverman（1987）針對一群喪父大學女生的研究發現，這些女生「超齡成長（growing up before their time）」（p.393），Elizur 和 Kaffman（1986）也發現幼小的猶太喪親兒童有早熟的現象，Silverman 將喪親描述為「意味著成長及了解生活不再只有歡笑和遊樂」（p.394）。有關喪慟的正向效應也可以從 Parkes（1972）的作品中反映出來：「就像斷裂的骨頭會長得更強壯，哀悼的經驗也使人更堅強且成熟」（pp.5-6）。

　　為了因應個人生存的需求而提升的獨立性或自主性是提高成熟度的核心。發現自己擁有如成人般的能力對喪慟青少年而言可能是一個驚喜，他們在喪親之後被迫要擔起一些為自己或家人尋求福利的責任，因此，喪親提供了發掘個人能力的機會。有較高的自主性和清楚的自我觀可能也較能了解和同理他人的痛苦。

　　喪親改變了青少年的世界觀，使他們以更隨機的看法看待事件的發生，體會到自己的脆弱和無力控制生活中的事物（Schwartzberg & Janoff-Bulman, 1991）。在一項研究中（Tyson-Rawson, 1993b），青少年晚期女性從她們父親的死亡中學習到世界不是完

全可預測的、公平的，以及人類的脆弱，和她們所能掌握生活方向的程度有限等，也就是她們的世界觀更接近成人了。以下是他們所說的話：「任何事都可能發生，當下一件事情發生時你就要盡力去克服它，如果沒有辦法你就必須要接受事實。」；「你可能在任何一刻失去任何一個人。」；「我想在我父親死後我就長大了，我已不再這麼覺得（不公平）了，我只是想：『唉！這個世界就是這樣。』我猜我希望假如我得到公平的話其他人也可以得到。」（p.235）；「有些事就是無法讓你掌控，所以我只是試著讓我的心思放在那些我可以有些掌控的事情上。」（p.236）Schwartzberg 和 Janoff-Bulman（1991）發現如果能維持或重新界定對世界的信念，不管青少年男性或女性都可以很快度過哀悼，不會有太大的情緒障礙（p.284）。

　　對世界和自我所新發展出來的理解和尋求失落的意義都不是靜態的過程，而是依著喪慟過程而來。先前提過的 Tyson-Rawson（1993b）研究中，「過程（process）」這個辭是用來反映個體所傳達的喪慟，一個依時間而有所不同的經驗、與他人的互動、一種個人發展的感受，也就是說，喪慟過程是個人、家人間及同儕關係的持續改變，意義和理解隨著時間、非預期性壓力事件的發生、對個體與家庭功能改變的要求，和因父親死亡而來的期待而改變。

　　有些受試者，特別是剛經歷哀悼或自覺「沒有真正在哀悼中的」較缺乏行動力。一位父親在三個月前突然死亡的十八歲女性說：「我不知道我是否會一直這麼覺得，似乎我被堵住了而必須改變某些事情……我不知道現在應該要發生什麼，但一定要找點

事做」（Tyson-Rawson, 1993b, p.152）。相較之下，一位在這兩年內相繼失去父親和兄弟的女性，描述她對事件的反應：

　　我認為這是很不公平的，我必須面對兩位家人的死亡，特別是在這麼短的時間內，但是在我重新調整我的想法之後，我了解到有些事情就是會發生，不管有沒有理由，所以你知道的當有事情發生時我都試著這麼去想，不管事情的發生有沒有道理，或者沒有什麼理由可以讓事情好轉，我就是盡我所能做我能做的（Tyson-Rawson, 1993b, p.152）。

　　在這些陳述裡顯示一個潛在的主題，有關在失落之中態度和信念的發展、行動和改變的過程（不論預期或不預期），「過程（process）」這個概念可以作為一個提醒，喪慟中的意義發展和成熟是不可預期的、沒有特定階段的事件，也不是哀悼本身的結束（Silverman, 1987; Walsh &McGoldrick, 1991a）。在喪慟中，過去、現在、未來是混合在一起的，哀悼創造了意義，而這些新的意義需要行動和反應，行動和反應再創造新意義，依序而來。在上述研究中所提到的年輕喪慟女性就帶著一個假設，過去、現在和未來能因她們父親的逝去而添上一層色彩。

## 持續對逝者的依附

　　Klass（1987, 1988）所做的喪親研究和 Hogan 與 DeSantis（1992，見第九章）的手足喪慟研究，都強烈建議更新現有對於

喪慟處理的理論，這些學者的工作扭轉了盛行一時的理論信條，認為哀悼處理的基本指標包括個體對變動的社會環境的適應。Klass（1987, 1988）認為將失落個體內化入自我之中也是同樣重要，這樣持續的關係是生者生活的一部分，他發現喪慟處理不僅將精力投注在新的關係和任務上以建立社會性均衡，也包括將逝者「認同」到生者的自我概念中。

Silverman在一項針對大學女生的喪親研究中（1987），對於逝者與喪慟者間持續的關係也提出重要的質疑：

雖然喪慟者不該生活在過去之中，但不斷地告訴喪慟者打破過去是否適當？有些喪慟者告訴我們雖然他們知道要改變與逝者的關係，但有必要完全打破這個連結嗎？（p.403）

Klass 所謂「新的自我觀」和 Silverman 所強調的與逝者持續的連結，在面對喪慟青少年時都是非常重要的。此外，Silverman 和 Silverman（1979）發現兒童如果能發展一種仍擁有逝去父／母親的感覺，那麼他們通常也較能接受死亡的事實。

Tyson-Rawson（1993b）最有趣的發現之一是，青少年晚期女性對逝去父親的持續依附，許多研究對象表示她們與逝去父親的關係仍持續著，甚至在父親死後仍有發展。事實上，那些表示父親仍存在於她們生活中令她們覺得高興的人，比較容易處理死亡帶來的影響；相較之下，那些在情緒上與逝者隔絕或者對於逝者的思念和感受較為痛苦的人，較容易覺得她們沒有「真正哀悼」這個失落。雖然切斷與逝者的連結在現實生活的某些方面是

有益的，但一個持續的情感依附卻有助於這些青少年晚期女性的個人成長和一些正面結果。

　　將失落整合到個人的內在世界對於這個生活階段而言是恰當的，就青少年而言，從核心家庭分離並形成新的、更親密的同儕關係，即依附與失落都顯著時，在哀悼過程持續發揮影響力。重要他人的死亡導致關係網絡的破壞和與他人互動所建立的意義的失落，當個體重建生活的穩定性和秩序時，建立新的關係意義是必需的。青少年對世界以及對自己觀感的變化來自於喪親中得來的一部分意義，另一部分意義的重建是嘗試找出對事件本身的解釋，以及它對他們的生活及周遭人生活的影響，新模式建立的主要範圍是家人間的親密關係和同儕網絡。

# 家庭因素與同儕關係

　　許多的實徵和臨床發現都強調家庭因素在死亡與其影響間的中介關係，而事實上，現今喪慟文獻的主要趨勢在於找出死亡之外其他影響青少年症狀的因素。影響喪慟結果的因素包括：⑴熟悉而安全的社會資源之有效性，及青少年運用這些資源的意願；⑵與家人溝通的開放性，包括提供有關死亡和逝者的適當訊息；⑶存活的父／母親和其他家人提供穩定而持續的日常生活能力；⑷一個能夠表達來自喪慟的痛苦情緒的環境，也包括家庭的凝聚力和溫暖；⑸來自上述因素的存在或未出現所帶給青少年的困難或好處（Berlinsky & Biller, 1982: Elizur & Kaffman, 1986; Lyon &

Vandenberg, 1989; Reese, 1987; Silverman & Worden, 1992; West, Sandler, Pillow, Baca, & Gersten, 1991）。

在青少年藉由與原生家庭分離以尋求新的認同中，一個了解、穩定、可依靠的家庭系統有促進作用。理想上，原生家庭提供青少年探索新的角色和關係的基礎，當他們失落時也從中得到安慰。家庭是否能提供這樣安慰的能力對喪親青少年的狀況好壞是一個關鍵因素，而社區中的重要他人及同儕的支持也一樣重要。

## 社會支持與溝通

在喪慟文獻中一個基本的發現是來自重要他人的社會支持與開放性溝通的重要性。與家人、同儕的開放性溝通及來自他們的社會支持是危機與喪慟文獻中常常提起的兩個重要資源，社會支持被定義為傳送「情緒的」、「尊嚴的」和「網絡的」支持的行為與態度的溝通方式（McCubbin et al., 1980）。就喪慟而言，社會支持讓喪慟者知道他們是大社區的一部分，這大社區尊重、了解和關心他們的失落，在他們需要時能及時幫助他們，開放性溝通能促進有效的社會支持，不管在語言或非語言上對於喪慟能有一個緩衝的效果。

然而，就像其他年齡層的喪慟者，青少年必須願意接受家人和朋友的支持，尤其在失落不只是痛苦也是危險時，有些青少年以逃避哀悼過程的方式因應死亡的衝擊。此外，家庭中對於接受他人幫助或傳送強烈情感的適切與否，公開與潛在的規則使得哀

悼產生複雜的困難，也強化了寂寞感。

　　LaGrand 的研究（1981）提到了開放性溝通的重要性。他針對青少年晚期的喪慟大學生所做的研究顯示，談論死亡本身及來自失落的情緒的重要性：「解決失落的力量似乎依賴自我意象（self-image）的強度、人際關係的品質……與他人作親密溝通的能力和被家人、朋友接納的感受」（p.247）。

　　對於這群在大學時期遭遇重要他人死亡的青少年晚期學生，在校園中有機會與同儕作開放性溝通是重要的，但通常無法得到，大部分情況下，這些青少年均離家在外，與家人及社區同伴有空間上的隔離，而在校園中也害怕被視為不同的或有困難的而不敢表達，在堪薩斯州立大學所進行的喪慟支持團體（Balk, Tyson-Rawson, & Colletti-Wetzel, 1993）發現，嘗試與同儕談論自己所面臨的死亡是在重要他人死後所經歷的許多手足無措的經驗之一，而他們常提到在團體中談過他們的哀悼、自己的改變和對世界觀感的變化之後感到鬆懈下來，和有類似經驗的人談似乎使他們的經驗變得正常且受尊重，也給了他們對未來的希望。

　　這些發現強調了喪慟青少年擁有社會支持網絡的重要性，以及傳達與接受這些支持訊息的溝通技巧的重要。來自家人和同儕的支持使得青少年的經驗與自我得到重視，也是青少年解決喪慟以及重建有效的依附內在運作模式（internal working model of attachments）的關鍵因素。

## 家庭關係與環境穩定性

Worden（1991）提到：「一位家人死亡所造成的任何改變都象徵著整個家庭的死亡，使家庭必須完成從舊有中建立新家庭的功課」（p.118）。也就是說，當家庭中有人死亡，成員們就必須面對家庭基本互動結構的改變，當個體在最脆弱的時候或者資源很少時所做的決定，影響著所有家人的未來。喪親使得支撐家庭穩定的結構面臨改變的需要，這些改變與青少年在發展階段中嘗試建立新的了解外在世界的模式而有的改變同時發生。在家庭背景下，每位家庭成員對喪親之痛可能有各種不同的反應，而每一個反應又會交互影響著其他所有成員的反應。

環境的任務是在當家庭網絡的重要本質遭受破壞時提供家庭穩定性，維持家庭日常規律的好處在於危機時刻仍能讓家人有穩定感（Imber-Black, 1991）。對青少年來說，這樣的穩定性需要在認知到真實世界的改變而得到平衡。

當喪失雙親之一時，家庭中的角色重置（role reallocation）是必要的。不僅其他的成員必須負擔起家庭經濟和日常生活所需的責任，也需要重整維繫家庭關係的角色。現實生活的考慮，如養家活口，可能使還在的雙親之一減少給予青少年的情緒和物質供應。

二十五至五十歲是一個人最可能當父母的年齡，此時男性的死亡率是女性的兩倍（Kochanek & Hudson, 1994），因此，由於養家責任的不同分工，青少年在父親死後面臨現實的經濟困難。

一位女性在父親死後六年提到這段時間來的改變：

> 如果他還活著是否有所不同？哦！絕對是不同的……我就不必為了唸書而工作……媽媽做任何她能做的事，但教師助手所能得到的就這麼多而已，即使她做得和那位老師一樣好……我的成績也會比較好，我打賭會好很多，因為我有比較多時間可以唸書（Tyson-Rawson, 1993b, p.203）。

雖然配偶的死亡增加存活的另一方經濟和情緒的負擔，但也讓孩子有機會看到父／母親在傳統家庭角色之外的其他功能，親眼目睹他／她承擔起養育或工具性任務時，能讓青少年了解成人角色潛在的彈性。雖然青少年可能被要求承擔家庭中的某些角色而破壞了他／她的發展，但因為責任的加給和對其他人的同理，也可能促使他／她成長，已經在工作或離家在外的青少年可能也會發現自己彷彿是存活雙親的照顧者。

青少年必須與原生家庭分離的發展需要和必須照顧其他家人的需要共存時，可能使他／她產生罪惡感和憤怒，這些感受可能使他們避免與家人互動，或在急性喪慟期過了之後仍無法回歸家庭以外的活動。然而，同樣的狀況也提供親子間一個機會重新協定他們的親屬角色，從而讓雙方有機會能完成分離與連結的發展任務。

## 喪親之後的親職與情緒環境

在這方面最關鍵的問題之一是存活的雙親提供孩子個人需要和實際需要的能力，這不僅將需要提供給孩子，還需要在發展的適當階段給予，維持權威和彈性的微妙平衡對正常環境下的青少年父母是一項挑戰。當逝去的一方同時是配偶又是父母親時，活著的另一方便需要負擔一方面注意青少年漸增的自主性和認知能力，另一方面又須創造一個親暱的環境，讓青少年能表達哀悼和發掘失落的意義，這件工作的困難度與重要性不易估計。與更小的兒童相比較，青少年有能力發展出對生命、死亡的環境和逝去的雙親更整合的圖像。

家庭成員不僅經歷到自己的哀悼，也會對於其他家人的哀悼敏感並擔心，這種互相的影響在青少年越能同理與了解其他人的感受時越明顯。Silverman 和 Worden（1992）強調活著的父／母協助孩子在談起逝者時能「發展一種語言」（p.103）的重要性，這樣的親子溝通可能呈現不同的方式，如用回憶的方式（Sliverman & Worden, 1992）分享哀悼過程中的情感部分，如此可使雙方了解彼此的情緒經驗。此外，在進行家庭責任重分配及應付與哀悼有關要求時，青少年應被納入協商與決策的行列，如此才有助於青少年有效地應付失落與危機。

活著的父／母有責任平衡青少年參與的程度，通常，較小的青少年參與程度要少於年長的青少年。然而，即使將非常年幼的青少年納入日常生活決策中，也能讓他們有穩定感和掌控感，同

時也能了解為何要有這些改變。存活的父／母也負擔調節這些溝通與經驗強度的責任，他／她需要找尋方法包容青少年在哀悼中的激烈情緒，提供他們安全的情緒環境。雖然青少年應該了解父／母也會哀悼，但父／母不應期待青少年成為支持和安慰的主要來源。

　　喪慟的父／母可能無法照顧到青少年的哀悼，青少年也可能為了怕讓父／母更難過而不去談他／她的感受；相對地，父／母也可能會將青少年的沈默解釋為不想去談及死亡或逝者的訊息（Tyson-Rawson, 1993b; West et al., 1991）。在這個情況下，父／母和青少年互相的擔心使得他們沒有機會發展一個安全、親暱的環境來因應哀悼。

　　沒有一位父母能永遠在孩子的身邊提供他們所需的協助，大部分喪慟中的父／母所有的資源已拉緊到極限，使得他們必須面對如何分配精力的抉擇，如同 Rosenblatt（1988）所寫的：「在如何處理失落的家庭規則之下，常常忽略了某些可能的反應，使得有些家庭成員感到挫折與負擔沈重」（p.72）。

　　在家庭中，性別角色也會影響喪慟經驗。也就是說，原先在家庭中看似適宜的性別角色，在某些部份會持續產生影響力，影響經歷哀悼的方式和重構的需要。在一項針對十五至十八歲青少年的研究中，Youniss 和 Smollar（1985）發現到父親和母親所扮演角色的不同，父親常被視為是權威的且負責家庭的物質需要，父親和青少年在一起時較常將時間花在從事活動和討論教育與未來的職業；相較之下，青少年認為母親可以較密切參與他們日常生活的行為和情感，與父親相較，他們覺得和母親的關係既權威

又平等。

　　一般而言，實徵發現顯示當存活的是母親，孩子會談較多有關失落的感受，在日常生活上的變化也較小，而這一點在喪慟文獻中一致認為是得到良好喪慟結果的必要因素。男孩子在討論有關死亡的感受時，表示出較女孩子不舒服的感受，這一點與性別角色社會化過程中，男性對情緒表達有較大的恥辱感相符，女孩子被給予較多的機會公開哀悼，而男孩子則容易被鼓勵自我控制和「堅強」。相反地，女孩子較被期待負起照顧其他家人的責任，如此一來，她們在家庭以外的關係和活動便面臨縮減的必要（Cook & Dworkin, 1992; Silverman & Worden, 1992; Walters, Carter, Papp, & Silverstein, 1988）。

## 同儕關係

　　不只有許多青少年覺得自己在父母死後變得不同，也有許多青少年覺得自己與同儕有所不同。Balk（1990）描述喪失手足的青少年是「學了一課許多人很晚才學會的悲劇，而他們現在知道生活可以是不公平且悲苦的」（p.129）。存在於喪慟青少年與他們的同儕間的差距造成了一道有時難以跨越的鴻溝，然而，存在於新舊世界間的鴻溝一旦有了連結，友誼便成解決喪慟的重要力量。

　　Tyson-Rawson（1993b）發現，少女在剛失去父親時與朋友的互動關係可以預測三個月至十一年後與朋友的關係。在死亡發生時朋友能給予支持和關懷的，在後來的會談中表示友誼幫助她

們度過喪慟過程，她們也較能與其他人談起父親的事，唯一的例外是一位九歲時父親過世的二十歲女孩，她的經驗顯示出了喪慟者的行為也會影響他／她的同儕的行為：

當爸爸遇害時，我……沒有辦法告訴任何人這件事。我覺得那麼地孤單，我真的不想讓任何人知道……在高中時我有一些朋友，我和他們在一起，但等我們都上大學之後，我就對他們不再感興趣……他們知道爸爸過世的事但僅止於此……直到最近我開始願意談這件事，我告訴我的室友，而她真的幫了我的忙……她只是傾聽、讓我哭，她還問了爸爸的事以及他的長相，所以現在我能告訴更多人，而他們似乎能理解我的悲傷，這真的很不一樣，這是一種釋放（Tyson-Rawson, 1993a）。

一般而言，青少年同儕團體對死亡的態度正反映大社會環境的態度，有些同儕不僅無法理解失落且避而不談死亡，甚至避開喪慟青少年（Silverman, 1987）。來自同儕的社會支持能幫助喪慟青少年有更好的功能，從同儕身上他們得到關心、價值感、接納，還有某種程度的了解。喪親之後來自同儕的友誼也讓青少年開始挑選比較成熟且能認真看待死亡的朋友。

同儕網絡不僅是獲得友誼之處，也是親密的、性／愛關係發展之處。喪慟青少年表示，他們自己的改變和對外在世界的覺知清楚地表現在他們對約會的態度，對於外在世界的脆弱與不可預測，以及隨時可能失去親密的人，使得他們在投入與維持親密關係的意願受到影響。Hepworth、Ryder 和 Dreyer（1984）發現，

在青少年晚期喪親的個體會以兩種方式之一處理上述關係，他們不是很快投入親密關係便是完全逃避，這兩極化的反應顯示，喪親的失落使得他們比非喪慟同儕或雙親離異的同儕更容易對親密關係採取極端反應。

　　青少年世界觀的改變清楚地表現在他們對給予人際承諾（interpersonal commitments）的感受，當他們感到脆弱時，他們變得更在乎人類生活的不能長久，使得他們發展出某種關係模式。青少年在喪親之後不僅從自己身上吸取經驗，也從存活的父／母身上吸取經驗，失去伴侶的父／母提供了如何結束關係的示範，並且使青少年了解自己面對痛苦的潛力及應該珍惜你現在所擁有的。

# 結　論

　　在青少年喪慟的領域裡還有許多問題需要被解答，這些問題也呈現在現今研究的限制中，目前這個領域的焦點有必要放在擴展與精進喪慟的模式，以符合失落所造成的不同效應。例如，我們需要探索男性和女性更完整的喪慟經驗、失去父親與失去母親、完整的和離異的家庭、青少年早、中、晚期等的不同。

　　在與性別有關的議題上，在提供支持方面，哪些是對青少年男性有益，而哪些是對女性有益？我們需要教導男孩對他們的哀悼多做情緒上的表達，或者他們的方式和女孩所做的一樣有效？女孩和男孩在哀悼過程中是否採用不同策略？果真如此，這些策

略又是什麼？除了先前所討論的效應之外，男孩和女孩在喪失父親或母親的喪慟經驗上是否有所不同？

另一個須探索的領域是父母離異之後的喪親。文獻上清楚地發現離異與死亡是兩種不同類型的失落，所以，當一種之後又經歷另一種失落時結果會如何？而失去的是父親或母親是否有所不同？是監護的一方或不是呢？而這種雙重失落的結果是否受青少年的性別影響？

最後，有關於青少年喪慟研究中，我們已經做的和將要做的橫斷式研究設計（cross-sectional design），使我們無法回答有關發展差異的問題，同時這種設計也忽略了隨時間而有的改變，一種改進方式是發展橫斷連續設計（cross-sequential design），此結合了縱貫式（longitudinal）和橫斷式模式的優點（D. E. Balk, personal communication, December 21, 1994），使用這種更周全設計的優點是能整合時間的改變及年代（cohort）的比較資料，得到更可信的資料，以了解青少年的喪慟經驗，也能更有效控制縱貫式研究的花費與橫斷式研究的年代效應。

青少年期喪慟的理論模式需要持續地建立、測試與修正，這有賴於我們不斷地提出難以回答的問題和挑戰有關死亡與哀悼的假設。

# 9

# 青少年的手足喪慟：
# 新理論的建立

## Nancy S. Hogan and Lydia DeSantis

　　單以美國而言，有將近一百八十萬人在出生到十九歲之間經歷過兄弟姐妹的死亡，世界上經歷手足之喪的兒童和青少年預期在下個世紀人數將再增加，因為⑴社會暴力，如兒童虐待和謀殺的增加；⑵愛滋病毒／愛滋病、自殺、意外死亡和用藥致死的人數增加；以及⑶蔓延的城市、種族和國際衝突使得更多的兒童面臨逃難、遷徙、無家可歸和成為孤兒的困境（Balk, 1991; Kellerman, 1994; Pappas, 1994; Parkes, 1993; Shelov, 1994；聯合國兒童組織，1994）。這個龐大且持續增加的喪失手足人數顯示以研究為基礎的介入之必要性。

　　大約十年前，一個醫學組織（IOM）提出喪慟的過程和它對

一般人心理健康的衝擊，明示了與青少年手足喪慟有關研究的重要性（Osterweis, Solomon, & Green, 1984），這長達三百多頁的報告只包含了一個青少年手足喪慟的例證（Balk, 1983a）。這一章的目的是(1)討論青少年手足喪慟研究的必要；(2)找出與評論在IOM報告之後有關於青少年手足喪慟的研究文獻；以及(3)提供這個主題後續研究的建議。

　　這一章大部分的篇幅主要放在十一至十九歲經歷手足失落的喪慟青少年，以及其相關的研究與所收集的資料上，雖然有相當多的研究探討手足喪慟與青少年喪慟，但大部分(1)將手足的反應與喪失雙親或其他重要他人相比較；(2)資料收集在青少年期之前或之後；(3)以其他人（如父母、同儕或專業人員）的角度來看手足或青少年的哀悼。

## 青少年手足喪慟研究的需求

　　有三項基本理由強調必須進行這類研究。首先，為了能有效區分有韌性和脆弱的哀悼反應途徑，必須先有實徵研究資料描繪何為「正常」過程（特徵、強度和持續期）。

　　然而由於缺乏來自研究的資料，以致相似的一組反應可能被同時認定為功能良好與功能不佳的哀悼，一個明顯的例子便是醫療人員用來判斷單純哀悼的標準——「診斷與統計手冊」（*Diagnostic and Statistical Manual*, 3rd ed., rev., American Psychiatric Association, 1987）和護理人員用來判斷功能不良哀悼的護理診斷分

類（Kim, McFarland, & McLane, 1987），同類的反應在醫療和護理之間出現矛盾的判斷，也就是說，「在護理診斷分類上描述為功能不良哀悼的症狀，實際上等同於醫學文獻中描述為單純哀悼的症狀」（Hogan & Greenfield, 1991, p.99）。

　　第二個理由是在本章所提到的文獻作者均注意到一九九○年代的臨床文獻有一個漸高的趨勢，提倡對喪慟家庭的喪慟計畫和介入（Cooley, 1992; Glass, 1993; Heiney, Hasan, & Price, 1993; Johnson, Rincon, Gober, & Rexin, 1993），以及對喪慟成人的介入（Barbato & Irwin, 1992; Buell & Bevis, 1989; Davis, Hoshiko, Jones, & Gosnell, 1992），有一些研究針對提供喪親兒童直接照護（Siegel, Mesagno, & Christ, 1990; Zambelli & DeRosa, 1992），一篇介入性文章提到一位喪失手足青少年的單一個案研究（Heiney, 1991）。

　　儘管有許多與喪慟介入計畫有關的文獻，但其中只有兩篇包括了效果的評估（Davis et al., 1992; Murphy, Aroian, & Baugher, 1989）。由於沒有一個普遍接受的正常與異常的標準，使得就研究資料設計介入計畫或評估介入計畫變得困難。

　　第三個理由是手足死亡對青少年發展的影響。青少年期正是認同形成與自我發展的關鍵期（Erikson, 1963, 1968），手足間對彼此的認同形成扮演重要的角色，藉由他們如何看待對方的親密性人際交換過程產生影響（Bank & Kahn, 1982; Provence & Solnit, 1983）。手足關係使得必要的生活技巧得以發展，如「學習合作、練習協商技巧、競爭與建立地盤、學習尊重別人在不同時候有不同權利與需要」（Nadelman as cited in Lamb & Sutton-Smith,

1982, p.15）。在尋求這些技巧的過程中，在不斷的、互動的雙邊比較彼此的自我定位中，手足之間發展出相互的核心認同（Bank & Kahn, 1982）。

雖然手足關係是建立在不斷互動的雙方比較中，由於羨慕和嫉妒使得關係中伴隨著衝突和競爭。研究顯示這種緊張關係的存在，使得手足死亡之後，其他手足處於遺憾之中，且「對於他們過去對逝去手足所做的感到難過，或者希望他們的關係能更親密些少些衝突」（Hogan & DeSantis, 1992, pp.165-166）。

手足的死亡完全地改變了一位青少年認同形成的方式，在他們的基本指標——逝去的手足過世之後，他們必須重新定位角色和關係（Balk, 1991; Bank & Kahn, 1982; Hogan, 1987; Hogan & De-Santis，出版中；Osterweis, Solomon, & Green, 1984; Provence & Solnit, 1983）。手足死亡的狀況危機（situational crisis）混雜與干擾了青少年的發展危機（developmental crisis）。

手足死亡之後對家庭結構與功能的影響在美國特別明顯，因其家庭平均人口數是 3.17 個人（美國人口局，1993）。在大部分美國家庭失去手足後，存活的孩子成了家中唯一的孩子，身為獨子是一種「相當寂寞的經驗」，一位喪慟青少年描述這種經驗如下：「我無法描述我有多討厭當獨子……那就像我的父母擁有彼此，而我誰也沒有」（Hogan & DeSantis, 1994, p.140）。

# 青少年手足喪慟研究

　　這一節回顧從一九八〇年代到一九九〇年代的研究。由於有些主題自一九八〇年代被研究探討至下個年代，因此有些一九八〇年代的文獻引用一九九〇年代的，反之亦同。

　　一九八〇年代的青少年喪慟研究關注手足死亡之後其他手足的心理社會和認知發展。一九九〇年代，關注焦點則在喪慟手足的自我概念、哀悼、個人成長和對逝者的持續依附。

## 一九八〇年代：IOM 報告之後的研究

　　在Balk（1981）以社區樣本進行青少年手足失喪對自我概念的衝擊之先驅研究以前，其他的手足失喪研究都是以混合各年齡層的精神疾病患者為對象來進行的（Binger et al., 1969; Binder, 1972; Cain, Fast, & Erickson, 1964; Krell & Rabkin, 1979; Pollock, 1962），大部分這類研究都是來自個案研究和臨床晤談的回溯性分析，主要在了解病態哀悼。

　　在一九八〇年代，手足喪慟研究主要使用非精神疾病樣本，並且著重在了解喪慟過程和相關因素（Davies, 1983, 1988, 1991; Demi & Howell, 1991; Leder, 1992; Martinson, Davies, & McClowry, 1987）。許多研究是採用父母親的觀點來看手足喪慟過程，較不是直接研究喪慟中的手足（Davies, 1983, 1988; Leder, 1992），其

他研究青少年手足死亡對成人期的長期效應，或者在手足已是成人時研究其青少年期時的手足喪慟（Davies, 1991; Demi & Howell, 1991）。

　　一九八〇年代的青少年手足喪慟研究也採用社區樣本，這些研究主要探討手足死亡對自我概念、憂鬱和學業表現的影響（Balk, 1983a, 1983b, 1990; Birenbaum, Robinson, Phillips, Stewart, & McCown, 1990; Demi & Gilbert, 1987; Hogan, 1987; Martinson, Davies, & McClowry, 1987; McClowry, Davies, May, Kulenkamp, & Martinson, 1987; McCown & Pratt, 1985; Michael & Lansdown, 1986）。

　　**自我概念**　Martinson、Davies 和 McClowry（1987）採用「Piers-Harris 自我概念量表（Piers-Harris Self-Concept Scale）」，評量二十九位喪慟手足（八至十八歲）在一位兄弟姐妹死於癌症之後自我概念所受到的長期影響。評量是在手足死亡後七至九年進行，結果顯示這些喪慟手足在自我概念的得分明顯高於 Piers-Harris 的常模。

　　Balk（1981, 1983a, 1983b）對四十二位喪失手足四至八十四個月（平均 22.7 個月）的青少年施測「青少年歐佛自我意象問卷（the Offer Self-Image Questionnaire for Adolescents，簡稱 OSIQ-A）」，同時進行焦點式會談（focused interview），結果顯示這群受試的得分與 OSIQ-A 的常模團體相近，只有道德量表（Morals Scale）明顯高於常模團體，Balk 推論喪慟手足的價值發展受到了手足死亡的正面影響。Balk 也同時發現將近 33% 至 50% 的受試者對哀悼有持久的反應，如憤怒、罪惡感、迷惑、憂鬱和震驚。

另一個針對四十二位十四至十九歲的喪慟青少年研究，Balk（1990）採用類別分析（cluster analysis）程序，來處理這些經歷四至八十四個月手足失落的研究資料，他發現在 OSIQ-A 的自我概念分數得高、中、低分的三組有不同類型的反應。在死亡發生之後的第一個星期高自我概念組容易有迷惑、食慾減低的現象，也比較不憂鬱、較沒有睡眠困難。然而在喪慟過程的後期，高自我概念組也「較不可能」感到迷惑、寂寞、恐懼或憂鬱。

　　中自我概念組比高及低自我概念組經歷到較多的憤怒，但也較少飲食問題（Balk, 1990）。隨著時間過去中自我概念組比其他兩組經歷到較多的憤怒、寂寞和憂鬱。

　　低自我概念組開始時較憂鬱、害怕、有自殺念頭、睡眠障礙，且時時想著逝去的手足（Balk, 1990）。一段時間之後，低自我概念組表示對氣氛有較大的迷惑感，但比其他兩組有較少的憤怒。

　　Hogan 和 Greenfield（1991）研究八十七位十三至十八歲喪失手足十八個月至五年的青少年，這些受試者依喪慟強度分為高、中、低三組。受試者在 OSIQ-A 的十一個分量表得分與「Hogan 手足喪慟問卷（Hogan Sibling Inventory of Bereavement，簡稱 HSIB）」的分數間有相關，以 OSIQ-A 為依變項，進行多變項分析（MANOVA），MANOVA 結果達高顯著性（F[22, 146]= 3.1; P<.001），顯示三組在十一個分量表上的表現是不同的。結果顯示：(1)哀悼強度越低者自我概念分數越高；(2)中哀悼組的自我概念分數趨中；(3)高哀悼強度組自我概念分數較低。Hogan 和 Greenfield 總結此結果，認為青少年在手足死後十八個月或更久仍經

歷強烈哀悼的，在自我概念上較不健全。

　　**憂鬱**　最常提到的喪慟效應是憂鬱（Abraham & Whitock, 1969; Alexander & Adlerstein, 1958; Beck, Seshi, & Tuthill, 1983; Birtchnell, 1970; Bowlby, 1963; Brent et al., 1993; Clayton & Darvish, 1979; Dyregrov, Kirstoffersen, Matthiesen, & Mitchel, 1994; Freud, 1957; Hilgard, 1969; Jacobs, Hanson, Berkman, Kasl, & Ostfeld, 1989; Leahy, 1992; Lindemann, 1944; Robinson & Fleming, 1989）。Demi 和 Gilbert（1987）研究十八位十至二十一歲手足喪慟者，他們比較了這些喪慟者在兒童憂鬱問卷（Children's Depression Inventory）的得分和他們的父母在霍普金症狀檢核表（Hopkin's Symptom Checklist）的得分，在資料收集時，他們的手足已過世四至二十四個月，結果顯示父母和子女的情緒障礙間有正相關存在。

　　Demi 和 Gilbert（1987）也對父母和子女施測「事件衝擊量表（the Impact of Events Scale）」，以了解雙方在因應主觀壓力上是否存在相關性。結果顯示父母親在主觀壓力侵入分量表（the intrusion of subjective stress subscale）上得高分，而子女在主觀壓力逃避分量表（the avoidance of subjective stress subscale）上得高分，研究者歸納手足喪慟者以逃避有關手足死亡的想法來「企圖平撫和安慰父母」（Demi & Gilbert, 1987, p.389）。

　　Hogan 和 Greenfield（1991）發現在 HSIB 上屬高哀悼強度的手足喪慟青少年在 OSIQ-A 情緒強度分量表上得分比常模低過二個標準差（standard deviations），在 OSIQ-A 的心理病理分量表上也低於常模 1.5 個標準差。研究者認為隨著時間過去並沒有減輕憂鬱的程度或改善哀悼的強度，使得高哀悼程度的喪慟青少年

長期下來容易有不良影響。

　　其他研究也發現了喪慟青少年的憂鬱症狀（Balk, 1981, 1983a; Hogan, 1987, 1988; Martinson, Davies, & McClowry, 1987; Michael & Lansdown, 1986），這些症狀包括睡眠障礙、做噩夢、注意力不佳、覺得無力、無助、自我價值感低落和自殺念頭。

　　研究兒童對死亡反應的研究者和臨床工作者也發現憂鬱症狀的出現（Binger et al., 1969; Cain & Cain, 1964; Kaffman & Elizur, 1979; Kliman, 1968; Van Eerdewegh, Bieri, Parrilla, & Clayton, 1982），這些症狀包括覺得悲傷、想哭、尿床、退縮、失眠和情緒障礙。

　　**學業表現**　Balk（1981, 1983a）和 Hogan（1987）提到喪慟青少年在注意力和學習習慣上有困難，花費在學習的時間和分數在手足死亡後都有減少的現象。Balk（1981, 1983a）表示，大部分喪慟青少年的分數和學習習慣在一段時間之後都能漸漸回復正常，並沒有明顯原因可了解持續喪慟的青少年其學業表現無法回歸先前水準。

　　唯一直接評量經歷手足失喪青少年的喪慟過程的工具是HSIB（Blankemeyer, 1993; Hogan, 1987, 1988, 1990; Hogan & DeSantis，出版中）。Hogan 以四年時間採用社區中喪失手足的兒童和青少年為樣本修正 HSIB，HSIB 的項目反映手足喪慟者的實際陳述，取自哀悼及會談中所談的加以內容分析（content analysis），再經過修飾及效度驗證的過程。原始 HSIB 共有一〇九個項目，使用 Likert 五點量表，經過因素分析（factor analysis）將原來的五個因素保留兩個（哀悼和個人成長）。

另外三個因素是和手足對父母的哀悼、凝聚性的印象以及對其他存活手足的哀悼印象有關，這三個因素最後被刪除是因為他們來自所接觸的家庭至少有五個成員（兩位父母親和三位小孩）的假定，刪除了這三個因素後，這個工具更能適用於現今較普遍的兩個小孩的家庭或單親家庭。

修訂後的HSIB有四十七個項目，內部一致性係數（Cronbach alpha）在哀悼是.95，在個人成長是.90，整體內部一致性係數是.92（Hogan & DeSantis，出版中）。HSIB修正版的內容效度上，發現 HSIB 高、中、低哀悼強度可以預測 OSIQ-A 高、中、低程度的自我概念（Hogan & Greenfield, 1991）。

## 一九九〇年代

一九九〇年代有三篇回顧兒童及青少年喪慟的文獻（Balk, 1991; Davies, 1994; Walker, 1993），沒有一篇是針對喪慟中的手足而且在青少年期進行的研究。

在Balk（1991）的文獻回顧中，他認為在一九八〇年以前有關青少年喪慟的研究過度不足，但一九八一年之後在三個領域做了「過多」的研究：⑴青少年的喪親哀悼；⑵青少年的手足喪慟；⑶青少年對自己將面臨的死亡的經歷。Balk也回顧了有關青少年面對朋友／同儕死亡的研究，但發現這類研究很少。

Walker（1993）歸納了一九五〇年至一九九二年的手足喪慟研究，她提到早期的研究（1950-1985）較著重在找出「病態哀悼反應」，而一九八五年之後的研究較將喪慟手足視為處於社會與

情緒問題危機中的個體，而不必然有心理病理問題。

　　Walker將一九八五年之後的研究分成三大類來加以討論：(1)特定年齡層的研究（如學齡前、學齡和青少年）；(2)家庭對喪慟手足的影響；(3)針對手足瀕死的兒童的臨床介入研究。

　　Davies（1994）將一九七○年代之後的兒童期哀悼研究作一評估，她主要回顧「中介變項（mediating variables）」（個體的、情境的和環境特性）對喪慟手足的「行為」與「能力」的影響。

　　Davies（1994）指出個人特質，如年齡和性別，是普遍認為影響「關聯的強度、認同和普遍化競爭」的因素（Blinder, 1972, p.173）。

　　Davies 所定義的情境因素指疾病特性和死亡發生至今的時間。疾病特性包括重症、疾病延續期、死亡的突發性和死亡的地點。Davies 認為沒有充分的證據顯示手足的失能或疾病對存活手足的「發展、適應和後續的喪慟」等的影響程度（重要性）（Davies, 1994, p.182）。

　　環境因素指的是喪慟手足所處環境中在社會及情緒層面對他們產生影響的部分，也就是家庭關係、父母特性、親子溝通和與逝去手足間的關係緊密程度（共享生活空間的程度）。

　　Balk（1991）、Davies（1994）和 Walker（1993）的文獻回顧是對於此複雜與多向度現象的極佳摘要，他們的整理讓我們更容易了解這些青少年手足喪慟研究如何擴展此喪慟過程的概念，一九九○年代的研究已著重在這過程的特性、強度和持續時間（Balk, 1990; Balk & Hogan, 1995; Hogan & DeSantis, 1992, 1994，

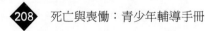 

出版中，Hogan & Greenfield, 1991）。

　　**特性**　上一節已談過一些與喪慟過程的特性和強度有關的研究，Balk（1990）提到哀悼對自我概念和憂鬱症狀的影響，Hogan和Greenfield（1991）探討自我概念和憂鬱的強度與持續時間的關聯。

　　**強度與持續時間**　Hogan 和 DeSantis（1994）探討有助或有害於喪慟青少年因應手足失喪哀悼的能力之因素。研究者所分析的半結構性問題內容包括：(1)什麼對因應你的手足喪慟有益？(2)什麼讓這個因應變得更困難？資料來自一百四十名喪失手足（平均 2.6 年，介於 3 個月至 5 年之間）的社區青少年。

　　有助於喪慟青少年的因應能力的有五大類，它們是自我、家庭、朋友、社會系統和時間。

　　**類別 1：自我。**喪慟青少年運用兩種形式的個人因應方式，靠自己的內在力量或採取壓力減輕活動，如讓自己忙碌、玩樂器或大哭、尖叫來釋放情緒。

　　**類別 2：家庭。**父母、其他的孩子和寵物都是可以提供安慰和關懷的來源，藉由分享對逝去家人的回憶，父母最能協助喪慟青少年了解他們喪慟的正常性。

　　**類別 3：朋友。**朋友可以提供喪慟青少年一個同儕支持網絡，那通常是無條件地支持著他們。

　　**類別 4：社會系統。**專業人員如牧師、心理師和有組織的喪慟手足支持團體等能藉由一般經驗的分享，讓這些喪慟青少年較不覺得孤單，也幫助他們知道回答有關手足死亡的問題。

　　**類別 5：時間。**對某些人而言，時間的過去是唯一可以療傷

止痛的方式。

　　有三類是既可幫助喪慟青少年因應手足哀悼也會阻礙其哀悼的，它們是自我、家庭和社會系統。雖然朋友這一類對於因應手足哀悼的幫助有限，但也沒有人提到他們會阻礙喪慟過程，對這些青少年而言，友誼的定義是指那些在他們面臨手足哀悼時能給予他們幫助以及「隨時在他們身邊」的。

　　**類別 1：自我**。喪慟青少年的因應能力受到「圍繞手足哀悼的環境和事件有關的自發的、痛苦的、不受歡迎的、強迫侵入的想法和感受」所折損（Hogan & DeSantis, 1994, p.139），這些不受歡迎的想法和感受是由下列引起的：(1)罪惡感、羞恥感和自責於無法幫忙他們瀕死的手足或避免他們的死亡；(2)在手足死後感到深刻的寂寞感；(3)遇到引起思念逝去手足的事；(4)了解到手足的死亡是個結束與不可挽回的事。

　　**類別 2：家庭**。喪慟青少年表示他們在與家人的爭執中，或看到父母為了手足的死亡而痛苦時，又有了額外的哀悼和憤怒。

　　**類別 3：社會系統**。喪慟青少年覺得他們的哀悼因其他人的不夠敏感、多話生事而加劇。他們同時也因造成手足死亡的人沒有受到懲罰，而感覺到世上沒有公義存在。

　　這五個協助青少年因應手足死亡喪慟的因素給他們一種充滿資源的感受，「這些（態度、人或事）增加了……（他們的）彈性和參與手足死亡相關事務」（Hogan & DeSantis, 1994, p. 142）。三個阻礙的因素給他們無助感，「這些（態度、人或事）

增加了……（他們的）脆弱感和加劇他們的哀悼」（Hogan & De-Santis, 1994, p.142）。

「持續依附（ongoing attachment）」的概念進一步澄清了與青少年手足喪慟過程的強度與持續度有關的變項，如對逝去手足有持續存在的社會和情緒性連結（Hogan & DeSantis, 1992）。持續依附的概念挑戰了時下流行的醫學觀點，認為喪慟是時間早晚的問題（Bowlby, 1980b; Freud, 1957; Lindemann, 1944），健康的解決之道是要求生者切斷與逝者間的關聯（Freud, 1957; Lindemann, 1944）。

死亡與瀕死領域的學者假設有持續依附關係的生者常會提到或感覺到他們持續擁有逝者。例如，Klass（1993）提到在喪慟過程讓失去孩子的父母以保有孩子的「內在呈現（inner representation）」來保持和孩子的連結，Klass（1993）認為「當內在呈現的孩子仍是真實、鮮活的，給了父母孩子永遠不死的感受」（p. 360）。

一些關於兒童期或成人期喪慟的研究參與者也提到保持與逝者「連結」的想法，但其向度、特質或功能並沒有被研究者進一步探討。McClowry 和她的同事（1987）提到喪慟父母企圖與他們逝去的孩子保持「連結」的方法（如參與喪慟支持團體，使他們可以談一談死去的兒子或女兒）。

在一項針對近四個月面臨喪親之痛的一百二十五位兒童（六至十七歲）的研究中，Silverman 和 Worden（1992）發現喪慟兒童「努力」地與他們死去的母親或父親「保持連結」，他們透過夢見父母、談有關父母的事、保留屬於父母所有的紀念物、到墳

前探望、和死去的父母說話，和相信死去的父母在「看著」他們等方式，與逝去父母「保持連結」（Silverman, Nickman, & Worden, 1992; Silverman & Worden, 1992）。研究者認為喪慟兒童企圖「保持連結」的行為，一方面是為了「讓逝去的父母仍活在心中，也是讓失落感真實化」（Silverman & Worden, 1992, p. 100）。

Smith、Range 和 Ulmer（1992）研究對來生（afterlife）的相信程度與喪慟復原之間的關係。在一百二十一位年齡介於十六至六十八歲的喪慟個體身上，研究者發現越相信來生者復原得越快，這個發現不管在自然死亡、意外、自殺或謀殺等狀況結果均一致。

雖然先前提過的研究已找到一些逝者持續存在於生者生活中的某些特質，但 Hogan 和 DeSantis（1992）是第一個從實徵研究中找出並清楚描述「持續依附」的研究者，他們由下列問題的回答中進行內容分析：「如果你可以問或告訴你死去的手足一些事情，那會是什麼？」資料的收集是來自一百五十七位社區中失去手足的喪慟青少年，所得結果將喪慟分類為六個互相獨立的類別，分析所得到的現象稱之為「持續依附」，每一個類別簡單描述如下：

**類別 1：遺憾**。喪慟手足表現出對逝去手足說過的話、做過的事的難過，期待他們之間可以更親密些、更愛對方，而且也想念與他們共享的時光。

**類別 2：努力去了解**。喪慟青少年企圖為手足為何以及如何死亡尋找解答。

**類別 3：捕捉。**喪慟青少年開始在心靈上與逝去手足保持連繫，告訴他們最近發生的事、問他們過得好不好、確定他們都和生者過得一樣好、問他們天堂／來生是什麼樣子。

**類別 4：重新確定。**喪慟青少年以不斷表示他們多愛逝者、多想念逝者，以及他們絕不會忘了他來表達他們與逝者間持續的關係。

**類別 5：感應。**手足喪慟者持續尋求來自逝去手足的建議與引導，希望確定自己所為符合逝去手足的期待，意圖擔下逝者的工作，完成他們的夢想。

**類別 6：重逢。**喪慟青少年表示期望在天堂／來生再與逝去手足重逢。

整體來看，這些類別和它們的內容清楚地顯示手足關係（連結）「超越死亡」（Hogan & DeSantis, 1992，出版中）。在他們的喪慟中，生者

……學習他們逝去的手足肉體已不存在，但心靈與他們同在。同時，生者期待在天堂與他們逝去的手足再相逢。無時間感和持續依附的現象互相作用的結果，產生了「無時無刻（everywhen）」的感覺（Stanner, 1965, p.271），一種將過去、現在和未來混合為一的感覺（Stanner, 1965, p.271）。在這樣的感覺下，喪慟青少年經歷到對他們逝去手足在概念上、情緒上和社會性上的永恆感（Hogan & DeSantis, 1992, p.174）。

# 青少年手足喪慟的新理論

Hogan 和 DeSantis（出版中）由一項一百五十七位社區喪慟青少年研究的質性和量化資料中，架構了一個青少年手足喪慟理論（Hogan & DeSantis, 1992, 1994; Hogan & Greenfield, 1991）。哀悼（grief）、個人成長（personal growth）和持續依附（ongoing attachment）等三個建構是這個理論的基礎，形成一個複雜現象和透過多元管道的喪慟過程達成個人成長。

## 哀悼的建構

哀悼的建構是來自 HSIB 哀悼因素的二十四個項目（特性）（Hogan, 1987, 1990），個人成長的建構是來自 HSIB 個人成長因素的二十三個項目（Hogan, 1987, 1990），有關 HSIB 的結構、因素分析和參數等資料已在早先發表過（Blankemeyer, 1993; Hogan, 1987; Hogan & Balk, 1990; Hogan & Greenfield, 1991）。哀悼和個人成長的建構進一步透過半結構式問題（semistructured questions）的反應進行內容分析（Hogan & DeSantis, 1994）。

持續依附建構的來源先前已描述過（Hogan & DeSantis, 1992），藉由 HSIB 的質化資料部分，即喪慟青少年期望與逝去手足在天堂／來生重逢而得到進一步的驗證（Hogan, 1987; Hogan & DeSantis，出版中）。

　　來自 HSIB 的二十四個項目分成六大類別，反映哀悼的建構內容（Hogan & DeSantis,，出版中）。

　　**類別 1：自我與家庭永久改變的現實。**喪慟青少年覺得手足的死亡「無法回復地改變了他們和他們家人的生活」，家庭在大小上有了量的改變，在質上面失去了「與逝者共享的希望和夢想」（Hogan & DeSantis，出版中），他們感到自己和家庭都失去了完整性，而且他們相信生活再也無法回歸「正常」。這種不完整家庭的感受類似 McClowry 和她的同事（1987）所稱的「空去的空間（empty space）的概念」。

　　**類別 2：身體效應。**手足死亡之後，喪慟青少年常感到身體變得比較不好、容易生病。Guerriero（1983）也提到比起非喪慟的控制組，喪慟青少年有較多的疾病症狀，身體健康狀況也越來越差。

　　**類別 3：脆弱性增加。**喪慟青少年害怕無法再得到心理上的平衡，而有了無助感、擔心、焦慮其他所愛的人也會死去，當他們覺得快樂、有趣時或者覺得手足已死而自己仍活著時，會有一種罪惡感。Osterweis、Solomon 和 Green（1984）提過兒童的生者罪惡感，Balk（1983b, 1990）提到手足生存者的罪惡感，Demi 和 Miles（1988）也討論過它與成人喪慟者的關係。

　　常被提到的脆弱性還有喪慟青少年的憂鬱（無法睡著、作噩夢和嚴重的哀傷）、對生活越來越冷漠、不關心和孤獨，生活似乎是無望、無意義的，沒有人能了解他們的哀痛。先前已討論過一些與青少年手足喪慟者的憂鬱有關的文獻（Balk, 1981, 1983b, 1990; Demi & Gilbert, 1987; Hogan, 1987; Hogan & Greenfield, 1991;

Martinson, Davies, & McClowry, 1987; Michael & Lansdown, 1986）。

**類別 4：認知衝突**。喪慟者常覺得無法專注（concentrate），專注力「為了控制與恐懼、罪惡感和憂鬱有關的侵入性思考及感覺而受損」（Hogan & DeSantis，出版中）。無法專注的問題在其他手足喪慟研究也有所發現（Balk, 1981, 1983b; Hogan, 1987）。

**類別 5：期待與手足重逢**。喪慟青少年「希望能死去，以能與手足重逢」（Hogan & DeSantis，出版中）。在喪慟過程早期這種念頭最強烈，期待在天堂／來生與逝去手足重逢也是持續依附建構中的關鍵類別（Hogan & DeSantis, 1992）。

**類別 6：因應行為**。為了從哀悼的痛苦中轉移注意力，喪慟青少年可能採取一些高危險性的行為，如開快車、酗酒或服用迷幻藥等。

## 個人成長的建構

認為個人在經歷生活危機之後可以得到個人成長的想法已納入理論中多年（Collins, Taylor, & Skokan, 1990; Lopata, 1973, 1975; Offer, 1969; Taglor, Lichtman, & Wood, 1984）。喪慟手足的研究顯示他們覺得自己變得比朋友和同儕更成熟、更能應付壓力、和家人有更親密的關係、更能知所輕重、更以其他人為重（同理心、慈悲心和對他人與自己的包容力增加）（Balk, 1981, 1983b, Bank & Kahn, 1982; Hogan, 1987; Hogan & DeSantis, 1994; Martinson,

Davies, & McClowry, 1987; Offer, 1969; Oltjenbruns, 1991）。上述許多特質也反映在個人成長建構的五個類別中。

　　**類別 1：永久改變的事實**。喪慟青少年對生命的不長久有了新的看法，也就是體認到關係是脆弱而寶貴的，沒有任何事物可取代，這使得生命中有價值、有意義的事物，其重要性重新排列。

　　**類別 2：重視他人**。喪慟青少年表現出對家人和其他人的福祉、權利和需求更多的愛和責任感。他們的高超情操（ultracentrism）在以如 OSIQ-A 和「慕絲家庭環境量表」（the Moos Family Environmental Scale; Davies, 1988）等標準化工具所測得的較高道德感相一致（Balk, 1981, 1983a, 1983b, 1990; Hogan, 1987; Hogan & Greenfield, 1991）。

　　**類別 3：彈性增加**。喪慟青少年相信自己變得更堅強、更能面對生活的挑戰、有更好的自我價值感和自我覺察。他們也覺得對於生活和未來有了全新的樂觀觀點。

　　**類別 4：信心增加**。當這些青少年重新評估他們的價值觀和信念時，常有「信心（faith consciousness）」增加的情形，他們發展出「一套新的個人信念系統，或者對於他們因應手足死亡與未來生活事件的內在力量信心增加」（Hogan & DeSantis，出版中）。這股「信心」激發了他們的高超情操，對某些人而言也增強了他們的宗教熱忱（Balk & Hogan, 1995; Hogan & DeSantis, 1994）。Balk（1981）、Hogan 和 DeSantis（1994）也發現了這種因手足死亡而來的宗教熱忱，Balk（1991）、Balk 和 Hogan（1995）對此有更深入的討論。

**類別 5：接受和給予幫助的能力。**喪慟青少年覺得同儕和家人都能「隨時」安慰他們，共享逝去手足／孩子／朋友的回憶，讓他們以自己的方式哀悼（Hogan & DeSantis, 1994）。他們也覺得自己「隨時」與家人和朋友在一起，幫助他們度過喪慟過程（Hogan & DeSantis, 1994）。

在這個理論中，哀悼和個人成長的建構被視為互相獨立的曲線（Hogan & DeSantis, 1992, 1994，出版中；Hogan & Greenfield，校閱中）。在 HSIB 的這兩項因素之間有 0.19 的相關性（Hogan & DeSantis，出版中）。Lehman 和他的同事（1993）在喪親和喪偶研究中也發現哀悼與個人成長是互相獨立的。

**哀悼曲線**　在手足過世之前，青少年的生活（生理上、社會上和心理上的靠近）是與手足共享的，生活是正常而世界是可理解的，一旦手足死去了，這些正常和可理解之事都不同了，「先前天真的想法和生活的『運作模式』（Bowlby, 1969）都不再有用了」（Hogan & DeSantis，出版中）。

喪慟青少年感受到生活是不幸的，圍繞著無望、沮喪和極度的寂寞，他們無力去改變既有的事實。在哀悼最強烈時，有彈性的喪慟青少年將同時有兩個體會：(1)逝去的手足永遠不會再回來；(2)儘管逝去的手足永遠不能再相依靠，他們也必須重新找回對生活的掌控感。

這同時產生的兩個體會便是哀悼曲線的轉折點，重新獲得對未來的希望，哀悼反應減少，他們開始了重新建構生活「和創造新的符合現實與常態的世界觀」的過程（Hogan & DeSantis，出

版中）。然而，喪慟的感覺在逝去手足常參與的重要生活活動上還是會再出現（如婚禮、畢業典禮、家族慶祝活動等）。

**個人成長曲線**　在手足死亡之前，喪慟青少年的世界是正常運行的，他們在其中發展個人認同和尋求一些問題的解答，如：「我是誰？」「我該往何處去？」「我要如何達到？」他們從與人際網絡中的成員共有的生活中去尋找解答，有時也透過手足關係。

在手足死亡之後，青少年的生活不再理所當然，他們必須重新界定他們的角色和在人際網絡中的關係，對於所尋求解答的認同問題變成了：「我現在是誰？」、「我現在要往哪裡去？」和「我現在要如何達到？」。

尋求新的認同問題的解答使得他們生活的重心有所改變，當喪慟青少年從一般青少年的自我中心提升到無我的高超情操時，他們就超越了自我和他人，自我的超越導致個人成長並且最終建構了「沒有了逝去手足的生活的新模式與意義」（Hogan & De-Santis，出版中）。

新規範的最終結果是漸次體認到生命的有限和關係的可貴（Hogan & De Semtis，出版中）。進一步地，存活手足與家人的這個新規範已經和他們先前擁有的規範全然不同，這全是因逝去的手足／小孩已不存在了。

## 持續依附的建構

持續依附的建構（Hogan & DeSantis, 1992）是指「協助手足

喪慟青少年轉變為有彈性的生者之一種動機性力量」（Hogan &
DeSantis，出版中）。當手足逝去時，所有與手足共享的期望徹
底粉碎，他們的希望被極度的無助、無望與無意義所取代，透過
持續依附的方式，他們期待與逝去手足在天堂／來生可能的重
逢。

持續依附也協助喪慟青少年「進行內在省思」，他們與逝去
手足共享的生活已無法再回來，接受了手足死亡是無法挽回的事
實，讓他們放鬆而能「重新形成一個現實感，包括將逝去手足保
留在心靈深處」（Hogan & DeSantis，出版中）。

持續依附有助於個人成長的過程，引導自我感、對他人的責
任感等的擴展及超越，當個人成長持續時，有助於喪慟青少年重
新找到認同。

持續依附是中介哀悼建構和個人成長建構的無聲變項，當哀
悼處於最激烈的狀態下，持續依附便顯得明顯。持續依附的出現
隨著時間加速且擴展了個人成長的過程，持續依附與哀悼之間的
互動和持續依附與個人成長之間的互動是雙向的。然而，對青少
年手足喪慟者而言，哀悼與個人成長仍然還是各自獨立的（Hogan
& DeSantis，出版中）。

Hogan 和 DeSantis（出版中）強調哀悼、個人成長與持續依
附之間的關係因某些因素而變成多樣化，如文化、死亡的原因、
手足死亡時的環境、情感連結的本質、手足們的特質和對來生的
信念。他們以比較性和縱貫性研究來驗證理論，有助於分辨常態

性與非常態性手足喪慟（Hogan & DeSantis，出版中）。

# 對未來研究的建議

Balk在一九九一年回顧有關青少年喪慟的研究，並提出三個主要的建議。他的建議如下：

這方面（青少年喪慟）的研究需求包括(1)研究青少年喪慟過程的縱貫式研究，(2)發展理論模式以解釋青少年的哀悼，(3)整合有關青少年發展的傳統領域，如認知發展、道德理解、性別社會化和認同形成等（p.7）。

就第一個建議而言，目前並沒有任何一篇已發表的縱貫式研究。缺乏縱貫性資料的結果，使得實證地描述青少年喪慟過程變得困難。

缺乏縱貫性研究的原因，可能係因為部分研究者假定已有足夠的資料來了解青少年喪慟過程的特性、強度和持續時間，事實則不然，自 Balk 在一九九一年回顧文獻之後，只有兩篇文章（Hogan & DeSantis, 1992, 1994）和一個章節（Hogan & DeSantis，出版中）描述青少年如何因應手足死亡。

縱貫式研究可以讓研究者描繪青少年手足喪慟的過程，並能區辨適應不良的喪慟，這有助於讓治療者和臨床工作者篩選出高危險群，並據以設計因時因地適宜的介入計畫。

縱貫式研究也有助於了解經歷過手足死亡的災難事件之後再面對失落事件是否有減輕或緩衝哀悼過程的效果。換言之，新的世界觀是否能改善對青少年期和成人期其他失落的哀悼反應。

　　Balk（1991）的第二個建議提到發展理論模式的需求。Hogan和DeSantis（出版中）已運用來自質性與量性研究的資料發展出一個青少年手足喪慟過程的理論模式，有關這個理論的比較性和縱貫性驗證的需求先前也提過，此外沒有發現其他已發表的、有實徵根據的理論模式。

　　Balk（1991）也建議研究者將認知發展、道德理解、性別社會化和認同形成等整合到他們的研究目的中，這些重要的研究領域至今仍很少被提到，但有關認同形成等必要的發展任務，研究者相信手足的死亡對此產生了破壞性效果，研究者進一步假設為了因應手足死亡所帶來的處境危機，青少年創造了另一條完成發展任務的途徑，此假設需要進一步的實徵研究驗證。

# 結　論

　　近十四年來，青少年手足喪慟研究已成為喪慟研究中的一個重要領域，大量的努力投注在了解手足喪慟的特性，並採用非精神病患者的青少年為研究對象，研究者不斷強調在青少年的發展架構和家庭背景下了解其哀悼過程的重要性。

　　有些努力也開始投注於了解為何哀悼程度低的青少年在質和量上比高哀悼程度的青少年擁有較高的自尊和較少的憂鬱症狀。

這些發現提供區辨正常與非正常哀悼的基礎，這一類由研究而來的發現，也可以應用到(1)篩選出能從介入計畫受益的青少年；(2)設計符合年齡需求的介入方式；(3)評估和驗證介入的效果。

質性研究的發現提供了豐富且深入的資料，對於青少年如何描述身為一名倖存者，以及如何評價這些有益與有礙他們因應與適應手足死亡的事情，還有他們造成的後續影響，有了更多的了解。最後，一個有價值的創新是了解青少年與逝去手足間的持續依附，以及這種精神上的連結如何支撐與滋養活著的青少年。

綜合而言，青少年手足喪慟研究對生活事件研究者而言是一個嶄新的領域，本章所提到的研究者，他們的投入以及對於累積有關青少年手足喪慟過程的知識等貢獻都是值得肯定與讚賞的，儘管眼前仍有許多的挑戰，重要的是研究者勿自滿於眼前的收穫。在美國有近一千八百萬名喪慟的兒童和青少年，而在世界上更有無以數計的人們經歷了手足的死亡，他們是一群「無言的哀悼者」，研究者不僅要維護這群「無言的哀悼者」，更要以科學的基礎提供協助他們的人有效的介入方法。

---

本章作者感謝 Eric Soldau 協助計算章中所提及的一千八百萬名兒童及青少年。此資料源自美國商業部兒童及青少年死亡人數的統計（United States Bureau of the Cencus, 1993）。

# 10

# 青少年期朋友的死亡：
# 議題與衝擊

Kevin Ann Oltjenbruns

青少年期常被形容為「人生的黃金時期」，然而此說卻忽略了這個時期失落和哀悼的普遍性。估計青少年期經歷過同儕死亡的個體從 36%（Balk & McNeil, 1989，未發表；Silliman & Swihart, 1991）到 87%不等（Schachter, 1991），更甚者，Dise-Lewis（1988）發現在她所研究的六百八十一位十一至十四歲的青少年中，有 12%在過去一年內經歷了朋友的死亡。姑且不管這些精密的研究數據，每一個體的死亡帶給許多人喪慟——包括認識的人、最好的朋友們、團體成員、同班同學、戀愛對象、幫派成員等，此外還有他們自己的家人。

McNeil、Silliman 和 Swihart（1991）注意到無論在任何年

齡，朋友的死亡都是重大事件；而青少年期朋友的死亡「特別嚴重，因為年輕人脆弱的自我和與朋友間緊密的關係」（p.133）。基於青少年面臨死亡失落的普遍性和接踵而來的哀悼衝擊，青少年的父母、老師、輔導員、帶領者及其他與他們接觸的人有必要了解他們的失落和喪慟過程。

以下列出幾種時下青少年常經歷的失落類型：

・二十歲的Marla駕車被酒醉駕駛撞上，因頭部外傷而過世。她剛贏得地區運動會的金牌，Marla是中學校隊的隊長，深受同學愛戴。

・十三歲的Abbey死於白血病，她最近一次的骨髓移植沒有成功。在她過世之前幾個月，她仍盡可能上學，她的同伴們在她生病期間相當支持她，對她而言他們的存在很重要。

・十四歲的Alan在放學途中被流彈射中而死，他住在一些暴力高張的社區且成為幫派的一員，幫派成員是他最好的朋友。

・十五歲的Juan在與愛滋病搏鬥四年之後過世，他是在一次腿部手術時因輸血感染。Juan只有一位真正的朋友，其他的同學害怕被感染而不敢接近他。

・十六歲的Tad因翻船而溺斃，他的朋友在事件發生時都無法救起他。Tad和他的五位朋友當時都喝了酒，他被發現時血液中酒精濃度相當高。

・十七歲的Maria在與男友分手一個小時之後在家中自殺，他們剛從學校舞會離開，Maria還在舞會被選為歸鄉慶典的女王。

・十八歲的Ahman是地區高中籃球隊的明星球員，他在練習時虛脫倒下且在不久後過世。驗屍時，法醫發現他有嚴重的心臟

阻塞，過去從未發覺。

# 青少年同儕關係

　　前一節的例子裡描述了許多不同類型的同儕團體，在青少年時期朋友和同儕團體提供了許多不同的功能，如同儕提供了嘗試不同角色的機會，從他們身上獲得有關自己的特質和能力的回饋，測試不同的理念和信念系統，幫助了認同感的建立，提供情緒支持等等（Bigner, 1994）。

　　兒童期的友誼有許多特色，包括共享一些共同活動的樂趣或一些特質如「有趣」、「友善」、「有助益的」或「體貼的」等。在青少年期，隨著友誼的成熟，其他的特質變得重要起來，如被他人接納、忠誠與承諾、親密感、自我強化與協助等（Balk, 1995; Bigelow & LaGaipa, 1980）。互惠（reciprocity）是一重要部分，因為如果彼此關係真的被視為「友誼」，那麼感覺必須是雙方都有的，「友誼似乎因交換私密訊息、情緒支持和一起做某些事而滋長」（Bigelow & LaGaipa, 1980, p.36）。

　　「親密（intimacy）」也是衡量友誼的一個指標，親密的友誼是互相認定的，親密的朋友是「互相信賴且忠誠……他們感到自在，不必偽裝，完全自發且開放……他們了解彼此的感受、喜好和生活上的事情……他們喜歡一起做事……最後，他們互相幫助、互相支持，可以自在地要求對方幫忙，這些感受越強烈表示友誼越親密」（Sharabany, Gershoni, & Hofman, 1981, pp.

800-801）。

在這樣緊密的基礎上建立的友誼若因死亡而終結，將引起明顯的失落，許多因素都將對個體的哀悼反應造成衝擊，包括友誼的核心、彼此在對方生活所扮演的角色、花費在對方身上的時間、情感的緊密程度等。一位親密、信賴的、給予極大支持的朋友死去比起一位僅是熟識的朋友死去要造成更大的衝擊（Cook & Oltjenbruns, 1989），但並不表示一位熟識的朋友死去不造成任何衝擊。

有些關係因矛盾的感受而顯得奇怪，個體有時視某人為朋友，但在互動中似乎含有明顯程度的氣憤、敵意、懊惱、不耐和挫折等，這就是所謂「在高度困擾且矛盾的關係失落後引起的衝突性哀傷（conflicted mourning）」。在起初一段時間無哀悼現象（即使已紓解），之後哀傷者（通常）經歷到嚴重的哀悼，有悲傷、焦慮、罪惡感、自責……想與死去的人有所連繫、明顯的良心不安與許多複雜情緒（Rando, 1993b, p.171）。

許多青少年發覺他們自己處在一些矛盾的關係中，在這個階段和他人之間的衝突是常見的，來自於許多原因造成，如被他人排斥、情緒善變引發敵意、權力鬥爭等，然而另一股強烈的需求可能緩和這些，如希望被喜歡、被接納、情感的需要等。

當一段矛盾的關係因死亡而終止時，存活者的哀悼便變得複雜，典型反應是罪惡感的出現（Rando, 1993b）。最容易出現不良的喪慟結果是同儕因自己的行為而死，死者可能是競爭的對手也同時曾是朋友，這種狀況常出現在幫派械鬥中。

# 青少年的認知發展

　　青少年在許多發展向度上都是改變劇烈的時期，最明顯的改變之一便是思考方式的改變。Piaget（1972）指出，抽象思考能力是形式運思期的特色之一，通常從青少年期開始，青少年也可以用假設的方式思考，比兒童在思考能力上更具彈性。

　　成人常常對青少年在喪失同學（即使並不熟）之後表現出的強烈哀悼反應感到驚訝，這看似誇大的哀悼反應與青少年正開展的理智能力有關，「認知的過程……影響著理解複雜概念的能力，決定了青少年有關死亡的疑惑和關注點，並調節他們對所愛之人死去的經驗」（Cook & Oltjenbruns, 1989, p.221）。

　　青少年期發展出了抽象思考能力之後，接著便有了面對不免一死命運的能力，這可解釋為何有些成人覺得青少年對不太認識的人死亡過度反應，感覺與逝者可能有相似遭遇擴大了哀悼反應（Barnes, 1978），青少年可能只是因與逝者同屬一個團體而覺得兩人可能有相同遭遇，因此即使兩人不熟悉也能引發其強烈的哀悼反應。

　　另一個青少年思考上的特性是強烈的自我中心（egocentrism）（Elkind, 1967）。當青少年有了抽象思考能力，他們就能夠評估自己的思考過程，也能概念化別人對他們的想法，許多青少年認為周遭的人，特別是同儕，對他們所做的事都非常有興趣，以至於隨時在評斷著他們的所作所為。這種自我中心導致自

我覺察（self-consciousness）和不斷注意自己的外表及別人對自己的反應（Vander Zanden, 1989）。

青少年的自我中心有時導致他們個人化某些想法和行為，一個例子是當個體無法再記得逝去友人的臉、聲音或一切時，他開始擔心如果他死去，別人會不會也忘了他。

青少年自我中心的另一產物是所謂「想像的觀眾（imaginary audience）」。青少年將世界視為一個舞台，而將他們自己當成主要的演員，他們的行為常是模仿環境中他人的作法，而不是來自個人清楚的思考和仔細的決策過程。例如有一位教師走進一個九年級的班級，告知有一位其他班級的學生在周末因車禍過世，六位在社團活動認識逝者並成為好友的學生站起來哭著跑出去，沒多久，Misha 也這麼做，但是 Misha 並不認識逝者，接下來幾天，她仍然很傷心並且當著許多人面前哭。在這個狀況下，Misha並不是沉陷在個人的哀悼反應中，而是反映她的朋友（認識逝者的）的反應。

青少年常認為他們被其他人仔細地觀察和評斷，以致當他們面臨朋友死亡所帶來的嚴重而痛苦的失落時，他們因害怕被看不起而猶豫是否要表現出哀悼。雖然在我們的社會裡正常的哀悼越來越被了解，也能注意到提供喪慟者支持的重要性，但許多人仍認為人們應該私下哀悼並且盡快結束，在這種情況下，青少年會恥於或害怕尋求協助，認為這是一種弱者的表現。

另一個典型青少年自我中心的部分是所謂「個人寓言（personal fable）」（Elkind, 1967）。許多青少年視自己為獨特的，以致他們表現得似乎不了解規範別人的規則也同時是規範他們

的，也使得他們常常看似不知道某些危險行為會導致嚴重後果。個人寓言可能使許多青少年投入一些導致死亡的活動中（如嘗試禁藥、飆車）。

當青少年面對同齡者的死亡時，他們可能感覺到世界棄他們於不顧、不再是可預測的而相當震驚，他們的個人寓言受到嚴厲挑戰，這些青少年被迫面對自己終必一死的事實（O'Brien, Goodenow, & Espin, 1991; Podell, 1989）。另一個青少年自我中心與個人寓言的結果是：許多青少年有自我的獨特感（sense of uniqueness）（Fleming & Adolph, 1986）。當青少年面對所愛的人死亡並哀悼之，他們的個人寓言可能使他們認為他們的哀悼是那麼地個人化而獨特，以致沒有人能了解他們怎麼了，在這個想法下可能使他們在失落後選擇封閉自我而非尋求他人的協助（Corr, Nabe, & Corr, 1994）。

# 青少年的心理社會任務

當他們漸漸成熟時，青少年經歷了許多心理社會歷程，包括個體化（individuation）的追求和強化個人認同（personal identity），每一項發展都是在同儕關係背景下進行，因此，朋友的死亡可能嚴重地衝擊了青少年這些正常的發展過程。

## 達成個體化

年輕個體努力於與他們的父母在心理上有清楚的分離，這個過程稱為個體化（Steinberg, 1990）。通常青少年的同儕團體會鼓勵他們反抗父母的規則、信念和價值觀，當衝突產生時，朋友們又會提供情緒上的支持，「當青少年努力於放棄心理上對父母的依賴時，同儕團體成了他們還沒完全自主之前的暫時寄託」（Brown, 1990, p.180）。重要的是去了解個體化過程是否導致青少年完全否定父母所教導的，研究顯示大部分青少年最終還是承繼了父母的政治、宗教和道德觀（Brown, 1990）。

個體化和尋求自主的目標在於讓青少年在某些方面能有個人的整合，而在信念上也不完全是承襲父母的指示。同儕團體的功能之一是提供個體化過程的支持，而一位能質疑信念與價值、討論理念和鼓勵挑戰成人權威的朋友逝去，可能導致在個體化過程所需的心理社會支持網絡呈現起碼一段時間的空白。

## 強化認同感

Erikson（1963）界定了許多在全人生涯中以發展為基礎的心理社會危機，在青少年階段面臨的是達到個人認同的需求，這個過程包括整合個人的過去經驗、自我評估和來自於包括家庭、朋友的社會環境所給予的回饋，有關「我是誰」的回答依據上述而來（Bigner, 1994）。

當一位朋友死去，連帶有了許多的失落，包括失去一位重要的同伴、一位能夠談心事的人、愛和個人的支持、一個資訊的來源、能給自己正向回饋的人、一位能挑戰理念的人、和一位反映個人情緒與行為的同齡伴侶。多重失落的結果可能令喪慟青少年感覺到不再像友人過世前那麼地安全，因此，他們在挑戰自我以尋求自我成長的過程中可能變得更害怕且猶豫。當朋友是自殺死亡時，許多青少年感覺自己無法再「評估」他們所認識的朋友。

　　朋友的死亡在許多方面影響了認同的發展（Podell, 1989），如同前面所提到的，經歷了同齡同伴死亡的青少年，此刻須將個人終必一死的理解整合至他們的信念系統中，雖在理智上很早就了解這個事實，但直到青少年期他們才真正在情感上體會到他們也會死亡，而將此了解整合到他們的個人認同中。

　　更進一步地，朋友的死亡給予青少年一些新的經驗和對自己新的領悟，擴展了自我認同的訊息基礎，這些領悟包括個人對增多的失落之界定、對情緒強度的辨識、了解失落對思考和行為的衝擊、更了解個人的因應能力、體會個人在危機情境下的彈性……等等。

# 失去一位朋友

## 對個體的衝擊

　　直到一九八〇年代早期，死亡對青少年的衝擊才漸漸受到關注。然而學者們的焦點多放在手足死亡造成的喪慟（Balk, 1983a, 1990; Hogan, 1988）或喪親所造成的喪慟（Gray, 1988），較少關注朋友死亡的哀悼。

　　一個重要的問題是，我們是否能將這些闡述家人之死的文獻應用在對朋友之死的哀悼反應之了解上。Lurie（1993）在研究中發現這兩種哀悼經驗的相似點多於相異處，運用「哀悼經驗問卷」（the Grief Experience Inventory; Sanders, Mauger, & Strong, 1985），Lurie 發現兩者間只有一個顯著差異，這些發現顯示親密朋友的死亡引起和親密家人死亡類似的哀悼反應，唯一顯著的差異是在生氣／敵意量尺上，喪慟友人比喪慟家人得分高。Lurie（1993）將這個發現與死亡的原因作連結，青少年的朋友多死於突然但可預防的原因，如自殺、他殺或意外，對這一類死亡漸增的憤怒是常見的。

　　在一項針對曾經歷同儕死亡的五十三位青少年研究中發現，大部分人經歷悲傷、震驚、不可置信、驚訝、生氣和迷惑，其他常見的反應包括麻木、恐懼和罪惡感（Schachter, 1991）。由於每

一段關係都是獨特的，我們必須了解沒有一個人的哀悼經驗完全相同於另一個人，然而，仍有一些共同點讓我們能了解這些哀悼的典型表現、強度和持續時間（Cook & Oltjenbruns, 1989; Podell, 1989）。

即便一個哀悼反應被形容為「正常」，但仍必須了解個體的哀悼是相當個人化的，可能受到許多因素影響，已知其中一個重要因素是死因，某些原因特別是那些似乎可預防的原因可能使哀悼反應變得複雜（Cook & Oltjenbruns, 1989），因意外、自殺、謀殺和愛滋病而導致的死亡常被認為是可預防的，然而這些原因是大部分青少年的主要死因。在喪慟期間另一個可能提起的議題是死亡的發生是突發的或暴力的，而這也是今日青少年死因的特色之一（Schachter, 1991），當死亡的發生被認為是可預防的時候，憤怒和罪惡感常因而加劇，暴力死亡常讓生者不斷沈溺於死亡事件本身，逝者死前一刻的狀態不斷闖進生者的思維裡，不停想著逝者當時是否承受極大痛苦或極大恐懼。

另一個影響喪友青少年哀悼的因素是「存活者的罪惡感（Survivor guilt）」，這來自一種信念，認為個人應一起或代替死者死去（Cook & Oltjenbruns, 1989）。例如，Josh 的四個朋友於回家途中因比賽回家的遊戲而喪生於車禍中，他覺得相當愧疚，本來他要和他們一起回去，但因老闆要求他留下來且關店門而沒跟上他們，有幾年的時間 Josh 一直痛苦於為何自己是活下來的這一個。

當個體須為朋友的死亡負責時，個人的罪惡感變得相當大，此時若受到也關心死者的人責備時，罪惡感更為加劇。例如常見

的一個情況是青少年因駕駛不當導致朋友死亡，此時不只這些青少年感到愧疚，他們也同時面臨其他社區成員的責難和排斥，在這種情況下專業的介入是必要的。

## 個人資源

　　**因應策略**　經歷過童年期走入成人期之後，個體發展了越來越成熟、廣泛的因應策略，它們常被分類為情緒的、實際的和認知的因應策略（Hoffman, Levy-Shiff, Sohlberg, & Zarizki, 1992）。在青少年期，由於抽象思考等能力的增加，以及預測未來、形成假設和評估結果等能力的提升，使得個體有更好的能力使用認知因應策略（Phelps & Jarvis, 1994），這些新的認知策略常和情緒及實際策略合併使用，這三類在許多情況下都相當有用，有些指標顯示那些「使用較高層次認知因應的人對壓力事件有較高的彈性」（Hoffman et al, 1992, p.464）。青少年應被提供有關死亡的訊息、相關的儀式、喪慟、影響哀悼結果的因素等等，有許多管道可以提供，包括課程中涵蓋死亡與哀悼單元；與細心、支持而知識豐富的成人交談；以及適合青少年閱讀的書，如 Colgrove、Bloomfield 和 McWilliams（1991）寫的《失去所愛的人之後如何活下去》或 Grollman（1993）所寫的《與青年人談死亡》、《如何因應失去所愛的失落》。

　　哀悼基本上是對失落的多面向反應，情緒反應是喪慟經驗的核心。必須牢記在心的是青少年雖然擁有許多因應策略，但他們還無法像成人一樣熟練地處理失落，也沒有面對死亡的經驗來幫

助他們了解他們及其他人的哀悼反應是否正常。對青少年而言，為了有效因應強烈的情緒和思緒，尋求周遭他人的支持是很重要的。

**社會支持** 在友人死後哀悼的青少年有時被形容為無法解放的哀悼者（disenfranchised griever）（Doka, 1989）。在這個背景之下，無法解放指的是大社會環境的期待，認為某些群體或個人沒有經歷過重大失落就不應該有哀悼反應。不幸的是，許多成人並不了解友誼對青少年的重要性，因而無法理解喪友青少年的哀悼（O'Brien, Goodenow, & Espin, 1991），如果成人無法了解青少年友誼關係的緊密程度，他們便無法理解強烈的哀悼反應是必然的結果。

當無法解放的情形發生時，所能得到的社會支持變得非常有限，其結果可能相當嚴重，有強烈的證據顯示社會支持有助於緩和哀悼，也有助於終結失落（Balk, 1990; Floerchinger, 1991; Lurie, 1993; Rando, 1993b）。Lurie（1993）發現青少年晚期的個體若能得到來自父母、朋友和支持性組織較多的社會支持，他在失去所愛的人之後的沮喪、憤怒和敵意、社會性退縮、身體症狀、去個人化和罪惡感等，明顯比社會支持少的人要低。

## 對現存友誼的潛在衝擊：一個次級失落與擴大哀悼的模式

直到最近，喪慟研究才將焦點放在經歷過失落的個體之哀悼上。然而，必須了解的是「重要關係的失落常引起人際關係上立

即而有力的反彈」（Derdeyn & Waters, 1981, p.483）。探討青少年期喪友的衝擊時，必須注意哀悼反應之外，死亡對現存友誼的影響，為了了解這個部分，以下提出一個次級失落與擴大哀悼的模式。

為求簡化，這裡呈現的解釋著重在雙邊的友誼關係，然而，此模式對於了解更大的同儕網絡也一樣有益。就定義而言，系統理論將同儕團體視為一個社會系統，有助於了解青少年死亡對其他團體成員的衝擊，系統本身有互相交織的情緒、溝通和認知層面，任何一個向度的改變都影響了其他向度的功能運作。

**次級失落與擴大哀悼**　大多數人希望在面臨壓力性生活事件時得到從友誼而來的支持（Berndt & Perry, 1986），支持的層次依個體間關係疏密程度而有所不同（如對朋友比對認識的人期待更多的支持）。如果兩個朋友同時為另一位同儕的死去而哀悼時，那麼要得到相同於過去交情的互相支持變得困難。如果兩個好朋友之中有一人為另一人的死亡而哀悼時，對兩人友誼也形成一股壓力。

為了更了解這個現象，以個案研究的方式呈現一個次級失落與擴大哀悼的模式。次級失落（secondary loss）是指因某一哀悼經驗所導致在現存友誼上的壓力性轉變（stressful change），這個壓力是指互動型態、親密感、安慰和支持等的轉變，假如壓力過大，雙方會有一段時間互相逃避，在某些狀況下甚至結束友誼。擴大哀悼（incremental grief）是指來自多種相關的失落所導致的額外的哀悼，如失去原先的親密感、安慰和支持，也可能失去友誼本身。

Jack、Paulo 和 David 從三年級就玩在一起，他們住得很近，一起騎腳踏車上學，參加同一個學校社團，是眾所周知的「三劍客」。在十年級時，Paulo 在一次家族旅遊中因划船意外喪生。

在 Paulo 剛死去的幾個月裡，學校輔導人員發現 Jack 和 David 下課後不再膩在一起，甚至似乎互相仇視，因此輔導員和兩人個別談話，了解他們的友誼發生了什麼事。

Jack 提到在 Paulo 死後他對 David 的生氣。「Dave 不夠朋友，他在我最需要他的時候離開我，我想談 Paulo 時他也不願聽，有一次我在他面前哭，他竟然起身離開房間……我實在是無法理解，我以為我們是朋友……現在我想我討厭他……和他在一起會讓我想起三個人時的快樂時光，那令我難過，但我的確需要他回到我身邊……但我如何能又討厭他又需要他呢？」

在同時，與 David 談到 Paulo 死後他和 Jack 的友誼發生了什麼事，Dave 告訴輔導員下面一段話：

「我受到很重的傷害以致我無法傾聽任何一位也受到傷害的人說話，特別是 Jack……他是我目前唯一的好朋友，但我也無法再承擔他的悲傷……現在他也和我斷絕來往，完全對我冷淡，當我試著要說些什麼時他常罵起我來，我猜他已經不想再當我的朋友了。當我想到這些時，我覺得很難過，

> 我不希望這是真的……在聽到 Paulo 死去的消息時，我清楚地聽到我的心在胸口哭泣，現在有時候我覺得Jack也死去、離開我了，他還是活得好好的但離我越來越遠。很糟糕的是，我不曉得到底發生了什麼事……假如Jack真的在乎我們的友誼，他應該說出來，他一定是不在乎了！我知道他已經不再了解我了，有時我覺得我又要再次完全心碎，我不確定我是否能承受得住。」

　　**討論**。Paulo的死亡含括了這個模式的基本失落部分，Jack和David對Paulo的死亡有不同的反應，也就是有了不同步的哀悼反應，Jack 和 David 也有不同的因應方式。

　　如同在個案研究中所提到的，Jack 和 David 有了一個次級失落——他們先前親密關係的壓力性轉變。這個次級失落啟動了另一個哀悼反應，David 覺得他失去了「另一個好朋友」而深深受到傷害，這個結果是模式中擴大哀悼的部分。

　　前一個例子是友誼的兩方都認識逝者，次級失落與擴大哀悼也可能發生在只有一方認識逝者的情況下，下面便是這樣的例子：

> 　　Cari 和 Tammy 是隔壁鄰居，交往六年的好朋友。她們參加同一個女童軍團，常一起睡覺一起吃飯。當十六歲的 Cari 被一位肇事逃逸的駕駛撞死後，Tammy 為朋友的死亡相當難過。
>
> 　　Tammy 和 Leah 也是一段時間的好友，她們一起上教堂

好幾年，每個禮拜天都會在教堂碰面，由於父母間也是親密朋友，她們常在一起玩。雖然 Tammy 和 Leah 認識很久，但 Leah 從未見過 Cari。

　　Leah 對於 Cari 的死感到難過，也非常關心她的朋友 Tammy 因為這個失落而有明顯的哀悼。然而，Leah 並不完全了解這件事對 Tammy 的打擊，最後對 Tammy 不願「讓它過去」而感到生氣。在觀察了她們之間關係的緊張，加上無意間聽到兩人對彼此的憤怒，教會的青少年輔導問了 Tammy 和 Leah，了解她們怎麼了。

　　Tammy 說：「Cari 就像我的姐妹一樣，我可以告訴她所有的秘密，當我沮喪時她會鼓舞我……她常逗我笑而我會幫忙她完成家庭作業。我們能成為這麼好的朋友的原因之一，就是我們各自擅長不同的東西，彼此沒有競爭……Cari 說我這麼優秀應該可以拿到獎學金進任何一所我想唸的大學，當 Cari 這麼告訴我時，我會很相信她並且覺得光榮。現在她走了，我連集中注意力都有困難，只能勉強應付考試，Cari 是錯的，我根本就是個笨蛋！我再也不知道我是誰或我能做什麼……現在一切好像不對勁了，而 Leah 要求我要像以前一樣頭腦清晰而快樂，我沒辦法！我心裡不停地想著 Cari；我一閉上眼睛就會看到車子撞上她，我好生氣……這一切都不應該發生。

　　我試著告訴 Leah 我需要的是什麼，我需要一位能夠傾聽、陪伴、讓我哭的朋友……我討厭 Leah 告訴我要「讓它過去」，她就是不了解，她甚至不認識 Cari。Leah 甚至不曉得

她已經傷害到我了，現在我又因為這樣失去了另一位朋友，這不公平，現在沒有人可以聽我說話，我能怎麼做——Cari 死了，而現在我又沒有了 Leah。」

從 Leah 的觀點，她告訴了青少年輔導下面一段話：

「Cari 死後有兩個月了，我知道 Tammy 很愛她，但我無法理解為什麼她要一直哭，她曾經是很快樂的人，我希望她還是那樣。我們曾經有過很美好的時光，現在什麼都沒了。我覺得在教會時想避開她，而當她的家人要來看我父母時，我會找藉口避開，他們通常會帶 Tammy 一起來。現在我不知道該怎麼和她相處，在我家裡我們常一起說說笑笑、談談男孩子，但現在她幾乎不說任何事，我真不懂……Tammy 失去了一位朋友，我也是！我根本不認識Cari，但我覺得她的死改變了我的生活。我是非常害羞的人，沒有太多朋友，失去像Tammy 這樣的朋友是我所遇過最糟的事情之一，她還活著，但我們的友誼好像已經死去……真是糟糕，我不知道該怎麼做。我不確定 Tammy 是否在乎，她一直包裹在她的感受裡，好像這件事對她不重要。」

**討論**。Leah 在 Cari 死後很快地給 Tammy 支持，然而，經過幾個星期，Tammy 覺得 Leah 似乎不再了解她仍然需要哀悼和她的支持，Tammy 覺得很挫折，她說：「Leah 不了解為什麼我還一直需要哭泣」、「她要我像以前一樣好玩，這讓我想抓狂」、

「我不認為她真的在乎我或我們的友誼」。

最後，Tammy 和 Leah 真的結束她們的關係，這造成了一個次級失落，Tammy 相信不管她怎麼解釋她的感受，不管她如何清楚地表達她需要支持，Leah 都無法理解。失去彼此的友誼，Leah 和 Tammy 都感到生氣和痛苦，這是擴大哀悼反應的部分。

當社會網絡中的其他人不了解哀悼過程（如常見的哀悼表現、持續時間和強度），喪慟的個體常認為其他人無法用他們希望的方式來給予支持，這反映在第二個陳述裡。反過來說，像 Leah 這樣非處於哀悼的個體，當 Tammy 不感激她所給予的協助時，她感到被無情地拒絕，Tammy 以發洩憤怒和退縮作為她對 Cari 死去的哀傷表現，而 Leah 也從兩人的關係中退縮下來。

在危機情境下，當個體開始與社會網絡保持距離，網絡本身也可能漸漸與個體保持距離，在這個個案中，Leah 和 Tammy 在 Cari 死亡後互相疏離，導致一個次級失落和引起哀悼反應。

**一些次級失落與擴大哀悼的意涵**　喪友之後在同儕關係上有了壓力性或負面的轉變時，最終的結果依情況而有所不同。在某些狀況下，經驗次級失落和擴大哀悼的生者最終可能再重建彼此的連結，甚至比原先的連結更堅實；在其他的狀況下，次級失落可能嚴重到讓關係完全終結。然而不管最後的結果如何，次級失落的現象可能導致原先失落的痛苦更為加深，這演變出了擴大哀悼的現象。必須注意的是，次級失落的經驗和它所帶來的壓力是相當正常的現象，但並不普遍。

## 正面結果

　　大部分針對青少年喪慟的討論多集中在強烈的情緒和壓力反應，但通常也有正面的結果。這些正面的結果通常和個人成長以及對現有關係的衝擊有關。Oltjenbruns（1991）發現，在她研究樣本中有 96%的人起碼提到一個喪慟經驗的正面結果，這包括對生命有更深的了解、情緒韌性提高、問題解決能力更好、對所愛的人更加關懷、和其他人的情緒連結更堅實、更能同理他人、溝通技巧更好等，這些結果對於第一次面對這些感受、特質、技巧的青少年特別重要。

　　許多正面結果反映在下列來自美國中西部一個小鎮的地區報紙上（Huckeby, 1993, pp.15-16）。這個小鎮的高中高年級班在過去三年裡有四位青少年死去，他們被朋友們懷念著，以下便是他們的同學，一群十七、八歲青少年所編輯的畢業特刊中一些留言：

　　　•「在他死去之前，G 教導了我了解生命、歡笑和朋友。」
　　　•「感謝能相聚在這裡，令我開懷暢笑！感謝一起擁有的美妙回憶和歡笑，感謝你這麼地特別，你是我最好的朋友，我們愛你、想念你，我們將帶著對你的回憶越過越好。」
　　　•「很幸運能認識你，你教我更認識生命。」
　　　•「無法不想到你就笑……感謝能遇到你……雖然因為你的死錯失了你，但起碼我還擁有回憶和笑聲。未來的日子裡，我會珍惜我所擁有的每一天。」

喪友所帶來的痛苦之外，還有許多新的領悟和感受，這些對青少年整體發展而言是相當正向的。

# 青少年期同儕失落的意涵

## 父母

即使許多人相信青少年期是青少年與父母之間的「暴風期」，研究顯示大部分青少年在情緒上依賴父母給予支持，並尋求他們的建議和諮詢（Steinberg, 1990），然而，有一些因素可能讓父母無法提供喪友青少年所需的支持。

青少年通常不太和他們的父母談有關朋友的事和他們對朋友的感覺，以至於父母常不了解青少年和他們朋友間關係的重要性，當孩子面臨同儕的死亡時，父母可能無法了解失落的嚴重性和同理接著而來的哀悼。如果他們不了解正常的青少年發展過程，他們可能無法理解他們的孩子對朋友或認識的人死去的強烈反應。

更進一步，由於年齡的關係，許多今日青少年的父母在青少年期很少經歷同齡同伴的死亡，許多兒童期的疾病可以醫治或控制，今日的父母成長在一個還不知道愛滋病的時代，沒聽過飆車槍擊，酒醉駕車意外也少見，少有青少年自殺，以至於這些父母本身在青少年期較少經歷同儕的死亡或沒有類似的失落經驗。

對於能提供青少年孩子支持的父母而言，他們需要有關影響正常哀悼過程因素的實際資訊，以及一些特定死亡方式的喪慟結果，許多父母也需要學習如何與孩子談失落和提供支持的策略（McNeil, 1986）。另一個重要的事實是，今日青少年的父母生長於要求喪慟者自制並私下哀悼的時代。

　　在同齡者死亡後，青少年的父母能表現真誠的關懷有助於中和無法解放的感覺，這樣的支持也讓青少年了解父母能體會每一位朋友都是獨特的，不能馬上被任何一位朋友取代，向孩子表示他們不應該哀悼太久，只是因為他們相信其他朋友能很快取代逝者的作法，無益於減輕失落的嚴重性。

## 學校人員

　　當一位青少年死亡，許多學校人員都受到影響，如果老師和輔導人員本身也為學生的死亡哀悼，他們便難以提供喪慟的學生們支持（McNeil, Silliman, & Swihart, 1991）。所以，提供學校人員為危機預作準備是有益的，例如，管理者可以安排常規的訓練課程讓學校人員能多了解一般的哀悼表現，以及與哀悼強度和持續時間有關的因素，如此可協助同仁幫助學生哀悼同學的死亡，也可以幫助老師、輔導人員和其他助人者更能接受他們自己對於學校成員死亡的反應。

　　更甚者，許多學校發現界定一套因應青少年死亡的處理方針相當有用。每一個學校的計畫都有些不同，視可用資源而定，況且每一件死亡事件的發生都是相當個別化的，雖然如此，在任何

一位學生死亡發生之前，預做計畫是必要的。以下是一些可以含括在計畫中的例子（McNeil, Silliman, & Swihart, 1991; Mauk & Weber, 1991）：

　　1.通知全校有關這個學生的死訊。

　　2.與學校以外和喪慟學生有關的人士溝通（如父母、牧師或神父）。

　　3.對逝者家人和朋友表達慰問。

　　4.提供訊息和回答有關死亡的問題。

　　5.提供學生和其他人機會參與向逝者致敬、道別、紀念等有意義的儀式。

　　6.讓學生能一直有機會表達對失落關係的想法和感受以及死亡事件本身、其意涵等，還有提供支持的方法。

　　此外，學校的計畫還應包括討論如何提供也受到死亡衝擊的同仁們支持，老師、輔導人員、教練、社團老師、管理員等也都因學生的死亡而經歷到特有的失落，他們的哀悼也應該被重視，有些人可能希望有彈性的時間可以去參加葬禮或私下哀悼，有些人可能需要諮商或其他機會來處理他們對死亡的反應。

## 研究者

　　近年來，研究者漸投入研究來自家人死亡的哀悼反應，如配偶、父母、小孩和手足，雖然有證據顯示許多青少年經歷到同儕的死亡，但在這領域很少有研究探討。

　　針對喪友青少年的哀悼研究必須考慮與關係本身不可或缺的

因素，如在同儕關係的親密程度上隨著時間有發展上的轉變，青少年常把友誼描述得比更小的孩子還親密（Berndt & Perry, 1986）。須進一步研究的部分是知覺到的親密感和哀悼的強度、持續時間的關聯，是否親密度的增加使得喪友青少年與喪友兒童有不同的喪慟結果？

　　許多研究提到女性表示在友誼中有較高的親密度和依附程度（如 Raja, McGee, & Stanton, 1992），也比男性在友誼中有較高的情感、社會支持和自我價值感的提升（DuBois & Hirsch, 1990; Furman & Buhrmester, 1985），就目前所了解友誼關係中的性別差異，研究者應致力於探討這些關係中的哪些特性受到喪友的影響，如果可能，將這些影響差異的因素作為介入因素加以檢測。

# 結　論

　　許多年輕人在青少年期哀悼朋友的死亡。在這個生命階段的發展議題影響失落本身的嚴重性，由於朋友在許多發展任務上扮演核心角色，以致朋友的死亡危機化或延遲了這些任務的完成，更甚者，發展的特徵和能力（如青少年自我中心現象和認知能力）對哀悼反應的表現也產生衝擊。因應策略和知覺到的支持系統也影響喪慟結果。

　　雖然青少年期喪友是非常普遍的，但很少有文獻針對這個特殊的失落事件進行探討，這個領域還有許多的問題，來自這些研究的發現將有助於協助青少年度過喪友之痛。

第三篇

介入

　　本書的前幾章常提到幫助面對死亡或喪慟青少年的方法，在第三篇的各章節不但提到青少年所面臨與死亡相關的議題，同時陳述提供幫助的各種介入方式（intervention modalities）。

　　在討論如何幫助遭遇死亡與喪慟的青少年這部分，先由分析青少年所居住和依賴的家庭開始。在第十一章 Marcia Lattanzi-Licht 強調青少年的家庭背景的重要性，他描述了不同形態的家庭系統，他們對失落的反應以及家庭如何用更有效的方式幫助青少年處理失落。

　　在第十二章，Robert 和 Eileen Stevenson 敘述讓家庭更有效運作的方式，以及透過從宗教機構到教育計畫來幫助青少年處理瀕死、死亡、失落和哀傷等議題。這類在學校環境所進行的工作計畫，對於幫助青少年在未面臨前先預備好來面對死亡和喪慟是很重要的核心工作。在第十二章，「死亡教育（death education）」（如同它已被稱呼的方式）在預防上有重要價值，特別是在四大主要領域：憂鬱和自殺、愛滋病毒和愛滋病、暴力和親子技巧等對青少年早期和中期個體的幫助。這一章也檢測死亡教育者的品質、一個針對高中生死亡教育計畫的課程、安排此類課程必須面對的核心問題，和此課程目前已有的模式。

　　一旦創傷性事件發生，對事先預防來講已經太晚了，但對於進行「事後預防（postvention）」或在教育機構中進行介入計畫則不嫌晚，這個主題在第十三、十四章中討論，同時分析對高中生和大學生的事後預防。在第十三章 David Hill 和 Yvonne Foster 提供了一個理論的、結構化的敘述，並且設計了一些建立中學生事後預防計畫的指導原則。同樣地，在第十四章，Ralph Rickgarn

解釋了事後預防計畫對學院程度的青少年晚期個體之價值，並提供執行這類計畫的建議。

　　介入可以是給予短期的事後預防，也可以採喪慟青少年的支持性團體和專業諮商與治療進行一段長時間。在第十五章，Richard Tedeschi 提到青少年的喪慟支持團體與建立和進行此類團體有關的議題，還有這類團體的潛在效益。在第十六章，LaNae Valentine 提到協助青少年因應死亡和喪慟的諮商者、治療師或其他專業者的角色，討論中包括轉介的指標、評估哀傷反應的因子和如何與青少年單獨或和他們家人一起處理的技巧。

　　最後，在第十七章 Michael Stevens 和 Julie Dunsmore 列出處理面對重症青少年的核心議題和重要事項。這些作者特別敏銳於如何與這群青少年建立良好的互動關係，同時，他們提供有用的指導原則給這些青少年的手足、父母、其他家人、同儕和朋友，來幫助他們自己也幫助患病的青少年。

# 11

# 協助家庭面對
# 失落的青少年

## Marcia Lattanzi-Licht

　　青少年的家庭存在一種微妙的平衡，同時面臨緊密的關係和預期中的分離。通常這些家庭會經歷人類關係與有關依附的最好和最糟的部分，在這段時期，家庭生活面臨失落和哀傷會帶來複雜的挑戰，充滿了分裂和衝突（Carter & McGoldrick, 1988; McGoldrick & Walsh, 1991; Walsh & McGoldrick, 1988, 1991）。

　　在了解青少年的哀傷之前，很重要的是必須先認識家庭的影響。這一章將談到青少年和面對親近家人死亡（如父或母一方或手足）的家庭反應之間獨特的背景和動力關係，同時也提到評估家庭和青少年功能的方法，以及如何給予有效支持的架構。

　　雖然青少年期是翅膀長豐滿預備要離巢的時期，但年輕的個

體仍依賴著一個事實，那就是當他們想回來時，安全的窩仍然會在那裡。家庭生活是青少年依靠、反抗和尋求許可的安全堡壘，越來越強的自主性和成熟感使青少年在家中有明顯的角色轉變。雙親一方的死亡會令人們面對生存和發展上的打擊（Meshot & Leitner, 1992，見第八章），雖然面對手足的死亡關注點有些不同，它們都對人格形成有很大的衝擊（Hogan & DeSantis, 1992; Rosen, 1986，見第九章）。

　　青少年面對的發展任務與哀傷者的需求是相違背的，而青少年發展上的需求會給哀傷中的家庭增添困惑和痛苦（Mattessich & Hill, 1987; Rodgers, 1973），然而家庭同時也是使青少年安全地完成發展任務、解決衝突、重新穩定下來和能開始去統整失落經驗的地方。

　　許多的作者和理論家討論了家庭脈絡對青少年生活和適應失落的重要性（Preto, 1988; Gelcer, 1983; Vollman, Ganzert, Picher, & William, 1971），從對家庭背景和過去家庭生活的了解中，我們可以更清楚青少年的哀傷。

# 家庭觀

　　家庭通常是由三或更多代的成員經過長時間所形成的情感系統（Terkelson, 1980），其中包含活著的和已逝的家庭成員，涵蓋他們的功能、秘密和迷思，反映了過去和歷史對現在狀態的有力影響（Carter & McGoldrick, 1988）。了解一個家庭系統必須檢視

它的結構和成員互相的動力關係，而不只是他們的立場和反應，綜合臨床人員和研究者對家庭系統的看法，Levitt（1986）提出下列幾點：

1. 互相依賴的成員，為了發揮功能和成長而互存。
2. 因獨特的經驗而形成獨特的規矩（有時也受與家庭有關的大群體影響）。
3. 不同家庭會以不同的方式面對改變和外來的影響力。
4. 不同家庭以其獨特的方式感受和因應家庭內與家庭外的壓力。
5. 不適切的因應方式促使家庭重整。

　　經過四十幾年的家庭研究，如同對家庭資源如因應技巧、溝通和問題解決、合作支持的能力等的深入研究，未來的研究將可能朝向以更好的方式理解影響家庭的壓力（McCubbin et al., 1980）。

　　系統觀視家庭為有價值的、有能力的和開放地被環境所影響（Hall & Kirschling, 1990），這樣人性化的觀點使得與處於困難的家庭工作變得有希望且樂觀（Sills & Hall, 1985）。除了可以學習、改變和成長，家庭系統取向同時較正向地去看待人類經驗和生存的本質，這使得對青少年假設中的分離再一次提供了支撐點。

　　提供以家庭為核心的服務有漸漸增加的趨勢，特別當家庭處於某些關鍵時刻時，不管是死亡的來臨、出生或瀕死的過程，助人專業者都鼓勵所有家庭成員的積極參與。安寧照護（hospice care）就是一個鼓勵家庭參與照顧疾病末期患者的例子，藉由安寧照護的方式，家庭成員能在家中照顧他們所愛的家人，而青少

年也有機會成為父母的主要照顧者，或擔當起維持家庭正常運作
的責任，照顧他們年幼的弟妹（Lackey & Gates, 1995）。

# 家庭背景

　　或許對青少年而言，家庭生活最重要的部分是家庭滿足他們
個別需要的方式和程度，相對的青少年如何去滿足其他成員的需
要也是很重要的，對於一個家庭而言，「哀傷」損害了家庭滿足
家庭成員需求的能力。

　　一般而言，當一個家庭面臨失落和喪慟時，青少年常常感受
到額外的要求，他們必須去符合未亡的父母或殘存的手足的需
要，青少年常被要求承擔更多成人的責任，並且在哀傷期必須更
涉入家庭的事務。

　　當青少年要求獨立時，父母的控制會較一般的衝突和矛盾更
為嚴重，而當這些衝突沒有解決前，家庭面臨了死亡會讓成員產
生罪惡感以及更為複雜的哀傷情緒。越來越多的研究顯示衝突的
或關係不良的家庭容易因死亡而產生罪惡感（Shanfield, Benjamin,
& Swain, 1988）。為了了解哀傷對青少年家庭的衝擊，思考家庭
角色和家庭特色是有必要的。

## 角色

　　角色有助於讓一個家庭標示其功能和成員的定位，哀傷的發

生不僅使角色重新定位，也是行為方式和互動模式的重新安排和界定（White, 1991）。在小家庭，重新適應角色的困難度較高，理由很簡單，越少的人口就越沒有人可以去分擔已逝者的角色，青少年此時也可能被要求擔當起照顧家人情緒的角色。

## 家庭特色

　　哀傷是一段面對非預期之事發生的時間。Vess、Moreland 和 Schwebel（1986）分析發展角色、家庭生命周期和至親死亡的關係，在檢測了死亡的方式和先前的角色定位，他們認為影響的層面和家庭是「以人為主（person-oriented）」或「以地位為主（position-oriented）」有重大關係。以人為主的家庭採開放式溝通、權力結構有彈性、角色健全（achieved roles），這樣家庭在面臨至親的死亡可以很快地進行角色替換；以地位為主的家庭採封閉式溝通、角色曖昧（ascribed roles）、權力結構僵化、較依賴文化典範、缺乏角色輪替的機制、家庭功能不明確。

　　Partridge 和 Kotler（1987）認為以家庭型態來了解家庭對面臨重大失落之青少年的影響是很窄化的觀念，他們提出用家庭環境模式（family environment model）來闡述家庭互動的品質和家庭歷程，而不只用一般社會學所界定的家庭觀念。

　　對健康的青少年而言，影響最大的莫過於親密的、信任的、和諧的良好婚姻關係、明確的代間界限（generational boundaries）和有效率的父母聯盟（parental coalitions），展現出權力共享和互敬互重的關係，這是健康青少年常有的經驗（Kleiman,

1981），至親死亡並不會抹殺這些經驗，它提供我們去思考這個家庭可能面臨的動力的（dynamic）挑戰。調適的過程使得未亡之至親和青少年之間的界限和角色的區分變得更清楚，一般而言，家庭型態能幫助也可能阻礙青少年的哀傷過程，所以，事實上無法因應失落可能是整個家庭的問題而非青少年個人的問題（Krupp, 1972）。

# 家庭的本質

就健康和幸福兩方面來講，家庭功能可以用一些因素來區分，Knapp（1986）歸納了一些能夠中介和緩衝失落壓力的家庭因素，他將之標示為「整合的家庭」（integrated families）和「孤立的家庭」（isolated families）。

## 整合家庭的特性

以下是整合家庭的特性：
- 對外因應壓力有較好的預備
- 溝通和合作的管道開放
- 以家庭為基礎去面對壓力
- 信任其他人
- 家人之間有熱絡關係
- 對自己和其他人有信心

- 和更大的社會系統保持彈性的互動
- 擁有較多的個人的、家庭的和外在的資源

　　平時這些特性讓一個家庭保持在良好對抗危機的狀態，當突然遭逢家人的死亡時，也能很快地處理此危機。在這連續向度的另一端為孤立家庭，它較無法對危機作有效率的反應，沈陷在哀傷之中。

## 孤立家庭之特性

　　以下是孤立家庭的特性：
- 視個體更重於家庭全體
- 被死亡所造成的危機所重創
- 孤立感
- 很少或幾乎沒有支持
- 內在感覺疏離、缺乏親密感
- 封閉的系統
- 家庭內和家庭外均少有社會性接觸
- 可用資源極少

　　這些 Knapp（1986）所提出的兩極化的陳述在一般家庭裡並不常見，但這樣的區分方式有助於我們去發現青少年的脆弱之處。雖然大部分的家庭均介於「整合的」和「孤立的」家庭之間，但由家庭所孵育的信念和資源決定了這個家庭系統如何去面對成員的死亡，青少年受家庭特性的影響，他們如何反應、如何因應因家庭背景的不同而開展或受限。

所有嘗試解釋「家庭」的理論架構或模式，傾向以家庭如何在面臨危機時提供有效的支持來定義家庭的結構和過程（Levitt, 1986）。家庭理論家和研究者大體同意功能良好的家庭有以下四個特點：

　　1.成員們相信家庭是一個安全、接納、有愛的地方，鼓勵成員表達自我。

　　2.有良好的問題解決和溝通技巧，協商是主要的方式。

　　3.家庭內有彈性的因應方式。

　　4.家庭內可以有如一個整體，也可以有如許多個體的整合，成員間有緊密的連結，也有清楚的界限（Levitt, 1986）。

# 哀傷反應

　　哀傷對青少年而言是孤獨的私人經驗。發展任務、學業壓力、強烈的情緒反應，和其他人不易分辨和支持青少年的需要等，令哀傷的過程變得緩慢或者間歇地爆發出來（Raphael, 1983），這會增加了家人的困惑和不穩定，增加了原本即有的發展上的脆弱性，在互動過程中，家人們會感覺「我怎麼做怎麼錯」（我好像無法做對任何事情）。

　　Hankoff（1975）注意到在青少年的發展向度中已經涵括了死亡的概念和相關議題，疏導失落情緒反應的心理架構是發展的成就之一。哀傷反應被視為是一種危機反應（crisis reaction），其中內含了青少年在心理上的因應能力，這樣的「危機反應」被視

為是成人情緒功能中的重要部分。

　　青少年期的轉變和不穩定使得他們的哀傷反應有別於其他的家庭成員，不穩定的特質導致青少年壓抑或潛抑他們的情緒反應，青少年常覺得不確定、遲疑、能力不足或無法得到他人的支持，他們也容易被嚇到、不信任、在喪慟中有比較強烈的失落感，常伴隨有睡眠障礙和多夢。手足的死亡常讓青少年陷於無法哀傷的危機中，一部分來自他們的自我壓抑，一部分受周遭他人的閒言閒語影響（Rosen, 1986；見第九章）。哀傷中的青少年就像成年人一樣，他們會經歷混合罪惡感、生氣、無力感、退縮和孤立等種種矛盾情緒。關注青少年的哀傷經驗一般會考慮程度（degree）、時間點（timing）和表達這些困難反應的機會（opportunities）。

　　在家庭中，父母一方或手足的死亡會使青少年感到失去安全感，並且過度在乎仍存活的父母的哀傷，他們可能為了不讓父母傷心而不表現出哀傷，只有在他們認為父母穩定下來了才開始處理他們的哀傷。同時，青少年會開始扮演成人的角色和承擔家庭責任，也就是說，青少年在他們的喪慟行為中會努力表現得像個成人，採取家人喜歡的反應（Silverman & Worden, 1992）。無論如何，這種適應模式會導致青少年否認或壓抑他們的哀傷，就如同成人以一種徒勞無功的方式依賴青少年，重要的是家庭成員不要將青少年套上已逝家長或手足的角色，剝奪了他們正常認同過程的努力。

　　雖然矛盾情結在所有關係中均可見，但在青少年期有擴大現象，這和分離過程（separation process）有關，當某家庭關係中存

在高度的矛盾情結而當事者死亡，青少年將面臨更複雜與混亂的悲傷感受，他們有嚴重的罪惡感和自責，此時家人的注意和再保證是減低自責感受最重要的力量。

　　一個普遍的失落反應是完全被哀傷淹沒的感覺，從來沒有過而且以後也不會再有的感受。青少年在哀傷中經驗到「改變了的我（changed self）」成為一個主要的負擔，他們原先無憂無慮的態度沒了，換成了恐懼、深思熟慮的「老（older）」我，同時哀傷中的青少年變得無法和一般正常的青少年同儕和諧相處，存在於一般青少年和哀傷青少年之間關注點的差異，使得與眾不同和孤立的感覺更為加深，這是令人不悅的感受。

　　青少年期的目標之一是爭取同儕的認同，相屬並且相像於同儕團體，與眾不同和孤立感是哀傷的普遍經驗，這使得青少年過於自我關注，而這些感受在家庭中被強化和表現出來，尤其當哀傷的父母和手足也失去了自我時。青少年面對父母的悲傷情緒時可能會採取逃避的方式，期盼的不僅是已逝的父母或手足，更希望還活著的父或母能像往常一樣，極端的例子像是花比以往更多的時間在家裡，或者完全逃避家庭和家人。一般而言，在調適失去父、母或手足的過程中，青少年往往感受到較多的責任和較少的讚賞。

　　Mary 十三歲時她唯一的哥哥、十五歲的 Pete 死於一場車禍，一年以後 Mary 變得憂鬱且不太和朋友在一起，她曾是相當優秀的學生，也是高中田徑隊和籃球隊員。她的父母在五年前就離婚了，平時她和母親及繼父一起住，假日和父

親度過。Mary 感覺她無法和雙親中的任何一人談論她對 Pete
死亡的悲傷，因為他們也一樣難過，她覺得她現在必須當一
個「完美的孩子（the perfect child）」，並且做任何讓父母開
心的事。她的朋友即使和她很親密，但是都不敢和她談
Pete，她覺得非常孤單，只好轉向小狗 Peppy 和日記傾訴。
偶然的一次機會裡學校輔導老師注意到 Mary 的體重減輕了，
Mary 才和輔導老師談起這些事，老師將 Mary 轉介到一所地
區醫院的失落團體，在那裡也同時有喪慟父母團體，Mary 的
父母親在帶她參加青少年的團體時，也一併參加了父母的團
體。

　　Mary 失去了她長期以來的玩伴、兄弟和最好的朋友——
Pete，他們彼此形成很強的連結互相支持，特別是在父母離
婚之後。Mary 覺得無法再和朋友在一起，也沒辦法和父母相
處，在失落團體裡她開始學習直接和父母談她的感受和難忘
的事，她告訴父親寒假的時候不想再每個周末外出，要求母
親多花時間在家裡。

　　和其他青少年談一談，讓 Mary 比較不覺得自己是「唯
一」面對哀傷的人，她漸漸地可以和班上剛經歷父母離異的
同學建立友誼，也開始和一位關心她的十一年級生交往。她
繼續和她的孤獨感和憂鬱對抗，並且用她的宗教信仰作為長
期的慰藉。

　　由於 Mary 在高中時仍有中度的憂鬱現象，她的母親找
了一位地方上的諮商員和她談，雙親分攤接送和付費的責
任。在 Pete 死後兩年半，Mary 仍思念他並且有孤獨感，她

仍是成績優良、在學校很活躍的學生，她察覺到自己和成人較容易相處，和同齡的年輕人則否，她也強烈感受到父母對她有很高的期望，但卻不願花時間去聽她說話，關心她所在乎的事。月初她的愛狗——Peppy 被車子壓死了，她從此失去了重要的依賴對象。

Mary 在六個月內接受了十六次的個別諮商，並在高中畢業前再接受額外的三次。對這一位聰穎又敏感的年輕女子而言，失去唯一且親密的手足是最深的痛，對父母的感受使得她以為她不能表達她的需求，造成她內在的矛盾衝突，加深了她的孤單感受。

諮商強調形成更明確角色的需要以及和父母之間明確的界限，當 Mary 可以表達她的心事時，父母輪流陪 Mary 接受諮商，Mary 因而更清楚了解父母真正的期待，她也表達了離開父母去上大學的擔心，父母給了她保證，並且鼓勵她去追求自己的興趣。

Mary 被鼓勵多花時間和喜歡的朋友在一起，多參加喜歡的活動，像音樂和歌唱，但對於運動則不，因為那讓她覺得她必須做得很好來彌補 Pete 的死和取悅父母，她也同時加入教會的青年團契，以一種不同的、更激勵她的方式探討心靈議題。

# 家庭的適應

當家庭中有人死亡，在適應的過程中有些家庭會面對一些困難，包括允許哀傷的過程、淡化對逝者的記憶，和重整在家庭內和家庭外的角色（Goldberg, 1973）。

每一個家庭都是獨特且不同的，所以在適應失去親人的失落經驗中也有所不同。在探討因兒童癌症而失去孩子的家庭的一項著名研究裡，他們探討孩子死亡七至九年之後的家庭，發現了三種不同的哀傷型態：「度過它（getting over it）」、「填滿它（filling the space）」，和「維持連結（keeping the connec-tion）」（McClowry et al., 1987）。在研究中有些父母和手足提到「空乏（empty space）」的經驗能讓他們「維持連結」，是他們所期待的狀態，其他的家庭讓自己忙碌、轉移注意力、不再去注意他們的哀傷，以求「填補空虛（filled the emptiness）」，這些家庭提到當他們特別想念這死去的孩子時，這種「空乏」的感覺特別強烈。最後，「度過它」的家庭視孩子的死為過去式，並且不覺得這對現在的生活有明顯的影響（McClowry et al., 1987）

這個研究讓我們想到幾個有關如何提供支持給這些家庭的問題，是否每一位家庭成員都有不同的處理失落的方式？假如家庭成員各有不同的方式處理失落，那麼家庭的功能是什麼？就如同作者所說的，是否這些模式都可以應用到家庭中其他人的死亡（如配偶死亡或父母死亡）？而青少年如何面對可能影響他／她

未來人際關係的死亡？

　　有些理論嘗試解釋影響家庭中青少年哀傷過程的重要性因素。

## 參與

　　對青少年而言，在家庭面對成員的死亡時，家人的反應最重要的是讓自己有持續參與的感受，這不但是讓他們感受到成為家庭一員的價值感和重要性，同時也意味著「我們可以一起度過難關」。即使青少年表現得似乎他們並不想參與，或者表示他們沒有興趣一起計畫或活動，但參與感仍是最核心的需要。

　　舉例來說，當 Jim 的爸爸因嚴重白血病住院治療時，Jim 告訴媽媽不想去看爸爸，然而當媽媽去醫院探視丈夫回來後，Jim 很生氣並且不理她，表示自己是想去看爸爸的。在家裡亦然，Jim 的爸爸常要求 Jim 陪他，但 Jim 只願意在家人不在時這麼做。在爸爸死去之後，Jim 很堅持他不想參與葬禮的討論，他待在廚房裡，但偶爾會走進來參與大家的討論，在某一次，神職人員問他是否可提供一些葬禮用的音樂，Jim 馬上提供了三首歌，每一首都是父親很重視的歌曲。

## 表達的機會

　　若限制了青少年豐富情緒經驗的表達途徑，只會讓他們更覺得處處受限。雖然圍在一起哭對青少年來說並不是很常見，但他

們的確比較容易表達情緒。音樂是青少年表達情緒的主要方式，如同運動和其他身體活動一樣可以讓他們發洩。有一個青少年的家庭在父親死後，固定租一些幽默有趣的電影，每當他們看電影時，朋友和同伴會坐在一起大笑，有時也會相擁而哭。

生氣可能是有未表達的情緒或需求的結果，家人有必要去分析青少年過去生氣的表達方式以了解現在的生氣底下的問題。雖然生氣是來自失去死者的被遺棄感而有的正常情緒反應，但可能會因而導致疏遠和加深疏離感，我們可以將青少年的生氣引導到正常的感受和有建設性、和青少年價值觀一致的活動上。

## 維持正常家庭生活

過正常的生活對青少年而言是很需要的，家庭可以鼓勵喪慟青少年參與任何他們想參加的活動，維持他們在學校和在家裡的責任。另外，家庭本身也需要調適，以承認失落的痛苦和所遭受的重大改變，要同時生活在變化中，又需要去改變，對一個家庭而言是辛苦的，但家庭有必要去面對失落的事實並因應之，做必要的改變。

## 與限制共存

對家庭而言，適應上的困難之一是眼前的家庭生活窄化了、虛弱了，即使病人拖了很久才死亡，家人的生活在病人死亡之後仍會陷入狹窄、貧瘠的世界之中。對自己和生活有豐富感受力的

青少年，面臨此狀況往往難以適應，對他們而言，生活中的種種限制令人難以接受。

能面對這些困難盡力克服的家庭，比不願承認困難存在的家庭要好得多，因為家庭是一個示範，也是我們生活的場域，當家庭無法視成員的死去是一件重大的事件，那意味著我們之中的任何一位也是不重要的，而用逃避否認或過度保護的方式，也只是讓兒童或青少年認為「你們／我們是無能為力的」，家庭中瀰漫這樣沒有信心的訊息將帶來越來越多的恐懼。

能夠面對失落的影響力並且持續關心和彼此相愛的家庭，在未來的調適上是較被看好的，這包括了和社會網絡保持連繫的能力，即使有些人在哀傷過程的早期沒得到重視和支持。面對新的限制，有些家庭可能會失去一些舊有的支持系統，但也得到一些人給予新的支持和幫忙，實際上來看，了解彼此的需要和外界環境所給予的，讓青少年體認到除了不堪的事實之外，這是讓家人之間維繫和互相扶持的方法。

# 家庭支持

家庭的本質和品質以及所提供支持的有效性是決定喪慟青少年處境好壞的主要因素，即使這些因素在人生的不同階段也是同樣重要，但對於喪慟青少年的家庭，這些因素顯得更為凸顯。由於青少年尋求解放、較不依賴家庭，所以他們的自由、尋找和運用資源的能力就變得相當重要。

青少年家庭的本質和品質一直在變化，特別是家庭內的支持關係在明顯的變化中。青少年常因需求不易被察覺而無法接收到適當的支持，或許在青少年尋求他／她父母的支持時，因為獨立的需求而產生了較大的矛盾和害怕，同時，其他的家庭成員可能還陷於他們的哀傷中，而同儕也變得逃避或害怕他們（Raphael, 1983）。

Sherry 的媽媽在病倒兩週後過世，那時她只是個十七歲的高中生。Sherry 是家中最小的，她的二十六歲姐姐不住在家裡，她的二十二歲哥哥在社區大學預備完成最後一年的學業。在媽媽過世後，Sherry 承擔了所有的家務和照顧爸爸的責任。

Sherry 發現她的父親變得好遙遠，時而流淚時而易怒。他是一位工廠領班，他要求 Sherry 照顧這個家，同時在學校仍要有良好的表現，他不讓 Sherry 去談有關母親的一切，如果她哭了他便生氣，因為這會讓他覺得更沮喪。Sherry 轉而去尋找她的三個同班好友，她們從小學就很要好而且住在附近，其中有兩位在 Sherry 的媽媽死後就不再到 Sherry 的家了，第三位朋友——Barbara 則如往常一樣，甚至花更多的時間和 Sherry 在一起，一起做事、聽她說話、幫忙她處理家裡的事，Barbara 的家人如往常一樣歡迎她的來訪，在那裡她能表現得像個青少年的樣子，她被邀請參與家族的活動，成為他們「收養」的一員。

Sherry 和父親的關係仍保持平穩一致，但她的兄姐顯得

疏遠，而且在互動關係中想指使她，儼然像父母一樣。Sherry
在學校仍然表現優良，而且能完成在家中多出來的責任，有
時在家中可以得到一些支持的力量，讓 Sherry 知道父親還是
關心她的，但是她常感到孤獨，覺得朋友們拋棄了她，Bar-
bara 和她的家人所給她的友誼讓她感到被支持，這樣的關係
一直持續到她成年。

　　在小家庭裡，尋求家庭外的資源對哀傷的青少年而言似乎是
必要的。在過去，兒童和青少年有許多的家族長輩來關心，今日
的家族居住較分散，使得喪慟青少年缺乏了許多來自長輩的資
源，在這樣的社會背景下，喪慟青少年大都轉而求助同儕、老
師、神職人員或朋友的父母。青少年在父母或手足死亡後，被迫
必須花較多的心思去尋求支持和慰藉，不管是家庭內的或家庭外
的。

　　青少年和家庭所需要的支持之一便是所需的訊息，有關於發
生了什麼事、正在發生的事和可以期待什麼。除了知道與死亡有
關的周遭訊息，有關悲傷和哀悼過程的了解對他們也有益，假如
訊息可以一起呈現在家庭成員的面前，這可以幫助他們一起尋求
運用訊息之道，同時也是增進參與感和溝通的機會。

　　如果家庭成員都不在家中，那麼家庭以外的處所對青少年而
言就相當重要，所以學校所提供的訊息和支持就更不可或缺。現
在很多學校提供由學校同仁所主持的青少年失落團體，不再把他
們轉介出去，這有一個很明顯的好處是讓這些喪慟青少年感覺他
們的經驗是正常的，也讓他們在自己熟悉的環境中得到支持。

## 其他

　　許多青少年所經歷的死亡多是突發或隱含有創傷的成分。就定義而言，突發或創傷性的死亡帶給家庭系統極大的壓力，它們超乎家庭所能承擔的範圍，帶給家庭重大的挑戰和適應的需求。因創傷性死亡而受到傷害的青少年日漸增加，而他們需要支持與關注的需求也漸增加。

　　支持對於失去同伴或朋友的人也一樣重要，雖然這一章較強調失去家人且有青少年的家庭他們的需要和反應，但很明顯的，同伴或朋友的死去（見第十章）也帶給青少年和他／她的家庭很大的衝擊，一位朋友的死亡會增加青少年對家庭的疏離感，因為朋友是他們尋求被了解的對象。

　　在朋友或同伴死亡的前提下，Mauk 和 Weber（1991）呼籲給予自殺青少年的同儕情緒上適度的注意，由特定成人所給予的事後預防對於哀傷中的青少年來說很重要。其他非自殺方式的死亡，父母或專業者給予的支持就很少了（O'Brien, Goodenow, & Espin, 1991）。

　　上述的討論集中在從家庭的觀點看待青少年的哀悼，重點係來自假設大部分的青少年和他們的家庭並沒有「處理」他們的哀悼，事實上早期的支持、心理衛教的輔助和自我幫忙是最好的努力方式，過度臨床化（overclinicalization）地處理哀悼使得青少年和家庭更感到孤立。對於重複遭遇失落事件或有其他脆弱性的青少年和家庭，應轉介給心理衛生專業，讓這一群對哀悼過程了解

且能為他們設定適當目標的人來處理，如此家庭可以一起得到幫忙。

# 結論：個人省思

　　人生沒有任何一個時期比青少年期更寶貴、鮮明、可期待，此時生命就如同綻放的花朵，一切似乎都是可能的，死亡對他們來說是遙遠的、不關已的事，而青少年們的注意力都耗在分離和成長離家的事情上，而非死亡。對家庭而言，死亡是無論何時都不受歡迎的，而青少年的家庭中，死亡更是與已存在的衝突和矛盾格格不入，家庭成員的死亡讓家人感覺曾經共同努力的未來彷彿是一場騙局。

　　讓青少年度過哀傷最好的方法便是讓他們像家中一員般地參與，學習如何與悲傷和改變共處，找到歸屬。這一章雖然是由第三人代筆，但內容都是來自我多年與哀悼中家庭工作的經歷，更重要的是，對家屬反應的了解是來自我對原生家庭和我自己的家庭的親身經驗。

　　我的母親十三歲時在短短六個月內經歷了父親和母親的死亡，她的生活故事讓我了解到支持和家庭的重要性。我的女兒、十七歲的 Ellen 被醉漢撞死，我的兒子、十六歲的 Steve 讓我了解到青少年如何與哀傷抗鬥，他常告訴我他很感謝有一對父母可以聽他說，可以了解他的痛苦。Ellen 的死是我們的失落，而我們一起努力去度過這段慘澹的經歷。

我並不認為讓青少年在哀悼過程中有「家中一員」的感受是唯一健康有益的方式，但是我堅信在了解哀悼和悲傷的經驗中，放大我們的視野，把青少年納入我們的考慮會讓支持更有功效。

# 12

# 青少年和死亡、瀕死、喪慟的教育

Robert G. Stevenson and
Eileen P. Stevenson

　　青少年是充滿生命力的時期，未來似乎無可限量。有些人或許會問這些年輕個體是否需要背負死亡與失落等黑暗思想的重擔？是否每一位青少年在活力四射的時候會願意修死亡學分？當一個人還在學習生活的時候，為何就要去學習死亡？

　　在紐澤西州 Bergen 市，有一個社區可以做為美國小鎮的例子，在這個中等階層、都市邊緣的地區，人們生活的方式就是一天度過一天，如同一般的家庭成員，他們追求生涯發展、教育機會或家庭所看重的事物，「死亡」的想法對他們而言相當遙遠。由於不覺得需要，高中沒有提供死亡課程，在幾個月後，這種想

法被一系列的慘死事件所粉碎。

　　一位高一新生和同學玩弄他父親的左輪手槍時，不幸被同伴誤射死亡，槍枝也不知去向，整個社區處於震驚之中，他們表達出他們的哀悼並且希望能盡快恢復正常，然而一位年輕人的死亡雖然悲慘，但仍只是一件偶發事件，不到兩個月的時間，一位高中老師的年輕孩子在與白血病搏鬥之後仍然死亡，許多居住在這個地區的人捐錢給這孩子作骨髓移植手術，但孩子終究是去世了，帶給他們情緒上的打擊。

　　這樣的衝擊不僅打擊了這年輕人的家人和朋友，也打擊了無以數計的人，類似這種許多人共有的失落經驗會導致所謂的「社區哀悼（community grief）」，這種哀悼有別於單一個人的哀悼。另外，與此事件有關的高中生們也被影響到了，因為學校老師們認為大家對這年輕人的死亡已有所預備，應能調適得很好，所以沒有給予額外的關注，對於其他認為需要為這群學生規畫支持性活動的提議也否決掉。

　　那年夏天，一位因慢性病而接受治療的少女，原本治療效果不錯，卻在湖邊度假時陷入昏迷狀態，靠維生系統支撐幾天之後她死了。有一些人來到這個鎮上幫助鎮上的青少年，一位地區的牧師在女孩住院時為她辦了一場禱告會，同時鼓勵她的朋友和同學寫信為她打氣，在女孩的葬禮上，青少年們是典禮的主要角色（每位青少年有位成人陪同以便在需要時給予支持），同時在教堂附近的公立高中當天開放並供應冷飲，如果有青少年需要談談的，學校的輔導人員隨時歡迎他們來。在這個鎮上有許多成人關心年輕人們的需要。

這個社區所經歷到的幾次死亡都影響到大多數的人,為死亡事件所造成的影響作規畫是很重要的,只做單方面似乎是不足的,可能同時有數個失落影響著整個社區,也可能是「社區性」的失落伴隨著一些個人的失落,只為單一的失落設計哀悼處理是缺乏效率的。

前述的社區從經驗中學會如何幫助受社區性哀悼影響的青少年,這是一個典型的故事,了解許多社區如何來面對死亡和哀悼,類似的經驗常在危機來臨之前被避而不談,當我們最後終於採取行動時,即使有最好的預防措施有時仍可能犯錯,而我們在危機中所學到的教訓也常在我們居安時期遺忘掉了。

# 死亡教育

近二十五年來,有許多用來幫助年輕人和他們家人面對瀕死、死亡、失落和哀悼的計畫被發展出來,家庭和宗教機構在其中扮演重要角色,計畫多數在學校中實行並統稱為「死亡教育（death education）」。死亡教育是討論瀕死、死亡、失落、哀悼和對個體與人類衝擊的一門正式課程（Stevenson, 1984）,這樣的課程可以在家庭和家人們一起進行,也可以在宗教機構或學校中進行。

死亡教育開始於家庭,父母是孩子最早的也是最重要的老師,當他們嘗試於因應生活中的失落經驗時,他們也等於向孩子示範因應之道。在理想的狀況下,年輕人在危機發生時可以從家

人身上得到訊息和支持，在生命早期即架構了基礎，然而討論「壞事情（wrong thing）」所引起的情緒反彈，常阻礙了家人去討論一些較敏感的議題，如性和死亡這一類禁忌性話題，假如父母過於擔心說錯，那麼這樣的討論幾乎不會發生。父母也可能希望「保護」年輕人不受不快事情的影響，或者他們認為應該盡可能保住「童稚的純真」。

也可能因為許多原因，有些家庭無法提供成員一個安全、滋養的環境，功能障礙的家庭的確存在。功能的障礙可能發生在溝通或者來自過去所殘留下來的情緒包袱，如此一來，當哀悼或其他與死亡有關的危機發生時，家庭成員便需要外來資源以較有效的方式幫忙。

宗教機構也提供死亡教育，在多元化的社會中，分歧的宗教信念和沒有宗教信念等因素使得對年輕人施行宗教化的死亡教育面臨困難。基督徒可能視死亡為因罪受罰，有些基督徒則將他們的罪惡感以傳統宗教式的死亡圖繪表達，儘管如此，在罪惡的時刻信心也能帶來些許的舒緩，耶穌說：「哀慟的人有福了，因為他們必得安慰」（馬太 5：4）。慰藉是來自於相信耶穌的復活和祂是生命之主，而信祂的人「必得永生」（約翰福音 11：25）。

東方宗教思想常視死亡為一種「輪迴（transition）」，意指生命從現世消失，進入另一種新的存在狀態或另一種生活中。在印度教、佛教或道教等宗教信仰並不談個人的救贖，而在宗教的教導裡常常談到死亡，一般而言，宗教思想常去解釋無法理解的事件（為什麼他會死亡？），宗教也會安撫因對逝者的遭遇而有的恐懼（升天了、和佛祖同在、轉世投胎），同時宗教儀式〔守

夜、溼婆（shiva）、火葬、墳場服務〕也是一種共同力量的來源。另外，當一個人感到無望，宗教可以成為希望的來源：希望逝者此刻正在九泉（vale of tears）之下，或者終有一天能再相見。宗教普遍提供一個信念，即人死後，會以某些方式繼續存在，如此一來可以幫助喪慟者能好好生活下去。

在為喪慟者工作時，必須同時兼顧家庭和宗教的角色，在學校進行死亡教育時也不能只談死亡，老師必須注意學生生活中所有可能的影響，包括文化的、宗教的、信仰的差異，讓死亡教育能切實符合學生的需求。

# 學校的角色

學校的死亡教育分為三個方向：

**預防**：教導死亡的生理現象、對存活者的心理社會影響和因應瀕死、死亡、失落和哀悼的方法。

**介入**：危機時期學校給予的支持。

**事後預防**：死亡發生後由學校成員持續給予的支持。

死亡教育並不完全包括與死亡或失落有關的課程，哈姆雷特的獨白（Hamlet's soliloquy）或羅密歐與茱麗葉（Romeo and Juliet）是很好的死亡教育教材，但它們本身並不是死亡教育的一部分，只是從英文作品中借用來作為死亡教育的授課內容。

在學校裡，死亡教育包括前述課程、諮商和支持性服務，提供有關瀕死、死亡、失落、哀悼的一貫化課程以及處理學生、學

校工作人員、家人、朋友和社會整體的衝擊。

在學校中執行了四分之一個世紀的死亡教育後，對於這類課程的需求越來越清楚。有些人或許仍沈浸在死亡不會對年輕人造成影響的幻想中，然而事實卻不是這樣。十三歲到十九歲的高中生死亡率下降之後（一九七〇年高峰期），根據「美國聯邦統計索引」（*Statistical Abstracts of the United States*）顯示目前又開始回升，在美國每一千個年輕人就有一個死亡（美國人口調查局，1993, p.87），這些死亡的發生並不單只影響一所學校的學生，也同時影響同一區域的其他學校。

未來，在高中高年級中每二十位學生將有一人會面對雙親一方的死亡（Critelli, 1979），手足的死亡、名人的死亡（青少年心目中的英雄或傾慕的人）、師長的死亡也會影響青少年，在二十世紀可能在每一所學校的每一個班級都有學生正試著應付失落和哀悼，因此學生的差異便不在於是否曾受失落與哀悼影響，而是在因應的成功與否。

失落與哀悼對班級氣氛和學習過程可能有巨大的影響，舉例而言，哀悼可以在許多方面影響學生：

‧**學業方面**：注意廣度變窄、記憶困難、分數降低，或對於學校功課較沒有信心去完成。

‧**行為方面**：在教室裡出現破壞行為、出席率變差、常到保健室、常因「病」或因傷請假、常發生意外、不參加學校運動或其他活動、衝動行為、故意被處罰或暴力行為等。

‧**情緒方面**：表現出需要更多老師的注意和支持、感覺遲鈍、對學校失去興趣、和老師與同學的關係改變、容易生氣、罪

疚或悲傷——無法享受生活樂趣包括學校生活（Stevenson, 1986）。

在學校或課堂上，哀悼過程所產生的情緒或生理需求可能逆轉氣氛，或者被上述反應的一部分破壞氣氛。受失落影響的學生越多，他們被影響的程度也越大，而在學業上的干擾也越多。

更甚者，在某些方面有些學生屬「高危險」群（at risk）。有些遭遇喪慟的學生用酒精或藥物來麻痺情緒上的痛苦，表面上想克服哀傷帶來的痛苦是問題的原因，事實上，未解決的哀傷才是真正的原因，有些學生面臨不只一種失落，在現代的高中生身上多重失落是很常見的，這包括個體經驗的失落，也包括社區中的失落所影響的。

# 社區性哀悼

有些死亡或重要分子的失喪會衝擊整個社區，這時有些特別的哀悼狀態會發生，因為它影響及整個學校、小鎮或教區。國際次級學校規範聯盟（National Association of Secondary School Principals）在一九八六年設計了許多學校因應社區性哀悼處理方式的準則（Stevenson & Powers, 1986），這個處理方式是在挑戰者號太空梭爆炸之後，一些接受死亡教育的學生所提出來的問題，這些是學校在面對社區性哀悼時遭遇的問題：

- 誰來告知學生（們）？
- 還有誰需要被告知？

‧在哪裡告知學生們？

‧如何告知學生？

‧學生會有什麼反應？

‧有些什麼事會使學生的反應變得複雜？

‧有些什麼人的支持在學校內和學校外都可以派上用場？

　　發展一個結構化的死亡教育計畫，可以在學校中使得學生和教職員都能夠回答上述問題，也能在危機來臨時更有效反應。

　　在與接受死亡教育的學生會談後，發現有兩大優點是最常被提到的：⑴減輕因死亡而來的恐懼和焦慮；⑵增進同學們的溝通。年輕人提到在接受死亡教育課程之前，他們以為死亡是不可以討論的話題，這樣的想法使得他們對死亡的恐懼增加，也減少了和其他人（如可以提供支持的家人）溝通的機會。在接受死亡教育課程之後，學生們表示，他們第一次可以把教材帶回家和家人一起討論死亡和哀悼，當學生們可以更開放地談論這些話題時，他們感覺到恐懼和焦慮都減輕了，就如同一位學生說的：「在我上死亡教育課程之前，我一整天都在想死亡的事，但我沒辦法說出來，自從我上了這個課之後，我可以和一大群人討論它……從此我再也不會去想了」（Stevenson, 1984）。這裡的目標並不是要除去對死亡的恐懼，而是要讓學生不會太容易被它嚇到。俗諺云：「知識就是力量」，在這裡知識指的就是對瀕死、死亡、失落和哀悼的了解。

　　家裡和學校的溝通也因而改善了。被訪談的父母表示，當家裡有喪事時他們變得較可能通知學校，同時他們也慶幸孩子能得到幫助去面對生活中不可避免的失落。當死亡發生時，學校被視

為是提供支持的地方，而使學生在因應失落時，不會因個人及家庭的哀悼而負擔沈重。

除了處理學生的哀悼，死亡教育在四種預防的領域也扮演重要的角色：憂鬱與自殺、愛滋病毒與愛滋病、青少年暴力、未來的親職技巧。

・**憂鬱和死亡**：死亡教育課程中教導學生分辨自殺的警訊和憂鬱症狀。紐澤西市在一九八〇年代即開始自殺防治計畫，從那時起青少年自殺死亡的人數便持續下降，但鄰近的三個城市青少年自殺死亡人數卻上升，青少年自殺警戒計畫（The Adolescent Suicide Awareness Program）如此成功，也因此被推廣到全州。

・**愛滋病毒和愛滋病**：高中生罹患愛滋病和感染愛滋病毒的比率急速地上升。今日幾乎所有健康教育課程都提到愛滋病毒的感染途徑和愛滋病的症狀，死亡教育課程也討論相關議題，包括在高危險行為（如使用藥物或不安全的性）之下的感受、隱秘性和動機。接受死亡教育課程的學生常以模擬方式，嘗試如何協助地區發展有關愛滋病毒和愛滋病的學校政策。

・**青少年暴力**：青少年暴力事件的增加以及因暴力而死亡的青少年持續增多，促使了這個主題成了死亡教育的首要問題。在紐澤西州的Bergen市，青少年從事暴力犯罪的人數是五歲以前因死亡或遺棄而失親的學生的五倍，一般認為童年期未解決的哀悼是他們暴力行為的主因，死亡教育可以做為復原的方式之一，用來修正在處理哀悼的過程中方法的偏失。死亡教育課程陳述暴力行為的成因、危險性和結果，還有暴力行為增加背後的社會、心理因素，以及可取代暴力行為的其他方式，如同儕的調解。

‧**親職技巧**：孩子在因應哀悼的過程中所面臨的困難程度，和孩子的父母過去因應得如何以及現在如何因應有直接的關係，同時年輕孩子看待死亡的方式和成人大不相同，死亡教育課程嘗試讓青少年學習如何幫助他們的孩子（現在或未來）了解並面對這樣困難的課題。

# 死亡教育的品質

當高中生涯規律的生活中侵入了「死亡」，學校輔導人員、兒童研究者或學校護士往往被期待要能夠處理這些狀況。在許多情況下，他們通常沒有心理準備或具備相關經驗，即使給予他們特別訓練，他們的時間也很有限。對他們而言，在繁忙的工作中找到時間來規畫和教導一個長期的死亡教育課程是很困難的，甚至幾乎不可能。

死亡教育教師往往也是班級老師，因而不像其他專業領域（如健康教育或心理學）要求教師要具備特定的資格，一部分的困難也是來自學校中教授此科的老師太多樣化，在初中，死亡教育課程可以是健康教育老師教，也可以是家庭生活、英文、社會研究和科學等科老師教。

在公立學校，死亡教育的教師必須是合格教師，並且有一些兒童心理學或發展心理學的背景，但他們通常沒有接受過正式的死亡教育訓練，由於教師的養成訓練中，還沒有體認到讓老師具備因應班級中面臨死亡衝擊的能力之重要，所以老師們也不容易

得到這類的訓練。在私人的或教會學校，這個情形更多樣化，大部分的州他們比公立學校更沒有這樣的要求。除此之外，由於他們自己生活中有未解決的哀悼，使得這些老師在教授死亡教育課程時感到不自在。

　　工作人員訓練計畫和工作坊可以不斷儲備死亡教育的教師，然而別期望只訓練一、二位工作人員就可以幫助學生因應死亡這門功課，最好在不同層次都有一些工作人員以應付不同狀況的需要，就像在前面提過的幾個例子。同時，由於在每個班級都可能有面臨喪慟的學生，因此工作人員隨時都要能警覺到他們能幫上忙的地方，如果幫不上忙，起碼要能做到不在無心的狀況下增加學生的困難。針對死亡、瀕死、失落和哀悼的工作人員訓練計畫目前已實施及教師、校護、輔導人員、助理和行政人員，將行政人員納入計畫是很重要的，死亡和其他危機的學校因應策略是由行政人員來規畫的，他們同時也可以是評估執行死亡教育課程的工作人員表現如何的人。

　　由於缺乏標準化的工作人員養成方式和教師認證資格，死亡教育與諮商協會（the Association for Death Education and Counseling，簡稱ADEC）提出一套專業死亡教育者的認證方式。ADEC總部設在康乃狄克州哈佛市，是一個國際性組織，由死亡教育和哀傷輔導的專業人員組成，要成為一位專業的死亡教育者，初步必須具備以下的資格：

・證明曾接受過相關的訓練或工作經驗
・提供服務證明書
・在督導或合格的死亡教育者監督之下能服從專業的指示

・通過死亡教育的一般考試

・簽署 ADEC 有關專業倫理的文件

　　這個計畫從一九八一年實施至今，已有超過四百位申請者取得專業認證資格。有了一個可以被接受的標準化專業認證方式，不但成為行政者追求的目標，也讓學生家長在死亡教育課程中感覺較放心。

# 高中死亡教育課程

　　設立挑選工作人員的標準並不容易，但的確有，而為高中死亡教育課程建立標準也是同樣困難。由專業教育者來編製課程是很重要的，但內容上要能反映社區需要，在編製過程中採納父母和社區居民的意見，最後的課程內容必須要能被社區的教育委員會接受。這種開放式的課程編製方式有助於建立家庭與學校的溝通管道，也有助於讓教育者了解社區對於死亡教育的關注所在。

　　青少年還不是成人，即使他們能應付大學死亡教育課程在知識上的要求，但死亡教育中所含有的情緒和社會心理的層面則不然，高中死亡教育課程必須在內容和方法學上配合學生的年齡。

　　在編製高中死亡教育課程上還有一些問題需要考慮：

　　・**死亡教育課程要以一系列課程或單元講授方式實施**？死亡教育的課程範圍將決定要教什麼和要怎麼呈現，因此必須決定採單一課程教授或者結合多重學術領域，這也影響由誰來評估和課程標準與教師資格。

‧**死亡教育課程的形式？**有些學校將死亡教育當做一個單獨學科，也有一些學校將死亡教育課程融入既有的課程中。

‧**是否所有的學生都需要接受死亡教育課程？**死亡教育課程的內容在某些時候對所有的人而言是重要的，但是，這並不代表每一位學生在求學過程中的某一個時候上了此課程後都會有所幫助，因此讓這樣的課程可以自由選修能避免一些問題的產生。

‧**死亡教育中是否存在「風險」？**即使是最支持死亡教育的人都同意，在任何涵蓋強烈情緒內涵的課程都有「風險」存在，我們所能做的是事先了解風險的大小，並避免可能的負面影響。區分真正重要的領域和某些對死亡教育的迷思也同樣重要，Phyllis Shlafly（1988）和她的遊說團曾主張死亡教育是一種「微不足道的卑劣隱私（dirty little secret）」，她常呈現教育者和家長互相競爭的一面，她認為死亡教育的教師侵犯了父母的權威，在沒有足夠訓練的情況下做起諮商員，同時提高了學生的破壞性行為。沒有研究或統計數據可以支持這樣的說法，Schlafly 也沒有定義她所謂的死亡教育為何，在她的著作中，死亡教育儼然是一個可怕又模糊的虎姑婆。

事實上，死亡教育和 Schlafly 所指的內容並沒有太多關係，死亡教育者所使用的模式是希望增強家庭對學生的正向支持力量，打開家庭和學校溝通的管道，鼓勵家長和老師合作來幫助年輕人。對每一位教師而言，知道何時對需要額外支持的學生作適當的轉介是每一個人的責任。

英國的研究者 Sonja Hunt 給予死亡教育正面的評價（Interview, Institute for Leadership Studies, Hackensack, New Jersey, July

14, 1983），她指出生活中有些事件和經驗對個體造成獨特的影響，死亡就是這樣的事件，而哀傷就是這樣的經驗。Hunt 警告說，教育者在企圖給予指導時必須清楚自己所做的事可能有的結果，因這些指導會影響哀傷經驗，她同時要求教育者要表明清楚為何學校是作這類介入的適宜場所（Stevenson, 1984）。

　　基本上來講，Hunt強調教育者在課堂上實施死亡教育之前，必須檢測課程內容和可能造成的影響，她同時建議教育者保持不斷對課程的評估和專業的發展計畫，近二十年來的發展驗證了她的先見之明。像 *Death Studies and Omega* 等學術性期刊常常發表評估死亡教育效果的研究結果，許多專業性組織常常舉辦工作坊、講座和繼續教育課程來發展和促進死亡教育者所需要的技能。

　　**‧是否有最好的死亡教育課程模式？**答案很簡單：沒有。死亡教育必須發展多樣化的課程，根據地方的或學校和學生的需求給予一種或一種以上的模式。

# 高中死亡教育課程之模式

　　在早期，有關瀕死、死亡、失落和哀悼的教育只是日常生活中的一小部分，死亡和失落是所有事物的自然原理，人們在家中死亡，他們的家人和朋友參與此過程。十九世紀下半世紀和二十世紀上半世紀將死亡從生活中漸漸分離開來，可能因為這樣刻意的區分，才使得死亡教育在學校中越來越需要。

死亡教育是在一九六○年代帶進高中教育的，講授者第一批
使用的教材分為兩類：

　　‧已備單元（含補充教材）：發展完備的可用教材。

　　‧非結構性的「機會教育」和教師自行發展的主題。

　　Berg 和 Daugherty 所著的《死亡透視》（*Perspectives on De-*
*ath*, 1972）一書便是第一類的例子；而 Mills、Reisler、Robinson
和 Vermilye 所寫的《討論死亡：死亡教育指導手冊》（*Discussing*
*Death: A Guide to Death Education*, 1976）是屬第二類的例子。兩
種類型的教材都視死亡教育為一系列的個別主題，目標在回答學
生有關死亡和其影響的問題，兩方都倚賴「外請的專家（outside
experts）」（葬儀指導者、醫師、護理人員、神職人員）到課堂
上協助教師補充教學。

　　從有關瀕死、死亡、失落和哀悼的資料增多之後，課程轉向
以模式為主，典型上一堂課會從心理學模式開始，像 Elisabeth
Kübler-Ross（1969）所提出的「瀕死的五個階段」，這個模式提
供學生一個了解未知經驗的方法，模式的結構讓主題較不混淆，
並且提供一個失落經驗的比較基礎，有關哀悼的模式也很快地出
現了。

　　‧ Westberg（1961）：十階段說

　　‧ Kries 和 Patti（1969）：三階段說

　　‧ Kavanaugh（1972）：七階段說

　　‧ Davidson（1975）：四階段說

　　這些只是皮毛（Metzgar, 1988），當這些模式用得頻繁時，
似乎只能適用自成一格的生活方式，這是這些模式的缺點，在某

些極端的例子，將模式整合似乎比模擬個別經驗更重要。

　　每一個課程裡都有各式各樣的主題，有些主題在每一種死亡教育課程都會出現，有些則是選擇性地使用，依主題和教授者而定，現今有三套廣泛被使用的課程，表 12.1 列出這些課程常用的課程主題（O'Toole, 1989; Stevenson, 1990; Zalaznik, 1992）。

　　每一個別主題所花費的時間視學生的需求和發生事件性質而有所不同，新罕布夏州 Concord 市的一位健康教育老師 Tom Walton 採用一種方式來進行課程，他先讓學生表達需求，然後再依

### 表 12.1　死亡教育課程的主題

---

老化(Aging)
生活中的改變與失落(Change and loss as part of life)
兒童對死亡的了解(Children's understandings of death)
慢性化與造成重大衝擊的疾病(Chronic and life-threatening illness)
溝通與語言(Communication and language)
文化與歷史觀(Cultural and historical perspectives)
定義死亡(Defining death)
死亡的經濟與法律層面(Economic and legal aspects of death)
安樂死與死亡權利(Euthanasia and the "right to die")
家庭的支持(Family as support)
感受(Feelings)
哀悼過程(Grief process)
愛滋病毒與愛滋病（HIV and AIDS）
失落經驗（暫時性 vs. 永久性失落）(Loss experiences: permanent vs. temporary loss)
生活品質(Quality of life)
宗教的和哲學的死亡觀(Religious and philosophical views of death)
生活的權利／選擇的權利(Right to life/right to choose)
喪禮與哀傷(Rituals of death and mourning)
自殺預防(Suicide prevention)
死亡之後的生命觀(Views of life after death)

---

學生的喜好來編排課程，這個過程的核心是 Walton 所稱的「旋轉木馬（Circle the Wagons）」溝通練習，學生們坐成一個圓圈，開始談他們的想法和感受，教授者以此方式做為許多課程的開始（Habib, 1993）。

　　新近的死亡教育涵蓋了再統整生與死是自然循環的一部分之觀點，以講故事的方式來進行課程，有別於心理或行為模式。過去在小學常使用說故事方式，現在則引用到高中生的教學，這些故事讓教育者將死亡教育帶入一個多元觀點的境界。融合了現代理論模式和傳統象徵意義的課程一直為喪慟學生所接受，述說故事的方式讓教育者很容易從過去人們如何應付類似議題的經驗傳承給現在的學生。把在課程上所聽到的故事轉告父母或其他人，無形中將他們帶入教育的體系中，而當學生越來越能自在地傳述這些故事時，他們就越能將自己的故事組織起來並且告訴其他人，這使得他們能夠在個人故事的架構下建立一個生死觀，組織和敘說個人故事的方式已變成處理哀傷的一個新方法。

# 結　論

　　高中生還沒有能力面對生活中死亡的衝擊，而學校在這方面可以扮演一些正向的角色，協助學生面對瀕死、死亡、失落和哀傷，這些協助被稱之為死亡教育。當學校預計實施這類計畫時，必須注意下列事項：

　　・實施死亡教育課程的過程必須公開，讓學生、家長、社區

居民能清楚所接受的訊息從何而來。

・死亡教育的施予者必須在學術和情緒上具備一定的素質，才能教授這門挑戰性高的課程。

・死亡教育課程必須考慮年齡，以能適用不同學生的背景。

・在大部分狀況下，死亡教育學分是可以選修的，以應付學生在不同方面的需求。

・持續地對課程進行評估和發展專業性。

・在危機發生時，死亡教育的教師是相當有用的資源。

・死亡教育可以傳授知識，協助學生更有效應付瀕死、死亡、失落和哀悼的衝擊，並且有助於發展溝通和親職技能。

在任何時刻，生理疾病均可能打擊一個個體，所以社會需要想辦法減輕這些疾病所帶來的痛苦和折磨，在疾病發生後才處理往往較困難，死亡和哀悼也可能在任何時刻衝擊個體，而死亡教育被視為是在智慧上、情緒上和心理社會上的免疫法，經驗告訴我們，這樣的教育課程可以幫助青少年更有效地應付這類事件所帶來的痛苦和折磨。

# 13

# 青少年早期與
# 中期的事後預防

## David C. Hill and Yvonne M. Foster

　　失去重要他人的經驗是沈重與複雜的，特別對青少年而言。
假如失落是來自於不預期的或不尋常的死亡，如同儕、老師、父
母或手足，那麼經驗在情緒上、心理上、認知上和行為上顯得更
為複雜（Neugarten & Neugarten, 1987）。對遺族而言，因無法控
制的原因導致的死亡如疾病（如愛滋病或癌症）、車禍，或刻意
造成的死亡和重創生活的自殺、謀殺、自殺企圖或人際暴力等，
其所造成的影響更為沈重。非預期的喪慟經驗本身常隱含許多獨
特的創傷經驗（Genovese, 1992），例如自殺常是不尋常而且無法
預期的，也因此它常引發「許多人明顯的痛苦症狀」（Wenckstern
& Leenaars, 1993, p.153）。

這一章闡明父母和其他的家庭成員、學校人事單位、助人工作者、社區領導者、神職人員和醫療人員如何減輕早期和中期青少年的反應，這些統稱為事後預防（postvention）（Shneidman, 1971），指所有有助於嚴重失落經驗的倖存者撫平創傷的活動和支持。在這一章裡，我們以一個廣泛的角度來思考事後預防，以社區為主的觀點取代以學校為主的計畫，這依循了疾病管制中心（Centers for Disease Control, 1988, p.6）所建議的，當「一個潛藏創傷性的死亡在社區中發生時──特別是死亡者是一位青少年或年輕人」時，應實行的社區反應計畫，危機理論（crisis theory）支持這類社區為主的反應計畫之效果，危機理論視危機是危險的同時也是成長的契機（Balk & Hogan, 1995; Nelson & Slaikeu, 1984）。我們將事後預防的定義擴展到受死亡衝擊之後以及在災難性失落之後的介入，比如自殺嘗試或暴力攻擊等。在這一章裡我們介紹了青少年的非預期性失落、對青少年早、中期的事後預防、計畫在理論上的適切性，以及對發展和執行事後預防計畫的建議。

# 青少年對非預期性失落的體驗

　　青少年在面對非預期性的失落時，與一般人相似之處多於相異之處（Kastenbaum, 1986），而青少年的發展狀態在許多層面上使得這經驗變得更複雜，認知、心理動力和依附等觀點對此過程提供一些特別的見解。

## 認知發展理論

　　形式運思（formal operations）是指個體能經由假設、演繹等推理過程找出對一個問題所能想到的解決方法，評估結果和測試所選擇的解決方法，Elkind（1984）將 Piaget 這種對青少年認知發展的概念應用到社會認知的領域，有助於了解青少年對創傷性失落的反應。Elkind 專注在青少年的自我中心現象，並呈現一個明顯的矛盾，青少年即使在理智上能了解其他人的觀點（抽象思考）和感受（同理心），但他們常過於專注自己（「想像中的聽眾（imaginary audience）」），致使他們無法應用他們的同理和假設技巧在人際處理上。個人神話（personal fable）是青少年在死亡與失落的自我中心最明顯的部分，意味著青少年相信他們自己是堅不可摧的，他們可以抽象地去思考死亡的假設性事實，但認為那是別人會發生的事，而不是他們自己或他們的重要他人，其他學者也同意：「對視自己為不滅的青少年而言，同儕的死亡衝擊他／她的因應彈性（coping resiliency）」（Patros & Shamoo, 1989, p.150）。

　　Kelly（1955）的個人建構理論（personal construct theory）也是認知取向的，被應用在死亡焦慮的經驗上（Neimeyer, 1994），也衍生到對創傷性失落的了解。「個人建構理論的重要假設是人們會建構他們生活的意義，透過尋找方法、測試和持續地修正個人的理論，來幫助他們預測將經歷的事」（Neimeyer, 1994, p. 63），這個觀點和Piaget理論的基本原理類似：「對Piaget而言，

每一位孩童的心理世界就是他／她自己獨特的建構」（Berk, 1994, p.221）。

這意味著青少年對不預期失落的理解受他們過去的心理和情緒經驗所造就的個人建構影響。當青少年遭遇死亡事件時會快速且持續地整合到個人建構裡，死亡是「重創事件的典型範例」（Neimeyer, 1994, p.63），直接挑戰青少年們如何將對死亡的理解與生命觀結合。一場不預期的死亡或創傷性失落引發了個體必須去修正、擴展或拒絕已有的個人建構。在調整個人建構時，當青少年「感受到死亡的陰暗面更勝於光明的轉機面」時，會產生對未來的扭曲（Carter & Brooks, 1991, p.205），這些對情緒和認知上的要求使得面對「正常發展要求」的青少年壓力沈重。

大部分有同儕因自殺、謀殺或其他災難而死亡的青少年，在面對類似的挑戰時表現出較高的彈性。有些青少年在面對這些失落經驗時已有些類似經驗，然而，更普遍的是先前的失落經驗如離婚、改變居住環境和家中長者的死亡，讓處於青少年早期或中期的個體有機會訓練彈性（Carter & Brooks, 1990）。事後預防的目標就在於最大化彈性以降低危機。

## 青少年的心理動力層面

從心理動力的角度來看個人神話中的認知扭曲，青少年在潛意識裡為了防衛自己免於受強烈情緒的打擊——特別是焦慮、生氣和憂鬱，而採取一些方式面對創傷性失落，「防衛機轉（defense mechanisms）」提供了認知和動力模式之間的連繫。青少年

已經發展出如問題解決和決策能力等相當程度的認知複雜度，有人認為他們可能也已發展出複雜的潛意識防衛機轉，如昇華作用（sublimation）、反向作用（reaction formation）、認同作用（identification）、投射作用（projection），和禁慾主義（asceticism）等，其實不然。相反地，許多在面對創傷性危機所使用的防衛方式是相當原始且脆弱的——包括逃避、否認、壓抑、潛抑、退化和衝動（如生氣），這對和處於創傷情境中的青少年相處的父母、專業人員和其他人而言司空見慣，重點在於即便是十一、十二歲的青少年，在心理動力上也有相當的複雜度。

**防衛與死亡焦慮**　由死亡、死亡的威脅或身體暴力所引發的基本焦慮是對死亡本身的焦慮。這樣的死亡焦慮可能被否認、壓抑或轉化為包括自我傷害的衝動行為（Firestone, 1994），因為生與死是青少年的中心議題，所以災難性失落會使個體突然間必須與死亡交會，而任何一種防衛機轉的合併，特別是認同自殺者（或企圖自殺者）和自我傷害式的衝動，會引起一陣「感染效應（contagion effect）」或「自殺潮（suicide epidemic）」（Hazell & Lewin, 1993; Petersen & Straub, 1992），對於制止這類風潮的努力也提供事後預防計畫一些理念，這類由心理傷害所導致的感染效應，能被「自殺防治計畫所帶來的接納、支持和再定位所消除」（Carter & Brooks, 1990, p.387）。

**死亡焦慮和個體化**　青少年的重要工作是形成一個持續性的認同（Erikson, 1968），這一個體化的過程可能被死亡和瀕死的相關議題所嚴重妨礙（Firestone, 1994）。就發展而言，失落經驗帶給青少年多方面的影響，甚至於對那些沒有真正參與自殺行為

的，像在「模仿（copycat）」或「受感染（contagion）」的情況下。死亡恐懼不單被發展心理學家注意到，也被流行樂界所關注，如：「It's the one who won't be taken who cannot seem to give, and the soul afraid of dying that never learns to live」（Amanda McBroom，「玫瑰（The Rose）」, 1977）＊。

## 依附理論

在生命頭二年的情緒依附類型和後來對創傷性失落的反應之間關係，似乎和青少年發展並不相關，然而文獻中提到早期的依附關係對往後的心理社會功能相當重要，Carter 和 Brooks（1991）根據 Dorpat、Jackson 和 Ripley（1965）所做的綜合失落的完成和自殺可能性的關聯，他們發現自殺成功者中有較多父母死亡者，而自殺不成功者（假自殺）中有較多父母離婚者，早期來自父母的失落經驗是假自殺的促發因子（Lester & Beck, 1976）。Sroufe、Cooper 和 DeHart（1992）發現早期依附的型態與後來發展出來的社會功能許多層面有關，這提供了挽救破碎的依附對自殺、暴力死亡或疾病的貢獻。

失去一位同儕或重要的成人導致依附關係的破壞（即使逝者並不是很親密的人），其中失落本身帶有象徵性價值勝過與逝者

---

關係的深淺，它可能也意味著其他被打斷的依附經驗，在象徵性類化過程，存活者可能潛藏一些嚴重的情緒障礙如自殺念頭等，一件生活事件的發生好比同學的死亡，可能激起因過去失落經驗而壓抑下來的情感（Nelson & Slaikeu, 1984）。因此，Bowlby（1961, p.48）提出「憂鬱發作的傾向或表達情緒的困難和患者在青少年或兒童早期所發生的失落經驗」之間有關聯。

# 喪慟理論與特徵：與事後預防之關係

## Bowlby 的依附理論

Bowlby（1969, 1973, 1980a）結合心理動力、進化論／生物學、認知論和學習理論等觀點發展了一個社會和認知發展的理論，應用於了解青少年對死亡和失落的經驗特別有幫助。Bowlby認為社會能力、自信和安全依附的發展有關，依附理論以「內在運作模式（internal working model）」來解釋之，這是一個以認知取向來看待重要關係中的經驗，理論核心在於對照顧和養育自我評估的價值，以及自我知覺到在情緒上關係維繫的有效性（Sroufe, Cooper & DeHart, 1992）。這個情緒和社會性架構提供個體有能力去經驗失落、表達相關感受、處理這些感受並強化人際關係，這些能力在青少年早期和中期時受到試煉，因為青少年此時處於發展中的認同和社會價值感仍相當薄弱。

Genovese（1992）以下列方式歸納Bowlby有關哀傷的理論。Bowlby 認為哀悼的過程有四個階段：(1)麻木（numbing）；(2)想念和尋找（yearning and searching）；(3)解組並經驗到沮喪（disorganizing and experiencing depression）；(4)重組（reorganizing）。注意到許多實務工作者並沒有發現人類以持續而直線的方式朝 Bowlby 模式的各階段進行，而新的失落經驗使得這個過程又完全重新開始。

Parkes 和 Weiss（1983）提出在這個過程中有三項關鍵性任務：(1)理智上的辨認（intellectual recognition）；(2)情緒上的接受（emotional acceptance）；和(3)認同的轉變（identity transformation）。青少年在面對死亡衝擊的同時，也面對了這些過程和任務的挑戰，先前所討論認知的、心理動力的和行為的觀點在這樣的背景下顯得更清楚。理智上的辨認是認知性的，而麻木意味著壓抑、潛抑和最小化的防衛，此將 Bowlby 的理論應用在事後預防，強調了社區教育的重要價值、經驗的複雜性，以及學習與失落和哀悼共處的困難。

## Papalia 和 Olds 的模式

Papalia 和 Olds（1992）提出「哀悼工作」的三個階段，來整合喪慟的意涵和青少年與事後預防之間特殊的關係。這些階段包含(1)震驚與不相信；(2)纏繞在對死者的懷念中；(3)解決。在這個模式中，解決類同於 Bowlby 的「重組」，「不相信」在某些情況下等同於「麻木」，「纏繞不去」代表「想念和尋找」，在了

解青少年和他們的反應時，尤其突出。在青少年中常有一種趨勢是將死亡變得浪漫而優美，這一部分是來自他們抽象思考的能力，一部分是他們尋找意義和認同時一種比較激烈的認同方式，這種趨勢直接呼應「纏繞不去」。因此，事後預防計畫常須花很多心思處理一些圍繞著紀念儀式、紀念匾額、出版品……等等事物。

## 自我心理學

Carter和Brooks（1991）將自我心理學（self-psychology）應用到對創傷性失落的情緒反應之分析，他們對創傷性失落的界定包括暴力死亡、暴力攻擊、自殺和自殺未遂。自我心理學的基本假設是人類在出生之時，即藉由與關鍵個體的關係發展形成一個核心認同，即「核心自我（core self）」，這個「核心自我」藉由重要他人的內在呈現持續地被維持和涵養，但也可能被侵蝕和傷害，外在的人和經驗也涵養這核心自我，即所謂的「自我客體（self-objects）」。有效率的核心自我的發展包括逐漸從嬰兒式的全能、無敵的和不死的幻想轉變為有現實基礎的自我肯定。

「自我客體」的創傷性失落會造成青少年自戀幻想的破滅，自戀幻想是組成個人自我感的重要過程，一旦破滅可能導致自我傷害的行為如自殺，這使得發展上由「原始（primitive）」幻想轉變到現實基礎的過程受到阻斷，因此助人專業和其他關心者必須採取行動預防進一步的失落。Carter和Brooks強調無敵幻想的重要角色，與Elkind的「個人神話（personal fable）」或「刀槍

不入的迷思（myth of invulnerability）」概念相近，都是整合心理動力觀和認知發展觀的良好例子。Carter 和 Brooks 將他們的模式應用在事後預防計畫，針對所有的創傷性失落包括人際暴力。

## 非預期的哀悼與創傷後壓力

Genovese（1992）將注意焦點放在各學派如何了解不可欲或不預期的哀悼對存活者的衝擊，他的整理提到這一類失落帶來的創傷後症狀可能在心理疾病上成為一個獨立診斷，有其他作者也支持這個看法（Carter & Brooks, 1991; Wenckstern & Leenaars, 1993）。創傷後壓力症候群（Post-traumatic stress symptoms）一般分為兩類：過度敏感（hypersensitivity）、麻木（numbing），這完全相反的極端反應的確同時在存活者身上交替出現，產生一些複雜的反應，包括衝動的自我傷害傾向。過度敏感的反應包括突然生氣、往事重現、噩夢和恐慌反應，而麻木則使得情緒反應變少或受阻，有時有生理上肌肉反應的麻木。在這裡事後預防的角色即在於找出高危險的、可能自殺的存活者。

Farberow（1993）整理了實徵性文獻發現，自殺的衝擊與其他非預期性死亡的差別不大，雖然如此，許多臨床工作者已注意到自殺對存活者的重要影響，Dunne（1987）也提出許多對兒童的重要影響。這些在某些情況下也適用於青少年，因為在轉變的本質上他們不再是小孩，也還不是成人。對兒童的影響表現得類似創傷後壓力症候群（Dunne, 1987），包括⑴認知—知覺的困難（cognitive-perceptual difficulties）；⑵對未來的透視感（foreshort-

ened sense of the future）；(3)已發展能力的退化（regression）；(4)
做夢和噩夢（dreams and nightmares）；(5)感染（contagion）；(6)
往事重現（flashbacks）；(7)死亡念頭纏繞不去（preocupation with
death）；(8)假成熟（pseudomaturity）。

　　在多數喪慟理論中一個共同的主題是「解決（resolution）」
或包括在情緒上與逝者隔離的有效哀傷之效果。無論如何，Balk
和 Hogan（1995）指出有些研究認為人們並沒有在情緒上隔離，
反而是在事件過去之後很長一段時間仍與逝者保持某些形式的情
緒依附，以此度過他們的餘生，因此 Balk 和 Hogan（1995）鼓勵
以正常和可預期的方式持續與逝者保持某種連繫，而不用病態的
方式，這個想法影響了事後預防的作法。

## 總結：提供事後預防的邏輯

　　先前的介紹已點出青少年在此重要的人生階段中，同時存在
許多脆弱之處與潛在的彈性，這兼具危機製造和潛能支持的因子
提供我們對創傷性失落所造成影響的了解。認知論、心理動力
論、依附理論和自我心理學提供對青少年所遭受的創傷性失落或
失落的衝擊之了解，這些理論在設計和執行事後預防計畫上的應
用已被強調。

　　因自殺、疾病、暴力、意外或其他因素所導致的創傷性失落
都可能會發生，作為一位預防者我們有兩個主要的選擇：我們可
以什麼都不做而希望問題自己消除，或者我們可以研擬一個計畫
採取行動去降低可能的負面效果，並且試著在所有危機中激發出

成長的潛能。在我們所收集的發展文獻中顯示第一個選擇是站不住腳的，而學校負責人員應與社區和家庭合作來規畫有效的預防計畫，這樣的計畫所反映出來的好處包括：(1)預防高危險性的自傷行為，如處於創傷性失落時的「自殺潮」；(2)降低在事件之後普遍蔓延在學生之間的孤立和疏離感；(3)提升同舟共濟的感受；(4)提供最有效（就成本效益上亦同）的自殺預防（Hazell & Lewin, 1993）。在執行這類計畫時，有一個原本即存在的危險即美化了自殺或暴力，反而鼓勵了後續自我傷害行為的發生（Siehl, 1990）。幾乎所有的專家都強調，事後預防的負面結果只有在計畫的設計和執行上不恰當時才會發生。

# 事後預防計畫

這一節介紹幾個具代表性的事後預防計畫，並比較它們之間的相異處。典型的計畫是提供規畫、成立團隊、與媒體接觸、教師和同仁的訓練、課堂介入、家庭參與和長期追蹤，它們同時也明白標示預防計畫的各類成員清楚的責任分界。

## 代表性的事後預防計畫

Siehl（1990）從一位學校工作者的角度，提出一個處理自殺事件後效應的事後介入計畫，計畫中有十項要點：(1)組成團隊；(2)隨時服務（in-service）的計畫；(3)與專家接觸；(4)危機中心；

⑸單獨的教室流程；⑹自殺之後的日子；⑺家庭訪問；⑻特殊事件或紀念性的服務；⑼媒體報導；⑽影響的時間長度。

　　這類計畫較特別的好處包括事先的完整規畫、在全校的重要地方設立「危機中心（crisis centers）」對所有學生開放、持續提供課堂諮詢和讓家庭參與。家庭成員是決策核心，決定哪些訊息要透露給媒體、規畫特別的活動或紀念儀式。這類計畫也要求所有學校職員的合作，包括校車駕駛、餐廳人員和稅務人員等，雖然媒體和社區心理衛生專業人員也包括在事後預防計畫中，但有些社區團體（如神職人員、服務性組織等）並不包括在內。Siehl的計畫係針對自殺，並沒有提到其他方式的非預期性創傷，如身體暴力、謀殺或意外死亡，但他的理論仍可能可以應用得上，一般而言這是一個設計良好且實用的計畫。

　　Carter 和 Brooks（1990）提到一個臨床取向的觀點，這是依分辨存活者何人與逝者較親近來決定其採取自我傷害行為的危險性多高。在這個觀點下，專業人員訓練事後預防人員替這些高危險性的學生組織一個時間固定的團體，這種方式對於助人專業者（如學校輔導老師、心理學家、社工人員、護理人員）了解創傷性失落的復原過程非常有用。這個模式並不是作為學校和社區人士長期使用的事後預防計畫，而是作為一個針對在每一次特殊的創傷性失落事件中的存活者作深入的個別計畫，這樣做的好處是可以仔細地協助這些存活者，並使這些人尋求進一步心理治療的可能性提高，它同時須合併範圍較廣的事後預防計畫如 Siehl（1990）的計畫。

　　在 Hazell 和 Lewin（1993）所做的一項研究裡，他們測量了

有自殺意念和自殺行為的學生自殺成功的影響因子，進一步接受諮商並降低未來自殺意念和自殺行為的比率也被測量。在這些研究結果裡，Hazell 和 Lewin 發現下列事後預防的原則：⑴學生應被邀請去自己選擇事後預防諮詢，⑵有必要簡要篩檢所有學生是否存在危險因子；和⑶依簡要篩檢結果給予所有出現危險因子的學生諮商。實徵研究發現一個簡短的九十分鐘、單次的團體介入是無效的，相反地，對團體成員或高危險性的年輕人進行持續追蹤是較佳的處理方式。雖然這個計畫並不是針對社區而辦，但它最大的好處仍在於將諮商提供給所有的學生而不考量他們與逝者的關係如何。一個簡單的、五道題目的篩檢問卷就可幫助學生們找出高危險群。

Wenckstern 和 Leenaars（1993）列出一個以社區為主且適合團隊方式的事後預防計畫，這個多元性計畫包括會商、危機處理、社區連繫、評估和諮商、教育、媒體連繫和追蹤。創傷事件處理小組（traumatic events response team，簡稱 TERT）的成立是這個取向的一大優點。TERT 包括提供在心理健康專業人員指導下的學校人員、轉介、諮商與協調計畫的各部分等服務，作者們提供了一個範圍廣泛的計畫，並提供案例示範這些準則如何運用在青少年自殺、車禍和學校守衛發生意外時如何處理等，他們相信這些計畫相當具有彈性，足以應付來自於自殺、謀殺、嚴重意外和被挾持所可能有的大多數創傷反應和感染效應。與社區的連繫被強烈地重視，藉由在學校中舉辦小型團體工作坊，將支持力量延伸到所有學生和父母。

Klingman（1989）提出一個對心理健康專業人員的指導原

則，是以學校為基礎的三天事後預防計畫，計畫內容包含：(1)初始有組織性的介入計畫，和(2)處理學生對於同儕自殺的真實反應之步驟。這個取向對於提供給學校輔導老師或心理師處理危機發生後三天內同事、學生和父母的反應相當有益。

　　Lamb 和 Dunne-Maxim（1987）提到一個慮及在自殺事件之後所有學生和家庭成員的需求的事後預防計畫，這個模式包括兩個步驟，在第一個步驟裡由外來的心理健康照會者指揮工作人員運用「捕魚球（fishbowl）」技巧進行一次團體諮商。所有的工作人員包括臨時人員坐在團體的外圍，而情緒受到影響的人們則坐在內圈，在外圈的人可以加入討論，但討論時必須坐到內圈來。這些人被鼓勵去談有關他們的罪惡感、否認之事、對事實的扭曲、焦慮、生氣和哀傷，如何對學生的反應給予回應也有準則可遵守；在第二個步驟裡，當成員們已組織過他們所學會的之後，工作人員可以藉由個別互動來幫助他們。

　　這個計畫的優點是在資源有限且無可直接運用的事後預防政策或轉介資源時相當經濟的服務方式。所有工作人員均被鼓勵參與一次的團體過程，這是面對大群學生時可行的方式，作者同時也建議須重視紀念性的反應以拉近和學生的親密感。他們抨擊自殺的過度戲劇化、神秘化和美化，取而代之的是鼓勵尋求有意義的支持、投入自殺預防計畫或青少年心理健康計畫。在事後預防專業人員之中存在一些不一致性，越來越多人鼓勵以家庭為主的活動，而較不支持由學校正式舉辦的紀念儀式（Garfinkel et al., 1988; Lamb & Dunne-Maxim, 1987; Patros, 1989; Shipman, 1987），這個取向強調重視存活者的需求。

Patros 和 Shamoo（1989）詳細地陳述了主其事者、危機小組、教職員和自殺顧問的責任，包括候補教師的可用性，以及列出一系列未接受適當處理的學生可能出現的行為，同時也討論設立危機處理中心，讓所有學生、學校人員都可以利用，特別是自殺死亡者的朋友或敵人。作者認為焦點應該放在導致死亡的壓力源而非死亡本身，在此準則及父母的許可下，他們建議進行一次自殺的心理解剖，了解青少年可能會面對的問題、自殺之前的感受、態度和行為，作為一種自殺預防的方式。這個過程需要事後預防專業人員對於家庭的期望和需求給予高度的敏感度。

　　Hicks（1990）認為事後預防的目的並不是要去做各種形式的心理諮商，而是藉由討論和同理的支持幫助學生面對他們的驚嚇和哀悼，對於需要個別諮商的學生，建議由學校中的團隊藉由學生協助計畫找出高危險群的學生，轉介給校外的專家進行處理，實際的服務是由和學校簽訂契約或贊助的社區心理衛生中心及專家所提供。

　　為了傳達其他學生的需求，Hicks 的事後預防模式提出將一些來自社區的自願者訓練成事後預防人員，他們的角色是以開放式的討論協助學生和老師、鼓勵溝通和情感表達，以達到預防危機和自殺的目的。這個模式的核心在於社區的參與以及將觸角延伸到受害者親友所在的小學、高中等，所有的學生都有機會參與由自願的事後預防人員所帶領的團體。在討論自願的新手和訓練時，Hicks 清楚地定義了事後預防自願者和臨床危機處理專業人員的角色，這是有關社區網絡和學校的連結之重要性的一個好例子。

Petersen 和 Straub（1992）提到：「整個學校的人變成自殺之後的倖存者，就這方面而言，每一個人均體驗到一些共同情緒：罪惡感、生氣、焦慮和否定」（p.148）。他們建議由社會人士和心理衛生人員、自殺中心人員、青少年領導人，和地方政府人員等組成委員會，規畫社區危機反應計畫，此社區委員會的職責包括達成有共識的計畫、定期聚會以及發展有效率的社區溝通網絡、善用社區資源（如警力、醫療、學校和心理衛生人力）以預防自殺潮的開始。面對危機的發生，委員會可以提供諮商、社區所需訊息和面對媒體的發言人，此外 Petersen 和 Straub 也建議教師、牧師、訓導人員和諮商員應訓練分辨高危險學生的能力，而他們也提供如何分辨青少年自殺高危險群之詳細準則，作者也同時提供如何因應暴力性危機、自然疾病和班上有瀕死的兒童，這是一個廣泛且出色的計畫，它顧及了可能危機的整個層面，並特別強調暴力性危機和此危機對學校和社區的廣泛影響。

Davis 和 Sandoval（1991）提供當自殺發生時如何給工作人員、學生和父母適當的訊息和反應之道，他們的事後預防計畫包含四個階段：和工作人員及受害者父母進行初步溝通、與工作人員及危機小組一起工作、與學生及父母一起工作、追蹤。初步溝通是採用電話樹（phone tree），需要所有人員加入計畫會議。這個事後預防計畫如同其他的計畫一樣，建議心理健康顧問在教導教師如何幫助孩子時關心這些教師的感受，它同時建議讓學生在簡單的對談或會議後知道這些訊息。父母親係藉由信件知道訊息，信件中提到個案的狀況，有關葬禮和紀念活動安排事宜，以及諮詢、支持與轉介的提供。Davis 和 Sandoval 認為運用預先已

有的危機介入小組，小組成員較有危機處理的特殊訓練，他們也提供名單協助發現處於危機中的青少年。這類計畫的好處是能適用到其他的自殺事件，如父母、同學的手足或校區內工作人員的自殺或企圖自殺。

Metzgar（1994）提出一個有步驟的、連續的且有系統的危機處理計畫設計與執行過程，內容上強調社區參與，她將危機定義為「任何會造成或可能造成正常校園社區功能的情況」（p. 20）。她將校園內外可能發生的危機都涵括在內，她認為危機處理計畫必須「是有彈性的，能顧及所有可能的危機」（p.21）。並且強調成功的危機處理是建立在強有力的內外在支持架構，內在支持包括管理人員、教師、學生和父母親；外在支持包括訓練有素的緊急照護人員、心理衛生專業、宗教和社區領袖或者地方商界、醫院和媒體。Metzgar 的計畫兼顧文化和種族的差異、政治和社會的因素、宗教和哲學的意涵，兼及社經狀況、社區特色和資源等，這是一個具有良好彈性、能因應任何可能發生的危機的事後預防計畫。

Bozigar 和同僚（1993）提出的模式中列出三大目標：⑴找出有憂鬱或自殺問題的學生予以轉介；⑵協助學生以健康的方式度過哀悼過程；⑶協助學校盡快回復平靜。為達到這些目標，此模式設計了一些特別針對事後預防的方針，對於協同人員、心理衛生諮詢人員和危機處理小組都詳列了明確的職責，同時模式中也提到一些議題，如與驗屍官的接觸、葬儀社、死者家屬、其他受影響的學校、學生、父母親和媒體。模式建議使用專門的「守門員（gatekeeper）」以確保學生在進行個別篩檢時的隱私權，計畫

中也提到內部的工作人員會議如何進行、如何回答學生的問題和學生參加葬禮的程序，有關教育性支持團體和處理高危險群的學生等也提供準則，和其他計畫一樣的地方是，此計畫建議成立紀念獎學金或舉辦募款活動。這個模式所提出來的理念同樣可以運用到其他戲劇性的死亡，所以是提供學校因應死亡和其他災難的良好資源。

美國自殺學會（the American Association of Suicidology, 1990）提供一個計畫強調突擊性支持團體（drop-in support groups）的有效性，這是在事件發生後要求全校學生參加的二至三天活動，這個計畫也建議讓關心的父母親參與開放式的會議，有關自殺學生出院和重返校園的可能問題也被提出討論。

## 回顧事後預防計畫的實徵性研究

事後預防計畫的評估受限於一些困難和倫理的問題。Hazell和 Lewin（1993）曾評估諮商對一群經歷過創傷（自殺或類自殺）的高危險群學生之益處，他們的發現提到：「與企圖自殺者接近比與自殺成功者接近在隨後的自殺意念和自殺行為更有預測力」（p.107）。「單次」九十分鐘的團體諮商並沒有助益，對團體或是高危險群的持續追蹤較為有益，很顯然的，持續不斷的支持是對因應這類創傷經驗的重要力量。

Klingman（1989）評估在自殺事件之後每日的壓力反應頻率，發現逝者的同班同學明顯表現出較多的心理困難（相較於其他不認識逝者的學生），這些同班同學對於回答他們沒有預防自

殺發生的責任問題時，顯得較不舒服、較多生理症狀的抱怨和較多的壓力反應，但這個研究並沒有檢測作者所謂三天事後預防計畫的後續發展。

一般文獻較少提到事後預防計畫的效果或有效性，大部分的文獻都是提供理論的、規則的和計畫的資料，實際執行過的計畫很少被實徵地檢測過，因此雖然在理論和一般的報導裡均提過這些，但我們沒有具體的證據證明我們的努力發揮了作用。顯然我們需要更多突破邏輯上、設計上和理論上困難的研究。

# 發展事後預防計畫的建議

從理論和實務的觀點，有一長排的論點在討論事後預防，問卷顯示在美國有將近一半的公立學校有正式或非正式的事後預防計畫（Wass, Miller, & Thornton, 1990）。很清楚地，我們建議所有的學校都能正式發展這樣的計畫，而不只是「不成文的規定」。在這一節裡我們參考許多人的看法，呈現一個盡可能廣泛且彈性的計畫，以適用到廣泛的危機與事後預防。

## 作計畫

我們建議當學校人員能與父母親及社會賢達人士聯合起來發展事後預防計畫時，盡可能顧及創傷性失落的多個面向，並且在理想上盡早在事件發生之前即成立。我們強調家庭是計畫中的核

心角色，學校和社區系統能在事後預防計畫的設計和執行上提供支援，而專業人員的角色則是在整個過程中持續提供家庭的需要。這個取向來自我們的理念，涵括了家庭系統的觀念和青少年發展的理論，以及現代美國的父母親、教師和社區領導者所感受到的強烈需求，以使學校和家庭之間能有密切的合作。從一個矛盾的觀點來看，有一個架構清楚的計畫是必要的，但又必須隨時準備丟棄它，至少修正它，這是任何一個事後預防計畫形成的必經過程，如果沒有一個發展良好的計畫提供明確的目標，即使相當容易處理的事件，也會很快地變得混亂、不可收拾。

計畫的發展因每一個學校和社區的組織結構而有所不同，因此下面的步驟只是提供一個普遍性架構，而細節則是由計畫者依他們的學校、社區、文化和家庭系統的不同來設計。這裡所持的觀點是認為事後預防計畫應根基於廣義的事後預防觀念，涵蓋學校和社區對於所有可能發生的創傷性失落予以反應，這包括所有形式的未預期性死亡，如因社區或學生之間的暴力事件所帶來的個人安全感失去引發的災難性失落。

## 事後預防計畫委員會

發展事後預防計畫時須成立委員會或機動小組，在多數情況下，學校會成立危機小組、專業團隊、學生輔導小組以及／或其他類似的委員會，以共同發展事後預防計畫。在初始階段，以學校為主的團隊可以扮演領導者的角色，須強調的一點是，在形成這類委員會時須將所有可能有影響的人員納入，如父母親、學

生、其他家人、心理衛生機構和人員、家庭醫師、藥酒癮處理人員、牧師、警察人員、媒體、喪慟支持團體或自助團體成員，像「喪慟之友」和政府人員，上述這些團體的人通常並不會成為計畫委員會的一員，但有必要與他們接觸以獲得點子、建議與關注，有些則的確對參與委員會有興趣。在每一次的事件裡，他們都必須被涵括在最終的預防計畫裡。

## 教育與公開訊息

　　一旦一個可行的計畫發展完成，能被委員會、學校人員、監督人員和學校的委員所接受，接下來便需要進行教育的工作，讓學校同仁、學生、家庭和各式的團體與個人了解此計畫。然而有個風險存在可能使得這個步驟無法完成或有效率，因為如死亡和暴力這類主題容易引起高度的焦慮，因此常常容易被輕描淡寫，而且期待永久不需要用。我們主張計畫委員會的功能之一是教導學校及社區有關這個計畫，重要的是必須持續更新訓練和宣傳的訊息，因為在學校的環境裡工作人員和學生總是進進出出。對家庭、父母親和社區領導人也是一樣，例如年度的在職訓練和固定的母姐會等，都應該包括有關事後預防計畫的訊息。

## 學生

　　學生通常是第一個被告知事後預防計畫的團體，我們建議將這些訊息涵括在整個學生的服務系統裡，如學校輔導工作、課外

活動（運動、戲劇、社團等）、固定活動以及入學和就業諮詢。此外，事後預防計畫的訊息也應包括在介紹學生服務訊息的小冊中。

## 工作人員

所有學校的工作人員應該接受完整的事後預防在職訓練，建議用小團體的訓練，提供充裕的時間問問題和討論。三個主要的學校職員團體必須小心訓練：(1)學生事務同仁；(2)教學同仁（老師或其他人）；和(3)學校支援同仁。學生事務同仁（輔導老師、心理學家、社工人員、學生顧問或危機小組人員）、跨專業人員、護理人員和管理人員應被訓練為每次或單次會議時的主要領導團體，這些人可以為老師、助教或其他教學人員組織小的訓練團體，這讓小團體的訓練方式變得可行，整個事後預防計畫的成功，似乎要靠關心和注意的程度以及預防的充分與老師的訓練。第三群主要的同仁是支援同仁，包括維護、保管、供膳、交通（駕駛、導護等）和其他人等。

## 父母

父母須在適當的地點被告知事後預防計畫的訊息，和學生大致一樣的方式獲得有關學校服務的所有相關訊息，同時，可以藉由家長會給予演講或印刷宣傳品（小冊子、快速檢索卡等）。此外，與傳播媒體合作將有關事後預防服務的訊息公開化也是可

行。

## 媒體

　　媒體代表也必須施予事後預防教育，這一點對於成功地處理不可避免的創傷性失落是相當重要的，媒體代表需要充分的訓練和資訊，以求在呈現處理危機的訊息時應有的敏感度和慎重。必須一再對新聞工作者強調對家庭主其事者的同理、親密和敏感，因他們的動機或許是好的，但對這些重要議題的了解卻是不完整的，我們必須讓他們了解重視存活者的人性需求比新聞的煽動性更重要，在這些努力上我們能使媒體成為我們的同盟。

# 執行事後預防計畫之建議

　　我們已經介紹過如何發展事後預防計畫以及如何教導各類可能會遭受危機侵襲的人們。在這一節裡，我們列出一個簡要的一般性大綱，作為一個藍圖，而細節則視每一個學校或社區系統而有所不同，這一章將提到許多有助於建立事後預防計畫的資源。

　　下列所述是假設創傷性失落或衝擊生活的事件已經發生，而這些事件很可能已造成一些學生的嚴重衝擊或事實上是所有的人都受到了影響，也假設事件過後許多工作同仁也受到了嚴重影響。下列步驟是依發生的時間順序，雖然它們幾乎是同時發生的，對於不同的創傷性事件可能有的不同反應無法在這裡詳述，

而文化及社經背景差異亦是。我們相信讀者在採用時會做必要的調整和修正。

1.**領導角色**。由一位規畫好的管理者，稱之「事後預防協調者（postvention coordinator）」來擔任領導角色，負責通知預防小組成員和所有的學生事務同仁（如輔導員、社工、心理師、護理人員等）。事件可能發生在上課期間、下課後或周末、假日，所以電話聯絡簿是需要的。

2.**知會媒體**。危機領導者的角色除了上述以外，也包括一個立即性的功能，就是對外訊息的掌握。或許，與媒體之間堅固的關係已建立好，且有關事後預防計畫的一般訊息也已提供給他們，此時事後預防協調者通知媒體的方式可以透過電話、寫新聞稿或簡單而慎重的記者會。很重要地，這個步驟必須盡快執行並且保持對家屬需求的敏感度，在某些情況下，家屬可能會要求部分或全程參與，我們非常鼓勵協調者做這樣的合作。

3.**危機小組會議／父母參與**。事後預防小組應盡可能快地集會，在創傷事件發生後的第一個上學天就能掌握事件、提出活動。如果可能，事後預防小組應將主要監護人（通常是父母，但也可能是祖父母、繼父母、叔嬸、長兄姐或養父母）納入計畫及會議中。

4.**知會老師與其他工作人員**。事後預防小組與學生事務人員（輔導員、護理人員、心理師等）開始知會同仁，從最資深的教師到新進的創傷事件相關人員，這也可以使用電話聯絡簿，通知的訊息中包括同仁們如何收集他們的事後預防資料、已知所發生的事情、學生通知如何編製、接下來學校的活動行程表。同仁的

知會過程中還應包括提醒執行時的慎重、提升信任度、鼓勵求助行為和不去鼓動、美化自殺與暴力。

5. **知會學生。**知會的方法應該事先陳述在事後預防計畫裡，由事後預防協調者來主導這個過程。我們建議在一天的開始由老師和其他同仁在教室宣讀一份事先預備的聲明，為了與事實一致避免風險，在知會的過程採用「心理性解釋（psychological interpretation）」或專業術語是重要的，同時建議不要在大的場合中進行，較好的方式是採用小團體，讓工作人員能處理成員的情緒、回答問題和處理認知與行為上的混淆，小團體也方便篩檢高危險群的個案進行其他特別的事後預防。

6. **小團體與個別諮商的立即提供。**知會的內容裡一個必要的部分是給學生和同仁有關支持性活動和會議的訊息（包括對象、內容、何時舉行、何地舉行），而對於有自殺或其他自我傷害行為的學生則給予額外的安排。辨認「高危險群」的學生通常是由學生事務小組、輔導人員、特殊教育計畫、跨專業小組和學校專業人員等來做，此外和受害者較親近的學生即使無高危險群之徵候，也應給予額外的安排。個別以及團體處理的特殊模式和技巧必須讓老師、輔導人員、心理師、護理人員、社工人員、學生事務人員和其他事後預防人員（如心理衛生人員、藥酒癮處理人員、牧師和安寧照護工作者）熟悉了解。我們先前所建議的有關事後預防計畫的教育訓練應包含這些資料，所有的人員都應該對這些活動處於「預備好（ready to go）」的狀態。

7. **給父母及家人的支持性諮商。**許多的家庭成員可能透過家庭─學校的網絡受到影響，失落的衝擊進到社區中的許多家庭，

影響父母和青少年間的互動，事後預防計畫必須顧及這些需求。
有些學校在校園中提供父母和家屬一些服務，有些則提供轉介服
務，轉介給心理衛生人員、牧師或其他社區中的有力人士，通常
兩條管道合併使用是較好的。

　　8.**對事後預防工作的支持性諮商。** 在不斷地提供活動的同
時，很容易忽略了事後預防人員、心理師、輔導人員、管理人
員、教師和其他從事繁重事後預防工作者的情緒需求。「給事後
預防人員的事後預防（postvention for the postvenors）」可以採用
如小團體的支持性諮商、同儕自助和個別諮商等方式進行，而經
過特別訓練、有經驗的學校人員可以協助這個過程的進行，有些
學校在這方面也可能獲得外來專業人員的協助。

　　9.**對高危險青少年的評估與轉介。** 事後預防的過程是一個發
現需要進一步協助的人和提供適當的協助資源的機會，在發現的
過程中有時需要專業的訓練和經驗。所有的學校同仁都應該知道
如何獲得諮詢和如何將高危險群學生轉介給同仁或校外的諮商人
員，他們較熟練於評估自殺、憂鬱和其他自傷行為的可能性。學
生協助計畫應「在適當地點（in place）」才有助於辨認和轉介，
對於在這方面沒有接受過適當訓練和經驗的學校人員，不宜讓他
們單獨去面對此生死議題，如果有什麼疑惑，就去諮詢他人。．

　　10.**持續關心和追蹤。** 在我們的觀點裡，事後預防是一個過程
而不是一個事件，所以事後預防團隊必須提供仔細的追蹤。支持
性團體和個別諮商應該長期持續，因為所有關於喪慟的理論均共
同支持一個論點：對任何一個人而言，哀悼都是一個長期的過
程。今日的環境常在一個學年裡就發生了好幾件嚴重創傷性事

件，所以事後預防的工作有可能成為學校生活常規之一，我們認為這是好的，具預防價值，可以降低自殺、他殺和其他衝擊生活事件與自我傷害行為的可能性。

# 結　論

　　這一章探討了非預期性或創傷性失落與死亡對青少年早期和青少年中期的衝擊。基於此，我們提供了一些理念來發展以社區為基礎的事後預防計畫，並描述幾個具代表性的計畫。此外，我們對事後預防計畫的發展和執行也提供建議。我們強調在危機的苦悶中，青少年和其他人們展現了強韌的復原能力，生存下來甚至變得更好的彈性，而有效的事後預防是我們支持這些人類不可思議的本質最好的方法。

# 14

## 大學校園的事後預防需求：
## 理論和個案研究的發現

Ralph L. V. Rickgarn

所有的關係結束在別離，再沒有期盼。

　　對許多的學院或大學學生而言，生命中重要關係的結束似乎和他們的經驗以及他們對生命的看法相左，這群年輕人正要開始新的生活篇章，那應是充滿期盼、希望和熱情的，而失落、喪慟、哀悼和哀傷的想法似乎是不速之客，這樣的終結和分離的確是令人討厭而且震驚的。

　　然而，失落、死亡和相關種種的確侵入了大學生的生活，對這些青少年晚期的人來說，這些事件的發生帶來了挑戰、不確定感和恐懼。缺乏有效的因應之道將使個體不知如何去做，而擔心

在同儕面前表現得不恰當，又會引起這群大學生情緒的麻痺。

因此，當大學生面臨失落或哀悼等挑戰時，他們將需要學校人員、教授或其他人的協助，假如無法得到適宜的協助，這些挑戰可能嚴重影響學生的心理和身體健康，甚至在學業上的表現。在某些情況下，這些挑戰可能嚴重到使一個或一群學生表現異常，這是對學生和學校均不利的狀況。

這一章討論如何給予面對嚴重失落和哀悼的學生支持，內容探討在大學生活中與失落相關的議題、大學生未釋放的哀悼和社區對哀悼學生的反應，之後再介紹介入和事後預防的概念，以利於討論支持的給予對象及如何為之。特別提到大學的死亡反應小組（Death Response Team，簡稱 DRT）以及其如何運作，明尼蘇達州立大學曾於一九八四年成立 DRT，對此種形式的事後預防我們也對其歷史和活動內容給予簡單介紹。

# 大學生生活中的失落

在一九八一年二月，「人事與引導期刊」（*The Personnel and Guidance Journal*）為失落這個主題發行了特刊，在這一期裡特邀主編做了下列的評述：「我相信這個選集將會撼動我們對本身專業的看法」（p.325）。這是事實，然而特刊中雖然提到了許多失落相關主題以及受失落影響的族群，但沒有一篇文章直接關心到大學生，回顧過往，這並非令人驚訝的結果。

一九七二年，Shneidman 編輯了「死亡與大學生」（*Death*

*and the College Student*）一書，是由哈佛大學生所寫有關失落、自殺與死亡的短文集。這些短文來自於一九六九年 Shneidman 教導死亡心理學時的課堂成果，這堂課吸引了兩百多名學生，這驚人的參與度促使 Shneidman 想看看這個課程的受歡迎程度，他注意到有「一些社會和心理的驅力促成了這股重視死亡的新趨勢」（p.xvi），書中的文章反映了學生對這個議題的看法，是第一部了解失落、死亡和哀悼對大學生衝擊的論著。這個「趨勢」仍一直對學生產生影響，在研究者及其他參與大學生工作的人開始對大學生的失落經驗和哀悼反應產生興趣的十年來，它持續發揮影響力。

　　LaGrand（1981, 1982, 1985, 1986）是這個領域早期的研究者之一，他花了相當多的時間和努力調查大學生的失落經驗，並且報告出他們對這類經驗的反應。LaGrand（1986）提到這群介於青少年晚期和成人早期的大學生是「拒絕承認來自嚴重失落、傷害和痛苦情緒的文化下之受害者，他們是隱藏在富裕社會角落的哀傷者」（p.ix）。

　　我們可能會問：「是什麼樣的人會對自己的失落和哀悼有這樣的反應？」其中一個答案是大學生往往被認為是正經歷「人生中最美好的時光」，但這樣的說法只是成人的幻想，是這些成人對自己早年經驗的否認，也或許是對青年人的無憂無慮的嫉妒吧！對大學生的失落和哀悼漠視的原因之一，也可能是在我們這個以青年為主的社會裡已慣於去否認或延宕老化的過程、死亡的必然性和哀悼的痛苦，這樣的社會必不能允許思考人類經驗的所有可能性發生在青少年晚期的個體身上。相同地，這些假想的不

受傷害性（invulnerability）和自覺不死不滅的感受（immortality），使得大學生不相信或不願相信他們的世界裡有任何來自失落或死亡的痛苦。

　　事實上，大學生對失落、死亡和哀悼的議題是相當陌生的，LaGrand（1982）研究新近經歷的重大失落，發現28.4%的人經歷了所愛的人的死亡或突發的死亡，25.4%的人經歷戀情的結束，10.8%經歷友誼的結束，9.1%與所愛的人分離。在 LaGrand 的2,049位大學生樣本裡有高達73.1%的人經歷上述失落，而有大約70%的學生有憂鬱感受，60%的人感到震驚，55%的人感覺空虛，52%的人不敢相信事實，有接近43%的人出現無助和憤怒，而大約三分之一的人感覺到孤獨。這些對失落的廣泛情緒反應也合併有立即與長期的身體反應，主要的身體反應是哭泣（79%），有三分之一的學生提到頭痛、失眠和虛弱。

　　LaGrand研究的大學生們對逝去者的因應方式各有不同，70%的人哭泣和談論此事（指死亡），其中有60%的人覺得接受死亡事實是好的，近50%的學生提到妥善運用時間和來自家人朋友的支持是有益的。有趣的是 LaGrand（1982）提到：「幾乎很少學生運用輔導中心的資源，除非他們絕望了或無力去因應時」（p. 25）。所以，顯然地，即便大學生面臨生活中的重要經驗——可能是第一次遭遇的，即在大學生涯裡面臨失去重要他人的失落與死亡，他們也不會認為需要專業的協助來因應這類事件。

　　約晚 LaGrand 十年左右，Thornton、Robertson 和 Gilleylen（1991）開始探討大學生所感受到的哀悼強烈程度和他們知覺到社會支持有效性之間的關係，這些研究者發現學生普遍都低估了

哀悼的強度，此外，他們也發現另一個現象：「諮商人員務必特別注意這群未解放的失落哀悼者，給他們額外的支持，因為他們的支持系統可能不會給他們這類支持」（p.10）。很清楚地，大學生的確經驗了重大的失落、死亡和哀悼，即便他們並不認為這類經驗會成為生活中的一部分，而周遭的人包括他們自己也沒有體認到他們需要適當的協助和支持。

## 未解放的哀悼與大學生

　　未解放的哀悼（disenfranchised grief）提供對大學生的失落與哀悼反應以及不恰當的解讀一個容易理解的概念。Doka（1989）定義這個概念並闡述其發生的原因，讓我們對大學生活中的這類經驗更加了解，Doka定義所謂「未解放的哀悼」為：「人們所經歷到因失落而來的哀悼，而此哀悼令他們無法或不能公開承認、公開哀傷或得到社會性的支持」（p.4）。

　　大學生可能在大學生涯裡遭遇到重要他人的死亡，通常這會是他們第一次遭遇到的失落經驗，如果沒有一個廣泛的或有益的因應架構能以建設性的方式因應這一類失落，這些大學生可能會對他們的反應感到迷惑（包括是否該反應和如何反應），即便他們知道在情緒上和身體上感受如何。許多的大學生都有一個強烈的感覺，即不要在同儕面前做出不恰當的行為，即使對個體而言此行為在這個情境下是否不恰當仍屬未知。同樣地，他們的同儕對於因應這類失落也很少或沒有經驗，他們也不知道這樣的失落

對個體的衝擊有多大，也不知道是否該行動或反應之。不管是遭遇嚴重失落的大學生或者是他們周圍的人，都是處於未預備好以建設性的方式處理這類經驗的狀態，處於這個狀態的個體通常無法以有幫助的姿態作出反應，結果不管是個體內在或外在因素都可能引起無法解放的結果。

Doka（1989）觀察到大學生也可能因三個原因而無法解放。第一個可能是關係沒有被認可，一個學生哀悼祖父母、父母、手足或其他血親的死亡可能被視為是合理，但其他在情緒上有連結的關係卻未必被認可，例如同班同學、球隊成員、密友，和愛人（特別是同性戀人），有些時候在其他人尚未覺察時，即有一些強烈而親密的關係已發展了。

第二個無法解放的原因是失落沒有被發覺。對大學生而言，這一類的失落通常來自父母的離異，父母關係的破裂常被發現對個體直到成年都有影響，但在大學生身上只有當他們的教育經費來源發生問題時才被發覺。即使在施虐家庭，家庭關係的瓦解仍會導致大學生的明顯哀悼反應，尤其是一個有凝聚力的家庭。

還有一個也容易被忽略的失落是來自寵物的失落感，對一個大學生而言，在家中的狗、貓可能「從我有記憶開始就有了」，失去這樣的寵物會是一件嚴重的事，且令人感到孤單與哀傷，然而「在多數州的法律裡，寵物仍只是被視為個人財物之一部分而非情感寄託的對象，從這個觀點來看，如何會對貓狗哀悼呢？」（Nieburg & Fischer 1982, p.xiv）許多大學生可能被迫無法公開地哀悼失去寵物的心情，因為這些失落是還沒有被社會認同的。

第三個無法解放的原因是哀悼者沒有被發覺。Doka（1989）

注意到這一類的人常是非常年輕的、老年的、有心智功能不足的等，他們常被視為對死亡概念不足，結果社會上許多人便認為他們無法經驗哀悼，即使有些實際證據顯示不是這樣，這觀點仍被保留著。

雖然大學生不算非常年輕、老年或心智功能不足的，但社會上普遍並不覺得他們可能會哀悼，常發生的狀況之一包括同性戀人的死亡，在這類關係中存活的一方常因被認為是在「不合法且不道德的關係中」而未被關心。

Robert 就是其中一個例子，他在大學一、二年級的時候與他的愛人——Charlie同住一起，在三、四年級的時候，Charlie因車禍身亡，Charlie的父母很快火化了屍體，並舉行了私人的葬禮，也從公寓中移走了所有他們認為屬於兒子的東西，並要求Robert不要再與他們聯絡。Robert和Charlie的關係以及Robert對Charlie之死的哀傷，只有一些同性戀朋友知道，而Robert的父母告訴他不要蹚這趟渾水，其他人在Robert面前也避而不談這個話題。

在這個例子裡，如同許多真實生活的狀況，存在 Robert 和Charlie之間的關係、Robert的失落和Robert的哀悼都沒有被Robert周圍的人所發現，因此三個無法解放的原因在這個情況下互相重疊，這樣的複雜現象常發生在大學生的失落與哀悼中。遑論無法解放的根源何在，有必要改善上述情況，認同學生有權利為他們生活中的失落哀悼與悲傷，相同的，有必要去尊重、認同和支持個體這樣的需要。缺乏適當的解放和協助，這一類大學生的哀悼與哀傷可能更為惡化、增強與複雜化。

# 社區對大學生哀悼的反應

雖然 Lindemann（1944）先驅性的工作已發現哀悼的潛在創傷性，但對於大學生的哀悼則是相當晚期才被注意。例如，Donohue 在一九七七年寫下了有關學生死亡的早期文章之一，文中大部分在探討學生死亡之後在行政上的努力以及如何與家屬接觸，但是在有關紀念儀式的討論上，Donohue 提到：「紀念儀式必須符合地區學生和朋友的需要，同時提供校園一個與家屬共同哀悼的機會」（p.30）。

相似地，Hipple、Cimbolic 和 Peterson（1980）也提出在學生服務計畫中如何因應自殺造成的死亡，而 Halberg（1986）也發展一個類似的因應方式，處理校園中因自然因素導致的死亡。雖然這些看法大都關注行政的層次，但也有如下列來自 Hipple、Cimbolic 和 Peterson（1980）的例子體認到學生的需要：「哀悼反應需要一些時間才會浮現，所以對於直接牽涉事件的所有學生需要舍監人員持續注意」（p.457）。此外，在報告中也提到一個實際的建議：「有必要明確地建立可提供短期與長期支持、諮詢的轉介網絡」（p.458）。

在廣泛地探討存在於大學校園的死亡失落，Stephenson（1985）提出兩大需求：校園中組織現況和存活學生的處境以及社區關懷的重要性。Stephenson 觀察到社區本身具備治療的功能，他也提醒機構要注意找出受影響的群體，以便協助他們，

「應該找出大學系統內的適當資源，找出受學生死亡影響的個體，並協助個體和社區因應他們的哀悼」（p.12）。

　　Stephenson 和其他作者在 Zinner（1985）的「校園中的死亡因應」（*Coping with Death on Campus*）的投稿，引發了一股探討校園如何因應學生死亡事件的討論（如 Furr & Simpson, 1989; Halberg, 1986; Rickgarn, 1987），使得發現和解放大學生的失落和哀悼成了學生事務人員的正式議題。

　　為了了解社區對大學生的哀悼反應是否適切處理，有必要進行評估，方式如下：

　　・所了解的校園中，大學生失落與哀悼的議題是什麼？誰了解？對這些訊息做了些什麼？

　　・校園是否積極促進學生的心理社會發展？由誰負責？做了些什麼？

　　・是否整個機構一起合作進行這個工作，或者只由一個人負責，而其他人很少或完全沒有參與？

　　・這項工作是否是正式的，或者只是沒有被機構支持的形式化工作？如果是正式的，是否得到上層主管階層實質的支持？

　　・是否對半專業和專業人員提供有關喪慟、哀悼和哀傷等議題的訓練計畫？

# 對大學生的介入與事後預防

## 為何機構需要介入？

　　大部分學院或大學的主要焦點是在課程方面，升級的資料和文件多是顯示學業表現和學歷證明的。學生被要求在教室聽課、在實驗室工作、要不斷追求學業進步，對於促進學生心理社會發展的部分只是一筆帶過，然而，事實上這些是與學生校園生活密切相關的資訊，現今在大學新生入學資料中有關各式各樣學生服務的資訊已較常見，然而與失落、死亡相關的服務資訊卻仍不多見。

　　既然介入（intervention）已不可能成為一個機構公共關係努力的重點，為何還要要求校園內為遭遇失落、哀悼的學生設計介入計畫？這個回答包含三個根本理由。首先，就理論而言，**機構應該關心學生在課程以外的發展問題**，諮商和學生事務不能只是理論上的強調，學生事務辦公室應深入學生生活的各個層面，期待全人的發展不只是文獻上的主題，也應是校園學生事務計畫和機構整體政策的一部分。

　　第二個理由更實際，**遭遇困難的學生本身處於危機中，無法全心參與課程或與課程相關的活動**。失去了在課堂上、工作上或大學生活任何層面的活力將影響學生的表現，甚至是否繼續完成學業，而處於來自失落與死亡相關經驗的壓力下，學生容易出現

失常行為或心理異常現象，在這種狀況下學生是無法從機構中獲益的。

　　第三個理由是**機構應該保持對學生和所有社區成員真正的關心**。除非機構能持續這樣的態度並且付諸實際行動，否則沒有一所大學可以達成它的使命、維持運作。這個態度和這些行動與形成大學主體的年輕人及遭遇失落、哀悼的人密切相關。

## 誰是直接介入的對象？

　　當大學生遭遇一個明顯的失落事件或面臨重要他人的死亡，失落本身或他與此人的關係毫無疑問是介入的重點，當死亡的發生是這學生的家人、室友、同學、朋友或愛人時，應給予介入但在方式上可能有所不同。

　　在某些狀況下，死亡的方式可能引起一些特殊的問題值得注意，例如因災難而死、自殺、愛滋病死亡等。災難的發生常引起許多個體的死亡，並且來得突然、不可預期、充滿創傷，這類的災難如飛機失事、校園大屠殺，或連續殺人案件等，這些死亡事件對於死者的朋友甚至整個校園造成極大衝擊，需要進行全校的介入。

　　自殺死亡常須對其他人進行事後預防的處理，有時還須處理媒體不當的報導，這類死亡有可能會引誘一些脆弱的學生也用同樣的方法處理問題，所以有必要對有自殺可能性的學生進行輔導協助。

　　在大學校園中因愛滋病而死的學生人數很少，因罹患此病並

不會立即死亡，但已畢業學生的死亡也不能忽略，有可能和死者關係密切的人還在校園中。

## 如何進行介入？

在行動之前預做準備通常是較好的。介入可以採常態性執行計畫進行，針對死亡與失落、喪慟，或哀悼與悲傷等主題，讓學生討論遺族（survivors）可能會有的情緒、生理和其他反應，這可以讓學生願意去面對和表達他們的感受，也讓他們了解每個人有自己表達失落、哀悼的方式，這和他們與死者的關係、死亡或失落如何發生、他們的因應方式及所能得到的支持有關。

為了增加了解，有些工作坊和課程應需要而生（Eckstein, 1982），強調生活和生命與失落、哀悼之間的關係。相似地，有些人（Jacobs & Towns, 1984; Charles & Eddy, 1987）致力於教導宿舍人員有關失落、死亡和因應死亡之事，一份宿舍訓練資料的問卷提到有執行這類計畫的宿舍人員在提供直接的服務和每日與學生的生活上是最有概念的校園團體。

Wrenn（1992）認為：「任何大小機構都有責任為經歷死亡喪慟者提供整合社會心理需要的作業（task）」（p.33）。此外，Doka（1985）也提到一個有效的死亡教育計畫不只應包括課程和計畫，也應將課程拓展到失落與死亡的內容。

不管個人或團體，對於發展機構的處理樣本、訓練資料或課程，最重要的原則是適當的活動和課程讓學生有系列地了解生與死，而非片片段段，並且發展出有效的因應機轉來處理喪慟、哀

悼和悲傷。

# 介入與事後預防

「介入（intervention）」指的是所有運用來協助需要幫助者的活動。「事後預防（postvention）」指的是在事件發生之後所採取的介入方式。「事後預防」這個概念首先由 Shneidman（1973；也見於 1975）提出，他定義其為：「在悲慘的事件發生之後所做的，用來緩和事件對企圖自殺者的事後效果，或處理對已自殺者周圍的人的不好影響」（1973, p.385）。Shneidman 是在關心受自殺者影響的人的背景下提出這個概念，但顯然這個概念已廣泛應用到其他類型的死亡與失落。

有關事後預防第一點要注意的是它和不可預期的死亡與失落之間特別的關係。第二點是此概念隱含的意義，即使在悲慘事件發生之前我們不能做什麼，但在事後我們仍有許多可以協助存活者的地方。第三點要注意的是事後預防不只是一種反應式的介入，也是一種預先的、前瞻性的預防，以避免未來的心理健康問題。

# 事後預防策略

早先討論社區對大學生哀悼的反應的一些作者（如 Donohue,

1977; Halberg, 1986; Hipple, Cimbolic, & Peterson, 1980）提到許多形式的事後預防，包括由諮商中心直接進行介入（Corazzini & May, 1985），以及組織跨專業小組來專門處理存活者的問題和需要（Rickgarn, 1987）。在這裡我們將事後預防的進行分為三大類：個別諮商、團體諮商和在存活者生活或工作場所處理問題的因應小組。

**個別諮商**可能是在校園中發展得最好的一種方式。在事後預防的模式下，個別學生有機會跟一位諮商者討論他／她的想法，這個方式是最能符合個別需要的，缺點是效果視尋求諮商的學生其動機和能力而定，同時它也是最耗時費力的事後預防方法。

**存活者團體**是危機中心、宗教團體和社區團體所提出的自殺與哀悼支持計畫中最有力的一個。有些校園存活者團體在 Zinner（1985）、Berson（1988）、Balk、Tyson-Rawson 和 Colletti-Wetzel（1993）、Janowiak 等人（1993）和 Rickgam（1994）等的文獻中提到，這一類團體讓成員感受到「他們不是唯一有此需求的人，其他人也經歷到類似的痛苦或不舒服，他們也希望生活能有所改變，扭轉逆境」（Rickgarn, 1994, p.186）。

McNurlen（1991）參考 Yalom（1985）所提出的團體治療之「治療因子」（therapeutic factors），提出一系列有效支持性團體的幫助因子，這些因子包括：確認（identification）、普同性（universality）、情緒宣洩（catharsis）、引導（guidance）、希望灌輸（instillation of hope）、存在的議題（existential issues）、凝聚力（cohesiveness）、利他性（altruism）。支持性團體並不是治療團體，成員因生活上共同的困難自願聚集在一起，在參與支

持性團體之前，他們都是有正常生活功能的個體，參與的目的未必是尋求改變，可能只是尋求協助，以找回受失落所阻礙的能力。

對個別成員或整個團體而言，團體經驗中的幫助因子常是有效且有益的，成立支持性團體不但節省了工作人員的時間和資源，也受到校園的歡迎，更重要的是，藉由支持性團體使得在校園中有機會發展歸屬（belonging）和關懷（care）的氣氛，讓哀悼中的學生了解他們不光可以從團體中得到協助，透過團體他們可以從自己和他人身上學習。這樣的了解可以在宿舍、兄弟會、姐妹會和其他的居住場所或校內外正式場合的討論中與同儕分享。

在支持性團體中，如同個別諮商是以個體為主，尋求因應失落與哀悼的協助。但是，有些學生對於尋求釋放感到麻痺，他們可能因許多理由而不願尋求協助，有些人則只是簡單地想：「事情總會過去的」或「我可以辦得到」，也有些人認為他們不會有時間去做額外處理，另有些人則是不知道有資源可運用，以致即使處於嚴重的情緒危機中，他們仍未尋求幫助。

當學生沒有、不會或不知道如何尋求幫助以因應失落與哀悼時能怎麼做呢？此時，「死亡因應小組」（death response team）便是可行的第三種事後預防方式。

# 死亡因應小組：操作指導

　　死亡因應小組（簡稱DRT）的基本前提是支持必須也應該觸及哀悼的大學生、同仁或教師等他們生活與工作的處所（Rickgarn, 1987）。DRT的目標是⑴提供接受過訓練的自願團體給面臨成員死亡的團體；⑵在非正式的團體環境中鼓勵個人和團體對死亡有所反應；⑶提供負責某一住宿或學校單位的同仁直接電話連繫或轉介的服務；⑷提供團體或其成員追蹤轉介或諮商服務；⑸安排需要短期或長期諮商的個體轉介。

　　DRT的成員來自諮商中心、校園心理衛生中心、舍監、學校事務處副主管、大學警衛室、校牧中心、公衛人員等。這個跨領域的小組成員都在諮商機構接受過訓練，如果校園內本身的工作人員少，那麼小組成員也可能來自受過訓練的地方社區人士。小組成員間也運用同儕諮商（peer counseling）的方式互相訓練，每一位成員都有義務為新進人員訓練。DRT小組附設於校園諮商中心，由一位工作人員負責協調，有記載DRT目的的小冊子和二十四小時的聯絡電話（校園警衛室）。

　　由下面的實例可以來看DRT的運作，在明尼蘇達大學的通訊上有一位學生寫了一篇文章：「哀悼的班級：一位學生的死亡」（Garrott, 1994），這篇文章提到了兩位研究生在上學途中發生車禍，其中一位——Abby因而死亡。文章開始於一篇向班級學生宣告她死亡的聲明以及在那個下午所發生的事情，Garrott（1994）

提出下列的觀察：

印象中，那個午後就像一連串不連貫的事件籠罩在迷惑的感覺之下，這和學校裡安排得有條不紊的時間是不一樣的，在這種情況下，一切的規律都不見了，老師及行政人員也失去了往常領導者的角色，他們同樣被這消息震驚住了。當領導者也和學生一樣陷於情緒中時，領導的方式是有所不同的，當人們的情緒焦慮時，對班級的帶領方式與認知上的詢問有所不同，我可以想像對許多大學教職員而言，這是一個不熟悉且不舒服的角色，在這種情況下我們並不清楚我們應該做什麼，我們所能做的事情都是試驗性質的，這並不只是對情境陌生，而是來自於震驚和悲傷（p.2）。

在下一次上課時，學生們開始談他們的情緒和生理反應，並且開始能以多方角度了解他們的同學對死亡的哀悼，然而仍有一些議題在這個團體興起。

是否改變課程來哀悼或者仍照原課程進行這個話題，在會議中被提出。我們自己內在也面臨很大的衝突：我們該花時間和精力去哀悼嗎？承認我們的生活已經被改變、我們的學業表現已不如前了嗎？或者，我們該「重回忙碌的生活」，不管其他事繼續我們的學習？在哀悼過程的初期，我們在正常作息之外找尋空間與時間哀悼，對此我已記不清楚了，但我清楚記得，當我環顧四周，再不見 Abby 和 Carmen 兩人（Garrott, 1994, p.2）。

雖然這些學生了解到他們一部分的情緒反應和需求，在喪禮後的第二堂課，他們仍然感覺到無法專注在一般例行事務上（如學校功課、家庭作業和人際關係）。他們發現內在有一些衝突的聲音，一個聲音說：「在哀悼中，我無法像往常一樣做事。」另一個聲音說：「你是怎麼了？你只是為了不能做好工作而內疚。」這些內在衝突和其他未解決的議題使得學生和教師決定安排一次 DRT 的介入。

## 操作指導

以下是這個班級發展介入計畫的操作指導，也是提供給死亡因應小組的建議。

**接觸**。一旦有死亡事件發生，DRT 成員便聚集決定由誰來出面處理。大部分狀況下，有兩位小組成員參與倖存者團體，特別是當團體很大時。

**評估**。由一位小組成員和當事者之一作初步接觸並了解發生了何事，同時向此人收集資訊以評估整個狀況。當反應模式已成形，接下來要考慮必要介入的即刻性，在某些情況下，為了處理倖存者情緒上的痛苦或制止流言，必須立即給予介入。由小組成員控制流言的散佈可以減少扭曲、確認消息的可靠性，並且有時還能提供法律上的參考以及給其他訊息來源提供團體確實的訊息。在其他狀況下，讓一天容易地度過以減輕事件的衝擊，並讓個體容易接受協助也是有益的。

**前介入期**。在開始執行介入之前，DRT 成員先與工作人員或

其他團體帶領者協商，讓雙方互相熟識，小組成員也可藉此了解更多可能影響他們行動的既有資訊，如團體本身或某些成員的情緒反應或態度，團體帶領者也可將小組成員介紹給團體成員，以建立初步的信賴關係。

**介入期**。一開始，針對目的，DRT成員先釐清事實（死亡）真相，以個別性討論失落與哀悼反應，小組成員也討論一般喪慟者的情緒和生理反應，以了解團體成員的反應是否在正常範圍。團體成員被鼓勵以他們覺得舒服的方式表達他們的情緒、分享他們的反應，這種方式對學生（有時對成人亦是）而言特別重要，因為他們常過度受驚於同儕的死亡而覺得孤獨，特別是當他們沒有和其他團體成員同時出現情緒反應時，學生需要被教導關係的不同、親密度不同和個人的價值觀都會影響一個人的反應。參與者也被鼓勵問問題。

當互動方式轉為較經驗取向時，須由一位DRT成員很快觀察和評估每個人，而其他小組成員則處理問題和情緒反應，這能讓較沈默的人加入討論，或者找出需要個別注意的人。團體通常進行兩個小時，視團體需要而定。

DRT成員總結介入期所發生之事並提供每個人轉介電話，以便當他們需要進一步的諮商或個別會談時可加以利用。

Garrott（1994）對介入期的觀察顯示，即使在短時間的介入，如上述的兩小時，對於有心處理哀悼議題的人們，設計完善的介入方式可以產生明顯的效果。

有一位諮商員擔任團體的觸發者，他要求我們分享感受，在

每一次分享之後，他向我們保證我們的感受是正常的哀悼現象，包括間接的憤怒和挫折、對自己和他人的容忍度降低、自信心減低、無法專心工作、過去的痛苦和哀悼重現，以及無法專注在每天的工作上，如洗碗盤、洗衣服、準備三餐和運動，我們也發現到人類的生命原來如此脆弱，而我們所愛的人是這麼地被重視和保護……

我肯定這些諮商員的貢獻，他們提供了有關哀悼的知識，由於他們自己並沒有在 Abby 的哀悼中，所以他們可以客觀地去聆聽，有些時候由團體外的人來帶領討論會令人舒服些，我發現這和喪禮的某些情況類似，那讓我可以好好哀悼而不必分心去擔心別人的需求。諮商員同時讓我們知道我們並不孤獨，同時有一些資源是我們可以運用的……

雖然我們都是用功的學生，但在學生角色的許多面向都受到了哀悼影響，專注地上課、完成功課、作報告、解決問題、閱讀……等等都變得比較困難，能有機會像討論哀悼一樣談論這些困難，給我們很大的幫助，我相信在 Abby 的哀悼中我們都成了更好的教師（pp.5, 7）。

**後介入期。**DRT 成員再與團體帶領者聚會以快速評估介入效果並了解接下來的需求，成員彼此間也會簡述他們的評估和回饋。盡可能地，DRT 成員會尋求校園諮商中心和心理衛生診所提供介入之後的個案服務，除了轉介個案的目的以外，另一方面也是提供這些人員有關事件的訊息，以使他們能更快更有效與個案工作。

**評價**。DRT成員的會議有幾項目的，一方面由參與介入的成員報告他們所協助處理的事件和他們對事件的觀察，另一方面他們也反映來自團體和團體帶領者的回饋，在這些經驗分享之後，其他成員給予回饋並考慮是否需要進一步的介入。

# 明尼蘇達大學的死亡因應小組

一開始，明尼蘇達大學DRT成員只打算在宿舍、姐妹會和兄弟會帶學生團體，但是在 DRT 成立十年以來，DRT 小組已被要求為包括校隊、同仁和教師等提供服務，其工作已擴展到任何需要介入的團體。

這些自願的DRT成員幾乎是無報酬的服務（校方通常給予相當小組工作時間的休假，但大多數成員並沒有運用）。對校園而言，小組的存在給予金錢之外的明顯報酬，「大致而言，這個小組讓大學在有學生死亡時多了一個常規作業以外的機制，並使校園扮演更人性化的角色，而當學校師生的生活因朋友的死亡而打亂時，小組成員能真正介入處理」（Rickgarn, 1985, p.198）。

# 結　論

當校園的寧靜被死亡打破時，它通常是那麼突然且造成學生、同仁和教師的重大衝擊。不管死亡是來自天然災害、意外、

自殺或謀殺，它讓活著的人起了極大的情緒反應。對學生而言，他們原本的不可摧毀和不滅感遭受到了無情的打擊，他們可能經歷到過去不曾有過的情緒反應，對此感到迷惑。教師和同仁也常有無望感，特別是在災難事件之後。

在這個時刻，事後預防的努力變得相當重要，在無能感充斥學生、同仁和教師時，激發他們，使他們能開始有互動，並對彼此付出真正的關心。無論優劣程度，在校園如果沒有固定人員的核心團體和機構計畫，結果將如一部好萊塢電影：「從外面看起來光鮮亮麗，我們的成名得到眾人的讚賞，一切看起來如此美好、真實，直到有人打開所謂真實之門才發現一切是假的，如同海市蜃樓。在門的後面為了營造此真實花費多少力氣、多少人力和大量的資源，假如真實不在那兒，學生們所見的將是沙漠而不是應許之地」（Rickgarn, 1994, p.230）。

有關大學生的失落及他們的反應這類的研究相當少，而組織化的因應更是處於嬰兒期。在這些有限的努力中，我們看到死亡、失落與哀悼對整個校園，特別是學生的重大影響，基於對學生發展、學術上和心理社會的義務，未來有必要進行深入的研究，同時每個校園應以前瞻性的態度成立因應單位來處理這些議題，如此一來避免優秀的學生因失落和哀悼而失去能力，也減少校園問題學生、問題行為的發生。

# 15

# 喪慟青少年的支持性團體

Richard G. Tedeschi

在一九六○年代，一群人聚會以找到一些陳述和互相支持日常生活所遇到問題的形式，有明顯增加的趨勢。戒酒匿名會（Alcoholics Anonymous）早在一九三○年代即已存在，而一些還未被已有的組織或專業領域承認的團體，開始探討一些不適用十二個步驟處理的議題，它們存在於一些小型社區、家庭形式的團體、宗教聚會等之中。估計這類「互助團體」或「自助團體」的成員有約一千至一千五百萬，分佈在五十萬至七十五萬個團體中（Katz, 1993）。

這些團體由許多不同的方式開始：由一些遭遇共同問題的人組成；因特殊需要而從已有的團體分離出來；由專業人員或社區

組織主持來了解參與者的需要。有些團體已經持續了許多年並且發展出專業的領導方式和組織；而有些則是在滿足了原先成員的需求之後便解散。在這些團體中有幾個不同層次的自助方式，有些是完全的土法煉鋼式的團體，沒有專業或組織參與，相互依存的關係是最主要的力量；有些則由非專業但有領袖魅力的人直接帶領活動和形成團體意識；另有些團體則由專業人士組織團體的架構，鼓勵成員互相幫助。

成立自助團體的目的包括社會和政治的活動，在充斥敵意的社會環境中建立社區，以及得到情緒支持來應付生活環境和創傷。當情緒支持是團體最重要的目的時，常將之稱為「支持性團體（support group）」。此類團體的特色：有團體領導者、固定的聚會、集中在分享痛苦感受和問題、尋求對成員共有的困難有新的思考方向和解決方式（Silverman, 1980）。

# 喪慟支持團體

在支持性團體中，有些為了處理喪慟議題而成立的團體相當廣為人知，包括「悲憫之友（The Compassionate Friends）」（針對喪慟父母）、「寡婦對寡婦計畫（Widow-to-Widow prog-rams）」、NAIM 和 THEOS（在精神上互相幫助的喪偶團體）（Videka-Sherman, 1990）。研究顯示參與這些團體的人是為了和其他人分享共同的生活經驗，以及學習其他人如何面對他們的喪慟。雖然團體成員很清楚他們不是要尋找心理上的幫助，但在他

們陳述的參與目的中卻包含了心理幫助的部分（Videka-Sherman,
1990）；這可能顯示支持性團體的參與者雖處於痛苦和迷惑中，
但仍認為自己本質上是健康、正常的。所以，對喪慟支持團體而
言，這些個人反應是特定壓力的結果，這些反應是相當正常的。

　　喪慟支持團體的參與者常報告，他們變得較能自由地表達情
緒、較能掌控他們的生活，並且較有自信、快樂，能和其他人連
繫（Videka-Sherman & Lieberman, 1985），但未參與團體的喪慟
者也報告了類似的正向改變（Barrett, 1978; Marmar et al.,
1988），一些非自陳方式所能測得的正向效應就不容易了解了
（Videka-Sherman & Lieberman, 1985; Sabatini, 1989）。

# 對青少年的喪慟支持：
# 發展任務、喪慟任務和社會支持

　　相較於在專業期刊中對成人喪慟支持團體的大量關注，對於
青少年的支持團體顯得相當少。很少全國性組織提供這樣的服
務，有些悲憫之友的分會在專業人員的帶領下讓會友進行一些團
體（Peterson, 1984）。大部分已知的青少年支持團體是地區性
的，通常由學校人員或其他專業人士引進。青少年須倚賴成人來
辨認他們的痛苦和對團體的需要，並依賴成人來為他們組織團體
提供協助，幸運的是，大部分的專業工作者都能了解青少年同儕
團體的重要性，並讓團體成為青少年表達痛苦的重要方式。

　　社會支持與青少年適應之間的關聯性可由同儕關係對青少年

認知與社交技巧發展的重要性略見一斑。同儕間的互動幫助青少年學習觀察和評估自我並發展同理心，它也讓青少年有機會發展一些與他人建立關係的技巧，如互惠關係等，而且也讓受創家庭的青少年多些穩定性（Gottlieb, 1991）。自重似乎和同儕的尊重以及父母的支持有緊密關聯（Harter, 1987），當父母的支持缺乏時，來自父母以外的人的支持變得更為重要（Beardslee & Podorefsky, 1988）。同儕在青少年的意識型態、生活哲學或世界觀的發展中扮演一個漸吃重的角色，當這些發展因喪慟而受損時，同儕支持便相當有價值（Schwartzberg & Janoff-Bulman, 1991）。社會支持對於遭受壓力的青少年也相當重要，因為他們可能還沒有足夠的因應資源和調節情緒的能力。負面生活事件（negative life events）和社會支持的不足，都和青少年的心理功能失調起碼有暫時性的關係（Compas et al., 1986）。

在青少年學習自我認同、建立關係和了解世事的關鍵時刻，喪慟可能來自失去學習過程中某些重要特定對象，可能是父母，也可能是手足或朋友。青少年可能假定（通常是正確的）同儕對此事的經驗不會比他們更多，而且也無法了解他們的處境（Gray, 1988），青少年的哀傷使他們很難去接近那些沒有類似情緒感受的家人或朋友，自我意識（self-consciousness）和被接受的需求也讓青少年不容易主動請求幫助（Gottlieb, 1991），特別是男性支持系統較局限（LaGrand, 1985），支持性團體對於處理這種孤立現象非常有用（Tedeschi & Calhoun, 1993），提供了青少年一個舞台，在因應喪慟的同時持續他們的發展任務。

# 建立青少年喪慟支持團體

## 了解需求

　　辨認處於喪慟中的青少年對於支持的需求並不難。當某位大家都認識的人死亡時，通常會替這群青少年舉辦特別的團體（Hickey, 1993; Haran, 1988; Zinner, 1985），雖然一大群青少年一起經歷喪慟的情形並不常見，但的確有相當高比例的青少年正為某種失落而喪慟。統計上來看，最普遍的是父母和祖父母的死亡，較少的是手足和朋友的死亡。青少年的朋友死因多為車禍、被殺害和自殺，都是一些非預期的死亡（Corr, Nabe, & Corr, 1994），這些趨勢會反映在青少年與成人喪慟支持團體的不同（Davis & Jessen, 1982）。

　　當一群青少年一起為一位他們都認識的死者哀悼時，從他們都體認到死亡此一事實開始，他們會開始非正式地幫助彼此，但當個體無法與他人分享因自己所遭遇的失落而有的喪慟時，可能較難得到類似的幫助。有些情況下，青少年（即便年齡更大些）可以從成人主動為他們組織與推動的喪慟支持團體中獲益。

## 場所和主辦者

　　團體聚會地點由參與者決定，讓成員在舒適、熟悉的場所或原先聚集的地方聚會，可以讓團體的工作更順利。醫院或是心理健康中心較令人陌生且不吸引人，教堂對某些人是適宜的但有些人則否，學校對大多數人而言是最理想的地方，無論時間、交通、熟悉度和舒適等方面都適宜。

## 團體的形成

　　如果團體的形成是採廣泛宣傳以及請與青少年接觸的人轉介，那麼應清楚界定合適參加對象的條件，例如 Gray（1988）提到，超過 90% 的青少年喪慟支持團體成員覺得把因離婚而失去雙親的青少年放在同一個團體是不恰當的，作者的一位同事也提到，某位學校輔導員甚至轉介一位因遺失藥物而哀傷的學生來參加喪慟支持團體，令他非常訝異。

### 早期的接觸和篩選可能的成員

　　邀請成員最好是個別且私下進行，除非遭受喪慟的人相當多。一個有關死亡的簡單話題就可以引起相當激烈的反應和談話的意願，當然個別差異是很大的，特別是在一個團體的環境中，個體是否預備好自我揭露，同時對青少年而言，面對表達自主性的發展任務時，接受幫助將成為一種恥辱感（stigma）（Fleming

& Adolph, 1986），但是早期的猶豫不應該馬上被當成缺乏興趣或適合與否的指標。一開始的個別會談可以了解參加者是否已準備好進入支持性團體，並能減輕進入團體的焦慮，同時很重要的是，也可以藉此了解一些不願意進入團體的青少年，他們或許接受或較喜歡個別諮商（Baxter, Bennett, & Stuart, 1987）。

　　哀傷的經驗和青少年如何看待自我有密切關係，與已故者的關係、家人的互動、在家中的角色等，也使得哀傷歷程變得更複雜，使得進行一個好的支持團體變得更為困難。如果死亡帶有恥辱感（如自殺、愛滋病或用藥過量），必須特別關照團體成員，確定他們能對有重要他人因上述原因而死的團員有正向反應，以使他／她的自我揭露不致太過困難，這一類的死亡也讓個體傾向避免在團體之外做自我揭露，而將所有情緒能量投注在團體本身，比如 Baxter、Bennett 和 Stuart（1987）提到一個女孩的案例，她的姐妹自殺身亡，她的反應強烈到她有意無意地在支配著團體。

　　雖然有些團體在死亡發生之後立即組成（特別是在一位老師或同學死亡之後成立的危機處理團體），大部分團體會在青少年經歷死亡數周、數月或數年後才組成。有時未表達的哀傷被一件新近發生的死亡或在課堂閱讀的一篇故事所喚起，這時團體是討論此一議題的好處所，通常青少年有這種未解決的哀傷是因為他們被隔離訊息，他們的親人不願意和他們談論這件死亡，或他們被禁止參與哀悼的儀式，團體讓他們有機會去談、去收集訊息和哀悼，很顯然地，這類團體的好處是讓這些議題可以公開討論。

　　一般而言，青少年和他（她）的支持系統如何處理死亡一

事，應在早期會談中進行探討，對於那些家人可以開放地以兼具知性與感性的方式去討論死亡，並且表示他們可以滿足於這樣的方式的青少年，不要強迫他們加入團體。相對地，當青少年的支持系統忽略了他們且不願意和他們談時，應該鼓勵這些青少年試著加入團體。同時，有行為問題（如學校表現差、違法問題、藥物問題、性關係複雜等）的青少年也不能排除，但團體討論的焦點仍應放在喪慟議題上。有些青少年可能有太多的行為問題，此時個別諮商或心理治療可能較恰當，有時也可合併團體一起進行；行為問題有時因團體的結構化特性，或發展出來的被接受感、凝聚感而獲得改善。

即使團員的個人特質、周遭環境相差頗大，但集中在喪慟議題上，相似性比相異性更被強調，這種「你我一體（we-ness）」的感受是團體的精髓，有些作者建議多注意團體的組成分子，以便於促發此種感受，例如祖父母的死亡可能比父母的死亡較不具創傷性，許多青少年可能需要更多的時間和支持來處理後者的喪慟，或許需要將處理某些重要議題的青少年依問題性質分配到同一團體中（Baxter, Bennett & Stuart, 1987）。

## 年齡範圍

青少年團體通常在學校裡組成，因此年齡層便不是太重要的考慮，但以較大與較小的青少年在發展上的差異，最好還是將年齡差異大的分配到不同團體，同時須注意較小的青少年的成熟度，有些人可能無法習慣以語言為主的成人團體方式，反而較習慣於鼓勵以非語文方式表達哀傷的兒童團體方式，在早期會談

時，可以和可能的參加者討論他們喜歡的方式，這有助於決定團體將採用的方式。

有些團體可以接納年齡層廣的成員且運作得很好，年長的會提供溫情的支持給年幼的，有些團體把五、六歲的兒童和青少年擺在同一個團體（Haasl & Marnocha, 1990; Masterman & Reames, 1988），也有些團體不區分年齡或迴避關係，如自殺者遺族哀悼團體（the Suicide Survivors Grief Group; Wrobleski, 1984）涵蓋父母、配偶、手足、兒童和朋友，家族喪慟計畫（the Family Bereavement Program; Sandler et al., 1988）則是對家族成員們同時進行的工作坊和團體。

## 團體大小和成員組成

大部分青少年喪慟團體是由同儕所組成，所以在考慮團體的成員時，很重要的一點需要考慮成員的性格，以及避免讓一、二位成員和其他人明顯不同。或許團體是否能有好的互動關係和成功的支持是在於性別、年齡和性格特質能有好的搭配（健談的 vs. 彆扭的；善於情緒表露的 vs. 理智的；領導者 vs. 跟從者），有些同質性是以參與者失落經驗的嚴重性來看。

團體最少有五位成員以確保團體感的形成，即便有人可能缺席，團體最多不超過十人，以確保每個人都有機會講話。團體時間大約九十分鐘，以便有充足的機會在收拾起激烈情緒回到現實世界之前能盡情表達情緒。有些青少年喪慟團體進行一小時（如Masterman & Reams, 1988）到超過兩個小時（Balk, Tyson-Rawson, & Colletti-Wetzel, 1983）。時間越短，團體最好也越小。

# 進行團體

## 結構

　　有關團體的性質有兩個最基本的結構問題必須先決定：團體是封閉式、有期限的或是開放式、持續進行的；在內容上是強調教導性、衛教取向的或是由過程主導、經驗取向的。除非有足夠多的青少年能持續進入團體，以使團體起碼維持在五位成員，否則封閉式、有期限的團體會是最好的選擇，在這類型的團體中，一開始要先考慮進行的次數和參加的對象，進行的次數可以配合學校的行事曆或參與者其他的生活作息安排，在本文中所提到的團體有持續一個禮拜（Haran, 1988，提到一個在學校中的危機處理）到十二個禮拜的（Baxter, Bennett & Stuart, 1987; Gray, 1988）。當哀傷的強度越弱時，團體的次數就可以越少，而越是新近發生的強烈喪慟經驗越需要更多的團體次數。當然，可以讓成員有機會參加晚一點接續的團體，在正式團體結束之後，持續的支持對許多成員而言是重要的（Gray, 1988）。

　　開放式的團體（Berson, 1988）有一些好處，這類團體可以讓不同個體在不同時期依個別需要加入，而新加入者可以從舊成員身上學到有用的技巧或如何成功地處理哀傷（Tedeschi & Calhoun, 1993）。無論如何，成員起碼要參加數次，比如四至六次，因為

有些早期的感受可能相當痛苦，需要一些時間去釋懷和學著度過喪慟。團體成員須承諾在決定離開團體之前要先知會大家，以便有充裕的時間說再見，而不留給成員們一堆問號和不知道發生了什麼事的擔心（Berson, 1988）。

　　大部分的團體是以教導與經驗主導並行，合併結構化與過程取向的方式。有些團體成員想要也需要有關哀傷經驗、將經歷的經驗、如何去應付等訊息，特別在有時間限制的封閉式團體，需要有些觸發者（facilitators）來提供一些訊息與鼓勵，因為必須有所謂的「老成員」來擔任這樣的角色示範，有時團體成員會表示他們希望得到觸發者較多的指導和架構的維持，以防止較具操控性的成員使用過多的控制權（Baxter, Bennett, & Stuart, 1987）；有時，團體會設定自己的步伐，而觸發者必須能很自在地去跟隨這個步伐，而不會如奴隸般地守住原先計畫好的內容，一位觸發者必須熟悉教導的材料，並密切注意團體的需求，以便在團體的進行過程中很自然地加入這些材料（Balk, Tyson-Rawson, & Colletti-Wetzel, 1993）。

## 團體活動

　　有許多有關教導的材料以及團體活動的資訊可以運用在青少年團體（Balk, Tyson-Rawson, & Colletti-Wetzel, 1993; Baxter, Bennett, & Stuart, 1987; Gray, 1988; Haasl & Marnocha, 1990; Haran, 1988; Masterman & Reams, 1988），而有些為個別而設計的活動（Worden, 1991）也可應用到團體裡，有些活動常被使用，寫信

便是其中之一，寫信可用來表達情緒，解決和已逝者之間的一些議題，並保持和已逝者之間的一種連繫，信件可以寫給朋友，描述自己的哀傷經驗，或者寫給已逝者，表達在真實生活中無法盡情表現的感受和一些議題，信件也可以寫成是來自已逝者在陳述這些事情，還有其他的寫作方式，如針對哀傷經驗中的感受，什麼樣的支持是有幫助的，什麼情況會使表達哀傷變得困難，以及從這些經驗中學到了什麼。

藝術和創作性活動可以用來激發情緒的表達，敘說有關已逝者的故事，談談這位青少年和已逝者的關係，以及死亡本身。這些活動包括繪畫、剪貼、詩歌、說故事、唱歌和團體壁畫創作。另外一個可以激發討論的活動是帶一件對團體有重要意義的物品或能代表已逝者的，然後去談這物品和已逝者的關係。由觸發者或團體成員來讀有關哀傷或死亡的故事也能激發討論。

任何活動都必須考慮參加者的組成特質、需求和反應，有些團體會熱情地歡迎這些活動，有些則覺得活動阻礙他們的自由談話，活動應被視為促進建設性互動的一種手段，而不是終結者。

## 觸發者角色

「觸發者」這個詞在這裡是用來指這些成年的專業帶領者。以「觸發者」來形容帶領者的角色，有助於讓團體成員了解，他們本身須為團體的進行和成功與否負責任，這樣一來，帶領者是將團體交給團體成員，營造「互助（mutual-help）」的氣氛而非完全是治療的氣氛。

「觸發者」也意味著團體成員本身就是在自己哀傷過程中的專家，而帶領者和其他團體成員則扮演支持的角色，這使得個體可以使用各種方式去處理哀傷，只要他們認為有益。觸發者須牢記在心，他們的主要工作不在教導有關哀傷或者幫助成員去克服它，而是協助每一位成員思考各種可行的哀傷方式並以他（她）希望的方式哀悼。

　　為完成任務，觸發者在青少年喪慟團體中將焦點集中在參加者而非自己身上，如運用一些議題製造一個安全的氣氛（如鼓勵被動的成員和控制過於操控的成員），堅持某些限制和規則（如時間限制、保密等）和介紹活動。他們維持住架構並填補成員留下來的縫隙，可能是補充訊息的不足，注意某些成員，或引導到某些議題上。觸發者首先須注意某些團體成員，他們或許有許多訊息和好的建議，也就是在擔任專家的角色之前先辨認團體中有哪些資源。

　　有些青少年覺得在喪慟的過程中，同儕比其他人更能幫助他們，因為在支持性團體的氣氛下，有著相似失落經驗的同儕讓他們感覺到被真正了解（Gray, 1989）。觸發者所要去鼓吹與呈現的意識型態就是這些由團體本身所浮現的內容（Sherman, 1979），或者以正向的、結構化的方式去呈現它，讓參與者了解到他們就是處理喪慟的專家。支持了這種互助的意識型態便否定了本身的處理能力，是專業人員的一種矛盾心態（Klass & Shinners, 1983），然而運用他們對互助意識和團體過程的了解，他們能幫助團體成員重新找到自己的力量。青少年也很高興成人願意傾聽和尊重他們，因為他們常無法擁有這種經驗。

由上述對觸發者角色的描述，可以清楚地了解到一位好的觸發者須具備某些個人與專業的特質：他們必須對喪慟經驗很了解，不致掉入聖人的窠臼中；能純熟地處理哀傷情緒；在信任團體能帶來改變之餘，也能持續偵測可能有的限制和錯誤；能包容因不同家庭、宗教、文化背景而產生的喪慟方式上的個別差異。

　　有效率的觸發者也必須是能被團體青少年認同的。一位陌生人會比一位已被青少年所熟悉且討厭或不尊重的人更好。即便觸發者有時會刻意與團體保持距離，以使團體產生互助的氣氛，但是有時又必須積極地參與，而團體成員有時也會要求觸發者做相當程度的自我揭露（Berson, 1988），談談有關哀傷的經驗和如何處理的專業看法。藉由討論這些議題和調整情緒強度，觸發者必須能自在地面對並且管理好自己的情緒反應，同時有可支持自己的便捷方法（Balk, Tyson-Rawson, & Colletti-Wetzel, 1993）。

　　觸發輔助者（cofacilitators）可提供這類的支持，也可分擔在參與高度情緒化的團體過程中的工作，這就是為什麼有兩位觸發者較好的原因之一。團體之後，觸發者彼此之間的任務經驗分享（debriefing）能夠帶來釋放、支持和前瞻的效果。

## 可能的問題

　　在進行支持性團體時會有一種自我校正（self-correcting）的傾向，讓大部分的潛在問題不致引發。觸發者必須懂得信任團體成員和團體過程，不要過於急切去揭發明顯的困難，團員自己就能在團體中說出困難。當觸發者時時記得扮演適當的角色時，許

多問題都可避免，同時注意讓每位團員都有發言機會，對於講太多話的團員給予限制，流程要合宜，有技巧地運用幽默感等都是避免問題發生的好方法（Rose & Edleson, 1987）。雖然如此，有些問題還是會發生，在這裡提出一般常見的情形，這些問題因團體成員之間的關係和觸發者的處理方式等而有所不同。

## 無建設性的沈默或討論一些較表面的問題

在許多喪慟團體，沈默是相當常見的，特別在提到哀傷的場景時。在沈默中，有許多的情緒產生，讓情緒瀰漫有時是可行的，一陣子之後，觸發者鼓勵成員表達出這些情緒，告訴成員團體是一個安全的地方，允許成員表達這些在其他狀況下不便於表達出來的情緒。然而，觸發者有時把沈默視為非建設性的，此時團體可能僵住了。

有些方法可以運用在這種狀況之下，包括建議大家起來活動一下，彼此有些互動，或者直接將狀況提出來討論，告知成員團體似乎僵住了，大家是否有辦法讓團體繼續進行下去。也可以要求團體邀請一位成員來擔任暫時的觸發者（Kymissis, 1993）。有時候，觸發者太過操控或者把引發團體話題的責任完全承擔，容易引起團體的沈默。

討論太過表面的議題是常見的，有時它也是有用的，可以提醒青少年了解喪慟和哀傷以外的事是可以被團體接受的。如果大部分的團體時間被用來討論這一類議題時則有兩種可能，一是團體的工作已經完成了，二是團體逃避去完成它的工作，觸發者可從探討這個團體的歷史去了解發生了什麼事，假如是逃避的話，

觸發者可以告知團體成員：「似乎團體現在已經將焦點轉移到與哀傷無關的事情上了。」此舉可以有效處理此狀況，通常這樣的處理能引發團體討論對哀傷的不適感，逃避可以帶來釋放感，以及如何在團體前就掌握「哀傷」此一議題。

## 出席率的問題

　　當成員缺席了一定次數之後，我們幾乎可以判斷他們已經得到他們所需要的幫助了，而且他們已準備好要離開。對不同的團體而言，時機將有所不同，即便是有時限的團體，對某些人而言時間可能太長了，而對另些人而言卻太短了。無法維持規律的出席率或在不該結束時結束，都可能意味著有些團體成員畏懼去面對某些議題。

　　通常在青少年剛面對死亡之後馬上邀請他（她）進入團體並不好，因此時痛苦的感覺仍相當強烈，此感受與青少年希望在同儕面前保持尊嚴的需求有違。所以，先邀請青少年做幾次的個別會談，在他（她）能視團體為一舒服的去處時，再邀請加入團體。有時成員本身就是最佳判斷他（她）是否預備好參與團體的人，有時他們會離開，然後在覺得準備好時再回來（Berson, 1988）。

　　出席率的問題有時又可顯示成員是否覺得沒有得到支持或關注。這可能是因失落經驗的不同或其他原因，揭示這些不同常常可以帶動其他成員討論一致性的問題，對團體中發生之事的不舒服常是個別會談的有用材料。

　　最後，觸發者也必須注意，他們讓成員感覺自己是受歡迎和

被重視的程度如何。

## 團體成員給予要求評斷或不好的建議

　　有些人或許會覺得在團體外講話較舒服，此時觸發者必須確定團體中較安靜的成員是否仍專注於團體，並且確保在成員的快速互動中主題沒有偏離（Schwab, 1986）。假如有成員較具操控性，則由觸發者來主導談話的方向會令其他成員感覺較好些，或者直接告知讓其他成員有機會說說話。

　　在喪慟團體中應避免成員之間的互相評斷，喪慟的青少年常是比較脆弱的，對於評斷較難以忍受，觸發者可以提醒成員們，支持是更好的方法，是否可用其他更有支持性的方式來給建議，每一位成員都有他（她）自己哀傷的方式，而這是正常且可理解的，這樣的說明也可用在成員之間互給不好的建議時。此外，集中在探討某些建議的結果時，也會促使成員們自己修正原來不好的建議。

## 團員有心理疾病

　　在喪慟支持團體，某種程度的心理疾病是可以容忍的，但觸發者必須判斷是否有成員很明顯無法得到團體的支持，即便此成員本身沒有察覺，如果團體無法同理此人，則此成員不可能從團體經驗中受惠，而團體對其他成員而言也會是令人不愉快的地方，這是觸發者在團體前的會談需要注意避免的。如果真的發生了，那麼給所有參與成員一個私下建議是必需的，即進行個別諮商或治療的必要。

剩下的成員必須有機會去討論團體中有人去接受更適宜的處置一事，假如他（她）的困難是顯而易見的，觸發者可以將這困難點明出來，並說明此人已得到個別的注意了，觸發者必須注意保密的問題，即使是鼓勵成員誠實地去討論此人的困難時。

　　在喪慟支持團體，自殺念頭是相當常見的（Schwab, 1986）。青少年傾向於在困難的處境下考慮用自殺解決問題，因此如果沒有自發性地討論到此議題，可以直接提出來討論，對青少年相當有幫助。觸發者必須小心判斷成員的自殺意念是否高於正常水準，是否有某些個案是處在較危險的處境下。

## 時間超過

　　這是觸發者的問題。在團體開始時必須清楚定出團體規則，團體將準時開始準時結束，如果沒有這麼做將造成很多困擾。團體後有要事的成員將變得很緊張且生氣，可能會有失控的感覺，進而產生潛在的不安全感，而超過時間若是可以的，那麼晚到也變得不違規了。觸發者可以在團體結束前十分鐘告知成員時間快到了，如此一來成員可以掌握何時結束談話、何時撫平情緒並且平靜地離開。有時，觸發者可以簡單地點出一、二個團體的核心話題，如此做是可行的。無論如何，觸發者必須了解到並不是每一次的會面都能靈活地連貫起來，而一樣的哀傷話題很可能下一次又被提起。

# 青少年喪慟支持團體的議題與好處

　　觸發者必然期待喪慟的青少年會引發某些討論議題，而許多議題也常在有關成人的喪慟文獻中看到，但是成人往往忽略了這些議題對青少年的重要性，而認為青少年的經驗有別於成人，或者認為不會太嚴重，但是喪慟青少年常常在支持性團體的鼓勵和安全氣氛下，表現出極大的情緒、社會和認知的難題（challenges）。即便這類的生活危機被視為是成長的轉機，當面對強烈的哀傷時，青少年在團體中所做的似乎更像是必要的過程，在這過程中，他們可以較容易地去面對死亡和哀傷、學習如何哀悼、學習支持他人的技巧。

## 克服疏離感

　　在美國的文化中，哀傷似乎是一種孤立疏離的經驗（Tedeschi & Calhoun, 1993），這是因為多數人們較不了解如何與哀傷的人相處，對於死亡有焦慮感或者同理心不足，更常見的是，人們連花時間去傾聽都無法做到。當家庭成員死亡時，其他的家庭成員可能各自哀傷，或因他們自己的悲傷而無法了解青少年的情緒。有將近一半的喪慟青少年表示在他們的喪慟之後，家庭和同儕關係面臨瓦解（Balk, 1983b）。

　　支持性團體提供克服疏離感的途徑。常常有許多的討論針對

其他人的反應如何導致疏離感，特別是當世界的一切仍如常在進行，而喪慟者不斷地得到最好「恢復過來（get over it）」的建議時（Balk, Tyson-Rawson, & Colletti-Wetzel, 1993; Berson, 1988; Wortman & Silver, 1989），雖然這些回應是有建設性的，但他們似乎少了些什麼（Dakof & Taylor, 1990; Lehman, Ellard, & Wortman, 1986），或許是一種感同身受的同理吧，所以在面對有類似經驗的人時多了一份安適感。

「普同性（universality）」的感受，也就是一個人的經驗和其他多數人相同，常被青少年認為是團體治療中令他們受益的重要部分（Holmes, Heckel, & Gordon, 1991），在喪慟支持團體也是如此。更進一步地，強調哀傷是正常的，以及可以有不同形式的哀傷，會令團體成員可以較自在地去談他們的經驗，並且接受他們在團體裡所看到的不同反應。

## 分享訊息

在危機處理團體中，所有的參與者是為了哀悼同一人的死亡，此時團體在分享有關死亡的訊息及粉碎流言上是最有效的。支持性團體可能同時面對多種不同的死亡事件，最需要的訊息可能是如何面對所經驗到的新的、強烈的情緒反應，花多少時間在喪慟過程和如何處理可能發生的狀況。這些狀況包括當還不知道當事人已死亡的人問起此人該如何回答？在所愛的人死亡後去享樂是否過分？如何將注意力集中在學校功課？喪慟青少年或許會討論有關逝者的夢以及它的意義、醫學的問題和死亡的原因、喪

禮和埋葬的安排，和其他對他們而言陌生且困惑的事情。

通常，有些團體成員會提供有幫助的看法或資訊，有時觸發者也可提供所需的訊息，其他時候讓團體自己運作去得到所需的訊息也是有用的方法。由於成人不願去談他們認為青少年無法應付的事，所以青少年對死亡和喪慟過程的了解非常有限，團體中訊息分享的方式往往能讓青少年得到解脫和澄清的機會。

## 包容情緒和表達情緒

有些青少年選擇不去表達情緒，因為那太痛苦，而有些青少年想辦法採取一些方式逃避面對情緒（Gray, 1988）。第一次的創傷事件發生在這些年輕人身上時，就有了喪慟反應，它們可能是迷惘、驚恐、彆扭、困窘等強烈的情緒反應，甚至有些青少年感覺自己很難控制情緒。

在喪慟支持團體中的同理和分享能鼓勵成員作情緒表達，有助於去掌握它，並且允許成員去實驗哪一些情緒是可以被接受的。這些情緒不外乎罪惡感、解脫感和對已逝者的憤怒，可能還有些混亂或和已逝者有關的衝突，激起一些罪惡感，這可能發生在青少年因獨立的需求而不在逝者身邊，或疏遠之後逝者死亡而引起。當死亡發生後，隨之而來的解脫感也可能令青少年感到罪惡，比如照顧長年患病的人。對逝者的憤怒可能是直接的（如自殺的人）或間接的（如心臟病發作、酒癮或藥物死亡的），這和死亡的方式有關。當沒有被支持或了解時，很容易對家人、同儕或權威者憤怒，對於被要求壓抑情緒感到憤怒是很常見的。藉由

其他團體成員表現出類似的情緒，團體顯得對青少年經驗強烈而陌生的情緒特別有幫助，很快地，喪慟團體形成了一股意識：「所有的情緒都是可以的」。

## 面對生活課題

青少年常被形容成自以為堅不可摧，而一些被要求想像自己死亡的青少年，他們把死亡的感受形容得簡單、沒有痛苦（Kastenbaum, 1992），真正的死亡經驗可以粉碎這種天真的想像，特別是在團體中聽到了各式各樣的死亡事件，家人的反應或過去未見過的人面對如此困難情境的反應，都會令他們感到訝異。靈性的或存在的議題因死亡的經驗而更為青少年所重視（Balk & Hogan, 1995），此刻這些關注不再那麼抽象，因他們所愛的人就參與其中。一些處於喪慟的大學生提到，他們的世界觀和一般的信念在父母死亡後都有了本質上的改變（Schwartzberg & Janoff-Bulman, 1991），這些改變包括生活的重心、宗教信念、堅不可摧的想法，和對生活意義的看法。

支持性團體可以是一個活舞台，在這裡上述議題可以較輕鬆地去談論，而青少年可以藉以發展和精進這些生命議題的概念（Kastenbaum, 1992）。有些時候，這些經驗可以幫助青少年去了解這時期他們在發展上的課題——分離、認同和親密感，透過失落經驗、自身的脆弱性和對失落的感受。和其他的喪慟青少年在一起，也會產生親密感和對人我關係認同的另一種看法，雖然青少年較希望能遠離哀傷，慢慢和其他未經歷喪慟的朋友一樣

（Gray, 1989），支持性團體可以給予充裕的時間來修正和發展成一個新的參照團體（reference group）（Gottlieb, 1981）。一位成年觸發者的存在，特別是在哀傷處理有良好訓練的人，可以讓這些議題好好地被討論。敏銳的社會支持可以讓人感覺到世人的慈愛（Schwartzberg & Janoff-Bulman, 1991），這有助於發展同理和利他性（Berson, 1988），這些都是來自於幫助了其他的喪慟者而得到的有力經驗。

　　在團體結束之後，許多青少年在喪慟支持團體所面對的議題可能都還沒有解決完，所以觸發者有一項重要工作，就是讓團體成員能順利回到現實生活去面對失去逝者的生活。由於支持性團體的經驗，團員變得比較知道如何從團體成員、家人、文獻或其他資源中得到支持，這樣他們在團體結束後就能持續去處理他們未解決完的議題。

# 結論：研究

　　回顧喪慟支持團體的研究，Lieberman（1993）提到六個研究，Zimpfer（1991）提到九個，所有的研究中只有一個是成人團體，其他是兒童的喪慟團體，顯然都沒有控制組的研究，但從問卷和一些團體成員的分享中仍顯示青少年喪慟支持團體對成員的正面幫助（Baxter, 1982；Berson, 1988；Gray, 1988, 1989）。除此之外，其中一個研究還顯示了對於憂傷的青少年，同儕支持團體比社交技巧訓練在短期間有較好的效果（Fine et al., 1991）。須

進一步尋求研究證據來支持喪慟支持團體，無論在短期或長期都能降低痛苦，能讓發展與存在的議題更成功完成，達到個人的成長。

目前，我們可以肯定地說，尚沒有報告提到喪慟支持團體使青少年更難去面對喪慟，也尚不清楚有多少成員流失（drop out），原因是什麼，以及他們的狀況。團體對沒有求助資源的青少年有益，他們可以減低內在的痛苦，但對長期適應效果有限，或許對於無法面對某些議題以致無力應付哀傷的青少年有效。另外，何種形式的喪慟支持團體對大部分的青少年較有效？團體歷程中哪些部分或哪些訊息對成員的幫助最大？雖然我們可以從團體治療的文獻或成人喪慟團體的一些經驗來形成假設，但只有實際對青少年喪慟團體的研究，才能讓我們較清楚地了解。

# 16

# 協助青少年因應死亡與喪慟的專業性介入

LaNae　Valentine

　　失落是人類存在的一個既普遍又獨特的特性，在人的一生中經歷重要關係的分離和失落是所有人共同的經驗，也因而有共同的需求以尋求因應嚴重失落所造成的衝擊和後遺症，然而失落也同時是獨特的，每個人因不同的因素經歷失落並且發展出對失落獨特的信念。在今日社會，青少年面臨許多真實的與潛在的失落，這些失落因影響了他們的因應能力而顯得重要。

　　哀悼並非起自了解，而是來自依附的形成和對失落的反應（Wolfelt, 1983），如果這個看法是正確的，任何一位成熟到足以感受愛的青少年都有能力哀悼。換言之，不論老少都能經歷失去所愛之人的整個哀悼反應，青少年能如同成人一般哀悼，但他們

通常用不同的方式哀悼與悲傷，例如青少年常無法參與葬禮事宜
的決定，無法參與和不被重視常使青少年感到迷惑、慌張和疏
遠，使得他們更難以因應哀悼（Schachter, 1991）。

　　這一章介紹以諮商或治療的方式協助青少年處理死亡與喪
慟，討論的主題包括：青少年「正常」與「不良」哀悼的差別；
專業轉介的指標；評估青少年哀悼反應的考慮因素；青少年的哀
傷輔導與哀傷治療；個別的介入；對青少年和家人的介入，由兩
個衍生的個案研究和討論介紹運用在個人和家庭的有效技巧。整
體而言，基本目標在於強化青少年目前的幸福感，並且預防未來
可能的問題，如自尊降低、個人認同問題，或因害怕再次經驗失
落與被遺棄而無法與人建立親密關係。

# 「正常」哀悼反應何時轉爲「不良」： 專業轉介的指標

　　青少年的正常哀悼與悲傷涵蓋相當廣泛的範圍，那麼評估一
位青少年是否需要轉介給心理衛生專業的指標又是什麼？Groll-
man（1967, p.21）建議：

　　「正常喪慟的心理反應」和「扭曲的哀傷反應」之間界限相
當狹窄，就如同分辨「正常（normality）」和「神經質（neur-
osis）」一般，差異不在症狀而在強度。喪禮之後數個月仍持續
否認現實、身體病痛的時間拖長、持續的恐慌、延伸的罪惡感、

不斷地理想化、長期冷漠與焦慮、不斷對逝者或其他人有敵意等，個別反應都不足以做為扭曲的哀悼反應之依據，而是以整體狀況透過專業眼光來決定。

　　Lindemann（1944, p.147）強調：「不只過度反應該被注意，過低的喪慟反應也應注意，因為延宕的反應可能在不預期的時候發生，而且嚴重扭曲的哀悼反應初期可能不顯眼，但隨後可能造成嚴重問題。」

　　Webb（1993）認為最重要的部分是評估來自哀悼的影響對個人生活的干擾程度，當青少年的社會、情緒或身體發展等出現了干擾的徵兆，則哀悼過程將被視為「失能的（disabling）」，在這種情況下，「哀悼成了揮之不去且有害的」（Webb, 1993, p. 21），任何一位遭遇了失能哀悼的青少年都可能需要除了家人以外的協助。

　　Fox（1985）認為當青少年疑似有自殺可能性或與逝者的死亡有關聯時，專業的協助都應介入，證據顯示有父母、手足或朋友因自殺而死亡的青少年，較一般人有高的自殺或憂鬱的可能性。其他顯示需要專業協助的「紅旗幟（red flags）」包括心身症狀、學業困難、做噩夢或睡眠問題、飲食形態改善、自殺意圖和暫時的退化。此外，如突發的生氣行為、破壞財物、學業表現變差、逃學、藥物濫用和憂鬱等行為都應注意，任一項表現都不代表這是一個有問題的哀悼，但都是值得注意的指標。

# 評估哀悼反應時應注意的因素

　　哀悼的強度和持續時間以及悲傷受到許多因素的影響，如死者是誰，和死者間依附的特質、強度和安全感，以及關係中存在的矛盾，其他的重要因素如有關失落的童年經驗、血緣關係、死亡的時間、先前的徵兆、喪慟的預備，以及是否須隱藏情感和對死亡所感受到的自責等。

　　在評估青少年如何對失落反應時，了解其過去歷史也是很重要的，如過去經歷失落的次數、如何哀悼等，如果過去未能適當地哀悼失落，那麼也難以對現今的失落哀悼。存活者過去的心理狀態也一樣重要，有憂鬱症病史的青少年較沒有的青少年在哀悼上有更大的困難，另一個重要的部分是性格（personality），如是否壓抑情感的表達、如何克制焦慮、如何應付壓力情境等，被診斷有某些人格疾患的人或過度依賴或不易與人建立關係的人，都較不容易面對失落。

　　還須考慮喪慟中的青少年在家族系統中的地位。家族成員的死亡對家庭系統所造成的干擾程度視死亡時機、死亡方式、家族系統的開放性和死者在家中的地位而定，例如雙親之一的死亡，特別是擔負較多家庭責任的一方，將帶給家庭系統很大的困難。相同地，當死亡突然發生，家人之間沒有機會與瀕死者討論此事，同時如果還有一些未竟之事，他們會感到痛苦，青少年的哀悼也變得更為困難（Parry & Thornwall, 1992, Worden, 1991）。

此外，社會和文化的因素也會影響青少年的哀悼和哀傷，例如知覺到來自他人的情緒和社會支持，以及來自家庭內和家庭外的，研究顯示喪慟過程不順利者通常沒有適當的社會支持（Worden, 1991）。

# 哀傷輔導與哀傷治療

什麼樣的專業協助對喪慟青少年是適當的？Worden（1991）以個案的哀悼是單純的或複雜的來區分悲傷「輔導」和悲傷「治療」，雖然 Worden 的區分主要是針對成人個案，但對青少年同樣有用。根據 Worden 所說悲傷輔導對單純哀悼有益，目標在協助存活者完成對死者的未竟之事及最後的道別，而針對複雜哀悼的悲傷治療目標，則在「處理無法哀悼、延遲、過度的或過長的哀悼，發覺和解決其分離衝突」（Worden, 1991, p.79）。

相較之下，Webb（1993）認為「治療」是指由一位心理衛生專業人員所進行的助人歷程，而「輔導」是由神職人員或教育界人士所提供的助人歷程。在任何事件中，任何專業介入的目標和過程都是依循個別青少年的需求而定。

## 青少年的悲傷輔導

Worden（1991）定義了悲傷的四項工作：(1)接受失落的事實；(2)平復哀悼的痛苦；(3)適應沒有逝者的環境；和(4)在情緒上

重新定位逝者並且回歸正常生活。大部分青少年和他們的家庭都能在沒有專業協助之下完成上述工作，開放的家庭系統、互相支持、開放地表達對死者和死亡的感受，以及能彈性地接受角色重新適應者，通常能安穩地度過此過渡期、接受失落的事實、重新適應失落、適當地道別和重新投入生活及關係之中。

有時，這些「健康的」或「堅強的」家庭也會尋求輔導以度過哀悼過程，這個協助可以是在所愛之人死亡之前、之間或之後。在預期死亡的個案裡，家人通常透過輔導者的協助來討論漸漸逼近的死亡、表達感受、處理任何未竟之事，和表達與處理恐懼、焦慮。

青少年常提出他們需要且想要有機會可談談感受和死亡的經驗，他們可能需要協助來處理罪惡和憤怒的感受、處理和父母或其他家人間的關係、對逝者的思念和幻想、學校問題、失落之後和同儕的關係、對某人死亡的恐懼、害怕失去某些親密的人，或應付葬禮及其他儀式（Gray, 1988; Schachter, 1991）。

輔導的情境可以提供青少年在安全、不批評的環境下陳述想法，並且允許他們參與葬禮安排、墳地、告別式等的決定，協助喪慟青少年在不必害怕讓其他家人傷心的狀況下表達想法，有助於完成哀悼（Bowen, 1976）。

## 青少年的悲傷治療

引起複雜的悲傷和需要訓練有素的治療師處理的死亡有：突發且不預期的死亡；創傷性、暴力的、致殘的、隨機的死亡；久

病之後的死亡；或悲傷者覺得可以避免的死亡，而來自慢性病或如愛滋病這一類疾病的死亡也會引起額外的壓力，使哀傷變得複雜，如氣憤、矛盾、罪惡感、恥辱感和無法釋放等。

其他使哀悼和悲傷變得複雜的因素有家庭關係問題和施虐父／母的死亡。施虐父／母死亡的哀傷過程對受害青少年而言，常受許多與虐待有關的影響，合併有對死去父／母的生氣、矛盾或依賴。青少年所成長的家庭中如果有酒癮、心理問題、想法固著、強迫性、互依的、常不在家的、疏忽的或有慢性病的父母，常令他們的哀悼過程產生困難（Rando, 1993a）。

在這樣的父／母死亡之後，青少年可能同時感到解脫和悲傷，或者在罪惡感之中，青少年將此失落解釋為個人的拒絕或自我的某種失敗，這樣的青少年可能將大量的罪惡感轉為對逝者的負面情緒，而延長了哀悼、憂鬱和自殺念頭的時間（Cutter, 1974），通常靠青少年自己是無法解決這些令人困惑的問題，需要能了解虐待的動力內涵、及對存活者性格發展的影響等的治療者協助。

由上述的考慮，我們建議對面臨失落困難或不健全悲傷的青少年轉介有心理動力、心理病理和家庭系統等專業訓練的治療師協助。

# 對個別青少年的專業性介入

對於面臨死亡和喪慟的青少年，專業性介入包括重新建構對

逝者的想法、失落經驗和面對必須繼續活下去的世界（Stroebe, 1993）。這個過程包括回顧死亡發生之前和當時的事件、強調記憶和重新建構與逝者過去的關係，這需要主動、持續且費力地面對失落議題（Rando, 1991），在這個過程中，喪慟青少年必須一再地體認失落的事實。

　　一般而言，悲傷期的困難包括否認失落的存在，否認它所帶來的痛苦。為防止困難的哀悼和悲傷的發生，被壓抑的情感、否認失落的痛苦、逃避討論有關逝者的回憶或感受，和難以回歸正常生活等值得注意。

　　　Alex，一位十七歲白人男性，由父母帶來接受治療。他最好的朋友 Bill 最近在一場車禍中喪生，Alex 的父母表示自從 Bill 死後，Alex 顯得憂鬱且容易發脾氣，在學校表現變差、吃不下睡不好，對其他的朋友和喜愛的活動都失去興趣。Alex 的媽媽說，有幾次她聽到 Alex 在夢中叫 Bill 的名字並且和他說話，當 Alex 的父母試著和 Alex 談談 Bill 和對他死亡的感受，Alex 總是生氣地說：「Bill 已經走了，再談也喚不回他了。」Alex 最後在父母的堅持下來尋求幫助。

　　　和他人談一談、回憶、想念逝者是喪慟者的主要需求之一，Alex 用拒絕和家人、朋友談話及互動來孤立自己，許多哀悼理論者相信回憶和傾訴有關逝者的一切有助於平撫分離和失落的感傷，也能釋放失落的創傷。治療者的工作是幫助存活者體認失落了什麼，了解他（她）的痛苦是值得重視的，在心理上的結果便是：「我所愛的朋友並不是完全離開

我了，他現在活在我的心中，我並未真正失去他。」以這種
方式即使對方已死去，兩人的關係仍然維繫著（Nerken,
1993; Switzer, 1970）。

　　與 Alex 進行治療的初期包括直接詢問 Bill 的死亡、重新
活化和 Bill 過去的經驗、表達對他的生活和死亡的回憶、想
法和感受。雖然 Alex 在第一次會面時相當封閉，但治療者仍
不斷鼓勵他談任何想談的事。在幾次會談中 Alex 沒有情緒反
應，對於詢問他顯得有些挖苦人，經常反過來問治療者：
「那你認為呢？」或「你不就已經有答案了嗎？」Alex 善於
運用防衛以讓自己不需要去感受失落的痛苦。漸漸地，他可
以談得較多，但都與 Bill 或他的死亡無關，他想談他的童
年、他的父母和手足、他的學校老師。不管何時，只要他談
到 Bill，他的痛苦就會漸漸浮現出來。

　　喪慟者另一個需求是情緒的釋放，特別是「負面」的情
緒，如敵意、厭惡和罪惡感（Switzer, 1970）。在幾次會談
之後，Alex 終於能說出他對 Bill 的死亡有相當高的罪惡感，
原來在 Bill 死前幾分鐘，他要求 Alex 幫他一起搬鋼琴，Alex
拒絕了，並且告訴他還有其他的事要做，而 Bill 就在去搬鋼
琴的路上被車撞死，遠過於慶幸自己沒在同一輛車上，Alex
覺得自己很自私，且對沒有和 Bill 一起去感到罪惡，他說自
己應該是被撞死的那一位而不是 Bill。

　　Alex 繼續告訴治療者 Bill 的特質，並且形容 Bill 對他而
言是多麼好的人和朋友，他的死是不公平且無意義的，他也
了解自己因此事而不快樂。Alex 能面對自己的罪惡感、痛苦

和恨是他的治療一大轉捩點，他因此能夠表達出對朋友的強
烈情緒，並且反映出 Bill 對他的重要性。

　　在這一點上，Alex 較能自在地表達他的不安全感和恐懼，說
出他的世界已經被擾亂了，並且懷疑什麼是可以信任的。Nerken
（1993）指出，所愛的人死亡需要視為一個認知的危機更甚於情
緒的危機，當所愛的人死亡時，個體完全不知道要想什麼，特別
是當死亡是突發的、意外的和不預期時。Alex 在治療中表現出需
要重新檢視他所信奉的生活原則，他說他再也無法確定任何事
情，無法真正的了解他的家人或朋友，再也不知道什麼是重要
的，他的條理、目的、價值和對生活角色的理解受到了挑戰。

　　另一個必要的喪慟工作是找到哀悼的意義，這包括回憶、思
索死亡為何發生、未來和與這些回顧有關的痛苦感受。有些哀悼
還包括夢、希望和來自於無法完成的關係的期待，與關係相連的
希望和夢在死亡發生之後被檢視和引起悲傷。

　　對逝者的感受和想法轉移為喪慟者所能承受的認知方式，藉
由反映（reflection）過程找到意義。Fleming 和 Robinson（1991）
認為對親密關係的哀悼中，所愛的逝者被視為留給喪慟者認知遺
產的人，如同他們所說：「逝者教了我們人生的哪一課？」「從
逝者身上我們學到了什麼，多愛了什麼？」「在這段親密關係
中，我有了什麼不同？」當這些問題得到了解答，所反映出來的
自我變得較知道在其他人也死亡時該如何做（Nerken, 1993）。

　　有一些 Alex 所做的治療任務包括寫一封信給 Bill，告訴他對
他的感謝和他對自己有多大意義，Alex 也以 Bill 的身分寫一封信

給自己，表達 Bill 對 Alex 的感謝，這讓 Alex 不但有機會反映 Bill 對他的重要性，也反映他認為自己對 Bill 的重要性。Alex 到 Bill 的墳墓前大聲地將給他的信唸出，如此來解決他倆之間未完成的事。

Nerken（1993）指出，哀悼是一件深刻而強烈的自我工作（self-work），Alex 在哀悼過程中藉由認清與了解自己的信念、價值和自我認同而成長了不少，在理智和情感上也將死亡的事實融入較具適應性的生活哲學之中。Alex 覺得雖然 Bill 的生命很短暫，但他將好的影響留給周邊的許多人，Bill 的死不再是無意義的事件，Alex 說他和其他認識 Bill 的人會永遠懷念他，且因他而變成更好的人，他讓自己成為更好心、更敏銳和不自私的人，來保持對 Bill 的懷念。Alex 這樣哀悼死去朋友的方式反映出有效的因應哀悼方法，包括了從逝者的生活對生者的影響中找出死亡的意義。

## 對青少年個別處理的技巧

有許多的介入方式可以協助青少年度過哀悼過程。在延宕、掩飾或抑制哀悼反應的個案身上，介入的目標是活化哀悼過程，有些更進一步的設計是失落情景的引導想像，讓此情景重新呈現，例如葬禮的進行（Cates, 1986; Melges & DeMaso, 1980; Paul & Miller, 1986）。其他有助於協助青少年面對失落痛苦的方式是直接詢問有關這個死亡事件的問題，從父母、照顧者、剪報、訃聞、墳前祭拜、引導式想像，和便條紙與書信的運用來盡可能收

集有關此次死亡事件的訊息，這些技巧可以合併鼓勵過去經驗的活化、表達懷念、想法和對失落的感受等方法。

　　Ramsey（1977）運用一些行為技巧，像是洪水法和延長暴露在與失落相關的刺激中。Volkan（1975）採用探索方式，包括找出連結物或關聯的暗示（連結此人與逝者）、在情緒上活化死亡的情景和到墳前祭拜等。Paul 和 Miller（1986）運用的方法是族譜或家庭圖、到墳前祭拜、逝者的錄影帶、角色扮演、寫信、到死亡發生的現場、回顧醫院記錄、訃聞和其他死亡的細節、朋友和親戚以及其他參與此過程的人、運用招魂音樂。Worden（1991）也介紹了一系列的技巧，包括完形的空椅法（empty chair）、心理劇的角色扮演和聚焦於「連結物（linking objects）」。

　　這些技巧是一些媒介，目的在接近個案的感官型態和激活一些尚未發覺的痛苦、眼淚、氣憤和對如此親密和重要的對象離去之事實的憤怒（Paul & Miller, 1986, p.445），所有先前提過的取向都在於找出與移去悲傷過程中的阻礙。


# 對青少年和其家人的專業性介入


　　有效悲傷的核心是明瞭和促進目前和家人及重要他人的關係。了解家庭背景對於認識青少年喪慟的獨特性是非常重要的，家庭系統觀論者認為任何一位家庭成員的反應將牽動所有其他家人，通常家中的成人也處於哀悼中，可理解他們無法顧及同樣沈浸在哀悼過程的青少年。

　　Walsh 和 McGoldrick（1991）提出兩項家庭作業，有助於家庭和家庭成員長期和短期適應，這些作業是(1)分享所知的死亡事實和失落經驗；(2)了解家庭系統並重新投入其他關係及生活的追求之中。在運用這些作業上，McGoldrick和她的同事（1991）提出警告：「臨床工作者在評估家庭對死亡的反應『正常性』上要小心，如果以悲傷時間的長短來區辨，這在不同的文化有很大差別」（pp.176-177）。

　　雖然死亡對生者的初步衝擊是內在的，但個別生者的反應將影響其他人，也將挑起整個家庭系統的改變。在某家庭成員死亡之後評估的方向，是注意此家庭所採用的因應方式是否有效、是否能重新回到原來的功能，或者他們的方式對於這些目標不利，即所謂失功能的家庭系統。當家中有人死亡時，家庭欲維持原來的生活方式變得困難或不可能，因此角色的彈性和開放性變得重要（Lamberti & Detmer, 1993）。

---

　　Katie，十四歲白人女性，因「嚴重衝動行為」由父母轉介接受治療。Dixon夫婦告訴治療者，Katie的行為在最近三年來嚴重失常，變得「無法控制」，他們形容她是好鬥、容易生氣、不尊重人、不守規矩、不合作的。他們說她逃學、說謊、晚上偷溜出去、對小孩殘忍，如果給予任何處罰她很容易被激怒。Dixon夫婦說Katie的脾氣越來越大，把家裡搞得雞犬不寧，他們非常擔心其他孩子的安全，最近的一個麻煩是Katie和弟弟打架，用刀子傷了他。

　　Katie是七個孩子中的老二，她有一個哥哥和四個弟妹，

其中一個弟弟在三年前過世。在和 Katie 會談的過程中，可以很明顯看出她是位非常生氣且憂鬱的年輕女性，她剛開始時相當不合作且不願意說話，但從有限的話中已可診斷有憂鬱的現象並且常有自殺的念頭。

Dixon 夫婦視治療為將 Katie 趕出家門以外的最後一線希望，誰也不希望這樣的結果，除非 Katie 能改變。當這對父母被問到他們如何解釋 Katie 行為問題的原因時，兩人均表示她的改變是在他們的兒子 Mark 死亡之後，當被問到 Mark 死亡的細節時，兩夫妻淚眼婆娑地描述事件的發生。

有天 Dixon 太太在樓上縫衣服，要 Katie 照顧在樓下玩的四歲 Mark，Katie 有幾分鐘的時間沒有留意到 Mark，結果在這幾分鐘的時間裡，Mark 把自己纏在窗簾的格線中，等 Katie 發現他時，他已經窒息了，她跑上樓告訴 Dixon 太太，Dixon 太太下樓看到 Mark，馬上打 911 求救。當救護人員趕到時，他們宣佈 Mark 已死亡。Dixon 先生隨後趕回家，他一進家門唯一說的事是：「這個房子是豬圈嗎，把它弄乾淨。」這令 Dixon 太太很生氣，Dixon 先生告訴其他孩子 Mark 的死訊之後，就沒有對這場悲劇有任何討論或表示。

Dixon 太太說，Dixon 先生將自己投入葬禮的安排，所有的過程沒有讓其他的家人參與，就她所知，葬禮過後沒有人再提起 Mark 的死或談任何有關他的事。Dixon 太太在這一次會談中對她的丈夫發脾氣，責備他沒有讓家人開放地哀悼。

治療師進行家庭工作時必須先評估這個家庭系統開放的程

度，在一個開放的系統下，所有的家庭成員能夠自在地表達內心的想法、感受和幻想給能有所回應的人（Bowen, 1976）。很明顯的，Dixon 的家庭是一個封閉的系統，以致這個家庭無法以有益的方式哀悼 Mark 的死亡。

在治療中協助青少年的一個重要方式是先協助父母。通常失去孩子或配偶之後，父／母並不會和青少年或其他孩子談死者的事，或他們因死亡而來的情緒，有時相反的事也會發生，當父母過於將他們的痛苦附加在青少年身上，將使得他們視父母的情緒為一種責任的負擔（Warmbrod, 1986），治療師可以協助父母找到情緒分享的平衡，以及幫助他們處理自己的焦慮和痛苦，如此家中的孩子才能自在地表達他們的情緒。

讓 Katie 只和治療師談話和哀悼，還是無法讓她能夠和父母分享她的感受，如此一來，她的父母、手足仍不了解她，在這個情況下，讓家人一起參與會談將是非常好的方式。父母可以藉此機會，直接回答青少年和其他孩子有關死亡的原因和其他他們在意的問題，也可以逐一加入和青少年親近且能夠提供他們支持的親戚，如祖父母、叔叔嬸嬸等。一起見整個家庭或家族的重要原因之一是，不管死亡的影響如何，他們終究是一家人，鼓勵家人彼此關心而不要孤立或退縮。

在與 Dixon 家人的會談中，這個家庭能夠去談 Mark，談論他的死亡，分享感受和澄清問題。他們開誠佈公地談如何被通知Mark的死，回顧他們被告知的內容，並討論他們聽到消息時的感受，所有的孩子均提到他們對 Mark 的死亡感到恐懼和鬱悶，他們感受到媽媽和爸爸之間的緊張和憤怒，他們一直害怕說出想法

會更讓父母沮喪。

　　有幾次的會談，Katie終於能說出她的罪惡感和自責，她覺得自己要為 Mark 的死負責，而且她也相信家中的每個人都這麼認為，第一次家人們一起哀悼、哭泣、給彼此支持，當 Katie 說出她的罪惡感和痛苦時，家人們用不同的眼光看她，Katie從她的家人身上，特別是 Dixon 先生，了解到家人們並沒像她所想的為了Mark 的死責備她。

　　治療者也問家人們在聽到 Mark 死亡的消息之後發生的事、葬禮的細節、舉行的地點、他們對葬禮的想法、Mark 埋葬的地點、是否曾去墳前憑弔。除了談有關死亡和葬禮的事，治療者還讓家人們回到死亡之前的時光，並要求每一位成員回顧有關他／她對Mark 的回憶，回顧的問題如下：Mark 長得如何？他有哪些部分（藍眼睛、鬈鬆的頭髮）長得像其他孩子？家人們被要求帶照片來給治療師看，並說明和他在一起最快樂的事，Mark 對他們每一個人有何特別之處？每一個人喜歡或不喜歡他的地方是什麼？

　　當家人們習慣於表達他們對 Mark 死亡的想法和感受時，似乎變得習以為常了。在一次的會談中，每一位家人被要求帶一份紀念 Mark 的照片、物品或任何東西來，每個人有個機會談談Mark對他／她的重要意義，他們對他欣賞之處、他們最想念他的部分、分享對他死去的感受，並以任何他們覺得舒服的方式向他道別。

　　在 Dixon 太太表達出對 Dixon 先生過於控制的氣憤和挫折等情緒時，夫婦兩人另外安排了幾次婚姻協談。Dixon 太太直接地

說，她厭倦完全順從他的決定並且對家裡的事保持沈默，她希望兩人的關係能夠改變，不願意在婚姻關係中繼續保持被動的姿態，他們的婚姻治療包括了改變兩人的溝通技巧和上述的問題。

其他幾次的家庭會談重點在於協助家人們的溝通和問題解決技巧，每一位家庭成員討論要如何填滿 Mark 在家中的地位，也花時間讓家人了解 Katie 的憤怒和破壞行為是因為她對 Mark 的死感到罪惡而來。另外也和 Katie 進行幾次的個別會談，幫助她紓解罪惡感和原諒她自己。

這個家庭處於功能不良的型態中，這個型態在 Mark 死亡之前可能就已經存在，只是單純協助這個家庭哀悼 Mark 的死，並不能解決所有的問題和改善不良的型態。Katie 的行為在治療後大大改善，她的憂鬱改善了，也能和父母、兄弟姐妹相處得較好，而且她在學校的表現也變好了。最後，談一談和哀悼他們的兒子和兄弟的死亡，讓這個家庭從功能不良的形態中鬆弛下來，也打破了家人之間的孤立狀態，給予這個家庭系統開啟改變的契機。

## 與青少年及家庭工作的技巧

對治療師而言，很重要的一點是察覺在哀悼中家人們如何彼此互動，是負面的或正面的。治療師可以跟家長示範正確的說話和聆聽方式，這樣的示範對於危機時刻或者未來的親子關係都有幫助。治療者也必須示範對激烈情緒表現出接納與關注的態度。

治療者必須注意混淆的部分，詢問青少年問題以澄清他們的想法，並能表達出他／她的感受（對於死亡）。其他的問題包括

讓家人回到死亡發生之前的時光，聽聽每位家人對過去的回憶並給予尊重。

治療師對逝者的興趣給了家人一個重溫逝者生活的機會，例如可以邀請家人一起分享逝者的照片和過去歡樂時光的回憶，從詳細詢問每個人的問題中描繪出家庭族譜，有助於提醒家人生活的延續性，而家庭圖也幫助治療者了解每位家人以及他們目前的生活狀況，藉以找出潛在的資源。討論大家族的成員也可發現一些問題，如長輩可能成為哀悼過程的阻礙之一。

對於某些有矛盾、罪惡或敵意等感受混淆在悲傷與失落之中的個案，幫助他們表達出這些感受，將無法說的話說出、無法問的問題問出，對個案是有益的，而這些問題和感受可以和家人一起分享，如同直接告知逝者。讓青少年寫一封信給逝者傳達一些仍困擾他／她的「未竟之事」，也是有用的方法，一些儀式如寄出這封信，在墳前讀出這封信，與逝者用空椅對談或到墳前祭拜，都有助於表達未解決的想法和感受。

在延宕哀悼的狀況下，要求青少年和家人收集有關逝者或他／她死亡的資料，如醫院記錄的回顧、訃聞和其他有關死亡的細節、重返死亡的地點，以及回顧逝者的相片等都是有益的，這些方式可以幫助青少年活化這些他／她所感受到、但沒有表達出來的記憶和感受（Paul & Miller, 1986）。

在家人死後協助其他家人重新建構與組織是很重要的，當雙親之一死亡時，親職的角色就必須由其他人來代理，存活的父／母可能選擇保持單身或尋求家族中其他成人的協助，或者保母、好友等有照顧孩子經驗的，這些方式有時會將青少年「提升」到

父母次系統（parental subsystem）。

　　假如較大的孩子被提升到父母的角色，他／她就已經被從手足次系統（sibling subsystem）移開，並給了不符合他／她年齡的責任和家庭地位。為了符合父母角色的要求，青少年可能因而阻斷了他／她的哀傷、阻礙了發展任務的完成，影響了未來的關係。同樣地，青少年也不應該被期望去填補空了的配偶次系統（spousal subsystem），較合適的處理方式應該是討論因失去父／母而衍生的問題，鼓勵表達出對失去父／母的感受，以及評估填補父母角色的合適替代方式（Lamberti & Detmer, 1993）。

　　同樣地，手足的死亡使得手足次系統的角色階層必須重組，治療者必須監控這個系統的變化，以免任何一個孩子被要求負擔起或認同逝者的所有責任，小心確認青少年沒有被期待「取代」逝去的手足，而失去了自我的認同，在這種情況下的處理，應該澄清父母對這位「替位」的孩子的期望、投射和願望，讓父母排除加諸「替位」孩子身上有關於逝去孩子的影像和幻想，如此這個孩子才能自由地重回他／她在手足次系統的地位（Lamberti & Detmer, 1993）。


# 結　論


　　研究和臨床觀察均提出，在青少年期經歷所愛的人死亡可以提升生者的個人成長、發展自主性和提高應變能力（Benoliel, 1985; Edmonds & Hooker, 1992）。重大的失落常成為個人生活中

的轉捩點，使人能以新的角度看待生活中真正重要之事，個人經驗中有關於創傷與失落的敘事（narrative）顯示出，人有能力將個人的痛苦與失望轉化為對個人與他人生活素質的提升，任何一種針對負面或病態結果的哀傷輔導與哀傷治療，都應重新檢討人類的彈性。

　　為何有些青少年會容易受到如死亡等重大創傷或壓力的影響？研究人類彈性的學者嘗試回答這類問題，了解什麼樣的人處於壓力中仍能不受摧殘以及為何能如此？這些研究發現有三大類保護因子協助青少年因應壓力，包括家庭環境、支持網絡和人格特質（Hanser & Bowlds, 1990），在專業性介入中必須考慮這些因素。專業人員可以協助青少年與父母、手足、其他家族成員建立更好的關係，協助他們在社區中與牧師、教師和朋友建立較好的外在支持系統，同時專業人員也可以協助青少年發展個人的因應方式、社交技巧、溝通和認知技巧、自尊、自信和自主性，如此一來，當青少年感到無助與困惑時能重新找回控制感。

# 17

# 與青少年的手足、父母、同儕一起協助他們因應重症

Michael M. Stevens and Julie C. Dunsmore

　　這一章討論協助青少年因應重症的方法，關注焦點也放在協助青少年的手足、父母和同儕。本章提到讓青少年參與他們自己的健康照護，強調和重症青少年有效溝通的重要性，提供增進與年輕人溝通的策略，以及如何協助青少年、他們的手足、父母和朋友的指導守則。

## 健康照護的參與

　　西方健康照護有一個持續的趨勢，是讓病人（包括重症青少

年）參與他們自己健康照護的計畫與實施，視他們為消費者，重視他們的需求。健康照護專業因此必須調整他們與病人溝通的方式，對病人的期望給予更多的尊重，當法律對於徵詢同意的要求越來越嚴格，而病人對自己權利的覺醒也增加時，上述作法的確帶給重症青少年一些正面的結果。

## 青少年作決定時徵詢同意與其權利

徵詢同意、開放性溝通、誠實與完全坦白和提供病人訊息，在在顯示醫病關係的轉變（Ley, 1988）。在治療、復健、醫療決定中，個體被鼓勵更積極主動，想要參與醫療決策的病人明顯比其他人懷抱更多的希望，年輕人特別喜好能參與治療和決定（Cassileth, Zupkis, Sutton-Smith, & March, 1980）。

能夠得到訊息的病人對於可能的生理傷害抱有較實際的期待，由於能得到適當的訊息，他們能更有效地因應而較有能力解決問題，減輕焦慮和不確定感（Derdiarian, 1987; Kellerman, Zelter, Ellenberg, Dash, & Rigler, 1980）。了解自己病情的青少年癌症患者比其他人較不憂鬱（Kvist, Rajantie, Kvist, & Siimes, 1991），尋求訊息可以幫助個人更能因應生活的各個部分（Derdiarian, 1987），然而嚴重疾病患者卻以逃避疾病訊息來因應（Dunsmore, 1992; Carr-Gregg, & White, 1987; Cohen & Lazarus, 1979; Goss & Lebovitz, 1977），否認與逃避似乎能降低焦慮的干擾程度和提升正常功能與自我意像（Van Dongen-Melman, Pruyn, Van Zanen, & Sanders-Woudstra, 1986），在癌症青少年身上曾被

提到否認與逃避交替出現的情形（Dunsmore, 1992; Carr-Gregg, 1987）。尋求訊息行為和父母成為訊息提供者的程度都受疾病進展的影響，在疾病活躍期，有些作者提到（Levenson, Pfefferbaum, Copeland, & Silverberg, 1982; Susman et al., 1982）他們對父母的依賴增加，而對吸收額外訊息的意願減低，然而也有報告指出，疾病活躍期的青少年尋求更多的資訊且重複澄清訊息內容（Dunsmore & Quine，出版中）。

## 患病青少年對訊息的需求與作決定時所需的協助

　　癌症青少年常希望能有機會投入他們的健康照護計畫與作決定（Dunsmore & Quine，出版中），為了讓青少年的參與有意義，清楚而適當的訊息是必要的，照顧者的教育亦是，讓他們有能力協助青少年參與其中，是使此模式成功的重要部分。青少年一般缺乏作成人式決策的經驗，比如在治療裡需要哪些基本安排，他們可以藉由教導來得知照顧他們的健康照護系統如何運作，以及可以有哪些選擇等。理想上，健康照護者本身就是有效的溝通與引導的示範，青少年對於治療上的誠實、可信賴、可討論、公平性的需求是最高原則。參與同儕支持團體也是讓青少年感受到他們不只是一個操作對象、不只有一種做事方式的好方法，例子之一是成立於一九八五年的 CanTeen（澳洲癌症青少年組織，the Australian Teenage Cancer Patients Society, Inc.），它提供癌症青少年及他們的手足一些同儕支持，CanTeen 已經發展為國際性組織，新近在紐西蘭和愛爾蘭都有成立的計畫。

# 有效的工作策略

為了重拾重症青少年的平衡性與保持對未來的希望，他們需要有關他們疾病的訊息和了解這些訊息的意義，研究顯示最有效的介入方式是直接面對疾病的衝擊和增加社會支持（Spiegel, 1993）。知識和支持者是協助建立希望與增進生活品質的重要來源，然而當青少年被要求評估對知識和支持來源的喜好程度時，又出現顯著的不同。

醫師和其他提供照護的醫療專業人員是青少年最喜愛的疾病知識提供者，他們尊重這些負責治療的專家，並且期望他們是很有能力的。然而，考慮對支持來源的喜好程度時，其他罹癌青少年、家人和朋友卻比這些受尊重的醫療專業人員更有用，這可能與青少年對成人權威者的害羞與不信任有關。有一些方式可以讓醫療專業人員和他們的青少年病人之間有更好的支持性專業關係。

較受歡迎的支持提供者常是較善解人意與關懷的，也是人們較願意與他們談話和討論的對象。在一項新近的研究（Dunsmore, 1992）裡，96%的 CanTeen 成員覺得和其他罹癌青少年討論很有幫助，不管在支持和訊息提供上，同儕都是被認為較有益的，父母和罹癌同儕比醫療專業人員更能提供支持。罹癌青少年表示他們較喜歡父母參與，但不要父母控制（Dunsmore & Quine，出版中）。

提供支持但不要控制對青少年和照顧者而言都是挑戰。希望父母一起加入和醫師的討論人數，比例上從 50%（Dunsmore & Quine, 1994）到 70%（Levenson et al., 1982）。在更新近的研究中，對於所討論之事做了一些區分：與治療有關的事情，35%希望父母在場；與感受和擔心之事有關的，50%希望父母在場。

## 溝通：協助青少年的一項重要技巧

這裡提供重症青少年一些最近出版修正過的指導方針（Stevens, 1994），教導如何改善與有癌症孩子的父母溝通：

•安排在一間安靜、舒適的房間會談，讓每個人都坐著，年輕人可能對緊密的視線接觸較為恐懼，側邊坐可能較好。會談的地點最好在病房外，如醫院的咖啡店或花園。

•有重要的討論時，可以讓一位親戚或朋友在場，如此可以在青少年或他們的父母忘了某些訊息時給予提醒。

•對病情給予明確的描述和定義（如同「癌症」這個字眼）；用清楚的字眼。如果情況允許，使用「死亡」、「瀕死」等字眼讓青少年和家人知道這些字不是禁忌。

•強調不是青少年本身或家人造成這場病，它是無法預防的，就診並沒有被拖延，有效的治療曾經治癒類似的病人等（如果情況允許）。

•給予充分的時間問問題，避免讓青少年和他們的父母覺得草率，鼓勵他們寫下任何擔心，在下次會診時討論。

‧尋求每次會診時青少年和他們的父母所了解的部分之回饋。

‧了解青少年和其父母是否能承受此年輕人很快將死去的事實，重新調整期望，維持青少年符合實際的人生觀。

‧提供書寫的摘要或討論的錄音記錄。

‧有耐心地在幾次的會診中重複一些訊息。

‧不要在剛開始時就提供一些瑣碎的技術性訊息，以免誤解或遺忘。

‧早期階段在徵得青少年同意後，與青少年的伴侶、父母、手足、祖父母及他的學校或同事保持聯繫，一起協助他減輕焦慮。

‧讓這個家庭和有類似疾病且成功克服的家庭會面。

‧鼓勵此青少年與其他有類似疾病且處理得很好的年輕人會面。

‧相處一段時間後，提供各種訊息和支持的管道通常是青少年所需要的，至於所希望的內容常因時間不同而有所不同，特別是當青少年的狀況變壞時。

‧提醒醫療小組的其他成員待此青少年如同朋友，隨時可以討論與支持他們。

‧支持青少年和家屬抱持希望，幫助他們對青少年還能做的事保持現實感。

‧鼓勵青少年和手足參加同儕支持團體。

‧明白有意義的溝通常是試誤學習（trial and error）的過程。參與 CanTeen 討論團體的青少年被邀請寫出限制或促進良好

溝通的因素，結果與促進溝通的策略呈現在表 17.1。很顯然地，在決定照顧者應該如何與他們溝通上，青少年的認知成熟度是很重要的，溝通應該與他們的認知程度配合，以求最大效果（Kaplan & Friedman, 1994）。

# 協助重症青少年時的核心議題

## 如何傾聽與促進溝通

大部分重症青少年的緊張可以藉由協助他們如何成功因應困境而得到紓解，這些協助可能只是讓他們可以討論他們的想法和感受，或分享他們的夢想和挫折。否認（denial）是患者和照顧者都使用的因應策略，醫療人員和患者可能都避免去談一些重要的議題，擔心這麼做會「打開了氾濫之門」，引發不可控制的情緒宣洩，如一位年輕人說的：「我想一旦我開始哭，我就永遠停不下來。」

為了能聆聽青少年以及與他們討論死亡與瀕死時不設限，照顧者需要了解他們自己對於死亡的信念和恐懼，協助面對死亡的青少年時有不舒服的感覺是正常的，但如果受這些感覺影響太大時，便沒有多餘的精力可以幫助人。在與青少年談論死亡或受到個人過去經驗的引發，可能出現如悲傷與憤怒等感覺，此時暫停（time out）或偶爾的指導可以幫助照顧者處理這些感受。

### 表 17.1　促進照顧者與重症青少年的溝通

| 溝通方式 | 青少年所舉的例子 | 促進溝通的策略 |
|---|---|---|
| 青少年認為有礙良好溝通的方式： | | |
| 非關個人、超然的態度 | 聽起來很教科書化<br>表現得不在乎<br>用恐嚇的語調或肢體語言<br>排除病人本身<br>古板無趣 | 避免埋首在病人的病歷中<br>採用雙方都喜歡的稱呼<br>開放地使用暱稱<br>直接和青少年交談 |
| 採用權威姿態 | 用醫學專門術語卻不解釋<br>巡房場面大<br>把青少年當成沒知識的人<br>限制病人看檢驗結果 | 縮小巡房規模；介紹陌生人<br>迅速地告知患者結果<br>提供問問題的機會<br>從回饋中增加了解（如「這其中包含很多議題，你是否可以讓我先知道你已經了解的？」） |
| 缺乏時間、匆忙 | 不解釋時間的限制<br>沒有注意聽<br>由資淺的醫師負責照顧<br>沒有一對一的討論時間 | 允許有討論的時間<br>鼓勵青少年寫下他們的問題<br>請適當的同仁持續追蹤 |
| 代溝 | 對花時間和病人在一起顯得不愉快<br>討論敏感問題時顯得尷尬<br>對青少年表現出挫折感<br>拖延做決定<br>太過努力以致與此年輕人的程度不符 | 誠實地討論有關性、多產、關係等議題<br>如果不了解，請年輕人再進一步解釋<br>保持幽默感並預備一些符合年齡的揶揄話 |
| 青少年認為有助於良好溝通的方式： | | |
| 互動式溝通 | 傾聽<br>尋求回饋<br>允許發問 | 選擇適合討論的環境<br>鼓勵討論其他可行性及其結果<br>鼓勵正視恐懼和激烈的情緒 |

| 豐富的知識和專業 | 有能力做正確決定<br>示範專業技巧<br>能解釋所做決定的理由<br>有自信 | 給予所做的決定簡單的解釋<br>提供較好治療選擇的訊息<br>提供書面訊息<br>如果無法回答問題，承認之並尋求研究資料的協助 |
|---|---|---|
| 誠實和率直 | 給予討論相關議題的機會<br>不隱瞞訊息<br>不掩蓋事實<br>不要對父母一套說辭，對病人又另一套說辭 | 建立直接的溝通管道<br>告知溝通的程序對青少年有益（如：「我會誠實告訴你不做保留，若你覺得我少說了什麼，你可以問」）<br>能複述訊息<br>能回顧決策 |
| 專業友誼 | 將青少年當成一個個體，而不只是一個個案或一種病。<br>有幽默感<br>作一些自我揭露<br>記住病人的一些小細節 | 尊重青少年的隱私<br>保持親密感<br>承認錯誤<br>視青少年為一個體<br>注意青少年的關注點和渴望可能隨時間而改變 |

## 協商與提供選擇

　　青少年非常看重對他們的治療有協商的機會，不管他們在發病初期、追蹤期或瀕死狀態。給予選擇的機會也讓他們對自己的情況有控制感，在治療早期有較好的順從性，對緩和療護的人而言，反抗的情緒如憤怒、挫折、憂鬱和焦慮等也可以減輕，即便是生活小事的選擇，如吃什麼、穿什麼或看什麼節目，都可以有效提高士氣。

## 注意小成就

當個體被要求將治癒的希望修正為有品質地延長生命的希望時，小成就的正面價值就變得很重要，如果罹病青少年的小成就、小表現日復一日地被提起和尊重，他們的希望會保持得較好。

## 醫院和健康照護團隊的議題

青少年較喜歡在有青少年病友的青少年病房，而較不喜歡小兒或成人病房（Tebbi & Stern, 1988）。為了營造家的氣氛，醫院可能需要放鬆一些探視時間、住宿等規定，裝飾患者的房間以及一些相關措施。

照顧臨終青少年的人必須面對一再的失落，也常常經歷到一些痛苦情緒如悲傷、憤怒、挫折和罪惡感，照顧者必須了解自己的限制，並且運用機構或治療小組中適當的支持。青少年的死亡曾被工作人員認為是最難因應的部分（Adams, 1979）。

當工作人員感到責任範圍遭受到其他同樣照顧此病人的醫療人員侵犯，或感覺病人對他們的感情被取代，可能會產生娛妒和憤慨的情緒。照顧者之間應尊重並討論病人的期望和喜好，如此可減低照顧者間的衝突。

在治療團隊中偶爾可能因是否繼續提供治療或轉緩和療護（palliative care）而發生衝突，首要考慮應該是接下來的治療對

病人的好處與壞處，在治療團隊中為病人辯護是必要的。

　　有些醫療人員從青少年患者身上引發了激烈的情感、尊重和忠誠，並發展出了「專業友誼」，這些友誼深受青少年珍惜，一位青少年說：「它讓我覺得我是活著的，我也能影響別人而不都只是單向的。」

## 休閒活動

　　參與如露營等活動讓慢性或疾病末期青少年有絕佳的機會脫離每天一成不變的生活。休閒式的露營提供了理想的機會讓不同的青少年在一起玩樂和冒險，在營會中很容易可以安排團體討論，一對一的討論也較容易，因青少年可以選擇何時、與誰談。營會也讓青少年有較好的機會可以非正式地談談自己，與關心他們的人變得較熟悉，一些小小的成功經驗就可以有效地建立自尊。

## 同儕支持及其價值

　　同儕支持在癌症成人身上發覺能促進因應能力、生活品質和自尊（Spiegel, 1993），目前的研究開始嘗試了解癌症青少年是否有類似的好處。

　　在一項兒童癌症的長期研究中，三分之二的受試者比他們的同儕較沒有朋友、較孤立、較少參與社交和休閒活動（Zwartjes, 1980）。在同時有一項針對澳洲癌症青少年的研究，八十六個人

之中有六十五人（75%）表示，因為生病和治療使得他們在維持友誼上有困難，面對的問題依年齡有所不同：較小的青少年表示在學校被同儕取笑（Wasserman, Thompson, Wilimas, & Fairclough, 1987）；青少年中期到晚期的個體則表示覺得被拒絕、孤立和有來自癌症的恥辱感，許多受試者表示他們的同儕不敢和他們討論癌症及他們目前的狀況（Carr-Gregg, 1987）。

在一份九位癌症青少年為期三個月的支持團體報告中，每個人都認為有機會與同樣接受化療且情況不錯的人談話很有幫助（Orr, Hoffmans, & Bennets, 1984）。CanTeen 的發起人本身在年輕時也得了癌症，他表示青少年希望和其他有癌症的年輕人談癌症和其他相關話題，使他們之間搭起一種特殊的連結（Carr-Gregg, 1989）。

如同青少年自己所說的：「CanTeen 讓我放心談胸部的問題而不覺得尷尬，這讓我對自己感覺好多了，我覺得自己真的屬於某地……我們都經歷過相同的事，我們也都知道治療對我們的影響。」「在一個支持的、了解你的且有趣的環境中真是棒極了，不必在意外表或覺得談論癌症是不對的」（Butters, 1991）。諸如此類的評價，證實藉由類似 CanTeen 這樣的組織讓罹癌青少年從接觸中獲得同儕支持是有幫助的。

進一步的研究可探討同儕支持對重症青少年的價值，以及為何有些年輕人不喜歡從同儕支持中獲得幫助。

## 協助青少年與醫療人員溝通

青少年與醫療人員在討論困難的議題時，常可從不同的方式中得到幫助，例如運用照片或相簿有助於讓青少年談他／她的家人和朋友，相同的，寫詩、信件（不一定要寄）或寫日記都有助於釋放情緒、澄清需要。

## 藉繪畫來表達

繪畫是一種創造性的活動，能促進非語言的溝通和情緒的釋放，非常具治療性。繪畫協助青少年敘說他們的故事，一些癌症青少年或他們的手足的作品呈現在圖 17.1 到圖 17.3，上面還有作者的解釋。

## 留下永久的記錄

當談到他們的死亡以及死亡對他們所愛的人的影響時，許多青少年提到留下永久記錄的重要性，雖然對某些人而言是痛苦的，但許多瀕死青少年會錄下留言給他們的朋友和家人；有些人則錄影。在一位朋友或諮商員的協助下完成這些資料，可能較不具威脅性，因為雙向的溝通和會談較不做作，並且常可以看到青少年真實人格的一面。

由於希望對這些青少年是如此重要，因此這些資料的準備常

圖 17.1　十四歲女孩所繪。她十二歲六個月時診斷出長腦瘤，持續接受放射線和類固醇治療，右邊頭髮一直沒再長出來。「這個房子是我的家，裡面的人是我的朋友和家人，他們正歡迎我進去，但我覺得無家可歸、孤單、不想進去。這個悲傷的人（我）周圍的顏色好像每個人常可看到的快樂、振作的樣子，除了頭髮以外，我現在看起來好多了，所以人們不想知道我的悲傷和所發生的一切，門口這些手伸向我，但我好像個外人，我不想進去。」

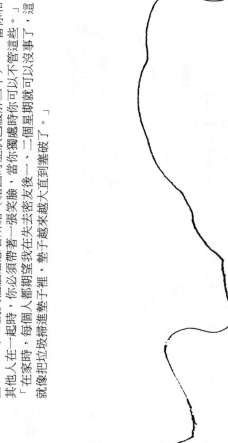

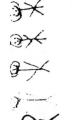

圖17.2　十七歲女性腦瘤患者所繪（繪圖時症狀已緩解三年）：「當你和其他人在一起時，你必須帶著一張笑臉，當你獨處時你可以不管這些。」「在家時，每個人都期望我在失去失去密友後一、二個星期就可以沒事了，這就像把垃圾掃進墊子裡，墊子越來越大直到塞破了。」

圖 17.3　十六歲女孩所繪。她的哥哥在八個月前因骨癌過世：「我覺得自己好像穿了一件直筒的夾克，但有條拉鍊在我的嘴巴上，一把短劍插在我的心臟上，周圍的人都在嘲笑我。」

是「以備萬一」的。討論內容常集中在壓抑對瀕死的恐懼和焦慮所耗的能量，常見的有作噩夢等現象，通常能「井井有條地生活」的青少年，較能撥出額外的能量在生活上。

# 重症青少年的手足

　　下面的詩是由一位少女所寫，她的哥哥得了癌症。詩中強有力地描繪了重症青少年手足的經歷，當家人將大部分精力投注在生病青少年的照顧上時，健康手足的需求和經驗常被忽略。

---

**唯有手足**
Tammy McGowan


如何告訴別人你所愛的人，
你不希望他們死去，
我如何能保持鎮定，
我知道我會哭。


如何掩飾我的憤怒，
對生命，對上帝，有時是對你，
我如何還能將微笑掛在臉上，
當我的心扯成兩半。

---

如何告訴你我的害怕，
變得骨瘦如柴的哥哥，
在戰鬥之中疲憊而瘦弱，
一場恐怕贏不了的戰爭。

如何告訴你我愛你，
當我們的一切盡在不言中，
如何不讓你繼續往下沈，
當水已淹沒我的頭頂。

每一次退避都刺痛了我，
為什麼我不能告訴每個人我的感受，
當我覺得快抓狂了。

我如何能想到未來，
一個可能沒有你的未來，
為何我感到他媽的無助，
我的問題小到不足以去說。

偉大的哥哥我如何告訴你，
我好害怕你將發生的事，
為何沒有人了解，
你的死去也殺死了我。

*Tammy McGowan 所作，CanTeen 澳洲分會的一員，此詩經過 Tammy 本人及 CanTeen 授權。

## 手足關係的矛盾

手足關係常跨越六十年或更久，常是一個人一生中最長久的關係，這層關係通常是很重要的，雖然它有時很矛盾，關係緊密並不意味著手足間能當最好的朋友，醫療人員常對手足間強烈的敵意感到訝異。

有時手足競爭是非常明顯的，手足之間的嫉妒很常見，手足之間的緊張常讓成人感到混淆，通常爭執和競爭被手足們視為尋常之事，但有時對彼此的反應可能轉向極端。

作者（JCD）的一位癌症病人是雙胞胎之一，常常和雙胞胎兄弟爭吵，但若別人和他的雙胞胎兄弟爭吵，他就非常保護他，好像要他的命一樣，手足關係既複雜又矛盾。

## 手足對重症的反應

重症青少年的手足常說，他們在知道生病的手足可能死去時感到迷惑與罪惡，而同時又有競爭成人的注意與愛的想法，可能有一些來自嫉妒的無價值感，但仍希望自己是特別的，這樣的手足可能有他／她自己個人對病人病因的看法，其中有些可能是對疾病性質、醫院或治療計畫的誤解，也可能害怕得到相同的病，

由於不斷纏繞著對疾病的擔心，可能因而危害了學業和社會功能的表現，有時可能也因自己沒有得到同樣的病而感到罪惡與羞愧，或者因為病人難看的外表意味著這個家庭的與眾不同而覺得丟臉（Rando, 1984）。一位十五歲腦瘤女孩因類固醇治療而外表嚴重受到影響，她的十三歲弟弟對她的外表感到尷尬，他說：「你如何能和一個看起來不正常的人一起走在街上？她沒辦法直直走路，還流口水呢！每個人都在看，我很受不了，她是我的姊姊，但我討厭每個人看著我們議論不休。」

## 證明個人價值的需求

手足常覺得他們需要變成「超級手足（Super Siblings）」來證明他們的價值，他們要能承擔任何事情、在一分鐘內解決問題、有耐心、關懷和無私、在學校表現傑出、給他們生病的手足愛與支持，他們常被期待在一夜間長大，許多人為純真的喪失而哀悼，無可置疑的，這樣的手足有較高的憂鬱程度、焦慮疾病和學校適應困難（Cairns, Clark, Smith, & Lansky, 1979; Spinetta, 1981a, 1981b）。

## 幫助手足

下列是一些協助重症青少年手足的方法：
- 給予清楚而明確的疾病概念及病因。
- 鼓勵導正任何對疾病病因的錯誤概念。

・允許參觀醫院，見習工作人員如何照顧生病的手足以及他們的治療計畫。

・分配到有助於生病手足居家照護的工作。

・被保證與確認他們不會得到同樣的病。

・有機會能表達（語言或非語言的）他們對生病手足或父母的悲傷與不快。

・與此手足的學校保持連繫（在此手足和父母的同意下）。

・當生病手足瀕臨死亡時，給予機會「說再見」。

・能與其他家人參加手足的葬禮，如果他們想這麼做的話。兒童不宜被強迫去，他們需要自由參加，在他們覺得可以的程度下。當提供將會發生何事的訊息以及如何參與的方法時，參與度會提高。

當年輕人將死時，手足能被允許做非正式的選擇來決定他們想怎麼做以因應之，是很重要的。通常對未知的單純恐懼使他們不去採取他們認為較好的作法，害怕失控或者哭泣或者生氣，擔心說錯話或做錯事、害怕「死亡」，死亡可怕嗎？它會傳染嗎？它會讓他們也生病嗎？

醫療人員可以作一示範，協助青少年找到與瀕死青少年相處的安全方法，例如不停地與瀕死者說話，即使他陷入昏迷中；輕輕地觸摸瀕死者表達尊重；對他的幽默還能有反應；了解只要陪在一旁就是對他最重要的事了。

許多陪著生病青少年走過生命末期的手足提到，告訴將死的手足他們心裡所想的事是多麼重要的事，有時他們需要私下去這

麼做，糟糕的是有些人提到他們想這麼做，但覺得無法要求到這樣的時間，在照顧者的支持下，處於這種狀況的年輕人能被鼓勵以「說」的或寫信的方式，給他們逝去的手足，這對於任何有「未竟之事」的個體，有助於解放一部分的哀悼。

## 對手足的過度保護

當家裡有了一位需要特別照顧與注意的小孩時，家庭的動力關係將起明顯的變化。一群有罹患癌症手足的青少年們提到最重要的一個訊息是：「不要不管我，我也是家裡的一份子」。有些家庭為了保護健康的孩子採取一些策略是常見的，他們不讓健康的孩子知道真實的情況以免他們沮喪，當要討論生病手足的事情時，他們被請到另外一個房間去。

事實上，要隱瞞這些手足真實情況是困難且不適當的，公開性不足常造成不必要的痛苦和焦慮，手足們只能從一些不可信的來源中獲取極少量的訊息，以致他們可能以為不能表達感受，擔心使他們的父母傷心，結果許多的能量都浪費在「保護遊戲」上。

## 成人對手足反應的忽視

手足的恐懼、憤怒和迷惑可能被大人視為無關緊要。一位手足提到她的父母說：「你有什麼好沮喪的？不要再這麼自私了，想想你可憐的妹妹。」事實上，許多重症青少年的手足提到希望

代替手足生病，他們的憤怒常來自無法改變現狀的無助感，一位
手足提到：「幫不上忙讓我覺得很沒用、很挫折。」

　　然而，對青少年手足而言，他們很少表達對生病手足的愛，
一位妹妹得了囊纖維病變的十四歲青少年說：「我已經認識了她
一輩子，如何開口說我愛你，她會認為我不再愛她了！」

## 鼓勵手足表達感受

　　通常，年輕人需要被鼓勵去表達他們對生病手足的情感，並
且以他們自己的方式去做。青少年常覺得需要運用幽默來做為與
手足間安全的溝通方式，語言不似感受那般危險（Foley & Whit-
tam, 1990）。

　　手足也應被鼓勵用任何他們所習慣的方式表達對瀕死手足的
愛與關心，有時在對手足表達感受之前，他們可能也需要和某些
人討論他們的不舒服情緒，鼓勵他們寫封不寄出的信可以幫助他
們澄清想法和感受，寫詩、繪畫（見圖 17.1 至圖 17.3）和寫日記
也是可用的方式。

## 對手足誠實

　　誠實是手足所看重的。許多手足提到他們所經歷到的焦慮常
是來自對未知以及試著更清楚事實而來，許多人為了無意間聽到
的事或來自書上所見不明白的事，而苦惱好幾個小時，他們需要
清楚而簡要的訊息，應該給他們發問和討論的機會，無知帶來更

大的苦惱，許多手足擔心他們自己的孩子也會生病。

　　誠實而開放地去談這些事有助於明示沒有什麼是羞於啟齒的，協助青少年複誦如何解釋生病手足目前的情況，使他們在外面可以更有效率地掌握這類討論。他們通常只是需要確定，當他們的手足情況快速惡化或有其他重要的改變發生時，他們可以馬上被告知。

## 家族討論的價值

　　有時重要的家族討論需要重複，像是小孩長大了或有新的事情發生。年輕人的疾病和死亡可能並沒有合理的解釋，兄弟或姐妹為何會得癌症或心臟疾病，年輕人可能對此有一些想法，他們需要有討論的機會。

## 手足的同儕支持

　　對手足而言，同儕的支持相當有幫助，同儕支持在青少年期特別重要。手足們常發現他們可以開放地和同儕談和自己手足生活在一起的挫折與歡樂，因為他們能懂，如同一位青少年說的：「釋放的感覺真棒！我不是孤單的。」

　　親戚、朋友和老師也可以給疾病末期年輕人的手足們很大的幫助，可能只是簡單地承認他們所面對的困難。如果手足願意，他們需要有機會參與生病手足的照顧，但也允許擁有自己的生活和承認他們也是很重要的一份子。

# 重症青少年的父母和其他家庭成員

## 父母和其他家庭成員的痛苦來源

父母和其他家庭成員所面對的痛苦來源包括失去親職角色、孩子早夭的不自然、擔心社會對這個年輕人死亡的反應、失去伴侶的支持，以及照顧其他孩子而來的痛苦。發覺上述情形以及與他們討論，可以幫助他們面對和談出他們的感受，以能更有效地因應所面對的問題。

## 父母和其他家庭成員的逃避

疾病末期青少年常提到雙親之一開始逃避他們，最常見的是父親。他們說，父母和其他家人常顯現出不知道該說什麼或做什麼（在他們面前）的困窘和不確定感，成人可能不想表現出他／她的情緒，可能想掩飾住（如戴太陽眼鏡來掩飾哭過的痕跡，即使在晚上）。父母可能需要被鼓勵不要逃避他們生病的孩子，並且記著陪在一旁就是一種幫助。探討具體提供幫助的方法可以協助兩方感覺做了事了，通常這麼做也能讓他們漸漸覺得「只是陪在一旁」也是好的。

## 父母和家庭成員的協助來源

父母和其他家庭成員可以從額外的專業諮商、支持性團體、其他有類似經驗的父母之鼓勵與了解中得到幫助。重症青少年需要得到父母的一再保證他們會誠實並且不作保留，如同許多Can-Teen 團體的青少年說的：「拒絕秘密！」

## 協助事先的預備

父母和其他家人須被事先告知疾病末期青少年可能有的極端複雜的情緒，特別是攻擊性，而這些情緒可能因不利的藥物反應、腎衰竭或幻覺的出現等，變得更嚴重，憤怒可能是為了對抗這些遭遇上的不公平而來，父母需要有心理準備聽到青少年說出以前不曾說過的對事實的不愉快陳述，如同一位母親聽到她的女兒說：「我以前從來沒有告訴過你，你真的很煩。」父母親可能需要鼓勵以找到處理這種攻擊的方法，而不是被趕走。儘管有這些困難，許多父母還是花費相當多時間，以正向的態度面對他們瀕死的孩子，瀕死的年輕人光只是知道父母陪著他們，就感覺到非常安詳。

# 重症青少年的同儕與朋友

「癌症病人」這個名詞在社區中被許多人視為一種恥辱的標誌，用來描述癌症和治療過程的辭彙常製造出距離感和負面的態度，特別在最能給病人支持的社區中（Bartholome, 1982）。然而反對的觀點認為，在學校中由於對藥物和其他處置方式的了解，減輕了類似的恥辱感（Hodges, Graham-Pole, & Fong, 1984; Koocher, 1986）。

對癌症青少年的同儕研究有一些不一致性。早期研究的病人提到，他們覺得同儕因為無知和誤解癌症會傳染且致命而躲避他們，Wasserman 和同事們（1987）提到 40% 的霍奇金氏病（Hodgkin's disease）長期存活者因禿頭或瘦弱而被嘲笑，並且被當傳染源或遊民對待。然而另一個癌症青少年的同儕研究（Hodges, Graham-Pole, & Fong, 1984）卻發現，他們被清楚地告知有關癌症的訊息，並且能和癌症青少年建立良好的關係。直接由會談所得到的同儕們的看法，比起由病人的印象所得到的，要可信得多，因為病人的印象可能已受到他們自己的逃避行為和負面自我意象所影響，然而同儕的反應也可能被會談者偏差地認定為可接受的。有關癌症的教育之改進和廣泛地在班級裡討論有關死亡和疾病的主題，也可能造成這些差異結果。先不管這些差異的存在，報告中一致地提到極少同儕到醫院或家裡探望他們罹癌的朋友。

## 同儕哀悼的覺察

不低估同儕哀悼的強度是很重要的。罹病的同儕或和病人情況類似的同儕需要給予額外的諮詢，因為他們可能受到病人的進展或情況不好所影響。「最好的友誼」常在青少年期加重了哀悼，這些親密的友誼可能並沒有被照顧者和家人所了解，形成了一個無法釋放的哀悼（Doka, 1989），密友所感受到的失落可能沒有被社會所察覺，甚至連青少年自己都低估了，需要更多的研究來了解無法釋放的哀悼之發生與長期效應。

## 鼓勵同儕與罹病青少年保持聯絡

有時罹癌同儕會避免到醫院或家中探望青少年，因為害怕持續接觸所引起的痛苦情緒。因為害怕沮喪或必須面對自己的處境而無法與病人保持連繫，這類同儕在此人死後可能產生明顯的罪惡感。假如這種害怕可以和能給予支持的人討論，通常能找到維持良好接觸的方法。

鼓勵同儕擬定較正式的拜訪計畫是有益的，讓年輕人結伴去比單獨去要容易得多，他們可能需要事先被告知病人目前的狀況，或許只能停留很短的時間，應該讓他們知道病人的反應是想見或不想見拜訪者，以及他們可以停留多久的時間。在拜訪之前先打電話到家裡或病房，若被拒絕了，也不要認為是個人的因素，病人目前的狀況或許不適合接見客人，在拜訪之後或許需要

有些討論的機會。

# 結　論

有專業素養及能和年輕人維持良好溝通的照顧者，對因應重症和瀕死青少年而言，是最能提供他們幫助的人，最好他們也有能力在提供支持和知識之餘，讓青少年覺得他們是「站在同一陣線的」。

當瀕死青少年以他們自己的因應方式獲得支持時，似乎能適應得最好。因應的方式應以開放的心胸來評估並接受之（如果可行），照顧者必須具彈性、能權變，因為青少年喜歡的因應方式可能不斷改變。

作為照顧者，我們必須持續記住傾聽重症青少年、手足、同儕和家人心聲的重要性，唯有透過傾聽我們才能真真確確地知道如何有效地幫助他們。

相較於成人的死亡，年輕人的死亡影響了更廣泛的人群，包括手足、父母、家人、同儕和照顧者，對身為照顧者的我們而言，必須切記於心，在形成對此年輕人的處置和支持時，要擴大協助的「漣漪效應（ripple effect）」。

協助青少年的照顧者多承認他們的工作相當具有挑戰性，也通常帶有壓力，有時無可避免地令人悲傷，他們多強調滿足於此工作，喜歡和這些年輕人及他們的家人一起工作，他們視此工作為一種特別的恩惠，很重要的，這些照顧者要能協助自己得到適

當的支持、聽取情報（debriefing）和暫離工作崗位，以維持長期
工作下去的熱忱。

# 參考書目

Abraham, M., & Whitock, F. (1969). Childhood experiences and depression. *British Journal of Psychiatry, 115,* 883–888.

Adams, D. W. (1979). *Childhood malignancy: The psychosocial care of the child and his family.* Springfield, IL: Charles C Thomas.

Adams, D. W., & Deveau, E. J. (1986). Helping dying adolescents: Needs and responses. In C. A. Corr & J. N. McNeil (Eds.), *Adolescence and death* (pp. 79–96). New York: Springer Publishing.

Alexander, I. E., & Adlerstein, A. M. (1958). Affective responses to the concept of death in a population of children and early adolescents. *Journal of Genetic Psychology, 93,* 167–177.

Allberg, W. R., & Chu, L. (1990). Understanding adolescent suicide: Correlates in a developmental perspective. *The School Counselor, 37,* 343–350.

Allison, K. W., & Takei, Y. (1993). Diversity: The cultural contexts of adolescents and their families. In R. M. Lerner (Ed.), *Early adolescence: Perspectives on research, policy, and intervention* (pp. 51–69). Hillsdale, NJ: Erlbaum.

American Association of Suicidology. (1990). *Suicide prevention guidelines: Suggestions for dealing with the aftermath of suicide in the schools.* Denver: Author.

American Psychiatric Association. (1987). *Diagnostic and statistical manual of mental disorders* (3rd ed., rev.). Washington, DC: Author.

American Psychological Association. (1993). *Violence & youth: Psychology's response* (Summary Report of the American Psychological Association Commission on Violence and Youth, Vol. 1). Washington, DC: Author.

Anderson, J. E., Kann, L., Holtzman, D., Arday, S., Truman, B., & Kolbe, L. (1990). HIV/AIDS knowledge and sexual behavior among high school students. *Family Planning Perspectives, 22,* 252–255.

Ariès, P. (1962). *Centuries of childhood: A social history of family life* (R. Baldick, Trans.). New York: Random House.

Ariès, P. (1981). *The hour of our death.* (H. Weaver, Trans.). New York: Knopf.

Athens, L. H. (1989). *The creation of dangerous violent criminals.* London: Routledge.

Austin, D. A., & Mack, J. E. (1986). The adolescent philosopher in a nuclear world. In C. A. Corr & J. N. McNeil (Eds.), *Adolescence and death* (pp. 57–75). New York: Springer Publishing.

Bacchetti, P., & Moss, A. R. (1989). Incubation period of AIDS in San Francisco. *Nature, 338,* 251–253.

Bachman, J. G., Johnston, L. D., & O'Malley, P. M. (1986). *Monitoring the future: Questionnaire responses from the nation's high school seniors, 1986.* Ann Arbor, MI: University of Michigan.

Balk, D. E. (1981). *Sibling death during adolescence: Self-concept and bereavement reactions.* Unpublished doctoral dissertation, University of Illinois at Urbana-Champaign, Champaign, IL.

Balk, D. E. (1983a). Adolescents' grief reactions and self-concept perceptions following sibling death: A case study of 33 teenagers. *Journal of Youth and Adolescence, 12,* 137–161.

Balk, D. E. (1983b). Effects of sibling death on teenagers. *Journal of School Health, 15,* 14–18.

Balk, D. E. (1990). The self-concepts of bereaved adolescents: Sibling death and its aftermath. *Journal of Adolescent Research, 5,* 112–132.

Balk, D. E. (1991). Death and adolescent bereavement: Current research and future directions. *Journal of Adolescent Research, 6,* 7–27.

Balk, D. E. (1995). *Adolescent development: Early through late adolescence.* Pacific Grove, CA: Brooks/Cole.

Balk, D. E., & Hogan, N. S. (1995). Religion, spirituality, and bereaved adolescents. In D. W. Adams & E. J. Deveau (Eds.), *Beyond the innocence of childhood: Helping children and adolescents cope with death and bereavement* (Vol. 3, pp. 61–88). Amityville, NY: Baywood.

Balk, D. E., Tyson-Rawson, K. J., & Colletti-Wetzel, J. (1993). Social support as an intervention with bereaved college students. *Death Studies, 17,* 427–450.

Balmer, L. E. (1992). *Adolescent sibling bereavement: Mediating effects of family environment and personality.* Unpublished doctoral dissertation, York University, Toronto, Ontario, Canada.

Bandura, A. (1964). The stormy decade: Fact or fiction? *Psychology in the Schools, 1,* 224–231.

Bandura, A. (1992). A social cognitive approach to the exercise of control over AIDS infection. In R. J. DiClemente (Ed.), *Adolescents and AIDS: A generation in jeopardy* (pp. 89–116). Newbury Park, CA: Sage.

Bank, S., & Kahn, M. (1982). *The sibling bond.* New York: Basic Books.

Barbato, A., & Irwin, H. C. (1992). Major therapeutic systems and the bereaved client. *Australian Psychologist, 27,* 22–27.

Barnes, M. J. (1978). The reactions of children and adolescents to the death of a parent or sibling. In O. J. Sahler (Ed.), *The child and death* (pp. 185–201). St. Louis: Mosby.

Barrett, C. J. (1978). Effectiveness of widows' groups in facilitating change. *Journal of Consulting and Clinical Psychology, 46*, 20–31.

Barrett, R. K. (1991). Homicide and suicide: Who is at risk. *The American Black Male.* New York: William Pruitt Enterprises, *3*(2), 4–8; *3*(3) 4–6.

Barrett, R. K. (1993). Urban adolescent homicidal violence: An emerging public health concern. *The Urban League Review, 16*(2), 67–75.

Bartholome, W. G. (1982). Good intentions become imperfect in an imperfect world. In J. Van Eys (Ed.), *Children with cancer: Mainstreaming and reintegration* (pp. 17–33). Lancaster, England: MTP Press.

Bartol, R. C. (1991). *Criminal behavior.* Englewood Cliffs, NJ: Prentice Hall.

Baxter, G. W. (1982). Bereavement support groups for secondary school students. *School Guidance Worker, 38*, 27–29.

Baxter, G., Bennett, L., & Stuart, W. (1987). *Adolescents and death: Bereavement support groups for secondary school students* (2nd ed.). Missisaugua, Ontario: Canadian Centre for Death Education and Bereavement at Humber College.

Beardslee, W. R., & Podorefsky, D. (1988). Resilient adolescents whose parents have serious affective and other psychiatric disorders: Importance of self-understanding and relationships. *American Journal of Psychiatry, 145*, 63–69.

Beck, A. J., Seshi, B., & Tuthill, R. (1963). Childhood bereavement and adult depression. *Archives of General Psychiatry, 9*, 295–302.

Bell, H., Avery, A., Jenkins, D., Feld, J., & Schoenrock, C. (1985). Family relationships and social competence during late adolescence. *Journal of Youth and Adolescence, 14*, 109–119.

Bell, J. (1978). Family context therapy: A model for family change. *Journal of Marriage and Family Therapy, 4*, 111–126.

Belsky, J., & Pensky, E. (1988). Developmental history, personality, and family relationships: Toward an emergent family system. In R. A. Hinde & J. Stevenson-Hinde (Eds.), *Relationships within families: Mutual influences* (pp. 193–219). Oxford, England: Clarendon.

Bennett, D. L. (1985). Young people and their health needs: A global perspective. *Seminars in adolescent medicine, 1*, 1–14.

Benoliel, J. Q. (1985). Loss and adaptation: Circumstances, contingencies, and consequences. *Death Studies, 9*, 217–233.

Bensinger, J. S., & Natenshon, M. A. (1991). Difficulties in recognizing adolescent health issues. In W. R. Hendee (Ed.), *The health of adolescents* (pp. 381–410). San Francisco: Jossey-Bass.

Berg, D. W., & Daugherty, G. G. (1972). *Perspectives on death.* Baltimore: Waverly Press.

Berk, L. (1994). *Child development.* Boston: Allyn & Bacon.

Berlin, I. N. (1987). Suicide among American Indian adolescents: An overview. *Suicide and Life-Threatening Behavior, 17,* 218–232.

Berlinsky, E. B., & Biller, H. B. (1982). *Parental death and psychological development.* Lexington, MA: Heath.

Berman, A. L. (1985). The teenager at risk for suicide. *Medical Aspects of Human Sexuality, 19*(5), 123–124, 129.

Berman, A. L., & Jobes, D. (1991). *Adolescent suicide: Assessment and intervention.* Washington, DC: American Psychological Association.

Berndt, T. J., & Perry, T. B. (1986). Children's perceptions of friendship as supportive relationships. *Developmental Psychology, 22,* 640–648.

Berson, R. J. (1988). A bereavement group for college students. *Journal of American College Health 37,* 101–108.

Bigelow, B. J., & LaGaipa, J. J. (1980). The development of friendship values and choice. In H. C. Foot, A. J. Chapman, & J. R. Smith (Eds.), *Friendship and social relations in children* (pp. 15–44). New York: Wiley.

Bigner, J. J. (1994). *Individual and family development: A life-span interdisciplinary approach.* Englewood Cliffs, NJ: Prentice Hall.

Binger, C. M., Ablin, A. R., Feuersteum, R. C., Kushner, J. H., Zogler, S., & Mikkelsen, C. (1969). Childhood leukemia: Emotional impact on patient and family. *New England Journal of Medicine, 208,* 414–418.

Birenbaum, L. K., Robinson, M. A., Phillips, D. S., Stewart, B. J., & McCown, D. E. (1990). The response of children to the dying and death of a sibling. *Omega, 20,* 213–228.

Birren, J. E., Kinney, D. K., Schaie, K. W., & Woodruff, D. S. (1981). *Developmental psychology: A life-span approach.* Boston: Houghton Mifflin.

Birtchnell, J. (1970). Depression in relation to early and recent parent death. *British Journal of Psychiatry, 116,* 299–306.

Black, D. (1976). *The behavior of law.* New York: Academic Press.

Blankemeyer, M. (1993). *Adolescent sibling bereavement: Family factors associated with adjustment to loss.* Unpublished master's thesis, Oklahoma State University, Stillwater, OK.

Bleyer, W. A. (1990). The impact of childhood cancer on the United States and the world. *CA: A Cancer Journal for Clinicians, 40,* 355–367.

Blinder, B. (1972). Sibling death in childhood. *Psychiatry and Human Development, 2,* 169–175.

Block, C. R. (1986). *Homicide in Chicago.* Chicago: Center for Urban Policy.

Bliatout, B. T. (1993). Hmong death customs: Traditional and acculturated. In D. P. Irish, K. F. Lundquist, & V. J. Nelson (Eds.), *Ethnic variations in dying, death, and grief: Diversity in universality* (pp. 79–100). Washington, DC: Taylor & Francis.

Blos, P. (1941). *The adolescent personality: A study of individual behavior.* New York: D. Appleton-Century.

Blos, P. (1979). *The adolescent passage: Developmental issues.* New York: International Universities Press.

Bluebond-Langner, M. (1978). *The private worlds of dying children*. Princeton: Princeton University Press.

Blumenthal, S. J. (1990). Youth suicide: Risk factors, assessment, and treatment of adolescent and young adult suicidal patients. *Psychiatric Clinics of North America, 13*, 511–556.

Bohannon, P. (Ed.). (1960). *African homicide and suicide*. Princeton: Princeton University Press.

Bowen, M. (1976). Family reaction to death. In P. Guerin (Ed.), *Family therapy* (pp. 335–348). New York: Gardner.

Bowlby, J. (1961). Childhood mourning and its implications for psychiatry. *American Journal of Psychiatry, 118*, 481–488.

Bowlby, J. (1963). Pathological mourning and childhood mourning. *Journal of the American Psychoanalytic Association, 11*, 500–541.

Bowlby, J. (1982). *Attachment and loss: Vol. 1. Attachment* (2nd ed.). New York: Basic Books. (Original work published 1969)

Bowlby, J. (1973). *Attachment and loss: Vol. 2. Separation—Anxiety and anger*. New York: Basic Books.

Bowlby, J. (1980a). *Attachment and loss: Vol. 3. Loss—Sadness and depression*. New York: Basic Books.

Bowlby, J. (1980b). Grief and mourning in infancy and early childhood. *Psychoanalytic Study of the Child, 15*, 9–52.

Bowler, S., Sheon, A. R., D'Angelo, L. J., & Vermund, S. H. (1993). HIV and AIDS among adolescents in the United States: Increasing risk in the 1990s. *Journal of Adolescence, 15*, 345–371.

Bowser, B. P., & Wingood, G. M. (1992). Community-based HIV-prevention programs for adolescents. In R. J. DiClemente (Ed.), *Adolescents and AIDS: A generation in jeopardy* (pp. 94–211). Newbury Park, CA: Sage.

Box, S. (1987). *Recession, crime and punishment*. Totowa, NJ: Barnes & Noble.

Boyd, J. H., & Moscicki, E. K. (1986). Firearms and youth suicide. *American Journal of Public Health, 76*, 1240–1242.

Bozigar, J. A., Brent, D. A., Hindmarsh, K., Kerr, M. M., McQuiston, L., & Schweers, J. A. (1993). *Postvention standards manual: A guide for a school's response in the aftermath of a suicide*. Pittsburgh: University of Pittsburgh Medical Center, Western Psychiatric Institute and Clinic, Services for Teens at Risk.

Brazil, J., & Platte, M. (1994, September 23). Southland firms dominate market for small handguns. *Los Angeles Times*, pp. 1, 28, 29.

Brennan, T., & Auslander, N. (1979). *Adolescent loneliness: An exploratory study of social and psychological predispositions and theory* (Vol. 1). Rockville, MD: National Institute of Mental Health, Juvenile Problems Division.

Brent, D. A., Crumrine, P. K., Varma, R. R., Allan, M., & Allman, C. (1987). Phenobarbitol treatment and major depressive disorder in children with epilepsy. *Pediatrics, 89*, 909–917.

Brent, D. A., Perper, J., Moritz, G., Baugher, M., & Allman, C. (1993). Suicide in adolescents with no apparent psychopathology. *Journal of the American Academy of Child and Adolescent Psychiatry, 32,* 494–500.

Brent, D. A., Perper, J. M., Moritz, G., Allman, C., Liolus, L., Schweers, J., Roth, C., Balach, L., & Canobbio, R. (1993). Bereavement or depression? The impact of the loss of a friend to suicide. *Journal of the American Academy of Child and Adolescent Psychiatry, 32,* 1189–1197.

Bretherton, I. (1987). New perspectives on attachment relations: Security, communication, and internal working models. In J. Osofsky (Ed.), *Handbook of infant development* (pp. 1061–1100). New York: Wiley.

Brooks-Gunn, J. (1987). Pubertal pressures: Their relevance for developmental research. In V. B. Van Hasselt & M. Hersen (Eds.), *Handbook of adolescent psychology* (pp. 111–130). New York: Pergamon.

Brown, B. B. (1990). Peer groups and peer cultures. In S. Feldman & G. Elliott (Eds.), *At the threshold: The developing adolescent* (pp. 171–196). Cambridge, MA: Harvard University Press.

Brown, L. M., & Gilligan, C. (1990, March). *The psychology of women and the development of girls.* Paper presented at the meeting of the Society for Research on Adolescence, Atlanta, GA.

Buell, J. S., & Bevis, J. (1989). Bereavement groups in the hospice program. *The Hospice Journal, 5,* 107–118.

Burke, D. S., Brundage, J. F., Goldenbaum, M., Gardner, L.I., Peterson, M., Visintine, R., & Redfield, R. R. (1990). Human immunodeficiency virus infections in teenagers. *Journal of the American Medical Association, 263,* 2074–2077.

Burr, W. R., Klein, S. R., Burr, R. G., Doxey, C., Harker, B., Holman, T. B., Martin, P. H., McClure, R. L., Parrish, S. W., Stuart, D. A., Taylor, A. C., & White, M. S. (1994). *Reexamining family stress: New theory and research.* Thousand Oaks, CA: Sage.

Busch, K. G., Zagar, R., Hughes, J. R., Arbit, J., & Bussell, R. E. (1990). Adolescents who kill. *Journal of Clinical Psychology, 46,* 472–485.

Buschbaum, B. C. (1990). An agenda for treating widowed parents. *Psychotherapy Patient, 6,* 113–130.

Butters, P. (1991). *Been there done that: A resource for teenagers with cancer.* St. Pauls, NSW: CanTeen.

Cain, A. C., & Cain, B. C. (1964). On replacing a child. *Journal of the American Academy of Child and Adolescent Psychiatry, 34,* 443–456.

Cain, A. C., Fast, I., & Erickson, M. E. (1964). Children's disturbed reactions to the death of a sibling. *American Journal of Orthopsychiatry, 3,* 741–752.

Cairns, N. U., Clark, G. M., Smith, S. D., & Lansky S. B. (1979). Adaptation of siblings to childhood malignancy. *Journal of Pediatrics, 95,* 484–487.

Calhoun, G., Jurgens, J., & Chen, F. (1993). The neophyte female delinquent: A review of the literature. *Adolescence, 28,* 461–471.

CanTeen Focus Groups. (1991–1993). *Archival videotapes*. St. Pauls, NSW: CanTeen.

Campbell, E., Adams, G. A., & Dobson, W. R. (1984). Familial correlates of identity formation in late adolescence: A study of the predictive utility of connectedness and individuality in family relations. *Journal of Youth and Adolescence, 13*, 509–525.

Caplan, M. G., & Douglas, V. I. (1969). Incidence of parental loss in children with depressed moods. *Journal of Child Psychology and Psychiatry, 10*, 225–232.

Carr-Gregg, M. (1987). *The adolescent with cancer in the Australian health care system*. Unpublished thesis, University of New South Wales, Australia.

Carr-Gregg, M. (1989). CanTeen: The New Zealand Teenage Cancer Patients Society—new direction in psychosocial oncology? *New Zealand Medical Journal, 102*, 163–165.

Carr-Gregg, M., & White, L. (1987). The adolescent with cancer: A psychological overview. *The Medical Journal of Australia, 147*, 496–501.

Carse, J. P. (1987). Grief as a cosmic crisis. In O. S. Margolis, H. C. Raether, A. H. Kutscher, J. B. Powers, I. B. Seeland, R. DeBellis, & D. J. Cherico (Eds.), *Acute grief: Counseling the bereaved* (pp. 3–8). New York: Columbia University Press.

Carter, B., & Brooks, A. (1990). Suicide postvention: Crisis of opportunity? *The School Counselor, 37*, 378–389.

Carter, B., & Brooks, A. (1991). Clinical opportunities in suicide postvention. In A. A. Leenaars & S. Wenckstern (Eds.), *Suicide prevention in schools* (pp. 197–211). New York: Hemisphere.

Carter, B., & McGoldrick, M. (1988). Overview: The changing family life cycle. In B. Carter & M. McGoldrick (Eds.), *The changing family life cycle: A framework for family therapy* (2nd ed.; pp. 3–28). New York: Gardner.

Cassileth, B. R., Zupkis, R. V., Sutton-Smith, K., & March, V. (1980). Information and participation preferences among cancer patients. *Annals of Internal Medicine, 92*, 832–836.

Cates, J. A. (1986). Grief therapy in residential treatment: A model for intervention. *Child Care Quarterly, 15*, 147–158.

Cates, W., & Stone, K. M. (1992). Family planning, sexually transmitted diseases and contraceptive choice: A literature update: Part I. *Family Planning Perspectives, 24*, 75–84.

Centers for Disease Control. (1988). CDC recommendations for a community plan for the prevention and containment of suicide clusters. *Morbidity and Mortality Weekly Report, 37* (Suppl. 5–6), 1–12.

Centers for Disease Control (1991). *Morbidity and Mortality Weekly Report, 39*, 13.

Centers for Disease Control. (1994, January). *HIV/AIDS surveillance* (year-end ed.). Washington, DC: Author.

Chang, P-N., Nesbit, M., Youngren, N., & Robinson, L. (1987). Personality characteristics and psychosocial adjustment of long-term survivors of childhood cancer. *Journal of Psychosocial Oncology*, 5(4), 43–58.

Charles, K. E., & Eddy, J. M. (1987). In-service training on dying and death for residence hall staff. *NASPA Journal, 25,* 136–129.

Chesler, M., & Lawther, T. (1990). How am I different? *Candlelighters* [Youth newsletter], 7(2), 2, 7.

Chumlea, W. C. (1982). Physical growth in adolescence. In B. J. Wolman (Ed.), *Handbook of developmental psychology* (pp. 471–485). Englewood Cliffs, NJ: Prentice Hall.

Clayton, P. J., & Darvish, H. S. (1979). Course of depressive symptoms following the stress of bereavement. In J. E. Barrett (Ed.), *Stress and mental disorder* (pp. 121–136). New York: Raven.

Cohen, F., & Lazarus, R. (1979). Coping with stress of illness. In G. Stone, F. Cohen, & N. Adler (Eds.), *Health psychology* (pp. 217–224). San Francisco: Jossey-Bass.

Coleman, J. C. (1978). Current contradictions in adolescent theory. *Journal of Youth and Adolescence, 7,* 1–11.

Colgrove, M., Bloomfield, H., & McWilliams, L. (1991). *How to survive the loss of a love* (2nd ed.). New York: Bantam.

Collins, O. P. (1990). *Individual and family factors influencing probability for suicide in adolescents.* Unpublished doctoral dissertation, Kansas State University, Manhattan, KS.

Collins, R. L., Taylor, S. E., & Skokan, L. A. (1990). A better world or a shattered vision? Changes in life perspective following victimization. *Social Cognition, 8,* 263–285.

Collins, W. A. (1990). Parent-child relationships in the transition to adolescence: Continuity and change in interaction, affects, and cognition. In R. Montemayor, G. Adams, & T. Gullotta (Eds.), *From childhood to adolescence: A transitional period?* (pp. 85–86). Beverly Hills: Sage.

Compas, B. E., Slavin, L. A., Wagner, B. M., & Vannatta, K. (1986). Relationship of life events and social support with psychological dysfunction among adolescents. *Journal of Youth and Adolescence, 15,* 205–221.

Conrad, J. P. (1985). *The dangerous and the endangered.* Toronto: D. C. Heath.

Cook, A. S., & Dworkin, D. S. (1992). *Helping the bereaved: Therapeutic interventions for children, adolescents, and adults.* New York: Basic Books.

Cook, A. S., & Oltjenbruns, K. A. (1989). *Dying and grieving: Lifespan and family perspectives.* New York: Holt, Rinehart, & Winston.

Cook, J. A. (1984). Influences of gender on the problems of parents of fatally-ill children. *Journal of Psychosocial Oncology, 2,* 71–91.

Cooley. M. E. (1992). Bereavement care: A role for nurses. *Cancer Nursing, 15,* 125–129.

Corazzini, J. G., & May, T. M. (1985). The role of the counseling center in responding to student death. In E. S. Zinner (Ed.), *Coping with death on campus* (pp. 39–50). San Francisco: Jossey-Bass.

Corder, B. F., Page, P. V., & Corder, R. F. (1974). Parental history, family communication and interaction patterns in adolescent suicide. *Family Therapy, 1,* 285–290.

Corr, C. A. (1995). Entering into adolescent understandings of death. In E. A. Grollman (Ed.), *Bereaved children and teens: A support guide for parents and professionals* (pp. 21–35). Boston: Beacon Press.

Corr, C. A., Nabe, C. M., Corr, D. M. (1994). *Death and dying, life and living.* Pacific Grove, CA: Brooks/Cole.

Cosse, W. J. (1992). Who's who and what's what? The effects of gender on development in adolescence. In B. R. Wainrib (Ed.), *Gender issues across the life cycle* (pp. 5–16). New York: Springer Publishing.

Cottle, T. J. (1972). The connections of adolescence. In J. Kagan & R. Coles (Eds.), *Twelve to sixteen: Early adolescence* (pp. 294–336). New York: Norton.

Counts, D. R., & Counts, D. A. (Eds.). (1991). *Coping with the final tragedy.* Amityville, NY: Baywood.

Critelli, C. (1979, January). *Parent death in childhood.* Paper presented at the Columbia-Presbyterian Medical Center Symposium on The Child and Death, New York.

Crockett, L. J., Petersen, A. C., Graber, J. A., Schulberg, J. E., & Ebata, A. (1989). School transitions and adjustment during early adolescence. *Journal of Early Adolescence, 9,* 181–210.

Cross, S., & Markus, H. (1991). Possible selves across the life span. *Human Development, 34,* 230–255.

Curtis, L. (1975). *Violence, race and culture.* Lexington, MA: Lexington Books.

Cutter, F. (1974). *Coming to terms with death: How to face the inevitable with wisdom and dignity.* Chicago: Nelson-Hall.

Dakof, G. A., & Taylor, S. E. (1990). Victims' perceptions of social support: What is helpful to whom? *Journal of Personality and Social Psychology, 58,* 80–89.

D'Angelo, L. J., Getson, P. R., Luban, N. L. C., & Gayle, H. D. (1991). Human Immunodeficiency Virus (HIV) infection in urban adolescents: Can we predict who is at risk? *Pediatrics, 88,* 982–986.

Danish, S. J., & D'Augelli, A. R. (1980). Promoting competence and enhancing development through life development intervention. In L. A. Bond & C. J. Rosen (Eds.), *Competence and coping during adulthood* (Vol. 5, pp. 105–129). Hanover, NH: University Press of New England.

Danish, S. J., Smyer, M. A., & Nowak, C. A. (1980). Developmental interventions: Enhancing life-event processes. In P. B. Baltes & O. G. Brim (Eds.), *Life-span development and behavior* (Vol. 3, pp. 340–346). New York: Academic Press.

Dattel, A. R., & Neimeyer, R. A. (1990). Sex differences in death anxiety: Testing the emotional expressiveness hypothesis. *Death Studies, 14,* 1–11.

Davidson, G. W. (1975). *Living with dying.* Minneapolis: Augsburg.

Davidson, L. E. (1989). Suicide clusters and youth. In C. R. Pfeffer (Ed.), *Suicide among youth: Perspectives on risk and prevention* (pp. 83–99). Washington, DC: American Psychiatric Press.

Davies, B. (1988). The family environment in bereaved families and its relationships to surviving sibling behavior. *Children's Health Care, 17,* 22–31.

Davies, B. (1991). Long-term outcomes of adolescent sibling bereavement. *Journal of Adolescent Research, 6,* 83–96.

Davies, B. (1994). Sibling bereavement research: State of the art. In I. B. Corless, B. B. Germino, & M. Pittman (Eds.), *A challenge for living: Dying, death and bereavement* (pp. 173–201). Boston: Jones & Bartlett.

Davies, E. B. (1983). *Behavioral responses to the death of a sibling.* Unpublished doctoral dissertation, University of Washington, Seattle.

Davis, G., & Jessen, A. (1982). A clinical report on group intervention in bereavement. *Journal of Psychiatric Treatment and Evaluation, 4,* 81–88.

Davis, J. M., & Sandoval, J. (1991). *Suicidal youth: School-based intervention and prevention.* San Francisco: Jossey-Bass.

Davis, S. F., Bremer, S. A., Anderson, B. J., & Tramill, J. L. (1983). The interrelationships of ego strength, self-esteem, death anxiety, and gender in undergraduate college students. *Journal of General Psychology, 108,* 35–59.

Davis, J. M., Hoshiko, B. R., Jones, S., & Gosnell, D. (1992). The effect of a support group on grieving individuals' level of perceived support and stress. *Archives of Psychiatric Nursing, 6,* 35–39.

Da Silva, A., & Schork, M. A. (1984). Gender differences in attitudes to death among a group of public health students. *Omega, 15,* 77–84.

Dearing, J. W., Meyer, G., & Rogers, E. M. (1994). Diffusion theory and HIV risk behavior change. In R. J. DiClemente & J. L. Peterson (Eds.), *Preventing AIDS: Theories and methods of behavioral interventions* (pp. 79–94). New York: Plenum.

Deem, R. (1986). *All work and no play?: A study of women and leisure.* Milton Keynes, England: Open University Press.

Delise, J. R. (1986). Death with honors: Suicide among gifted adolescents. *Journal of Counseling and Development, 64,* 558–560.

Demi, A. S., & Gilbert, C. (1987). Relationship of parental grief to sibling grief. *Archives of Psychiatric Nursing, 6,* 385–391.

Demi, A. S., & Howell, C. (1991). Hiding and healing: Resolving the suicide of a parent or sibling. *Archives of Psychiatric Nursing, 5,* 350–356.

Demi, A. S., & Miles, M. S. (1988). Suicide bereaved parents: Emotional distress and physical health problems. *Death Studies, 12,* 297–307.

Derdeyn, A. P., & Waters, D. B. (1981). Unshared loss and marital conflict. *Journal of Marital and Family Therapy, 7,* 481–487.

Derdiarian, A. (1987). Information needs of recently diagnosed cancer patients. A theoretical framework: 1. *Cancer Nursing, 10,* 107–115.

Deveau, E. J. (1990). The impact on adolescents when a sibling is dying. In J. D. Morgan (Ed.), *The dying and the bereaved teenager* (pp. 63–79). Philadelphia: Charles Press.

DeVincenzi, I., for the European Study Group on Heterosexual Transmission of HIV. (1994). A longitudinal study of human immunodeficiency virus transmission by heterosexual partners. *New England Journal of Medicine, 331,* 341–346.

de Wilde, E. J., Kienhorst, I. C., Diekstra, R. F., & Wolters, W. H. (1993). The specificity of psychological characteristics of adolescent suicide attempters. *Journal of the American Academy of Child and Adolescent Psychiatry, 32,* 51–59.

Diamond, G., & Bachman, J. (1986). High-school seniors and the nuclear threat, 1975–1984: Political and mental health implications of concern and despair. *International Journal of Mental Health, 15,* 210–241.

DiClemente, R. J. (1990). The emergence of adolescents as a risk group for human immunodeficiency virus infection. *Journal of Adolescent Research, 5,* 7–17.

DiClemente, R. J. (1992). Epidemiology of AIDS, HIV seroprevalence and HIV incidence among adolescents. *Journal of School Health, 62,* 325–330.

DiClemente, R. J. (1993a). Confronting the challenge of AIDS among adolescents: Directions for future research. *Journal of Adolescent Research, 8,* 156–166.

DiClemente, R. J. (1993b). Preventing HIV/AIDS among adolescents: Schools as agents of behavior change. *Journal of the American Medical Association, 270,* 760–762.

DiClemente, R. J. (1994). HIV prevention among adolescents. In P. T. Cohen, M. A. Sande, & P. A. Volberding (Eds.), *The AIDS knowledge base: A textbook on HIV disease from the University of California, San Francisco, and San Francisco General Hospital* (2nd ed., 10.10). Boston: Little, Brown.

DiClemente, R. J., & Brown, L. K. (1994). Expanding the pediatrician's role in HIV prevention for adolescents. *Clinical Pediatrics, 32,* 1–6.

DiClemente, R. J., & Peterson, J. (1994). Changing HIV/AIDS risk behaviors: The role of behavioral interventions. In R. J. DiClemente & J. L. Peterson (Eds.), *Preventing AIDS: Theories and methods of behavioral interventions* (pp. 1–4). New York: Plenum.

Dise-Lewis, J. E. (1988). The life events and coping inventory: An assessment of stress in children. *Psychosomatic Medicine, 50,* 484–499.

Doka, K. J. (1985). The crumbling taboo: The rise of death education. In E. S. Zinner (Ed.), *Coping with death on campus* (pp. 85–95). San Francisco: Jossey-Bass.

Doka, K. J. (1989). Disenfranchised grief. In K. J. Doka (Ed.), *Disenfranchised grief: Recognizing hidden sorrow* (pp. 3–12). Lexington, MA: Lexington Books.

Donohue, W. R. (1977). Student death: What do we do? *NASPA Journal, 14*(4), 29–32.

Dorpat, T. L., Jackson, J. K., & Ripley, H. S. (1965). Broken homes and attempted and completed suicide. *Archives of General Psychiatry, 12,* 213–216.

Dubois, D. L., & Hirsch, B. J. (1990). School and neighborhood friendship patterns of blacks and whites in early adolescence. *Child Development, 61,* 524–536.

Dunne, E. J. (1987). Surviving the suicide of a therapist. In E. J. Dunne, J. L. McIntosh, & K. Dunne-Maxim (Eds.), *Suicide and its aftermath: Understanding and counseling the survivors* (pp. 142–150). New York: Norton.

Dunsmore, J. C. (1992). *Too much too young? Adolescents with cancer: An exploration of their needs and perceptions of how cancer has made them different from others their age* [Treatise]. University of Sydney, Australia.

Dunsmore, J. C., & Quine, S. (in press). Information support and decision making needs and preferences of adolescents with cancer: Implications for health professionals. *Journal of Psychosocial Oncology.*

Durkheim, E. (1951). *Suicide: A study in sociology.* (J. A. Spaulding & G. Simpson, Trans.). Glencoe, IL: Free Press.

Dyregrov, A., Kristoffersen, J. I. K., Matthiesen, S., & Mitchel, J. (1994). Gender differences in adolescents' reactions to the murder of their teacher. *Journal of Adolescent Research, 9,* 363–383.

Eccles, J. S., Midgley, C., Wigfield, A., Buchanan, C. M., Reuman, D., Flanagan, C., & MacIver, D. (1993). Development during adolescence: The impact of stage-environment fit on young adolescents' experience in schools and families. *American Psychologist, 48,* 90–101.

Eckstein, D. (1982). Reflections relative to death, dying, and grieving workshops. *The Personnel and Guidance Journal, 61,* 138–142.

Edmonds, S., & Hooker, K. (1992). Perceived changes in life meaning following bereavement. *Omega, 25,* 307–318.

Elizur, E., & Kaffman, M. (1986). Children's bereavement reactions following death of the father. In R. H. Moos (Ed.), *Coping with life crises: An integrated approach* (pp. 49–58). New York: Norton.

Elkind, D. (1967). Egocentrism in adolescence. *Child Development, 38,* 1025–1034.

Elkind, D. (1978). Understanding the young adolescent. *Adolescence, 13,* 127–134.

Elkind, D. (1979). *The child and society: Essays in applied child development.* New York: Oxford University Press.

Elkind, D. (1984). *All grown up and no place to go.* Reading, MA: Addison-Wesley.

Erikson, E. H. (1963). *Childhood and society* (2nd ed.). New York: Norton.

Erikson, E. H. (1968). *Identity, youth and crisis.* New York: Norton.

Evans, T. W. (1992). *Making a difference in our public schools.* Princeton: Peterson's Guides.

Ewalt, P. L., & Perkins, L. (1979). The real experience of death among adolescents: An empirical study. *Social Casework, 60,* 547–551.

Fanon, F. (1967). *Black skin, white masks.* New York: Grove Press.

Fanon, F. (1968). *The wretched of the earth.* New York: Grove Press.

Farber, S. S., Felner, R. D., & Primavera, J. (1985). Parental separation/divorce and adolescents: An examination of factors mediating adaptation. *American Journal of Community Psychology, 13,* 171–185.

Farberow, N. L. (1993). Bereavement after suicide. In A. A. Leenaars (Ed.), *Suicidology: Essays in honor of Edwin Shneidman* (pp. 337–345). New Jersey: Jason Aronson.

Federal Bureau of Investigation. (1992). *Crime in the United States, 1991: Uniform crime reports.* Washington, DC: U.S. Department of Justice.

Feifel, H. (1990). Psychology and death: Meaningful rediscovery. *American Psychologist, 45,* 537–543.

Feinstein, S. (1981). Adolescent depression. In L. Steinberg & L. Mandelbaum (Eds.), *The life cycle: Readings in human development* (pp. 317–335). New York: Columbia University Press.

Felner, R. D., Aber, M. S., Primavera, J., & Cauce, A. M. (1985). Adaptation and vulnerability in high-risk adolescents: An examination of environmental mediators. *American Journal of Community Psychology, 13,* 365–379.

Fine, S., Forth, A., Gilbert, M., & Haley, G. (1991). Group therapy for adolescent depressive disorder: A comparison of social skills and therapeutic support. *Journal of the American Academy of Child and Adolescent Psychiatry, 30,* 79–85.

Fingerhut, L. A., & Kleinman, J. C. (1989). Mortality among children and youth. *The American Journal of Public Health, 79,* 899–901.

Fingerhut, L. A., Kleinman, J. C., Godfrey, E., & Rosenberg, H. (1991). Firearm mortality among children, youth, and young adults 1–34 years of age, trends and current status: United States, 1979–88. *Monthly Vital Statistics Report, 39*(11), (Suppl.).

Firestone, R. W. (1994). Psychological defenses against death anxiety. In R. A. Neimeyer (Ed.), *Death anxiety handbook: Research, instrumentation, and application* (pp. 217–241). Washington, DC: Taylor & Francis.

Fishbein, M., Middlestadt, S. E., & Hitchcock, P. J. (1994). Using information to change sexually transmitted disease-related behaviors: An analysis based on the theory of reasoned action. In R. J. DiClemente & J. L.

Peterson (Eds.), *Preventing AIDS: Theories and methods of behavioral interventions* (pp. 61–78). New York: Plenum.

Fisher, J. D., Misovich, S. J., & Fisher, W. A. (1992). Impact of perceived social norms on adolescents' AIDS-risk behavior and prevention. In R. J. DiClemente (Ed.), *Adolescents and AIDS: A generation in jeopardy* (pp. 117–136). Newbury Park, CA: Sage.

Fitzpatrick, J. P. (1974). Drugs, alcohol and violent crime. *Addictive Disease, 1,* 353–367.

Fleming, S. J., & Adolph, R. (1986). Helping bereaved adolescents: Needs and responses. In C. A. Corr & J. N. McNeil (Eds.), *Adolescence and death* (pp. 97–118). New York: Springer Publishing.

Fleming, S. J., & Robinson, P. J. (1991). The application of cognitive therapy to the bereaved. In T. M. Vallis, J. L. Howes, & P. C. Miller (Eds.), *The challenge of cognitive therapy: Applications to nontraditional populations* (pp. 135–158). New York: Plenum.

Floerchinger, D. S. (1991). Bereavement in late adolescence: Interventions on college campuses. *Journal of Adolescent Research, 6,* 146–156.

Flowers, B. R. (1988). *Minorities and criminality.* New York: Greenwood Press.

Foley, G. V., & Whittam, E. H. (1990). Care of the child dying of cancer: 1. *CA: A Cancer Journal for Clinicians, 40,* 327–354.

Forrest, S. (1988). Suicide and the rural adolescent. *Adolescence, 90,* 341–347.

Fowler, J. W. (1976). Stages in faith: The structural-developmental approach. In T. Hennessy (Ed.), *Values and moral development* (pp. 173–211). New York: Paulist.

Fowler, J. W. (1981). *Stages of faith: The psychology of human development and the quest for meaning.* San Francisco: Harper & Row.

Fowler, J. W. (1991a). *Stages of faith and religious development: Implications for church, education, and society.* New York: Crossroads.

Fowler, J. W. (1991b). Stages of faith consciousness. In F. K. Oser & G. Scarlett (Eds.), *Religious development in childhood and adolescence* (pp. 27–45). San Francisco: Jossey-Bass.

Fox, S. S. (1985). *Good grief: Helping groups of children when a friend dies.* Boston: New England Association for the Education of Young Children.

Fox, S. S. (1989). Good grief: Preventive interventions for children and adolescents. In S. C. Klagsbrun, G. W. Kliman, E. J. Clark, A. H. Kutscher, R. DeBellis, & C. A. Lambert (Eds.), *Preventive psychiatry: Early intervention and situational crisis management* (pp. 83–92). Philadelphia: Charles Press.

Freud, A. (1969). Adolescence. In *The writings of Anna Freud* (Vol. 5, pp. 136–166). New York: International Universities Press.

Freud, S. (1957). Mourning and melancholia. In J. Strachey (Ed. & Trans.), *The standard edition of the complete psychological works of Sigmund Freud* (Vol. 14, pp. 243–258). London: Hogarth Press.

Furman, W., & Buhrmester, D. (1985). Children's perceptions of the personal relationships in their social networks. *Developmental Psychology, 21,* 1016–1024.

Furr, S., & Simpson, J. (1989). Responding to the death of a college student. *The Journal of College and University Student Housing, 19,* 17–21.

Fyfe, J. (1981). Race and extreme police-citizen violence. In R. L. McNeely & C. E. Pope (Eds.), *Race, crime and criminal justice* (pp. 89–108). Beverly Hills: Sage.

Gabor, T. (1986). *The prediction of criminal behavior.* Toronto: University of Toronto Press.

Gallup, G. (1991). *The Gallup survey on teenage suicide.* Princeton: The George H. Gallup International Institute.

Gans, J. E. (1990). *America's adolescents: How healthy are they?* (American Medical Association, Profiles of Adolescent Health Series.) Chicago: American Medical Association.

Garbarino, J., Dubrow, N., Kostelny, K., & Padro, C. (1992). *Children in danger: Coping with the consequences of community violence.* San Francisco: Jossey-Bass.

Garber, B. (1983). Some thoughts on normal adolescents who lost a parent by death. *Journal of Youth and Adolescence, 12,* 175–183.

Garfinkel, B. D., Crosby, E., Herbert, M., Matus, A., Pfeifer, J., & Sheras, P. (1988). *Responding to adolescent suicide: The first 48 hours.* Bloomington, IN: Phi Delta Kappa Educational Foundation.

Garfinkel, H. (1949). Research note on inter- and intra-racial homicides. *Social Forces, 27,* 369–381.

Garland, A. F., & Zigler, E. (1993). Adolescent suicide prevention. *American Psychologist, 48,* 169–182.

Garrott, H. (1994). Grief in the classroom: When a student dies. *Elsie Speaks, 4*(2), 1–8.

Gary, L. E. (Ed.). (1981). *Black men.* Newbury Park, CA: Sage.

Gelcer, E. (1983). Mourning is a family affair. *Family Process, 22,* 501–576.

Gelman, D., & Gangelhoff, B. K. (1983, August 15). Teenage suicide in the Sun Belt. *Newsweek, 102,* pp. 71–72, 74.

Genovese, F. (1992). Family therapy with adolescents in a school situation. In J. D. Atwood (Ed.), *Family therapy: A systemic behavioral approach* (pp. 298–320). Chicago: Nelson-Hall.

Gersten, J. C., Beals, J., & Kallgren, C. A. (1991). Epidemiology and preventive interventions: Parental death in childhood as an example. *American Journal of Community Psychiatry, 19,* 481–498.

Gibbs, J. T. (Ed.). (1988). *Young, black, and male in America.* New York: Auburn House.

Gilanshah, F. (1993). Islamic customs regarding death. In D. P. Irish, K. F. Lundquist, & V. J. Nelson (Eds.), *Ethnic variations in dying, death, and grief: Diversity in universality* (pp. 137–145). Washington, DC: Taylor & Francis.

Gilligan, C., Lyons, N. P., & Hanmer, T. J. (Eds.). (1990). *Making connections: The relational worlds of adolescent girls at the Emma Willard School.* Cambridge, MA: Harvard University Press.

Gilmore, M. (1994, June 2). The road from nowhere. *Rolling Stone,* pp. 44–46, 53.

Glass, B. C. (1993). The role of the nurse in advanced practice in bereavement care. *Clinical Nurse Specialist, 7,* 62–66.

Glassman, L. (1993). *Violence in the schools: How America's school boards are safeguarding our children.* Alexandria, VA: National School Boards Association.

Glick, I. O., Weiss, R. S., & Parkes, C. M. (1974). *The first year of bereavement.* New York: Wiley.

Goldberg, S. B. (1973). Family tasks and reactions in the crisis of death. *Social Casework, 54,* 398–405.

Goldscheider, F., & Goldscheider, C. (1994). Leaving and returning home in 20th century America. *Population Bulletin, 48*(4).

Goodman, P. (1960). *Growing up absurd.* New York: Random House.

Gordon, A. K. (1986). The tattered cloak of immortality. In C. A. Corr & J. N. McNeil (Eds.), *Adolescence and death* (pp. 16–31). New York: Springer Publishing.

Goss, M., & Lebovitz, B. (1977). Coping under extreme stress: Observations of patients with severe poliomyelitis. *Archives of General Psychiatry, 6,* 423–448.

Gottlieb, B. H. (1981). Preventive interventions involving social networks and social supports. In B. H. Gottlieb (Ed.), *Social networks and social support* (pp. 201–232). Beverly Hills: Sage.

Gottlieb, B. H. (1991). Social support in adolescence. In M. E. Colten (Ed.), *Adolescent stress: Causes and consequences* (pp. 281–307). New York: Aldine De Gruyter.

Gould, M. S. (1990). Suicide clusters and media exposure. In S. J. Blumenthal & D. J. Kupfer (Eds.), *Suicide over the life cycle: Risk factors, assessment and treatment of suicidal patients* (pp. 517–532). Washington, DC: American Psychiatric Press.

Gouldner, A. W. (1973). Foreword. In I. Taylor, P. Walton, & J. Young (Eds.), *The new criminology: For a social theory of deviance* (pp. ix–xiv). London: Routledge & Kegan Paul.

Graham, H. D., & Gurr, T. R. (1969). *The history of violence in America: Historical and comparative perspectives.* New York: Bantam.

Gray, R. (1987a). *Adolescents faced with the death of a parent: The role of social support and other factors.* Unpublished doctoral dissertation, University of Toronto, Toronto, Ontario, Canada.

Gray, R. E. (1987b). Adolescent response to the death of a parent. *Journal of Youth and Adolescence, 16*, 511–525.

Gray, R. E. (1988). The role of school counselors with bereaved teenagers: With and without peer support groups. *School Counselor, 35*, 185–193.

Gray, R. E. (1989). Adolescents' perceptions of social support after the death of a parent. *Journal of Psychosocial Oncology, 7*, 127–144.

Grier, W., & Cobb, P. (1968). *Black rage.* New York: Basic Books.

Grollman, E. A. (1967). Prologue: Explaining death to children. In E. A. Grollman (Ed.), *Explaining death to children* (pp. 3–27). Boston: Beacon.

Grollman, E. A. (1993). *Straight talk about death for teenagers: How to cope with losing someone you love.* Boston: Beacon.

Grotevant, H. D., & Cooper, C. R. (1986). Individuation in family relationships: A perspective on individual differences in the development of identity and role-taking skill in adolescence. *Human Development, 29*, 82–100.

Guerriero, A. M. (1983). *Adolescent bereavement: Impact on physical health, self-concept, depression, and death anxiety.* Unpublished master's thesis, York University, Toronto, Ontario, Canada.

Guerriero, A. M., & Fleming, S. J. (1985). *Adolescent bereavement: A longitudinal study.* Paper presented at the Annual Meeting of the Canadian Psychological Association, Halifax, Nova Scotia.

Haasl, B., & Marnocha, J. (1990). *Bereavement support group program for children: Leader manual.* Muncie, IN: Accelerated Development.

Habib, D. (1993, September). The boundaries fall away: Health teacher cultivates an open class atmosphere. *Concord Monitor,* (Suppl.), 1. [Special Reprint].

Hafen, B. Q., & Frandsen, K. J. (1986). *Youth suicide: Depression and loneliness.* Evergreen, CO: Cordillera.

Halberg, L. J. (1986). Death of a college student: Response by student services professionals on one campus. *Journal of Counseling and Development, 64*, 411–412.

Halporn, R. (1992). Chinese Americans in loss and grief. *The Forum, 17*(6), 1, 16–20.

Hall, G. S. (1904). *Adolescence: Its psychology and its relations to physiology, anthropology, sociology, sex, crime, religion, and education* (Vol. 1). New York: D. Appleton.

Hall, J. E., & Kirschling, J. M. (1990). A conceptual framework for caring for families of hospice patients. *The Hospice Journal, 6*, 1–28.

Hamburg, D. A. (1992). *Today's children: Creating a future for a generation in crisis.* New York: Times Books.

Handy, B. (1994, April 18). Never mind. *Time: The Weekly Newsmagazine, 143*, 70–72.

Hankoff, L. D. (1975). Adolescence and the crisis of dying. *Adolescence, 10,* 373–389.

Haran, J. (1988). Use of group work to help children cope with the violent death of a classmate. *Social Work with Groups, 11,* 79–92.

Harding, R. W., & Fahey, R. P. (1973). Killings by Chicago police, 1969–70: An empirical study. *Southern California Law Review, 4,* 284–315.

Hardt, D. V. (1979). An investigation of the stages of bereavement. *Omega, 9,* 279–285.

Harter, S. (1987). The determinants and mediational role of global self-worth in children. In N. Eisenberg (Ed.), *Contemporary topics in developmental psychology* (pp. 219–241). New York: Wiley.

Harter, S. (1990). Self and identity development. In S. S. Feldman & G. R. Elliott (Eds.), *At the threshold: The developing adolescent* (pp. 352–387). Cambridge, MA: Harvard University Press.

Haslam, M. T. (1978). A study of psychiatric breakdown in adolescence: Diagnosis and prognosis. *International Journal of Psychiatry, 24,* 287–294.

Hauser, S. T., & Bowlds, M. K. (1990). Stress, coping, and adaptation. In S. S. Feldman & G. R. Elliott (Eds.), *At the threshold: The developing adolescent* (pp. 388–413). Cambridge, MA: Harvard University Press.

Hauser, S. T., & Greene, W. M. (1991). Passages from late adolescence to early adulthood. In S. I. Greenspan & G. H. Pollock (Eds.), *The course of life: Vol. 4. Adolescence* (pp. 377–405). Madison, CT: International Universities Press.

Hawkins, D. F. (Ed.). (1986). *Homicide among black Americans.* Lanham, MD: University Press of America.

Hawton, K. (1986). *Suicide and attempted suicide among children and adolescents.* Beverly Hills: Sage.

Hazell, P., & Lewin, T. (1993). An evaluation of postvention following adolescent suicide. *Suicide and Life-Threatening Behavior, 23,* 101–109.

Hein, K. (1993). "Getting real" about HIV in adolescents. *American Journal of Public Health, 83,* 492–494.

Hein, K. (1992). Adolescents at risk for HIV infection. In R. J. DiClemente (Ed.), *Adolescents and AIDS: A generation in jeopardy* (pp. 3–16). Newbury Park: Sage.

Hein, K. (1987). AIDS in adolescents: A rationale for concern. *New York State Journal of Medicine, 88,* 290–295.

Heiney, S. P. (1991). Sibling grief: A case report. *Archives in Psychiatric Nursing, 32,* 13–17.

Heiney, S. P., Hasan, L., & Price, K. (1993). Developing and implementing a bereavement program for a children's hospital. *Journal of Pediatric Nursing, 8,* 385–389.

Henry, C. S., Stephenson, A. C., Hanson, M. F., & Hargott, W. (1993). Adolescent suicide and families: An ecological approach. *Adolescence, 28,* 291–308.

Hepworth, J., Ryder, R. G., & Dreyer, A. S. (1984). The effects of parental loss on the formation of intimate relationships. *Journal of Marriage and Family Therapy, 10,* 73–82.

Hickey, L. O. (1993). Death of a counselor: A bereavement group for junior high school students. In N. B. Webb (Ed.), *Helping bereaved children: A handbook for practitioners* (pp. 239–266). New York: Guilford.

Hicks, B. B. (1990). Postvention process. In L. W. Barber (Ed.), *Youth suicide: A comprehensive manual for prevention and intervention* (pp. 79–83). Bloomington, IN: National Educational Service.

Hilgard, J. (1969). Depressive and psychotic states as anniversaries of sibling death in childhood. *International Psychiatry Clinics, 6,* 197–211.

Hill, R. (1949). *Families under stress.* Westport, CT: Greenwood.

Hindus, M. S. (1980). *Prison and plantation: Crime, justice and authority in Massachusetts and South Carolina, 1767–1878.* Chapel Hill, NC: University of North Carolina Press.

Hipple, J. L., Cimbolic, P., & Peterson, J. (1980). Student services response to a suicide. *Journal of Counseling and Student Personnel, 21,* 457–458.

Hodges, M. H., Graham–Pole, J., & Fong, M. L. (1984). Attitudes, knowledge and behaviors of school peers of adolescent cancer patients. *Journal of Psychosocial Oncology, 2*(2), 37–46.

Hoffman, M. A., Levy-Shiff, R., Sohlberg, S. C., & Zarizki, J. (1992). The impact of stress and coping: Developmental changes in the transition to adolescence. *Journal of Youth and Adolescence, 21,* 451–469.

Hogan, N. S. (1987). *An investigation of the adolescent sibling bereavement process and adaptation.* Unpublished doctoral dissertation, Loyola University of Chicago, Chicago.

Hogan, N. S. (1988). The effect of time on adolescent sibling bereavement. *Pediatric Nursing, 14,* 333–336.

Hogan, N. S. (1990). Hogan Sibling Inventory of Bereavement (HSIB). In J. Touliatos, B. Perlmutter, & M. Straus, (Eds.), *Handbook of family measurement techniques* (p. 524). Newbury Park, CA: Sage.

Hogan, N. S., & Balk, D. E. (1990). Adolescents' reactions to sibling death: Perceptions of mothers, fathers, and teenagers. *Nursing Research, 39,* 103–106.

Hogan, N. S., & DeSantis, L. (1992). Adolescent sibling bereavement: An ongoing attachment. *Qualitative Health Research, 2,* 159–177.

Hogan, N. S., & DeSantis, L. (1994). Things that help and hinder adolescent sibling bereavement. *Western Journal of Nursing Research, 16,* 132–153.

Hogan, N. S., & DeSantis, L. (in press). Basic constructs of a theory of adolescent sibling bereavement. In P. Silverman, S. Nickman, & D. Klass (Eds.), *But it does not end a relationship.* Washington, DC: Taylor & Francis.

Hogan, N. S., & Greenfield, D. B. (1991). Adolescent sibling bereavement: Symptomatology in a large community sample. *Journal of Adolescent Research, 6,* 97–112.

Holinger, P. C., & Offer, D. (1981). Perspectives on suicide in adolescence. In R. G. Simmons (Ed.), *Research in community and mental health* (Vol. 2, pp. 139–157). Greenwich, CT: JAI Press.

Holmes, G. R., Heckel, R. V., & Gordon, L. (1991). *Adolescent group therapy: A social competency model.* New York: Praeger.

Holmes, J. (1993). *John Bowlby and attachment theory.* London: Routledge.

Howard, M., & McCabe, J. B. (1990). Helping teenagers postpone sexual involvement. *Family Planning Perspectives, 22,* 21–26.

Huckeby, G. (May, 1993). Wyoming's future—1993 graduates. Remembering friends. *The Sheridan Press* (pp. 15–16). Sheridan, Wyoming.

Huff-Corzine, L., Corzine, J., & Moore, D. C. (1986). Southern experience: Deciphering the South's influence on homicide rates. *Social Forces, 64,* 906–924.

Hurrelmann, K. (Ed.). (1994). *International handbook of adolescence.* Westport, CT: Greenwood Press.

Imber-Black, E. (1991). Rituals and the healing process. In F. Walsh & M. McGoldrick (Eds.), *Living beyond loss: Death in the family* (pp. 207–223). New York: Norton.

Inhelder, B., & Piaget, J. (1958). *The growth of logical thinking: From childhood to adolescence.* New York: Basic Books.

Institute of Medicine. (1986). *Confronting AIDS.* Washington, DC: National Academy Press.

Irish, D. P. (1993). Introduction: Multiculturalism and the majority population. In D. P. Irish, K. F. Lundquist, & V. J. Nelson (Eds.), *Ethnic variations in dying, death, and grief: Diversity in universality* (pp. 1–10). Washington, DC: Taylor & Francis.

Irish, D. P., Lundquist, K. F., & Nelsen, V. J. (Eds.). (1993). *Ethnic variations in dying, death, and grief: Diversity in universality.* Washington, DC: Taylor & Francis.

Jacks, I., & Cox, S. G. (Eds.). (1984). *Psychological approaches to crime and its correction.* Chicago: Nelson Hall.

Jacobs, B., & Towns, J. E. (1984). What residence hall staff need to know about dealing with death. *NASPA Journal, 22*(2), 32–36.

Jacobs, S. C., Hanson, F. F., Berkman, L., Kasl, S. V., & Ostfeld, A. M. (1989). Depressions of bereavement. *Comprehensive Psychiatry, 30,* 218–224.

Janoff-Bulman, R. (1992). *Shattered assumptions.* New York: Free Press.

Janowiak, S., Drapkin, R., Lear, S., and Mei-tal, R. (1993, April). *Living with loss: A support group for bereaved college students.* Paper presented at the 15th Annual Conference of the Association for Death Education and Counseling, Memphis, TN.

Jemmott, J. B., & Jemmott, L. S. (1994). Interventions for adolescents in community settings. In R. J. DiClemente & J. L. Peterson (Eds.), *Preventing AIDS: Theories and methods of behavioral interventions* (pp. 141–174). New York: Plenum.

Jemmott, J. B., Jemmott, L. S., & Fong, G. T. (1992). Reductions in HIV risk-associated sexual behaviors among black male adolescents: Effects of an AIDS prevention intervention. *American Journal of Public Health, 82,* 372–377.

Jenkins, R. L., & Crowley, E. B. (1981). *Predictions of violence.* Springfield, IL: Charles C Thomas.

Johnson, G. B. (1941). The Negro and crime. *Annuals of the American Academy of Political and Social Science, 217,* 93–104.

Johnson, L. C., Rincon, B., Gober, C., & Rexin, D. (1993). The development of a comprehensive bereavement program to assist families experiencing pediatric loss. *Journal of Pediatric Nursing, 8,* 142–146.

Jonah, B. A. (1986). Accident risk and risk-taking behaviour among young drivers. *Accident Analysis and Prevention, 18,* 255–271.

Josselson, R. (1987). *Finding herself: Pathways to identity development in women.* San Francisco: Jossey-Bass.

Jurich, A. P. (1987). Adolescents and family dynamics. In H. G. Lingren, L. Kimmons, P. Lee, G. Rowe, L. Rottmann, L. Schwab, & R. Williams (Eds.), *Building family strengths* (Vol. 8, pp. 167–181). Lincoln: University of Nebraska Press.

Kaffman, M., & Elizur, E. (1979). Children's bereavement reactions following death of the father. *International Journal of Family Therapy, 1,* 203–228.

Kagen-Goodheart, L. (1977). Reentry: Living with childhood cancer. *American Journal of Orthopsychiatry, 47,* 651–658.

Kalish, R. (Ed.). (1980). *Death and dying: Views from many cultures.* Farmingdale, NY: Baywood.

Kania, R. E., & Mackey, W. C. (1977). Police violence as a function of community characteristics. *Criminology, 15,* 27–48.

Kann, L., Anderson, J. E., Holtzman, D., Rose, J., Truman, B. I., Collins, J., & Kolbe, L. J. (1991). HIV-related knowledge, beliefs, and behaviors among high school students in the United States: Results from a national survey. *Journal of School Health, 61,* 397–401.

Kantrowitz, B. (1993, August 2). Wild in the streets. *Newsweek, 122,* 40–46.

Kaplan, M. E., & Friedman, S. B. (1994). Reciprocal influences between chronic illness and adolescent development. *Adolescent medicine: State of the art reviews, 5,* 211–221.

Kastenbaum, R. (1959). Time and death in adolescence. In H. Feifel (Ed.), *The meaning of death* (pp. 99–113). New York: McGraw-Hill.

Kastenbaum, R. (1986). Death in the world of adolescence. In C. A. Corr & J. N. McNeil, (Eds.), *Adolescence and death* (pp. 4–15). New York: Springer Publishing.

Kastenbaum, R. (1992). *The psychology of death* (2nd ed.). New York: Springer Publishing.

Katz, A. H. (1993). *Self-help in America: A social movement perspective*. New York: Twayne.

Katz, E. R., Rubinstein, C. L., Hubert, N. C., & Bleu, A. (1988). School and social reintegration of children with cancer. *Journal of Psychosocial Oncology, 6*(3/4), 123–140.

Kavanaugh, R. E. (1972). *Facing death*. Los Angeles: Nash.

Kellerman, A. L. (1994). Annotation: Firearm-related violence—what we don't know is killing us. *American Journal of Public Health, 84*, 541–542.

Kellerman, J., Zelter, L., Ellenberg, L., Dash, J., & Rigler, D. (1980). Psychological effects of illness in adolescence: 1. Anxiety, self-esteem, and perception of control. *Journal of Pediatrics, 97*, 126–131.

Kelley, P. W., Miller, R. N., Pomerantz, R., Wann, F., Brundage, J. F., & Burke, D. S. (1990). Human immunodeficiency virus seropositivity among members of the active duty US Army 1985–89. *American Journal of Public Health, 80*, 405–410.

Kelly, G. A. (1955). *The psychology of personal constructs*. New York: Norton.

Keniston, K. (1965). *The uncommitted: Alienated youth in American society*. New York: Harcourt, Brace & World.

Kerr, P. (1987, October 19). A crack plague in Queens brings violence and fear. *The New York Times*, pp. A-1 & B-5.

Kessler, R. K., Burgess, A. W., & Douglass, J. E. (1988). *Sexual homicide*. Lexington, MA: Lexington Books.

Kim, M. J., McFarland, G. K., & McLane, A. M. (1987). *Pocket guide to nursing diagnosis*. St. Louis: Mosby.

Kirby, D., & DiClemente, R. J. (1994). School-based interventions to prevent unprotected sex and HIV among adolescents. In R. J. DiClemente & J. L. Peterson (Eds.), *Preventing AIDS: Theories and methods of behavioral interventions* (pp. 117–139). New York: Plenum.

Kirby, D., Barth, R. P., Leland, N., & Fetro, J. V. (1991). Reducing the risk: Impact of a new curriculum on sexual risk-taking. *Family Planning Perspectives, 23*, 253–263.

Kirk, W. G. (1993). *Adolescent suicide: A school-based approach to assessment and intervention*. Champaign, IL: Research Press.

Klass, D. (1987). John Bowlby's model of grief and the problem of identification. *Omega, 18*, 13–32.

Klass, D. (1988). *Parental grief: Solace and resolution*. New York: Springer Publishing.

Klass, D. (1993). Solace and immortality: Bereaved parents' continuing bond with their children. *Death Studies, 17*, 343–368.

Klass, D., & Shinners, B. (1983). Professional roles in a self-help group for the bereaved. *Omega, 13,* 361–375.

Kleck, G. (1979). Capital punishment, gun ownership, and homicide. *American Journal of Sociology, 84,* 882–910.

Kleiman, J. (1981). Optimal and normal family functioning. *American Journal of Family Therapy, 9,* 37–44.

Kliman, A. (1968). Eighteen untreated orphans. In G. Kliman (Ed.), *Psychological emergencies of childhood* (pp. 74–84). New York: Grune & Stratton.

Kliman, G. (1980). Death: Some implications in child development and child analysis. *Advances in Thanatology, 4,* 18–36.

Klingman, A. (1989). School-based emergency intervention following an adolescent's suicide. *Death Studies, 13,* 263–274.

Knapp, R. J. (1986). *Beyond endurance: When a child dies.* New York: Schocken Books.

Kochanek, K. D., & Hudson, B. L. (1994). Advance report of final mortality statistics, 1992. *Monthly Vital Statistics Report, 43*(6), (Suppl.).

Koocher, G. P. (1973). Childhood, death, and cognitive development. *Developmental Psychology, 9,* 369–375.

Koocher, G. P. (1986). Psychosocial issues during the acute treatment of pediatric cancer. *Cancer, 58,* 468–472.

Koocher, G. P., & O'Malley, J. E. (1981). *The Damocles syndrome: Psychosocial consequences of surviving childhood cancer.* New York: McGraw-Hill.

Koocher, G. P., O'Malley, J. E., Foster, D., & Gogan, J. L. (1976). Death anxiety in normal children and adolescents. *Psychiatria Clinica, 9,* 220–229.

Koss, M. P. (1988). Hidden rape: Sexual aggression and victimization in a national sample in higher education. In A. W. Burgess (Ed.), *Rape and sexual assault* (Vol. 2, pp. 3–25). New York: Garland.

Koss, M. P., Gidycz, C. J., & Wisniewski, N. (1987). The scope of rape: Incidence and prevalence of sexual aggression and victimization in a national sample of students in higher education. *Journal of Consulting and Clinical Psychology, 55,* 162–170.

Krell, R., & Rabkin, L. (1979). The effects of sibling death on the surviving child. *Family Process, 18,* 471–477.

Kries, B., & Patti, A. (1969). *Up from grief: Patterns of recovery.* New York: Seabury.

Krupnick, J. L. (1984). Bereavement during childhood and adolescence. In M. Osterweis, F. Solomon, & M. Green (Eds.), *Bereavement: Reactions, consequences, and care* (pp. 99–141). Washington, DC: National Academy Press.

Krupp, G. (1972). Maladaptive reactions to the death of a family member. *Social Casework, 53,* 425–434.

Krysiak, G. J. (1985). Circle of friends. *The School Counselor, 33,* 47–49.

Kübler-Ross, E. (1969). *On death and dying.* New York: Macmillan.

死亡與喪慟：青少年輔導手冊

Kunjufu, J. (1985). *Countering the conspiracy to destroy black boys* (Vols. 1 & 2). Chicago: African-American Images.

Kvist, S. B., Rajantie, J., Kvist, M., & Siimes, M. A. (1991). Aggression: The dominant psychological response in children with malignant disease. *Psychological Reports, 68,* 1139–1150.

Kymissis, P. (1993). Group psychotherapy with adolescents. In H. I. Kaplan & B. J. Sadock (Eds.), *Comprehensive group psychotherapy* (3rd ed., pp. 577–584). Baltimore: Williams & Wilkins.

Lacayo, R. (1994, September 19). When kids go bad. Time: *The Weekly Newsmagazine, 144,* 60–63.

Lackey, N. R., & Gates, M. F. (1995). *Experiences of the adolescent caregiver of cancer patients.* Final report of the funded study. Indianapolis: Sigma Theta Tau International.

Ladame, F. (1992). Suicide prevention in adolescence: An overview of current trends. *Journal of Adolescent Health, 13,* 406–408.

LaGrand, L. E. (1981). Loss reactions of college students: A descriptive analysis. *Death Studies, 5,* 235–247.

LaGrand, L. E. (1982). How college and university students cope with loss. In R. A. Pacholski, & C. A. Corr (Eds.), *Priorities in death education and counseling* (pp. 85–97). Arlington, VA: Forum for Death Education and Counseling.

LaGrand, L. E. (1985). College student loss and response. In E. S. Zinner (Ed.), *Coping with death on campus* (pp. 15–28). San Francisco: Jossey-Bass.

LaGrand, L. E. (1986). *Coping with separation and loss as a young adult: Theoretical and practical realities.* Springfield, IL: Charles C Thomas.

LaGrand, L. E. (1988). *Changing patterns of human existence: Assumptions, beliefs, and coping with the stress of change.* Springfield, IL: Charles C Thomas.

Lamb, F., & Dunne-Maxim, K. (1987). Postvention in schools: Policy and process. In E. J. Dunne, J. L. McIntosh, & K. Dunne-Maxim (Eds.), *Suicide and its aftermath: Understanding and counseling the survivors* (pp. 245–260). New York: Norton.

Lamb, M., & Sutton-Smith, B. (1982). *Sibling relationships across the life span.* Hillsdale, NY: Erlbaum.

Lamberti, J. W., & Detmer, C. M. (1993). Model of family grief assessment and treatment. *Death Studies, 17,* 55–67.

Laufer, M. (1980). Which adolescents must be helped and by whom? *Journal of Adolescence, 3,* 265–272.

Leahy, J. (1992). Validity and reliability of the Beck Depression Inventory—Short Form in a group of adult bereaved females. *Journal of Clinical Psychology, 48,* 64–68.

Leder, S. N. (1992). Life events, social support, and children's competence after parent or sibling death. *Journal of Pediatric Nursing, 7,* 110–119.

Lee, B. L., & Safrin, S. (1992). Drug interactions and toxicities in patients with AIDS. In M. A. Sande & P. A. Volberding (Eds.), *The medical management of AIDS* (3rd ed., pp. 129–144). Philadelphia: W. B. Saunders.

Lehman, D. R., Ellard, J. H., & Wortman, C. B. (1986). Social support for the bereaved: Recipients' and providers' perspectives on what is helpful. *Journal of Consulting and Clinical Psychology, 54,* 438–446.

Lehman, D. R., Davis, C. G., Delongis, A., Wortman, C. B., Bluck, S., Mandel, D. R., & Ellard, J. H. (1993). Positive and negative life changes following bereavement and their relations to adjustment. *Journal of Social and Clinical Psychology, 12,* 90–112.

Leigh, G. K. (1986). Adolescent involvement in family systems. In G. K. Leigh & G. W. Peterson (Eds.), *Adolescents in families* (pp. 38–72). Cincinnati: South-Western.

Lester, D. (1988). *The biochemical basis of suicide.* New York: Thomas.

Lester, D., & Beck, A. T. (1976). Early loss as a possible sensitizer to later loss in attempted suicides. *Psychological Reports, 39,* 121–122.

Levenson, P., Pfefferbaum, B., Copeland, D., & Silverberg, Y. (1982). Information preferences of cancer patients ages 11–20 years. *Journal of Adolescent Health Care, 3,* 9–13.

Leviton, L. C. (1989). Theoretical foundations of AIDS-prevention programs. In R. O. Valdiserri (Ed.), *Preventing AIDS: The design of effective programs* (pp. 42–90). New Brunswick, NJ: Rutgers University Press.

Levitt, J. M. (1986). The conceptualization and assessment of family dynamics in terminal care. *The Hospice Journal, 2,* 1–19.

Lewin, K. (1939). Field theory and experiment in social psychology: Concepts and methods. *American Journal of Sociology, 44,* 868–896.

Lewis, M., & Volkmar, F. R. (1990). *Clinical aspects of child and adolescent development* (3rd ed.). Philadelphia: Lea & Febiger.

Ley, P. (1988). *Communicating with patients: Improving communication, satisfaction and compliance.* New York: Croom Helm.

Lieberman, M. A. (1993). Bereavement self-help groups: A review of conceptual and methodological issues. In M. S. Stroebe, W. Stroebe, & R. O. Hansson (Eds.), *Handbook of bereavement: Theory, research and intervention* (pp. 411–426). Cambridge, England: Cambridge University Press.

Lindemann, E. (1944). Symptomatology and management of acute grief. *American Journal of Psychiatry, 101,* 141–148.

Litt, I. F., Cuskey, W. R., & Rudd, S. (1983). Emergency room evaluation of the adolescent who attempts suicide: Compliance with follow-up. *Journal of Adolescent Health Care, 4,* 106–108.

Lopata, H. Z. (1973). *Widowhood in an American city.* Cambridge, MA: Schenckman.

Lopata, H. Z. (1975). On widowhood: Grief work and identity reconstruction. *Journal of Geriatric Psychiatry, 8,* 41–55.

Lui, K., Darrow, W. W., & Rutherford, G. W. (1988). A model-based estimate of the mean incubation period for AIDS in homosexual men. *Science, 240,* 1333–1335.

Lurie, C. (1993). *The death of friends vs. family members in late adolescence: The role of perceived social support and self-worth.* Unpublished master's thesis, Colorado State University, Fort Collins.

Lyon, J. B., & Vandenberg, B. R. (1989). Father death, family relationships, and subsequent psychological functioning in women. *Journal of Clinical Child Psychology, 18,* 329–335.

Madhubuti, H. R. (1990). *Black men: Obsolete, single, dangerous?* Chicago: Third World Press.

Main, D. S., Iverson, D. C., McGloin, J., Banspach, S. W., Collins, J. L., Rugg, D. L., & Kolbe, L. J. (1994). Preventing HIV infection among adolescents: Evaluation of a school-based program. *Preventive Medicine, 23,* 409–417.

Majors, R., & Billson, J. M. (1992). *Cool posse: The dilemmas of Black manhood in America.* New York: Lexington Books.

Mann, J. J., DeMeo, M. D., Keilp, J. G., & McBride, P. A. (1989). Biological correlates of suicidal behavior in youth. In C. R. Pfeffer (Ed.), *Suicide among youth: Perspectives on risk and prevention* (pp. 185–202). Washington, DC: American Psychiatric Press.

Mansfield, C. J., Conroy, M. E., Emans, S. J., & Woods, E. R. (1993). A pilot study of AIDS education and counseling of high-risk adolescents in an office setting. *Journal of Adolescent Health, 14,* 115–119.

Marcia, J. E. (1964). *Determination and construct validity of ego identity status.* Unpublished doctoral dissertation, The Ohio State University, Columbus.

Marcia, J. E. (1980). Identity in adolescence. In J. Adelson (Ed.), *Handbook of adolescent psychology* (pp. 159–187). New York: Wiley.

Marcia, J. E. (1987). The identity status approach to the study of ego identity development. In T. Honess & K. Yardley (Eds.), *Self and identity: Perspectives across the lifespan* (pp. 161–171). London: Routledge & Kegan Paul.

Markus, H., & Nurius, P. (1986). Possible selves. *American Psychologist, 41,* 954–969.

Marmar, C. R., Horowitz, M. J., Weiss, D. S., Wilner, N. R., & Kaltrieder, N. B. (1988). A controlled trial of brief psychotherapy and mutual-help group treatment of conjugal bereavement. *American Journal of Psychiatry, 145,* 203–212.

Martinson, I. M., & Campos, R. D. (1991). Adolescent bereavement: Long-term responses to a sibling death from cancer. *Journal of Adolescent Research, 6,* 54–69.

Martinson, I. M., Davies, E. B., & McClowry, S. G. (1987). The long-term effects of sibling death on self concept. *Journal of Pediatric Nursing, 2,* 227–235.

Marzuk, P. M., Tierney, M., Tardiff, K., Gross, E. M., Morgan, E. B., Hsu, M., & Mann, J. J. (1988). Increased risk of suicide in persons with AIDS. *Journal of the American Medical Association, 259,* 1333–1337.

Maslow, A. H. (1970). *Motivation and personality* (2nd ed.). New York: Harper & Row.

Masterman, S. H., & Reames, R. (1988). Support groups for bereaved preschool and school-aged children. *American Journal of Orthopsychiatry, 58,* 562–570.

Mattessich, P., & Hill, R. (1987). Life cycle and family development. In M. B. Sussman & S. K. Steinmetz (Eds.), *Handbook of marriage and the family* (pp. 437–469). New York: Plenum.

Mauk, G. W., & Weber, C. W. (1991). Peer survivors of adolescent suicide: Perspectives on grieving and postvention. *Journal of Adolescent Research, 6,* 113–131.

Mazrui, A. A. (Ed.). (1977). *The warrior tradition in modern Africa.* Leiden: E. J. Brill.

McBroom, A. (1987). *The rose* (Recorded by B. Midler). Seacaucus, NJ: Warner Bros.

McClowry, S. G., Davies, E. B., May, K. A., Kulenkamp, E. J., & Martinson, I. M. (1987). The empty space phenomenon: The process of grief in the bereaved family. *Death Studies, 11,* 361–374.

McCown, D. E., & Pratt, C. (1985). Impact of sibling death on children's behavior. *Death Studies, 9,* 323–335.

McCubbin, H. I., & Patterson, J. M. (1982). Family adaptation to crisis. In H. I. McCubbin (Ed.), *Family stress, coping, and social support* (pp. 26–47). Springfield, IL: Charles C Thomas.

McCubbin, H. I., Joy, C. B., Cauble, A. E., Comeau, J. K., Patterson, J.M., & Needle, R. H. (1980). Family stress and coping: A decade review. *Journal of Marriage and the Family, 42,* 855–871.

McGoldrick, M., & Walsh, F. (1991). A time to mourn: Death and the family life cycle. In F. Walsh & M. McGoldrick (Eds.), *Living beyond loss: Death in the family* (pp. 30–49). New York: Norton.

McGoldrick, M., Almeida, R., Hines, P. M., Garcia-Preto, N., Rosen, E., & Lee, R. (1991). Mourning in different cultures. In F. Walsh & M. McGoldrick (Eds.), *Living beyond loss: Death in the family* (pp. 176–206). New York: Norton.

McKenry, P. C., & Price, S. J. (1994). Families coping with problems and change: A conceptual overview. In P. C. McKenry & S. J. Price (Eds.), *Families and change: Coping with stressful events* (pp. 1–18). Thousand Oaks, CA: Sage.

McNeil, J. N. (1986). Talking about death: Adolescents, parents and peers. In C. A. Corr & J. N. McNeil (Eds), *Adolescence and death* (pp. 185–201). New York: Springer Publishing.

McNeil, J. N., Silliman, B., & Swihart, J. J. (1991). Helping adolescents cope with the death of a peer. *Journal of Adolescent Research, 6,* 132–145.

McNurlen, M. (1991). Guidelines for group work. In C. A. Corr, H. Fuller, C. A. Barnickol, & D. M. Corr (Eds.), *Sudden infant death syndrome: Who can help and how* (pp. 180–202). New York: Springer Publishing.

Mead, M. (1930). Adolescence in primitive and modern society. In V. F. Calverton & S. D. Schmalhausen (Eds.), *The new generation: The intimate problems of modern parents and children* (pp. 169–188). New York: Macauley.

Melges, F. T., & DeMaso, D. R. (1980). Grief resolution therapy: Reliving, revising, and revisiting. *American Journal of Psychotherapy, 34,* 51–61.

Merton, R. (1952). *Social theory and social structure.* Glencoe, IL: Free Press.

Meshot, C. M., & Leitner, L. M. (1993). Adolescent mourning and parental death. *Omega, 26,* 287–299.

Metzgar, M. M. (1988). *Crisis in schools; Is your school prepared?* Seattle: Author.

Metzgar, M. (1994). Preparing schools for crisis management. In R. G. Stevenson (Ed.), *What will we do? Preparing a school community to cope with crises* (pp. 17–35). Amityville, NY: Baywood.

Michael, S., & Lansdown, R. (1986). Adjustment to the death of a sibling. *Archives of Disease in Childhood, 61,* 278–283.

Miller, K. E., King, C. A., Shain, B. N., & Naylor, M. W. (1992). Suicidal adolescents' perceptions of their family environment. *Suicide and Life-Threatening Behavior, 22,* 226–239.

Miller, W. B. (1958). Lower class culture as a generating milieu of gang delinquency. *Journal of Social Issues, 14,* 5–19.

Mills, G. C., Reisler, R., Robinson, A. E., & Vermilye, G. (1976). *Discussing death: A guide to death education.* Palm Springs, CA: ETC Publications.

Millstein, S. G., Petersen, A. C., & Nightingale, E. O. (Eds.). (1993). *Promoting the health of adolescents: New directions for the twenty-first century.* New York: Oxford University Press.

Moore, D. (1984). Parent-adolescent separation: Intrafamilial perceptions and difficulty separating from parents. *Personality and Social Psychology Bulletin, 10,* 611–619.

Moore, D. (1987). Parent-adolescent separation: The construction of adulthood by late adolescents. *Developmental Psychology, 23,* 298–307.

Moore, D., & Schultz, N. R. (1983). Loneliness at adolescence: Correlates, attributions, and coping. *Journal of Youth and Adolescence, 12,* 95–100.

Moos, R. H. (1974). *Preliminary manual for family environment scale, work environment scale, group environment scale.* Palo Alto, CA: Consulting Psychologists Press.

Moos, R. H., & Schaefer, J. A. (1986). Life transitions and crises: A conceptual overview. In R. H. Moos & J. A. Schaefer (Eds.), *Coping with life crises: An integrated approach* (pp. 3–28). New York: Plenum.

Morano, C. D., Cisler, R. A., & Lemerond, J. (1993). Risk factors for adolescent suicidal behavior: Loss, insufficient family support, and hopelessness. *Adolescence, 28,* 851–865.

Morrison, E., Starks, K., Hyundman, C., & Ronzio, N. (1980). *Growing up sexual.* New York: Van Nostrand.

Mundy, C. (1994, June 2). The lost boy. *Rolling Stone,* pp. 51–53.

Murphy, S. A. (1990). Preventive intervention following accidental death of a child. *Image, 22,* 174–179.

Murphy, S. A., Aroian, K., & Baugher, R. J. (1989). A theory-based preventive intervention program for bereaved parents whose children have died in accidents. *Journal of Traumatic Stress, 2,* 319–334.

Murry, V. M., & Bell-Scott, P. (1994). Dealing with adolescent children. In P. C. McKenry & S. J. Price (Eds.), *Families and change: Coping with stressful events* (pp. 88–110). Thousand Oaks, CA: Sage.

National Research Council. (1993). *Losing generations: Adolescents in high-risk settings.* Washington, DC: National Academy Press.

Neimeyer, R. A. (1994). The threat index and related methods. In R. A. Neimeyer (Ed.), *Death anxiety handbook: Research, instrumentation, and application* (pp. 61–101). Washington, DC: Taylor & Francis.

Neimeyer, R. A., & Chapman, K. M. (1980). Self/ideal discrepancy and fear of death: The test of an existential hypothesis. *Omega, 11,* 233–240.

Nelson, E. R., & Slaikeu, K. A. (1984). Crisis intervention in the schools. In B. Barke (Ed.), *Crisis intervention: A handbook for practice and research* (pp. 247–262). Newton, MA: Allyn & Bacon.

Nerken, I. R. (1993). Grief and the reflective self: Toward a clearer model of loss resolution and growth. *Death Studies, 17,* 1–26.

Neugarten, B., & Neugarten, D. A. (1987). The changing meanings of age. *Psychology Today, 21,* 29–33.

Nichols, S. E. (1985). Psychosocial reactions of persons with AIDS. *Annals of Internal Medicine, 103,* 765–767.

Nieburg, H. A., & Fischer, A. (1982). *Pet loss: A thoughtful guide for adults and children.* New York: Harper & Row.

Noblit, G. W. (1987). Ideological purity and variety in effective middle schools. In G. W. Noblit & W. T. Pink (Eds.), *Schooling in social context: Qualitative studies* (pp. 203–217). Norwood, NJ: Ablex.

Noppe, L. D., & Noppe, I. C. (1991). Dialectical themes in adolescent conceptions of death. *Journal of Adolescent Research, 6,* 28–42.

O'Brien, J. M., Goodenow, C., & Espin, O. (1991). Adolescent reactions to the death of a peer. *Adolescence, 26,* 102, 431–440.

O'Carroll, P. O., & Mercy, J. (1986). Recent trends in black homicide. In D. Hawkins (Ed.), *Homicide among black Americans* (pp. 29–42). Lanham, MD: University Press of America.

Offer, D. (1969). *The psychological worlds of the teenager.* New York: Basic Books.

Offer, D., & Offer, J. B. (1975). *From teenage to young manhood: A psychological study.* New York: Basic Books.

Offer, D., & Sabshin, M. (1984). Adolescence: Empirical perspectives. In D. Offer & M. Sabshin (Eds.), *Normality and the life cycle: A critical integration* (pp. 76–107). New York: Basic Books.

Offer, D., Ostrov, E., & Howard, K. I. (1981). *The adolescent: A psychological self-portrait.* New York: Basic Books.

Offer, D., Ostrov, E., Howard, K. I., & Atkinson, R. (1988). *The teenage world: Adolescents' self-image in ten countries.* New York: Plenum.

Oldham, D. G. (1978). Adolescent turmoil: A myth revisited. *Journal of Continuing Education in Psychiatry, 39,* 23–32.

Olson, D. H., Sprenkle, D. H., & Russell, C. S. (1979). Circumplex model of marital and family systems: 1. Cohesion and adaptability dimensions, family types, and clinical applications. *Family Process, 18,* 3–28.

Oltjenbruns, K. A. (1991). Positive outcomes of adolescents' experience with grief. *Journal of Adolescent Research, 6,* 43–53.

Orbach, I. (1988). *Children who don't want to live.* San Francisco: Jossey-Bass.

Orlofsky, J. L. (1978). Identity formation, achievement, and fear of success in college men and women. *Journal of Youth and Adolescence, 7,* 49–62.

Orr, D. P., Hoffmans, M. A., & Bennets, G. (1984). Adolescents with cancer report their psychosocial needs. *Journal of Psychosocial Oncology, 2*(2), 47–59.

Osmond, D. H. (1994a). Classifications and staging of HIV disease. In P. T. Cohen, M. A. Sande, & P. A. Volberding (Eds.), *The AIDS knowledge base: A textbook on HIV disease from the University of California, San Francisco, and San Francisco General Hospital* (2nd ed., 1.1). Boston: Little, Brown.

Osmond, D. H. (1994b). HIV disease progression from infection to CDC-defined AIDS: Incubation period, cofactors and lab markers. In P. T. Cohen, M. A. Sande, & P. A. Volberding (Eds.), *The AIDS knowledge base: A textbook on HIV disease from the University of California, San Francisco, and San Francisco General Hospital* (2nd ed., 1.7). Boston: Little, Brown.

Osterweis, M., Solomon, F., & Green, M. (Eds.). (1984). *Bereavement: Reactions, consequences, and care.* Washington, DC: National Academy Press.

O'Toole, D. (1989). *Growing through grief: A K–12 curriculum to help young people through all kinds of loss.* Burnsville, NC: Mountain Rainbow Publications.

Papalia, D. E., & Olds, S. W. (1992). *Human development* (5th ed.). New York: McGraw-Hill.

Papini, D. R. & Roggman, L. A. (1992). Adolescent perceived attachment to parents in relation to competence, depression and anxiety: A longitudinal study. *Journal of Early Adolescence, 12*, 420–440.

Pappas, G. (1994). Elucidating the relationships between race, socioeconomic status, and health. *American Journal of Public Health, 84*, 892–893.

Parkes, A. S. (1993). *Backlash*. Cambridge, England: Cambridge University Press.

Parkes, C. M. (1972). *Bereavement: Studies of grief in adult life*. New York: International Universities Press.

Parkes, C. M. (1985). *Bereavement. British Journal of Psychiatry, 146*, 11–17.

Parkes, C. M. (1988). Bereavement as a psychosocial transition: Processes of adaptation to change. *Journal of Social Issues, 44*, 53–65.

Parkes, C. M., & Weiss, R. S. (1983). *Recovery from bereavement*. New York: Basic Books.

Parry, J. K., & Thornwall, J. (1992). Death of a father. *Death Studies, 16*, 173–181.

Partridge, S., & Kotler, T. (1987). Self-esteem and adjustment in adolescents from bereaved, divorced, and intact families: Family type versus family environment. *Australian Journal of Psychology, 39*, 223–234.

Patros, P. G., & Shamoo, T. K. (1989). *Depression and suicide in children and adolescents: Prevention, intervention, and postvention*. Needham Heights, MA: Simon & Schuster.

Paul, N., & Miller, S. (1986). Death and dying and the multigenerational impact. In M. Karpel (Ed.), *Family resources: The hidden partner in family therapy* (pp. 438–469). New York: Guilford.

Peck, M. (1982). Youth suicide. *Death Education, 6*, 29–47.

Perry, W. G. (1970). *Forms of intellectual and ethical development in college students*. New York: Holt, Rinehart & Winston.

Peskin, H. (1967). Pubertal onset and ego functioning. *Journal of Abnormal Psychology, 72*, 1–15.

Petersen, A. C. (1983). Menarche: Meaning of measure and measuring meaning. In S. Golub (Ed.), *Menarche* (pp. 63–76). New York: Heath.

Petersen, S., & Straub, R. L. (1992). *School crisis survival guide: Management techniques and materials for counselors and administrators*. West Nyack, NY: The Center for Applied Research in Education.

Peterson, R. (1984). The Compassionate Friends. *Death Education, 8*, 195–197.

Pfeffer, C. R. (1986). *The suicidal child*. New York: Guilford.

Phelps, S. B., & Jarvis, P. A. (1994). Coping in adolescence: Empirical evidence for a theoretically-based approach to assessing coping. *Journal of Youth and Adolescence, 23*, 359–371.

Phillips, D. P., Carstensen, L. L., & Paight, D. J. (1989). Effects of mass media news stories on suicide, with new evidence on the role of story content. In C. R. Pfeffer (Ed.), *Suicide among youth: Perspectives on risk and prevention* (pp. 101–116). Washington, DC: American Psychiatric Press.

Piaget, J. (1929). *The child's conception of the world*. London: Routledge & Kegan Paul.

Piaget, J. (1972). Intellectual evolution from adolescence to adulthood. *Human Development, 15,* 1–12.

Piaget, J., & Inhelder, B. (1969). *The psychology of the child*. London: Routledge & Kegan Paul.

Plopper, B. L., & Ness, M. E. (1993). Death as portrayed to adolescents through Top 40 rock and roll music. *Adolescence, 28,* 793–807.

Podell, C. (1989). Adolescent mourning: The sudden death of a peer. *Clinical Social Work, 17,* 64–78.

Pollock, G. H. (1962). Childhood parent and sibling loss in adult parents: A comparative study. *Archives of General Psychiatry, 7,* 296–305.

Portner, J. (1994, January 12). School violence up over the past 5 years, 82% in survey say. *Education Week*, p. 9.

Poussaint, A. F. (1983). Black on black homicide: A psychological-political perspective. *Victimology, 8,* 161–169.

Press, A., McCormick, J., & Wingert, P. (1994, August 15). A crime as American as a Colt .45. *Newsweek, 124,* 22–23.

Preto, N. G. (1988). Transformation of the family system in adolescence. In B. Carter & M. McGoldrick (Eds.), *The changing family life cycle: A framework for family therapy* (2nd ed., pp. 255–283). New York: Gardner.

Provence, S., & Solnit, A. (1983). Development promoting aspects of the sibling experience: Vicarious mastery. In A. J. Solnit, R. S. Eissler, & P. B. Newbaur (Eds.), *The psychiatric study of the child* (pp. 337–351). New Haven: Yale University Press.

Pynoos, R. S. (1985). Children traumatized by witnessing acts of personal violence: Homicide, rape or suicide behavior. In S. Eth & R. S. Pynoos (Eds.), *Post-traumatic stress disorder in children* (pp. 19–43). Washington, DC: American Psychiatric Press.

Quintana, S. M., & Kerr, J. (1993). Relational needs in late adolescent separation-individuation. *Journal of Counseling and Development, 71,* 349–354.

Radelet, M. (1981). Racial characteristics and the imposition of the death penalty. *American Sociological Review, 46,* 918–927.

Raja, S. N., McGee, R., & Stanton, W. R. (1992). Perceived attachments to parents and peers and psychological well-being in adolescence. *Journal of Youth and Adolescence, 21,* 471–485.

Ramsey, R. W. (1977). Behavioral approaches to bereavement. *Behavioral Research and Therapy, 15,* 131–140.

Rando, T. A. (1984). *Grief, dying and death: Clinical interventions for caregivers.* Champaign, IL: Research Press.

Rando, T. A. (Ed.). (1986). *Parental loss of a child.* Champaign, IL: Research Press.

Rando, T. A. (1991). *How to go on living when someone you love dies.* New York: Bantam.

Rando, T. A. (1993a). The increasing prevalence of complicated mourning: The onslaught is just beginning. *Omega, 26,* 19–42.

Rando, T. A. (1993b). *Treatment of complicated mourning.* Champaign, IL: Research Press.

Raphael, B. (1983). *The anatomy of bereavement.* New York: Basic Books.

Raphael, D. (1979). Sequencing in female adolescents' consideration of occupational, religious, and political alternatives. *Adolescence, 14,* 73–80.

Raundalen, M., & Finney, O. J. (1986). Children's and teenagers' views of the future. *International Journal of Mental Health, 15,* 114–125.

Reese, M. F. (1987). Growing up: The impact of loss and change. In D. Belle (Ed.), *Lives in stress: Women and depression* (pp. 65–88). Beverly Hills: Sage.

Reinherz, H. Z., Stewart-Berghauer, G., Pakiz, B., Frost, A. K., Moeykins, B. A., & Holmes, W. M. (1989). The relationships of early risk and current mediators to depressive symptomatology in adolescence. *Journal of the American Academy of Child & Adolescent Psychology, 28,* 942–947.

Rhodes, J. E., & Fischer, K. (1993). Spanning the gender gap: Gender differences in delinquency among inner-city adolescents. *Adolescence, 28,* 879–889.

Rickgarn, R. L. V. (1987). The death response team: Responding to the forgotten grievers. *Journal of Counseling and Development, 66,* 197–199.

Rickgarn, R. L. V. (1994). *Perspectives on college student suicide.* Amityville, NY: Baywood.

Robinson, P. J., & Fleming, S. J. (1989). Differentiating grief and depression. *The Hospice Journal, 5,* 77–88.

Robinson, P. J., & Fleming, S. J. (1992). Depressotypic cognitive patterns in major depression and conjugal bereavement. *Omega, 25,* 291–305.

Rochlin, G. (1959). The loss complex. *Journal of the American Psychoanalytic Association, 7,* 299–316.

Rodgers, R. (1973). *Family interaction and transaction: The developmental approach.* Englewood Cliffs, NJ: Prentice Hall.

Roper, W. L., Peterman, H. B., & Curran, J. W. (1993). Commentary: Condoms and HIV/STD prevention—clarifying the message. *American Journal of Public Health, 83,* 501–503.

Ropp, L., Visintainer, P., Uman, J., & Treloar, D. (1992). Death in the city: An American childhood tragedy. *Journal of the American Medical Association, 267.* 2905–2910.

Rose, H. M., & McClain, P. D. (Eds.). (1990). *Race, place and risk.* New York: State University of New York Press.

Rose, S. D., & Edleson, J. L. (1987). *Working with children and adolescents in groups.* San Francisco: Jossey-Bass.

Rosen, H. (1986). *Unspoken grief: Coping with childhood sibling loss.* Lexington, MA: Lexington Books.

Rosenberg, T. (1965). *Society and the adolescent self-image.* Princeton, NJ: Princeton University Press.

Rosenblatt, P. C. (1988). Grief: The social context of private feelings. *Journal of Social Issues, 44,* 67–78.

Ross, H. M. (1981). Societal/cultural views regarding death and dying. *Topics in Clinical Nursing, 3,* 1–16.

Rotheram-Borus, M. J. (1991). Serving runaway and homeless youths. *Family and Community Health, 14*(3), 23–32.

Rotheram-Borus, M. J., Koopman, C., Haignere, C., & Davies, M. (1991). Reducing HIV sexual risk behaviors among runaway adolescents. *Journal of the American Medical Association, 266,* 1237–1241.

Rotheram-Borus, M. J., Koopman, C., & Rosario, M. (1992). Developmentally tailoring prevention programs: Matching strategies to adolescents' serostatus. In R. J. DiClemente (Ed.), *Adolescents and AIDS: A generation in jeopardy* (pp. 212–229). Newbury Park, CA: Sage.

Roy, A. (1986). Genetic factors in suicide. *Psychopharmacology Bulletin, 22,* 666–668.

Rubenstein, J. L., Heeren, T., Housman, D., Rubin, C., & Stechler, G. (1989). Suicidal behavior in "normal" adolescents: Risk and protective factors. *American Journal of Orthopsychiatry, 59,* 59–71.

Rupert, D. (Ed.). (1981). Loss [Special issue]. *The Personnel and Guidance Journal, 59*(6).

Ryan, N. D., Puig-Antich, J., Rabinovitch, H., Ambrosini, P., Robinson, D., Nelson, B., & Novacenko, H. (1988). Growth hormone response to desmethylimipramine in depressed and suicidal adolescents. *Journal of Affective Disorders, 15,* 323–337.

Rybash, J. M., Hoyer, W. J., & Roodin, P. A. (1986). *Adult cognition and aging.* New York: Pergamon.

Ryland, D. H., & Kruesi, M. J. (1992). Suicide among adolescents. *International Review of Psychiatry, 4,* 185–195.

Sabatini, L. (1989). Evaluating a treatment program for newly widowed people. *Omega, 19,* 229–236.

St. Lawrence, J. S., Brasfield, T. L., Jefferson, K. W., Alleyne, E., O'Bannon, R. E., & Shirley, A. (1995). Cognitive-behavioral intervention to reduce African-American adolescents' risk for HIV infection. *Journal of Consulting and Clinical Psychology, 63,* 221–237.

St. Louis, M. E., Conway, G. A., Hayman, C. R., Miller, C., Petersen, L. R., & Dondero, T. J. (1991). Human immunodeficiency virus infection in disadvantaged adolescents. *Journal of the American Medical Association, 266,* 2387–2391.

St. Louis, M. E., Rauch, K. J., Petersen, L. R., Anderson, J. E., Schable, C. A., & Dondero, T. J. (1990). Seroprevalence rates of human immunodeficiency virus infection at sentinel hospitals in the United States. *New England Journal of Medicine, 323,* 213–218.

Sande, M. A., & Volberding, P. A. (Eds.). (1992). *The medical management of AIDS* (3rd ed.). Philadelphia: W. B. Saunders.

Sanders, C. M., Mauger, P. A., & Strong, P. N. (1985). *A manual for the Grief Experience Inventory.* Palo Alto, CA: Consulting Psychologists Press.

Sandler, I., Gersten, J. C., Reynolds, K., Kallgren, C. A., & Ramirez, R. (1988). Using theory and data to support interventions: Design of a program for bereaved children. In B. H. Gottlieb (Ed.), *Marshaling social support: Formats, processes and effects* (pp. 53–83). Newbury Park, CA: Sage.

Sands, R. G., & Dixon, S. L. (1986). Adolescent crisis and suicidal behavior: Dynamics and treatment. *Child and Adolescent Social Work, 3,* 109–122.

Schachter, S. (1991). Adolescent experiences with the death of a peer. *Omega, 24,* 1–11.

Schlafly, P. (1988, April 13th). Death education comes into the open. *The Brooklyn Spectator.* (A syndicated column printed in many newspapers nationwide on or about April 13, 1988.)

Schlegel, A., & Barry, H. (1991). *Adolescence: An anthropological inquiry.* New York: Free Press.

Schwab, R. (1986). Support groups for the bereaved. *Journal for Specialists in Group Work, 11,* 100–106.

Schwartzberg, S. S., & Janoff-Bulman, R. (1991). Grief and the search for meaning: Exploring the assumptive worlds of bereaved college students. *Journal of Social and Clinical Psychology, 10,* 270–288.

Selman, R. L. (1980). *The growth of interpersonal understanding: Developmental and clinical analyses.* New York: Academic Press.

Shaffer, D. (1988). The epidemiology of teen suicide: An examination of risk factors. *Journal of Clinical Psychiatry, 49,* 36–41.

Shafii, M., Carrigan, S., Whittinghill, J. R., & Derrick, A. (1985). Psychological autopsy of completed suicide in children and adolescents. *American Journal of Psychiatry, 142,* 1061–1064.

Shanfield, S., Benjamin, G., & Swain, B. (1988). The family under stress: The death of adult children. In O. S. Margolis, A. H. Kutscher, E. R. Marcus, H. C. Raether, V. R. Pine, I. B. Seeland, & D. J. Cherico (Eds.), *Grief and the loss of an adult child* (pp. 3–7). New York: Praeger.

Sharabany, R., Gershoni, R., & Hofman, J. (1981). Girlfriend, boyfriend: Age and sex differences in intimate friendship. *Developmental Psychology, 17,* 800–808.

Shaughnessy, M. F., & Nystul, M. S. (1985). Preventing the greatest loss— suicide. *Creative Child and Adult Quarterly, 10,* 164–169.

Sheley, J. F. (1985). *Crime problem: An introduction to criminology.* Belmont, CA: Wadsworth.

Shelov, S. P. (1994). The children's agenda for the 1990s and beyond [Editorial]. *American Journal of Public Health, 84,* 1066–1067.

Sherman, B. (1979). Emergence of ideology in a bereaved parents group. In M. A. Lieberman & L. D. Borman (Eds.), *Self-help groups for coping with crisis* (pp. 305–322). San Francisco: Jossey-Bass.

Shneidman, E. (1971). Prevention, intervention, and postvention of suicide. *Annals of Internal Medicine, 75,* 453–458.

Shneidman, E. S. (1972). *Death and the college student.* New York: Behavioral Publications.

Shneidman, E. (1973). Suicide. *Encyclopedia Britannica* (14th ed., Vol. 21, pp. 383–385). Chicago: William Benton. (Reprinted in Shneidman, E. [1981]. *Suicide thoughts and reflections, 1960–1980* [pp. 6–28]. New York: Human Sciences Press.)

Shneidman, E. (1975). Postvention: The care of the bereaved. In R. O. Pasnau (Ed.), *Consultation-liaison psychiatry* (pp. 245–256). New York: Grune & Stratton. (Reprinted in Shneidman, E. [1981]. *Suicide thoughts and reflections, 1960–1980* [pp. 157–167]. New York: Human Sciences Press.)

Shipman, F. (1987). Student stress and suicide. *The Practitioner: NASSP Newsletter, 14*(2), 2–11.

Short, J. F., & Stodtbeck, F. L. (1965). *Group process and gang delinquency.* Chicago: University of Chicago Press.

Shreve, B. W., & Kunkel, M. A. (1991). Self-psychology, shame, and adolescent suicide: Theoretical and practical considerations. *Journal of Counseling and Development, 89,* 305–311.

Siegel, K., Mesagno, F. P., & Christ, G. (1990). A prevention program for bereaved children. *American Journal of Orthopsychiatry, 60,* 168–175.

Siehl, P. M. (1990). Suicide postvention: A new disaster plan what a school should do when faced with a suicide. *The School Counselor, 38,* 52–57.

Silberman, C. (1978). *Criminal violence-criminal justice: Criminals, police, courts, and prisons in America.* New York: Random House.

Sills, G. M., & Hall, J. E. (1985). A general systems perspective for nursing practice. In J. E. Hall & B. R. Weaver (Eds.), *Distributive nursing practice: A systems approach to community health* (pp. 21–29). Philadelphia: J. B. Lippincott.

Silverman, P. R. (1980). *Mutual help groups: Organization and development.* Beverly Hills: Sage.

Silverman, P. R. (1987). The impact of parental death on college-age women. *Psychiatric Clinics of North America, 10,* 387–404.

Silverman, S. M., & Silverman, P. R. (1979). Parent-child communication in widowed families. *American Journal of Psychotherapy, 33,* 428–441.

Silverman, P. R., & Worden, J. W. (1992). Children's reactions in the early months after the death of a parent. *American Journal of Orthopsychiatry, 62,* 93–104.

Silverman, P. R., Nickman, S., & Worden, J. W. (1992). Detachment revisited: The child's reconstruction of a dead parent. *American Journal of Orthopsychiatry, 62,* 494–503.

Simpson, J. A., & Weiner, E. S. C. (1989). The Oxford English dictionary (2nd ed.; 20 vols.). Oxford, England: Clarendon Press.

Slaby, A. E., & McGuire, P. L. (1989). Residential management of suicidal adolescents. *Residential Treatment for Children and Youth, 7,* 23–43.

Smith, K., & Crawford, S. (1986). Suicidal behavior among "normal" high school students. *Suicide and Life-Threatening Behavior, 16,* 313–325.

Smith, K., Ostroff, J., Tan, C., & Lesko, L. (1991). Alterations in self-perceptions among adolescent cancer survivors. *Cancer Investigations, 9,* 581–588.

Smith, P. C., Range, L. M., & Ulmer, A. (1992). Belief in afterlife as a buffer in suicidal and other bereavement. *Omega, 24,* 217–225.

Speece, M. W., & Brent, S. B. (1984). Children's understanding of death: A review of three components of a death concept. *Child Development, 55,* 1671–1686.

Spiegel, D. (1993). *Living beyond limits: New hope and help for facing life-threatening illness.* London: Vermilion.

Spinetta, J. J. (1981a). Adjustment and adaptation in children with cancer: A 3-year study. In J. J. Spinetta & P. Deasy-Spinetta (Eds.), *Living with childhood cancer* (pp. 5–23). St. Louis: Mosby.

Spinetta, J. J. (1981b). The sibling of the child with cancer. In J. J. Spinetta & P. Deasy-Spinetta (Eds.), *Living with childhood cancer* (pp. 133–142). St. Louis: Mosby.

Sroufe, L. A., Cooper, R. G., & DeHart, G. B. (1992). *Child development: Its nature and course* (2nd ed.). New York: McGraw-Hill.

Stanner, W. E. H. (1965). The dreaming. In W. A. Lessa & E. Z. Vogt (Eds.), *Reader in comparative religion: An anthropological approach* (3rd ed., pp. 269–277). New York: Harper & Row.

Staples, R. (1976). *Race and family violence: The internal colonialism perspective.* Unpublished manuscript.

Staples, R. (1982). *Black masculinity: The black male's role in American society.* San Francisco: Black Scholar Press.

Staton, A. Q., & Oseroff-Varnell, D. (1990). Becoming a middle school student. In A. Q. Staton (Ed.), *Communication and student socialization* (pp. 72–99). Norwood, NJ: Ablex.

Steinberg, L. (1990). *At the threshold: The developing adolescent.* Cambridge, MA: Harvard University Press.

Steinberg, L., & Silverberg, S. (1986). The vicissitudes of autonomy in early adolescence. *Child Development, 57,* 841–851.

Stephenson, J. S. (1985). Death and the campus community: Organizational realities and personal tragedies. In E. S. Zinner (Ed.), *Coping with death on campus* (pp. 5–13). San Francisco: Jossey-Bass.

Sterling, C. M., & Van Horn, K. R. (1989). Identity and death anxiety. *Adolescence, 24,* 321–326.

Stevens, M. M. (1994). Improving communication with parents of children with cancer. *The Medical Journal of Australia, 160,* 325.

Stevens, M. M. (1995). Palliative care for children dying of cancer: Psychosocial issues. In D. W. Adams & E. J. Deveau (Eds.), *Beyond the innocence of childhood: Helping children and adolescents cope with life-threatening illness and dying* (Vol. 2, pp. 181–209). Amityville, NY: Baywood.

Stevenson, R. G. (1984). *A death education course for secondary schools: "Curing" death ignorance.* Unpublished doctoral dissertation, Fairleigh Dickinson University, Teaneck, NJ.

Stevenson, R. G. (1986). Measuring the effects of death education in the classroom. In G. H. Paterson (Ed.), *Children and death: Proceedings of the 1985 King's College Conference* (pp. 201–210). London, Ontario: King's College.

Stevenson, R. G. (1990). Contemporary issues of life and death. In John D. Morgan (Ed.), *Death education in Canada* (pp. 43–79). London, Ontario: King's College.

Stevenson, R. G. (Ed.). (1994). *What will we do? Preparing a school community to cope with crises.* Amityville, NY: Baywood.

Stevenson, R. G., & Powers, H. L. (1986, December). How to handle death in the school. In *Tips for principals* (pp. 1–2). Reston, VA: National Association of Secondary School Principals.

Stewart, K. E, & Haley, W. E. (in press). Friends, lovers, and "absent" fathers: Family caregiving in the HIV epidemic. In K. A. Johnson, (Ed.), *Men's caregiving roles in an aging society.* Newbury Park, CA: Sage.

Strauss, N. (1994, June 2). The downward spiral. *Rolling Stone, 35*–43.

Stricof, R. L., Kennedy, J. T., Nattell, T. C., Weisfuse, I. B., & Novick, L. F. (1991). HIV seroprevalence in a facility for runaway and homeless adolescents. *American Journal of Public Health, 81,* 50–53.

Stroebe, M. (1993). Coping with bereavement: A review of the grief work hypothesis. *Omega, 26,* 19–42.

Stroebe, M., Gergen, M., Gergen, K., & Stroebe, W. (1992). Broken hearts or broken bonds: Love and death in historical perspective. *American Psychologist, 47,* 1205–1212.

Sugar, M. (1968). Normal adolescent mourning. *American Journal of Psychotherapy, 22,* 258–269.

Sullivan, K., & Sullivan, A. (1980). Adolescent-parent separation. *Developmental Psychology, 16,* 93–99.

Sullivan, L. (1991). Violence as a public health issue. *Journal of the American Medical Association, 265,* 2778.

Sullivan, S. (1993, July 6). Wife beating N the hood. *The Wall Street Journal,* A-12.

Susman, E. J., Hersh, S. P., Nannis, E. D., Strope, B. E., Woodruff, P. J., Pizzo, P. A., & Levine, A. (1982). Conceptions of cancer: The perspectives of child and adolescent patients and their families. *Journal of Pediatric Psychology, 7,* 253–261.

Sweeting, H. N., & Gilhooly, M. L. M. (1992). Doctor, am I dead? A review of social death in modern societies. *Omega, 24,* 251–269.

Switzer, D. K. (1970). *The dynamics of grief.* New York: Abingdon.

Taylor, S. E., Lichtman, R. R., & Wood, J. V. (1984). Attributions, beliefs about control, and adjustment to breast cancer. *Journal of Personality and Social Psychology, 46,* 489–502.

Tebbi, C. K., & Stern, M. (1988). Burgeoning speciality of adolescent oncology. In *The adolescent with cancer* (pp. 9–20). New York: American Cancer Society.

Tedeschi, R. G., & Calhoun, L. G. (1993). Using the support group to overcome the isolation of bereavement. *Journal of Mental Health Counseling, 15,* 47–54.

Terkelson, K. (1980). Toward a theory of the family life cycle. In B. Carter & M. McGoldrick (Eds.), *The family life cycle: A framework for family therapy* (pp. 21–52). New York: Gardner.

Thornburg, H. D. (1980). Early adolescents: Their developmental characteristics. *The High School Journal, 63,* 215–221.

Thornton, G., Robertson, D. U., & Gilleylen, C. (1991, April). *Disenfranchised grief and college students ratings of loss situations.* Paper presented at the 13th Annual Conference of the Association for Death Education and Counseling, Duluth, MN.

Title, C. R., Villemez, W. J., & Smith, D. A. (1978). The myth of social class and criminality. *American Social Review, 43,* 643–656.

Tobin-Richards, M. H., Boxer, A. M., & Petersen, A. C. (1983). The psychological significance of pubertal change: Sex differences in perceptions of self during early adolescence. In J. Brooks-Gunn & A. C. Petersen (Eds.), *Girls at puberty: Biological and psychological perspectives* (pp. 127–154). New York: Plenum.

Toews, J., Martin, R., & Prosen, H. (1985). Death anxiety: The prelude to adolescence. *Adolescent Psychiatry, 12,* 134–144.

Triolo, S. J., McKenry, P. C., Tishler, C. L., & Blyth, D. A. (1984). Social and psychological discriminants of adolescent suicide: Age and sex differences. *Journal of Early Adolescence, 4,* 239–251.

Tross, S. & Hirsch, D. A. (1988). Psychological distress and neuropsychological complications of HIV infection and AIDS. *American Psychologist, 43,* 929–934.

Turner, C. F., Miller, H. G., & Moses, L. E. (Eds.). (1989). *AIDS: Sexual behavior and drug use.* Washington, DC: National Academy Press.

Tyson-Rawson, K. J. (1993a). *College women and bereavement: Late adolescence and father death.* Unpublished raw data.

Tyson-Rawson, K. J. (1993b). *College women and bereavement: Late adolescence and father death.* Unpublished doctoral dissertation, Kansas State University, Manhattan.

United Nations Children's Fund. (1994). *The state of the world's children, 1994.* New York: Oxford University Press.

United States Bureau of the Census. (1993). *Statistical abstract of the United States* (113th ed.). Washington, DC: U.S. Government Printing Office.

United States Department of Justice, Federal Bureau of Investigation. (1990). *Uniform crime reports, crime in the United States.* Washington, DC: Government Printing Office.

Vachon, M. L. S., & Stylianos, S. K. (1988). The role of social support in bereavement. *Journal of Social Issues, 44,* 175–190.

Vander Zanden, J. W. (1989). *Human development* (4th ed.). New York: Knopf.

Van Dongen-Melman, J. E., Pruyn, J. F., Van Zanen, G. E., & Sanders-Woudstra, J. (1986). Coping with childhood cancer: A conceptual view. *Journal of Psychosocial Oncology, 4*(1/2), 147–161.

Van Eerdewegh, M. M., Bieri, M. D., Parrilla, R. H., & Clayton, P. (1982). The bereaved child. *British Journal of Psychiatry, 140,* 23–29.

Vess, J., Moreland, J., & Schwebel, A. I. (1985). Understanding family role reallocation following a death: A theoretical framework. *Omega, 16,* 115–128.

Videka-Sherman, L. (1990). Bereavement self-help organizations. In T. J. Powell (Ed.), *Working with self-help* (pp. 156–174). Silver Spring, MD: National Association of Social Work Press.

Videka-Sherman, L., & Lieberman, M. A. (1985). The impact of self-help and professional help on parental bereavement: The limits of recovery. *American Journal of Orthopsychiatry, 55,* 70–81.

Volkan, V. D. (1975). "Re-grief" therapy. In B. Schoenberg & I. Gerber (Eds.), *Bereavement: Its psychological aspects* (pp. 334–350). New York: Columbia University Press.

Vollman, R., Ganzert, A., Picher, L, & Williams, W. (1971). The reactions of family systems to sudden and unexpected death. *Omega, 2,* 101–106.

Walker, C. L. (1993). Sibling bereavement and grief responses. *Journal of Pediatric Nursing, 8,* 325–334.

Walker, R. S. (1991). *AIDS: Today, tomorrow: An introduction to the HIV epidemic in America.* Atlantic Highlands, NJ: Humanistic Press International.

Walsh, F., & McGoldrick, M. (1998). Loss and the family life cycle. In C. J. Falicov (Ed.), *Family transitions: Continuity and change over the life cycle* (pp. 311–336). New York: Guilford.

Walsh, F., & McGoldrick, M. (1991a). Loss and the family: A systemic perspective. In F. Walsh & M. McGoldrick (Eds.), *Living beyond loss: Death in the family* (pp. 1–29). New York: Norton.

Walsh, F., & McGoldrick, M. (Eds.). (1991b). *Living beyond loss: Death in the family*. New York: Norton.

Walter, H. J., & Vaughan, R. D. (1993). AIDS risk reduction among a multiethnic sample of urban high school students. *Journal of the American Medical Association, 270,* 725–730.

Walters, M., Carter, B., Papp, P., & Silverstein, O. (1988). *The invisible web: Gender patterns in family relationship.* New York: Guilford.

Warmbrod, M. (1986). Counseling bereaved children: Stages in the process. *Social Casework, 67,* 351–358.

Wass, H., Miller, D. M., & Thornton, G. (1990). Death education and grief/suicide intervention in the public schools. *Death Studies, 14,* 253–268.

Wasserman, A. L., Thompson, E. I., Wilimas, J. A., & Fairclough, D. L. (1987). The psychological status of survivors of childhood/adolescent Hodgkin's disease. *American Journal of Diseases in Childhood, 141,* 626–631.

Waterman, A. S. (1992). Identity as an aspect of optimal psychological functioning. In G. R. Adams, T. P. Gullotta, & R. Montemayor (Eds.), *Adolescent identity formation* (pp. 50–72). Newbury Park, CA: Sage.

Waters, R. (1990). *Ethnic minorities and the criminal justice system.* Aldershot, England: Avebury.

Weaver, G. D., & Gary, L. E. (1993). Stressful life events, psychosocial resources and depressive symptoms among older African American men. *The Urban League Review, 16*(2), 45–56.

Webb, N. B. (1993). Assessment of the bereaved child. In N. B. Webb (Ed.), *Helping bereaved children: A handbook for practitioners* (pp. 19–42). New York: Guilford.

Wechsler, H., Davenport, A., Dowdall, G., Moeykens, B., & Castillo, S. (1994). Health and behavioral consequences of binge drinking in college: A national survey of students at 140 campuses. *Journal of the American Medical Association, 272,* 1672–1677.

Weiner, T. B. (1977). Psychopathology in adolescence. In J. Adelson (Ed.), *Handbook of adolescent psychology* (pp. 288–312). New York: Pergamon.

Weiner, I. B. (1985). Clinical contributions to the developmental psychology of adolescence. *Genetic, Social, and General Psychology Monographs, 111,* 195–203.

Weiss, R. S. (1988). Loss and recovery. *Journal of Social Issues, 44*, 37–52.

Wenckstern, S., & Leenaars, A. A. (1993). Trauma and suicide in our schools. *Death Studies, 17*, 151–171.

Wenz, F. V. (1979). Self-injury behavior, economic status, and family anomie syndrome among adolescents. *Adolescence, 14*, 387–398.

West, S. G., Sandler, I., Pillow, D. R., Baca, L., & Gersten, J. C. (1991). The use of structural equation modeling in generative research: Toward the design of a preventive intervention for bereaved children. *American Journal of Community Psychology, 19*, 459–480.

Westberg, G. (1971). *Good grief.* Philadelphia: Fortress.

White, J. M. (1991). *Dynamics of family development: A theoretical perspective.* New York: Guilford.

Wilson, A. N. (1992). *Understanding black male violence.* New York: Afrikan World Infosystems.

Winbush, R. (1988). Growing pains: Explaining adolescent violence with developmental theory. In J. Carlson & J. Lewis (Eds.), *Counseling the adolescent* (pp. 57–73). Denver: Love.

Wingood, G. M., & DiClemente, R. J. (1992). Cultural, gender and psychosocial influences on HIV-related behavior of African-American female adolescents: Implications for the development of tailored prevention programs. *Ethnicity & Disease, 2*, 381–388.

Wingood, G. M., & DiClemente, R. J. (in press). Understanding the role of gender relations in HIV prevention research. *American Journal of Public Health.*

Winiarski, M. G. (1991). *AIDS-related psychotherapy.* New York: Pergamon.

Wodarski, J. S., & Harris, P. (1987). Adolescent suicide: A review of influences and the means for prevention. *Social Work, 32*, 477–484.

Wolfelt, A. (1983). *Helping children cope with grief.* Muncie, IN: Accelerated Development.

Wolfgang, M. E., & Ferracuti, F. (1967). *The subculture of violence.* Beverly Hills: Sage.

Wolfgang, M. E., Figlio, R. F., & Sellin, T. (1972). *Delinquency in a birth cohort.* Chicago: University of Chicago Press.

Worden, J. W. (1991). *Grief counseling and grief therapy: A handbook for the mental health practitioner* (2nd ed.). New York: Springer Publishing.

Worth, L. A., & Burack, J. H. (1994). Outpatient management of HIV infection. In P. T. Cohen, M. A. Sande, & P. A. Volberding (Eds.), *The AIDS knowledge base: A textbook on HIV disease from the University of California, San Francisco, and San Francisco General Hospital* (2nd ed., 4.3). Boston: Little, Brown.

Worth, L. A., & Volberding, P. A. (1994). Clinical applications of antiretroviral therapy. In P. T. Cohen, M. A. Sande, & P.A. Volberding (Eds.), *The AIDS knowledge base: A textbook on HIV disease from the University of Cali-*

*fornia, San Francisco, and San Francisco General Hospital* (2nd ed., 4.5). Boston: Little, Brown.

Wortman, C. B.. & Silver, R. C. (1989). The myths of coping with loss. *Journal of Consulting and Clinical Psychology, 57,* 349–357.

Wrenn, R. L. (1992). Educating the educators. *Thanatos, 17*(1), 33–35.

Wright, B. (1990). *Black robes, white justice.* New York: First Carol.

Wrobleski, A. (1984). The suicide survivors grief group. *Omega, 15,* 173–183.

Yalom, I. D. (1985). *The theory and practice of group psychotherapy* (3rd ed.). New York: Basic Books.

Young, T. J. (1985). The clinical manifestation of alienation. *High School Journal, 69,* 55–60.

Youniss, J., & Smollar, J. (1985). *Adolescent relations with mothers, fathers, and friends.* Chicago, IL: University of Chicago Press.

Zalaznik, P. H. (1992). *Dimensions of loss and death education* (3rd ed.). Minneapolis: Edu-Pac.

Zambelli, G. C., & DeRosa, A. P. (1992). Bereavement support groups for school age children: Theory, intervention and case examples. *American Journal of Orthopsychiatry, 62,* 484–493.

Zimpfer, D. G. (1991). Groups for grief and survivorship after bereavement: A review. *Journal for Specialists in Group Work, 16,* 46–55.

Zimring, F. E. (1984). Youth homicide in New York: A preliminary analysis. *The Journal of Legal Studies, 13,* 81–99.

Zinner, E. S. (1985). Group survivorship: A model and case study application. In E. S. Zinner (Ed.), *Coping with death on campus* (pp. 51–68). San Francisco: Jossey-Bass.

Zinner, E. S. (Ed.). (1985). *Coping with death on campus.* San Francisco: Jossey-Bass.

Zuckerman, B. S., & Beardslee, W. R. (1986). The impact of the threat of nuclear war on children and adolescents. *Developmental and Behavioral Pediatrics, 7,* 383–384.

Zwartjes, W. (1980). The psychological costs of curing the child with cancer. In J. Van Eys & M. P. Sullivan (Eds.), *Status of the curability of childhood cancer* (pp. 277–284). New York: Raven Press.

# 永然法律事務所聲明啟事

　　本法律事務所受心理出版社之委任爲常年法律顧問，就其所出版之系列著作物，代表聲明均係受合法權益之保障，他人若未經該出版社之同意，逕以不法行爲侵害著作權者，本所當依法追究，俾維護其權益，特此聲明。

永然法律事務所

李永然律師

諮商輔導 38

# 死亡與喪慟：青少年輔導手冊

編　　　者：Charles A. Corr & David E. Balk
譯　　　者：吳紅鑾
執行主編：張毓如
總　編　輯：吳道愉
發　行　人：邱維城
出　版　者：心理出版社股份有限公司
社　　　址：台北市和平東路二段 163 號 4 樓
總　　　機：(02) 27069505
傳　　　眞：(02) 23254014
郵　　　撥：19293172
　E-mail　：psychoco@ms15.hinet.net
駐美代表：Lisa Wu
　Tel　　：973 546-5845　　　Fax　：973 546-7651
法律顧問：李永然
登　記　證：局版北市業字第 1372 號
電腦排版：辰皓電腦排版有限公司
印　刷　者：翔勝印刷有限公司
初版一刷：2001 年 5 月

定價：新台幣 480 元

ISBN 957-702-436-X

國家圖書館出版品預行編目資料

死亡與喪慟：青少年輔導手冊 / Charles A.
Corr, David E. Balk 編；吳紅鑾譯. -- 初
版. – 臺北市：心理，2001〔民 90〕
　　面　；　　公分. -- (輔導諮商；37 )
參考書目：面
譯自：Handbook of adolescent death and
bereavement
ISBN 957-702-436-X(平裝)

1. 青少年 － 心理方面
2. 死亡 － 心理方面　　3. 心理輔導

173.2　　　　　　　　　　　　90005705

# 讀者意見回函卡

No._____

填寫日期： 年　月　日

感謝您購買本公司出版品。為提升我們的服務品質，請惠填以下資料寄回本社【或傳眞(02)2325-4014】提供我們出書、修訂及辦活動之參考。您將不定期收到本公司最新出版及活動訊息。謝謝您！

姓名：_____　　性別：1□男 2□女

職業：1□教師 2□學生 3□上班族 4□家庭主婦5□自由業6□其他_____

學歷：1□博士 2□碩士 3□大學 4□專科 5□高中 6□國中 7□國中以下

服務單位：_____　部門：_____職稱：_____

服務地址：_____電話：_____傳眞：_____

住家地址：_____電話：_____傳眞：_____

電子郵件地址：_____

書名：_____

一、您認為本書的優點：（可複選）

　❶□內容 ❷□文筆 ❸□校對❹□編排❺□封面 ❻□其他_____

二、您認為本書需再加強的地方：（可複選）

　❶□內容 ❷□文筆 ❸□校對❹□編排 ❺□封面 ❻□其他_____

三、您購買本書的消息來源：（請單選）

　❶□本公司 ❷□逛書局⇨_____書局 ❸□老師或親友介紹

　❹□書展⇨____書展 ❺□心理心雜誌 ❻□書評 ❼□其他_____

四、您希望我們舉辦何種活動：（可複選）

　❶□作者演講❷□研習會❸□研討會❹□書展❺□其他_____

五、您購買本書的原因：（可複選）

　❶□對主題感興趣 ❷□上課教材⇨課程名稱_____

　❸□舉辦活動 ❹□其他_____　　　　（請翻頁繼續）

**心理出版社** 股份有限公司

台北市 106 和平東路二段 163 號 4 樓

*TEL:*(02)2706-9505
*FAX:*(02)2325-4014
*EMAIL:psychoco@ms15.hinet.net*

---

沿線對折訂好後寄回

六、您希望我們多出版何種類型的書籍

　❶□心理❷□輔導❸□教育❹□社工❺□測驗❻□其他

七、如果您是老師，是否有撰寫教科書的計劃：□有□無

　書名/課程：_____

八、您教授/修習的課程：

上學期：_____

下學期：_____

進修班：_____

暑　假：_____

寒　假：_____

學分班：_____

九、您的其他意見

_____

謝謝您的指教！

21038